諸外国の初等中等教育

アメリカ合衆国
イギリス
フランス
ドイツ
フィンランド
中国
韓国
日本

文部科学省生涯学習政策局

まえがき

　文部科学省では，教育施策立案に資するため，諸外国の教育事情に関する調査研究を行っています。その成果については，これまで主に「教育調査」シリーズとして公表し，関係諸機関に配布してきました。このシリーズは，昭和22年に第1集を刊行して以後，既に149集を数えています。

　本書は，「教育調査」シリーズの第150集として，アメリカ合衆国，イギリス，フランス，ドイツ，フィンランド，中国，韓国及び日本の各国における初等中等教育制度の現状をまとめたものです。まず，各国について，初等中等教育制度の概要を示した後，教育内容・方法，進級・進学制度，教育条件，学校選択・連携について記述しました。次に「資料」として，「授業日数・時数」「徳育」「外国語教育」など，テーマ別に各国の状況をまとめました。

　本書が，教育施策の立案や国際交流のための基礎資料として関係各方面に利用されるとともに，諸外国の教育事情に対する理解を深めるためにご利用いただければ幸いです。

　　平成28年3月

　　　　　　　　　　　　　　　　　　　　　　　　　　　　　　文部科学省生涯学習政策局長
　　　　　　　　　　　　　　　　　　　　　　　　　　　　　　　　　有松　育子

執筆者及び執筆分担

アメリカ合衆国	岸本睦久	
	文部科学省生涯学習政策局参事官付	外国調査官
イギリス	篠原康正	
	同	外国調査官
フランス	小島佳子	
	同	専門職
ドイツ	髙谷亜由子	
	同	外国調査第二係長
フィンランド	渡邊あや	
	津田塾大学学芸学部国際関係学科准教授	
中国	新井　聡	
	文部科学省生涯学習政策局参事官付	専門職
韓国	松本麻人	
	同	専門職
日本	藤原文雄	
	国立教育政策研究所初等中等教育研究部総括研究官	

※本著作の中で述べられている内容については，各担当者が当該国の調査研究を通じてまとめたものであり，文部科学省の公式な見解を述べるものではありません。

諸外国の初等中等教育

目 次

まえがき	3
執筆者及び執筆分担	4

総括表

アメリカ合衆国

学校系統図	36
学校統計	37
1 初等中等教育制度の概要	38
1.1 就学前教育	38
1.2 義務教育	39
1.2.1 年齢・期間	39
1.2.2 義務教育の免除	40
1.2.3 義務教育規定違反に関する罰則	41
1.3 初等中等教育	41
1.3.1 学校制度の概要	41
1.3.2 初等教育――小学校	42
1.3.3 ミドルスクール,下級ハイスクール	42
1.3.4 中等教育――ハイスクール	43
1.4 職業教育	43
1.4.1 職業教育の実施機関	43
1.4.2 職場を中心とする学習	44
1.4.3 高等教育機関との連携――テック・プレップ,二重在籍制度	45
1.5 特別支援教育	45
1.5.1 障害のある児童・生徒を対象とした特別支援教育	45
1.5.2 才能教育	46
1.5.2.1 才能児の認定	
1.5.2.2 実際の取組	
1.5.3 不利な立場にある子供たちへの支援	48
2 教育内容・方法	49
2.1 教育課程の基準	49
2.1.1 教育課程に関する権限	49
2.1.2 州が定める教育課程基準――教育スタンダード	49
2.1.3 全国的な教育課程基準――「コモン・コア」と「理科に関する次世代スタンダード」	50
2.2 教育目標	51
2.2.1 州教育法における教育目標	51
2.2.2 「コモン・コア」の目標	53
2.2.3 「大学進学や就職への準備」に関する定義	53

- 2.3 教科構成・時間配当 54
  - 2.3.1 ハイスクール前段階の学校──小学校，ミドルスクール 55
  - 2.3.2 ハイスクール 55
  - 2.3.3 キャリア教育 58
  - 2.3.4 情報教育 58
  - 2.3.5 特定の項目に関する指導 59
- 2.4 学年暦 59
  - 2.4.1 学年度 59
  - 2.4.2 学期制，休暇期間 61
  - 2.4.3 学校の1日のスケジュール 62
- 2.5 授業形態・組織 62
  - 2.5.1 小学校 62
  - 2.5.2 ハイスクール 63
- 2.6 評価 64

3 進級・進学制度 64
- 3.1 進級・修了 64
  - 3.1.1 進級判定制度と原級留置──ハイスクール以前の段階 65
  - 3.1.2 学年別累積単位数と単位取得における救済措置──ハイスクール 67
  - 3.1.3 初等中等教育（K-12）の修了としてのハイスクールの修了 68
  - 3.1.4 ハイスクールの早期修了と能力判定型の学習（単位取得） 70
- 3.2 進学制度 71

4 教育条件 72
- 4.1 学校規模 72
- 4.2 学級編制基準 73
- 4.3 教員配置基準 75
- 4.4 施設・設備の基準 76
  - 4.4.1 ICT環境の整備状況 76

5 学校選択・連携 77
- 5.1 学校選択・通学区域 77
  - 5.1.1 開放入学制度 78
  - 5.1.2 マグネットスクール 78
  - 5.1.3 オルタナティブスクール 79
  - 5.1.4 チャータースクール 80
  - 5.1.5 ホームスクーリング 82
  - 5.1.6 オンライン学習 84
- 5.2 学校・家庭・地域との連携 86
- 5.3 学校段階間の連携 86

イギリス

学校系統図 92
学校統計 93

1　初等中等教育制度の概要 94
1.1　就学前教育 95
1.2　義務教育 96
1.2.1　教育・訓練の義務的継続 97
1.3　初等教育 98
1.4　中等教育 98
1.4.1　義務教育後教育 99
1.4.1.1　シックスフォーム（カレッジ）
1.4.1.2　継続教育カレッジ
1.5　職業教育 101
1.6　特別支援教育 102

2　教育内容・方法 103
2.1　教育課程の基準 103
2.2　教育目標 103
2.3　教科構成・時間配当 104
2.3.1　教科の構成 104
2.3.1.1　教育課程の構成
2.3.1.2　義務教育の段階区分
2.3.1.3　必修教科
2.3.1.4　全国共通カリキュラムの内容
2.3.1.5　義務教育後の教育課程
2.3.2　時間の配当 106
2.3.2.1　授業時間
2.3.2.2　全国共通カリキュラムの時間配当
2.3.2.3　中等段階の実際の時間配当の割合
2.3.2.4　シックスフォームにおける授業時間
2.3.3　情報教育 110
2.3.4　初等学校における外国語の必修化 111
2.3.5　キャリア教育 111
2.3.6　教科書 112
2.4　学年暦 112
2.5　授業形態・組織 113
2.6　評価 114
2.6.1　基礎ステージ評価と初等教育基準評価 115
2.6.2　全国共通カリキュラムに基づく評価 117

3 進級・進学制度 118
3.1 進級・進学 118
3.1.1 修了 118
3.1.2 中等教育修了一般資格（GCSE） 118
3.1.3 GCE・Aレベル資格 118
3.1.4 全国職業資格（NVQ）及びディプロマ 119
3.2 進学制度 120
3.2.1 普通・職業教育（資格）ルート 120
4 教育条件 121
4.1 学校規模 121
4.2 学級編制基準 122
4.3 教員配置基準 123
4.3.1 教職員の規模 123
4.4 施設・設備の基準 124
5 学校選択・連携 125
5.1 学校選択・通学区域 125
5.1.1 ホームスクーリング 126
5.2 学校・家庭・地域との連携 127
5.3 学校段階間の連携 127

フランス

学校系統図 132
学校統計 133
1 初等中等教育制度の概要 134
1.1 就学前教育 134
1.2 義務教育 134
1.3 初等教育 135
1.4 中等教育 135
1.4.1 前期中等教育 135
1.4.2 後期中等教育 135
1.4.2.1 普通・技術リセ
1.4.2.2 職業リセ
1.5 職業教育 136
1.5.1 中等教育段階の職業資格 136
1.5.2 職業教育実施機関 136
1.5.3 見習い訓練 137
1.6 特別支援教育 137
1.6.1 障害のある児童・生徒への支援 137

		1.6.2 学力不振・不適応のある生徒への支援	137
		1.6.3 能力の伸長が著しい児童・生徒への支援	138
		1.6.4 外国人児童・生徒，非定住生活の児童・生徒への支援	138

2　教育内容・方法 138

2.1　教育課程の基準 138
2.1.1　学習期 139

2.2　教育目標 139
2.2.1　2013年学校基本計画法に掲げられる目標 139
2.2.2　「共通基礎知識技能教養」 140

2.3　教科構成・時間配当 142
2.3.1　就学前教育段階 142
2.3.2　初等教育段階 142
2.3.3　前期中等教育段階 142
2.3.4　後期中等教育段階 144
2.3.5　キャリア教育 149
2.3.5.1　「将来設計行程」
2.3.5.2　コレージュ第4学年を対象とした様々な取組
2.3.5.3　「学校－企業週間」
2.3.6　情報教育 150
2.3.7　横断的・総合的な学習 150

2.4　学年暦 151
2.5　授業形態・組織 152
2.6　評価 153
2.6.1　初等教育 153
2.6.2　中等教育 153

3　進級・進学制度 153

3.1　進級・修了 153
3.1.1　初等教育 153
3.1.2　前期中等教育 154
3.1.3　後期中等教育 154
3.1.3.1　バカロレア試験

3.2　進学制度 155
3.2.1　コレージュへの進学 155
3.2.2　リセへの進学 155

3.3　進路指導 155

4　教育条件 156

4.1　学校規模 156
4.2　学級編制基準 157
4.3　教員配置基準 158

4.4　施設・設備基準 158
4.4.1　設備基準 158
4.4.2　情報化環境の整備 158
5　学校選択・連携 159
5.1　学校選択・通学区域 159
5.1.1　初等教育段階 159
5.1.2　中等教育段階 159
5.1.3　家庭における義務教育 159
5.2　学校・家庭・地域との連携 160
5.2.1　家庭との連携 160
5.2.2　地域との連携 160
5.3　学校段階間の連携 161
6　その他 161
6.1　優先教育 161
6.2　放課後支援 162

ドイツ

学校系統図 164
学校統計 165

1　初等中等教育制度の概要 166
1.1　就学前教育 166
1.2　義務教育 166
1.2.1　学校に就学する義務 166
1.2.2　就学の一時免除と早期就学 167
1.2.3　職業学校就学義務 167
1.3　初等教育 167
1.4　中等教育 168
1.4.1　学校修了資格 168
1.4.2　普通教育を提供する学校種 168
1.4.2.1　ハウプトシューレ
1.4.2.2　実科学校
1.4.2.3　ギムナジウム
1.4.2.4　2種類の教育課程を併せ持つ学校種
1.4.2.5　3種類の教育課程を併せ持つ学校種と教育課程が分岐しない学校種
1.4.3　観察指導段階（検証段階） 171
1.5　職業教育 171
1.5.1　職業学校 172
1.5.2　職業専門学校 173

		1.5.3	上級専門学校	173

     1.5.3　上級専門学校 173
     1.5.4　職業／技術上級学校 173
     1.5.5　職業／専門ギムナジウム 173
     1.5.6　職業上構学校 174
　1.6　特別支援教育 174
     1.6.1　障害のある児童・生徒 174
         1.6.1.1　促進学校での特別支援教育
         1.6.1.2　通常学校での特別支援教育
     1.6.2　移民を背景に持つ児童・生徒及びドイツ語を母語としない児童・生徒 176
     1.6.3　能力の伸長が著しい児童・生徒 176

2　教育内容・方法 177
　2.1　教育課程の基準 177
     2.1.1　学習指導要領 177
     2.1.2　全国共通の教育スタンダード 177
     2.1.3　アビトゥア試験における統一要求水準（EPA） 177
     2.1.4　職業教育訓練のための大綱的学習指導要領
　2.2　教育目標 178
     2.2.1　学校教育の一般目標 178
     2.2.2　各学校種の教育的任務 178
　2.3　教科構成・時間配当 181
     2.3.1　初等教育段階 181
     2.3.2　前期中等教育段階 183
         2.3.2.1　ハウプトシューレ
         2.3.2.2　実科学校
         2.3.2.3　ギムナジウム
     2.3.3　後期中等教育段階 187
         2.3.3.1　ギムナジウム上級段階
             2.3.3.1.1　導入期
             2.3.3.1.2　認定期
         2.3.3.2　職業教育学校
             2.3.3.2.1　職業学校
             2.3.3.2.2　職業専門学校
             2.3.3.2.3　上級専門学校
             2.3.3.2.4　職業／技術上級学校
     2.3.4　キャリア教育 194
     2.3.5　情報教育 195
     2.3.6　教科書 196
         2.3.6.1　検定制度
         2.3.6.2　児童・生徒への供給

2.4　学年暦 197
　2.5　授業形態・組織 198
　　2.5.1　初等教育段階 198
　　2.5.2　前期中等教育段階 199
　　2.5.3　後期中等教育段階 199
　　　2.5.3.1　普通教育学校
　　　2.5.3.2　職業教育学校
　2.6　評価 199
　　2.6.1　成績評価 199
　　　2.6.1.1　初等教育段階及び前期中等教育段階
　　　2.6.1.2　後期中等教育段階
　　2.6.2　学力調査 200
　　　2.6.2.1　学習状況調査
　　　2.6.2.2　州間比較調査

3　進級・進学制度 201
　3.1　進級 201
　　3.1.1　進級の判定 201
　　3.1.2　原級留置 201
　　3.1.3　飛び級／飛び入学 202
　3.2　修了 202
　　3.2.1　初等教育段階 202
　　3.2.2　前期中等教育段階 202
　　3.2.3　後期中等教育段階 203
　　　3.2.3.1　一般大学入学資格（アビトゥア）
　　　3.2.3.2　専門大学入学資格と専門限定の大学入学資格
　　　　3.2.3.2.1　専門大学入学資格
　　　　3.2.3.2.2　専門限定の大学入学資格
　　　3.2.3.3　その他の修了証又は資格
　　　　3.2.3.3.1　学校修了資格相当の修了証
　　　　3.2.3.3.2　州認定の職業資格
　3.3　進学制度 205
　　3.3.1　初等教育段階から中等教育段階への進学 205
　　3.3.2　前期中等教育段階から後期中等教育段階への進学 206
　　　3.3.2.1　ギムナジウム上級段階への進学
　　　3.3.2.2　全日制の職業教育学校への進学
　　　3.3.2.3　デュアルシステム（定時制の職業教育学校）への進路
　　3.3.3　後期中等教育段階から高等教育段階への進学 207
　　　3.3.3.1　総合大学への進学
　　　3.3.3.2　専門大学への進学

4 教育条件 208
4.1 学校規模 208
4.2 学級編制基準 209
4.3 教員配置基準 210
4.4 施設・設備の基準 210
4.4.1 校地・校舎の基準 210
4.4.2 ICT環境の整備 211
5 学校選択・連携 211
5.1 学校選択・通学区域 211
5.2 学校，家庭，地域の連携 212
5.2.1 保護者会 212
5.2.2 学校支援協会 212
5.2.3 「全日制学校」 212

フィンランド

学校系統図 218
学校統計 219
1 初等中等教育制度の概要 220
1.1 就学前教育 220
1.2 義務教育 221
1.3 基礎教育 222
1.4 後期中等教育 223
1.5 特別支援教育 224
2 教育内容・方法 226
2.1 教育目標 226
2.2 教育課程の基準 228
2.3 教科構成・時間配当 229
2.4 キャリア教育 232
2.5 学年暦 234
2.6 授業形態・組織 234
2.7 評価 234
3 進級・進学制度 235
3.1 進級・修了 235
3.2 進学制度 236
4 教育条件 237
4.1 学校規模 237
4.2 学級編制基準 238
4.3 教員配置基準 238

		4.4　施設・設備の基準 238
5　学校選択・連携 239
		5.1　学校選択・通学区域 239
		5.2　学校・家庭・地域との連携 239
		5.3　学校段階間の連携 240

――――――――――――――――――――― 中　国 ―――――――――――――――――――――

学校系統図 242
学校統計 243
1　初等中等教育制度の概要 244
		1.1　就学前教育 244
		1.2　義務教育 245
		1.3　初等教育 245
		1.4　中等教育 245
		1.5　職業教育 246
				1.5.1　中等専門学校 246
				1.5.2　職業高級中学・職業初級中学 246
				1.5.3　技術労働者学校 247
		1.6　特別支援教育 247
2　教育内容・方法 248
		2.1　教育課程の基準 248
		2.2　教育目標 248
		2.3　教科構成・時間配当 249
				2.3.1　小学校・初級中学 249
				2.3.2　高級中学 250
		2.4　キャリア教育 252
		2.5　教科書 252
		2.6　学年暦 253
		2.7　授業形態・組織 253
		2.8　評価 253
				2.8.1　総合資質評価 254
				2.8.2　初等教育段階の評価 254
				2.8.3　中等教育段階の評価 255
						2.8.3.1　学力試験
3　進級・進学制度 255
		3.1　進級・修了 255
				3.1.1　小学校 256
				3.1.2　初級中学・高級中学 256

	3.2 進学制度	256
	3.2.1 小学校から初級中学への進学	256
	3.2.2 初級中学から高級中学への進学	257

4 教育条件 ... 258
4.1 学校規模 ... 258
4.2 学級編制基準 ... 259
4.3 教職員配置基準 ... 259
4.4 施設・設備の基準 ... 261
4.4.1 校舎床面積・敷地面積 ... 261
4.4.2 ICTの環境整備状況 ... 262

5 学校選択・連携 ... 262
5.1 学校選択・通学区域 ... 262
5.1.1 越境入学 ... 263
5.2 学校・家庭・地域との連携 ... 263
5.2.1 学校と家庭の連携 ... 263
5.2.2 地域の人材の活用 ... 263
5.2.3 地域への学校の開放 ... 264
5.3 学校段階間の連携 ... 264

6 その他 ... 264
6.1 私教育 ... 264
6.2 課外活動 ... 265
6.3 いじめの問題 ... 266

―――――――― 韓　国 ――――――――

学校系統図 ... 270
学校統計 ... 271

1 初等中等教育制度の概要 ... 272
1.1 就学前教育 ... 272
1.1.1 就学前教育の普及状況 ... 272
1.1.2 就学前教育の無償化 ... 273
1.2 義務教育 ... 274
1.3 初等教育 ... 274
1.4 中等教育 ... 274
1.4.1 前期中等教育 ... 274
1.4.2 後期中等教育 ... 275
1.4.3 その他の初等中等教育機関 ... 276
1.4.3.1 公民学校
1.4.3.2 高等公民学校

		1.4.3.3	高等技術学校

- 1.4.3.3 高等技術学校
- 1.4.3.4 各種学校
- 1.4.3.5 英才学校
- 1.4.3.6 外国教育機関
- 1.5 職業教育 278
- 1.6 特別支援教育 278

2 教育内容・方法 279
- 2.1 教育課程の基準 279
- 2.2 教育目標 280
  - 2.2.1 就学前教育の目標 280
  - 2.2.2 初等中等教育の目標 280
- 2.3 教科構成・時間配当 281
  - 2.3.1 就学前教育の内容 281
  - 2.3.2 初等中等教育の教科と時間 281
    - 2.3.2.1 初等教育と前期中等教育（「共通教育課程」）
    - 2.3.2.2 後期中等教育（高校）
    - 2.3.2.3 キャリア教育
    - 2.3.2.4 情報教育
    - 2.3.2.5 横断的・総合的学習
    - 2.3.2.6 教科書の種類
- 2.4 学年暦 289
- 2.5 授業形態・組織 289
  - 2.5.1 就学前教育 289
  - 2.5.2 初等中等教育 289
  - 2.5.3 遠隔教育 290
- 2.6 評価 290
  - 2.6.1 学校における評価 290
  - 2.6.2 全国学習到達度調査 291

3 進級・進学制度 292
- 3.1 進級・修了 292
- 3.2 進学制度 292
  - 3.2.1 義務教育機関への進学 292
  - 3.2.2 高校への進学 293

4 教育条件 293
- 4.1 学校規模 293
- 4.2 学級編制基準 294
- 4.3 教職員配置基準 295
- 4.4 施設・設備の基準 296
  - 4.4.1 施設等の法定基準 296

  4.4.2 ICT環境の整備 297
5　学校選択・連携
 5.1　学校選択・通学区域 298
  5.1.1　初等学校 298
  5.1.2　中学校 298
  5.1.3　高校 298
 5.2　学校・家庭・地域との連携 299
 5.3　学校段階間の連携 299

6　その他
 6.1　学校外学習活動（私教育） 300
 6.2　放課後学校 301
 6.3　早期留学 301
 6.4　いじめ対策 302

日　本

学校系統図 306
学校統計 307

1　初等中等教育制度の概要
 1.1　就学前教育 308
  1.1.1　幼稚園 308
  1.1.2　幼保連携型認定こども園 309
  1.1.3　保育所 309
 1.2　義務教育 309
 1.3　初等教育 310
  1.3.1　小学校 310
 1.4　小中一貫教育 311
  1.4.1　義務教育学校 311
 1.5　中等教育 311
  1.5.1　中学校 311
  1.5.2　高等学校 311
  1.5.3　中等教育学校 312
  1.5.4　後期中等教育段階と同年齢の生徒が通う学校 312
   1.5.4.1　高等専門学校
   1.5.4.2　専修学校
   1.5.4.3　各種学校
 1.6　職業教育 313
  1.6.1　職業教育 313
  1.6.2　職業訓練 314

- 1.6.3 技能連携制度 ... 314
- 1.7 特別支援教育 ... 314

2 教育内容・方法 ... 315
- 2.1 教育課程の基準 ... 315
- 2.2 教育目標 ... 316
- 2.3 教科構成・時間配当 ... 317
  - 2.3.1 幼稚園 ... 317
  - 2.3.2 小学校 ... 317
  - 2.3.3 中学校 ... 318
  - 2.3.4 義務教育学校 ... 319
  - 2.3.5 高等学校 ... 319
  - 2.3.6 特別支援学校 ... 321
  - 2.3.7 キャリア教育 ... 322
  - 2.3.8 情報教育 ... 322
  - 2.3.9 横断的・総合的学習 ... 322
- 2.4 学年暦 ... 322
- 2.5 授業形態・組織 ... 323
- 2.6 評価 ... 323
  - 2.6.1 学習評価 ... 323
  - 2.6.2 学校評価 ... 323

3 進級・進学制度 ... 324
- 3.1 進級・修了 ... 324
- 3.2 進学制度 ... 324
  - 3.2.1 中学校卒業者の進学制度と卒業後の状況 ... 324
  - 3.2.2 高等学校（全日制課程・定時制課程）卒業者の卒業後の状況 ... 325
  - 3.2.3 特別支援学校卒業者の卒業後の状況 ... 325
    - 3.2.3.1 特別支援学校（中学部）卒業者の卒業後の状況
    - 3.2.3.2 特別支援学校（高等部）卒業者の卒業後の状況

4 教育条件 ... 326
- 4.1 学校規模 ... 326
- 4.2 学級編制基準 ... 327
  - 4.2.1 幼稚園 ... 327
  - 4.2.2 小学校・中学校 ... 327
  - 4.2.3 高等学校 ... 327
  - 4.2.4 特別支援学校 ... 327
    - 4.2.4.1 幼稚部
    - 4.2.4.2 小学部・中学部
    - 4.2.4.3 高等部
- 4.3 教職員配置基準 ... 328

	4.4 施設・設備の基準	329
5	学校選択・連携	329
	5.1 学校選択・通学区域	329
	5.1.1 幼稚園	329
	5.1.2 小学校・中学校	329
	5.1.3 高等学校	330
	5.1.4 特別支援学校	330
	5.2 学校・家庭・地域との連携	330
	5.2.1 学校評議員制度	330
	5.2.2 学校運営協議会制度（コミュニティ・スクール）	331
	5.3 学校段階間の連携	331

資料

資料1	授業日数・休業日数	334
資料2	徳育	336
資料3	外国語教育	338
資料4	教科書制度	342
資料5	学校における国旗・国歌の取扱い	344
資料6	個の成長・能力に応じた教育	346
資料7	公立高校（後期中等教育）授業料の徴収状況	350
資料8	幼児教育無償化の状況	352

「教育調査」シリーズ一覧表（昭和55年以降） 354

総括表

諸外国の初等中等教育（1-1）

		アメリカ合衆国	イギリス	フランス	ドイツ
就学前教育	機関	・公立学校付設の幼稚園・プレ幼稚園 ・保育学校 （このほか，連邦の保育政策であるヘッドスタートや民間の保育所やグループデイケア等）	・保育学校 ・初等学校付設の保育学級，又はレセプション・クラス ・保育所	・幼稚園 ・小学校付設幼児学級	・保育所 ・幼稚園 ・キタ
	対象年齢・在籍状況	・対象年齢：幼稚園5歳，保育学校5歳未満。 ・在籍状況：3歳40.5%，4歳66.4%，5歳84.6%（2012年）。	・対象年齢：2～5歳。 ・在籍状況：3～4歳のほぼ100%。	・対象年齢：2～5歳。 ・在籍状況：3～5歳のほぼ100%，2歳児の約12%が在籍（2013年）。	・対象年齢：保育所0～3歳未満，幼稚園3～6歳未満，キタ0～14歳未満。 ・在籍状況：3～5歳の94.4%（2013年）。
義務教育		・州により異なり，9～13年（13年の場合1年間の就学前教育を含む）。 ・10年間とする州が最も多い（16州）。 ・開始年齢は6歳，終了年齢は16歳とする州が多い。	・11年（5～16歳）。 ・17～18歳の2年間の教育又は訓練の義務化。パートタイムも可。	・10年（6～16歳）。	・9年（6～15歳）。 ［一部の州は10年（6～16歳）］
主たる学校体系		・5(4)－3(4)－4 ・6－3(2)－3(4) ・8－4　など ［学区により異なる］	・6－7　(5－2)	・5－4－3(2)	・4┬5－1～3 　├6－1～3 　└9(8)
初等教育	機関（年限）	・小学校（3年制，4年制，5年制，6年制など） ・ミドルスクール（3～4年）	・初等学校（6年）	・小学校（5年）	・基礎学校（4年） ［一部の州は6年］
前期中等教育	機関（年限）	・下級ハイスクール（2～3年）	・中等学校（5年）（7年制中等学校の前期5年又は5年制中等学校）	・コレージュ（4年）	・ハウプトシューレ（5年） ・実科学校（6年） ・ギムナジウム（9年又は8年のうち最初の6年）
	取得資格	・州や学区によっては修了証が授与される場合もある。	・GCSE（中等教育修了一般資格）。	・前期中等教育修了国家免状（DNB）。	・ハウプトシューレ修了資格。 ・実科学校修了資格。
	学校種別及び課程別の在学状況	・全員が普通教育課程に在学。	・中等学校は，全国共通カリキュラムを基本とする普通教育課程。第10及び11学年は，GCSEのための課程が基本。	・コレージュは原則共通課程。	・第7学年の在学者（2013年） ハウプトシューレ：12.6% 実科学校：21.2% ギムナジウム：37.8% 総合制学校：14.3%
後期中等教育	機関（年限）	・上級ハイスクール（3年） ・4年制ハイスクール（4年）	・シックスフォーム（中等学校最後の2年間の課程） ・シックスフォームカレッジ（2年，シックスフォームが独立の学校として設けられている） ・継続教育カレッジ（課程により多様）	・普通・技術リセ（3年） ・職業リセ（課程により2年又は3年）	・ギムナジウム上級段階（州や学校種により2年又は3年） ・各種職業教育学校（学校種，課程により多様）
	取得資格	・ハイスクール修了証（同じハイスクールを修了する場合であっても，取得単位の種類や数，州の学力テストの成績等に応じた複数種の修了証が設けられている）。	・シックスフォームでは，GCE・Aレベル（大学入学資格）及びGCE・ASレベル。 ・継続教育カレッジでは，職業資格課程が主。	・普通・技術リセ：普通バカロレア，技術バカロレア。 ・職業リセ：職業適任証（CAP），職業バカロレア。	・一般大学入学資格（アビトゥア）。 ・専門限定アビトゥア。 ・専門大学入学資格。 ・各職業教育学校の修了資格。
	学校種別及び課程別の在学状況	・ほとんどのハイスクールが普通教育と職業教育を行う総合制のハイスクール。	・16・17歳の教育又は訓練参加率（2014年） 　フルタイム教育・訓練：82.3% 　見習い訓練他：7.3%	・16歳の在学状況（2013年）：94.2%（うち見習い訓練が6.2%）。	・17歳年齢人口におけるギムナジウム上級段階在学者の割合：36.4%（2013年）。

諸外国の初等中等教育 (1-2)

		フィンランド	中 国	韓 国	日 本
就学前教育	機 関	・デイケア等乳幼児保育施設 ・基礎学校	・幼稚園	・幼稚園 （保育施設としては保育所（オリニチプ）がある）	・幼稚園 ・幼保連携型認定こども園（学校であると同時に児童福祉施設としての性質も有する） （このほか、保育施設として保育所がある）
	対象年齢・在籍状況	・6歳。 ・就学率：該当年齢層の98%（2015年より義務化）。	・対象年齢：3〜5歳。 ・就園率：67.5%（2013年）。	・対象年齢：3〜5歳。 ・就園率：3歳30.3%，4歳52.3%，5歳59.4%（2013年）。	・対象年齢：3〜5歳。 ・小学校第1学年児童数に対する幼稚園修了者の比率は54.2%（2014年）。
義務教育		・9年（7〜16歳）。	・9年（6〜15歳）。	・9年（6〜15歳）。	・9年（6〜15歳）。
主たる学校体系		・6-3-3（9-3）	・6-3-3	・6-3-3	・6-3-3
初等教育	機 関（年限）	・基礎学校（基礎学校9年間のうちの6年）	・小学校（6年，一部5年）	・初等学校（6年）	・小学校（6年）
前期中等教育	機 関（年限）	・基礎学校（基礎学校9年間のうちの3年）	・初級中学（3年，一部4年） ・初級職業中学（3年）	・中学校（3年）	・中学校（3年）
	取得資格	・卒業証書。	・卒業証書。	・卒業証書。	・卒業証書。
	学校種別及び課程別の在学状況	・全員が普通教育課程に在学。	・初級中学段階への進学率は98.3%（2013年）。 ・在学者の構成 　初級中学　　　：99.8% 　初級職業中学：0.2%	・全員が普通教育課程に在学。	・全員が普通教育課程に在学。
後期中等教育	機 関（年限）	・ルキオ（高等学校）（2〜4年） ・職業学校（2〜4年）	・高級中学（3年） ・中等専門学校（3〜5年） ・技術労働者学校（3〜5年） ・職業中学（3年）	・高等学校（3年）	・高等学校（3年） ・高等専門学校（5年）
	取得資格	・卒業証書。	・卒業証書。	・卒業証書。	・卒業証書。
	学校種別及び課程別の在学状況	・後期中等教育段階への進学率は91.5%（2012年）。 ・進学先等の構成 　ルキオ　　：50.0% 　職業学校：41.5% 　その他　：8.5%	・高級中学段階への進学率は91.2%（2013年）。 ・入学者の構成 　高級中学　　　：55% 　中等専門学校　：18% 　技術労働者学校：9% 　職業中学　　　：12%	・高等学校の就学率は93.7%（2014年）。	・高等学校学科別在学者比率（2014年） 　普通学科：72.6% 　総合学科：5.3% 　専門学科：22.1%

諸外国の初等中等教育 (2-1)

		アメリカ合衆国	イギリス	フランス	ドイツ
職業教育・キャリア教育	機関（年限）	・一般のハイスクール（職業関連科目）（4年） ・職業ハイスクール（4年） ・地域の職業教育センター（一般のハイスクールの生徒がパートタイムでプログラムを履修）	・継続教育カレッジ ・見習い訓練など	・職業リセ（2年又は3年） ・リセ技術教育課程の一部（3年） ・見習い技能者養成センター（年限は多様）	・企業と定時制の職業学校における二元制の職業教育訓練（多くは3年） ・全日制の各種職業教育学校（年限は多様）
	学校種別及び課程別の在学状況	・職業ハイスクールは全米で388校，地域の職業教育センターは1,097校（2010年度）。	・16・17歳の教育又は訓練参加率（2014年） 　フルタイム教育・訓練：82.3% 　見習い訓練他：7.3%	・後期中等教育機関（普通・技術リセ及び職業リセ）在学者の約30%が職業リセに在学（2013年）。	・16歳年齢人口の74%が全日制の普通教育学校，15%が全日制の職業教育学校，9%が定時制の職業学校に在籍（2013年）。
	キャリア教育	・主にハイスクールにおいて，教科担当教員とカウンセラーとのチーム・ティーチングや，授業の一部を使ったカウンセラーによる指導が行われている。選択科目として設けられている場合もある。年1～2回，カウンセラーとの個別相談も行われる。	・主に中等教育段階で行われるが，教育課程上の位置付けは弱い。 ・個々の生徒への支援・助言を中心とするキャリア・ガイダンスが実施。	・主に中等教育段階を通じて実施。教育課程の中でキャリア教育関連の科目が設けられている。	・中等教育段階で，独立した教科や合科，又は教科横断的に様々な教科の授業の中で実施。
特別支援教育	機関	・一般の学校 ・特別支援学校 ・寄宿制特別支援学校 ・家庭・病院 　　　　　　　　など	・特殊教育学校 ・通常の学校 ・独立学校	・特別支援学級 ・職業適応部門（SEGPA） ・地域圏適応教育機関（EREA） ・医療福祉教育機関	・促進学校，特殊学校 ・通常学校
	在学状況	・連邦の特別支援教育プログラムの支援を受けている者（3～21歳）は約640万人（全公立学校在学者の13.0%，2010年度）。	・「特別の教育ニーズ（SEN）」の認定書を持つ児童・生徒は，初等中等教育全体の2.8%，認定書を持たないSEN児童・生徒は，12.6%（2015年）。	・就学している障害のある児童・生徒は約33万人。約4分の1が医療福祉教育機関に在籍（2014年度）。	・普通教育学校の第1～13学年の全児童・生徒のうち4.1%を占める（2013年度）。
教育内容・方法	教育課程の基準	・州は，教育課程の基準として，大綱的なガイドラインである教育スタンダードを策定。 ・学区は，州の基準や要件から逸脱しない範囲において，教育課程に関する詳細を決定。	・教育省が，数学，英語，理科など12の必修教科について全国共通カリキュラムを定めている。	・国民教育省・高等教育研究省が全国共通の教育課程基準を定めている。	・各州の教育省が，教育課程の基準を定めている。 ・主要教科については，各州の教育省が，全国共通の教育スタンダードに準拠して定めている。
	教育目標に関する規定	・州の法令で規定されている。規定の仕方は多様であるが，教科目に関する知識，職業技能，市民としての義務と責任，個人の発達などの観点から定められている。	・1996年教育法において，全国共通カリキュラムの一般的な目標を示している。	・教育法典，学校基本計画法（2013年）が教育目標を定めている。	・各州の憲法，学校法において一般的な教育目標を示し，教育課程の基準において各学校種及び各教科の教育目標を定めている。
	基準の内容（教科構成・時間配当等）	・必修教科の構成，指導内容及び到達目標。 ・各教科の時間配当は，初等教育段階では一般に学校の裁量に委ねられている。ハイスクールについては，修了要件として教科別及び合計取得単位数が，教育スタンダードとは別に，州の法令により定められている。	・必修教科の構成。 ・学習プログラム（各教科において教えるべき知識や技能，理解の内容を示す）。 ・各教科・各キーステージ（教育段階）における到達目標。	・教科構成。 ・各教科の時間配当。 ・指導要領。	・各教科の目標と課題。 ・各テーマの重点と育成すべき能力。 ・評価の観点や方法。 　　（州により異なる）

諸外国の初等中等教育 (2-2)

		フィンランド	中 国	韓 国	日 本
職業教育・キャリア教育	機関（年限）	・職業学校等（名称は様々）	・中等専門学校（3～5年） ・技術労働者学校（3～5年） ・職業中学（3年）	・職業高等学校（3年）	・高等学校／職業学科（3年） ・高等専門学校（5年） ・専修学校（1年～） ・各種学校
	学校種別及び課程別の在学状況	・基礎学校から職業学校への進学者は41.5%（2012年）。	・高級中学段階の入学者における職業教育学校の構成比は45%（成人職業教育を含む）（2013年）。	・職業高等学校在学者が全高等学校在学者数に占める比率は約17.7%（2014年）。	・高等学校本科生徒数全体に占める職業学科生徒数の比率は18.9%（2014年）。
	キャリア教育	・基礎学校の教育課程に職場体験学習が組み込まれている（8年生，9年生）。 ・中等教育段階では，カウンセラーが配置され，進路指導などにも当たっている。 ・基礎学校に設けられた「10年生」クラスは，修了後の進路を決めあぐねている生徒の受け皿としても活用されている。	・初等中等教育段階で系統的なキャリア教育は実施されていない。	・「進路教育」に関する単元や選択教科がカリキュラムに盛り込まれている。	・2006年に改正された教育基本法で教育の目標の1つとして「職業及び生活との関連を重視し，勤労を重んじる態度を養うこと」を明記。
特別支援教育	機関	・特別支援学校 ・職業特別支援学校 ・特別支援学級 ・国立学習指導センター ・院内学級	・盲聾唖学校 ・盲学校 ・聾学校 ・精神薄弱児学校 ・普通教育学校における特殊教育学級	・特別支援学校あるいは特別支援学級	・特別支援学校 ・小学校，中学校の特別支援学級 ・小学校，中学校における通級による指導
	在学状況	・特別支援教育を受けている児童・生徒は就学年齢人口の7.3%。 　特別支援学校在学：1.0% 　基礎学校在学　　：6.3% 　　　　　　　（2013年）	・全児童・生徒の0.2%（2013年）。	・全児童・生徒（幼稚園を含む）の0.4%（2014年）。	・特別支援学校（在籍幼児，児童・生徒数，135,617人）。 ・小学校，中学校の特別支援学級（在籍児童・生徒数，187,100人）。 ・公立小学校，中学校における通級による指導（指導を受けている児童・生徒数，83,750人）。 （いずれも2014年）
教育内容・方法	教育課程の基準	・国（国家教育委員会）が教育課程基準を定め，これを基に基礎自治体（市町村レベル）が地方教育課程基準を策定。	・国が教育課程の基準を定め，これを基に省・自治区・直轄市が地域内の基準を制定。	・教育長官が『教育課程』を制定。	・文部科学省が学校教育法に基づく省令により，教科，授業時数等を定めている。 ・同省令に基づき，文部科学大臣が学習指導要領を定めている。
	教育目標に関する規定	・基礎教育法において教育目標を制定。 ・『基礎教育における国家目標と授業時数配分に関する政令』において教育の内容にかかる目標を規定。	・憲法及び教育基本法に当たる「教育法」で教育の一般的目標を規定。 ・教育課程の基準においても，これを踏まえて教育の目標を規定。	・教育基本法や教育課程において，学校段階ごとに定められている。	・教育基本法で教育目標を規定。 ・学校教育法で各学校段階の目標を規定。 ・学習指導要領で各教科等の目標を規定。
	基準の内容（教科構成・時間配当等）	・教育の目標。 ・教科構成。 ・コンピテンシー。 ・各教科の目標・内容・到達目標（ルーブリック的評価基準）・コンピテンシーとのつながり。 ・各段階のつながり。	・教育の目標。 ・教科構成。 ・時間配当。	・教育の目標。 ・教科構成。 ・時間配当。 ・各教科の目標，内容。	・教育の目標。 ・教科構成。 ・授業時数。 ・各教科の目標，内容。

諸外国の初等中等教育 (3-1)

		アメリカ合衆国	イギリス	フランス	ドイツ
学年暦	学年度	・州法が規定。通常,7月1日~6月30日。 ・公立学校の開始・終了時期は学区が決定。通常は9月上旬~5月末又は6月半ば。	・9月~7月(ただし,初等学校については全ての児童が9月に入学するわけではない)。	・9月~7月。	・法的には8月1日~7月31日。 ・実際には,州や年度により,8月半ば~9月半ばに始まり,6月下旬~7月下旬に終わる。
	学期	・学区が決定。通常,2学期制か4学期制。 ・2学期制の場合 　前期:8月下旬 　　　~12月下旬。 　後期:1月上旬 　　　~6月初旬。	・3学期制 秋学期:9月上旬~12月中。 春学期:1月上旬~イースター休暇(3・4月,年により異なる)。 夏学期:イースター休暇明け~7月中旬。	・3学期制 1学期:9月~クリスマス休暇(12月下旬)。 2学期:1月~春休み(4~5月初め)。 3学期:春休み~7月初め。	・2学期制 1学期:8月又は9月~1月末。 2学期:2月初め~夏休み。
	週5日制か否か	・土,日曜日を休日とする完全週5日制。	・土,日曜日を休日とする完全週5日制。	・初等教育段階では水(午後),土,日を休日とする週4日半制。 ・中等教育段階では学校により異なるが日曜日を休日とする。	・地域・学校種により異なり,完全週5日制の地域・学校種と,隔週で5日制(月2回の土曜日が休日)の地域・学校がある。
授業形態・組織		・小学校:学級担任制。児童・生徒の能力に基づいて特定の学級や教員を割り当てることは通常,ない。ただし英語や数学など特定教科においては,習熟度別のグループ学習や個別学習が行われる。 ・中等学校:教科担任制。生徒個人の関心や能力に基づいて履修科目を決定。	・初等学校:学級担任制が一般的。習熟度別学級編制はあまり行われず,通常は混合能力編制。 ・中等学校:教科担任制。何らかの習熟度別学級編制が行われているのが一般的。	・初等教育段階:学級担任制が原則。 ・中等教育段階:教科担任制が原則。	・基礎学校:学級担任制。 ・ハウプトシューレ,実科学校,ギムナジウム:教科担任制。
評価		・絶対評価。 ・小学校は学級担任,ハイスクールは授業担当教員が評価。 ・成績の表記方法は,A-B-C-D-F(Eはない)の5段階(Aが最優秀,Fは落第点)が一般的。 ・特にハイスクールにおいては,教科目全体を通じた学力を表すため,数字表記による「平均成績得点(GPA)」として示されることがある(4.0満点)。	・絶対評価。 ・全国共通カリキュラムに沿って,教員による評価が行われる。また,英・数について,11歳時(第6学年)に全国共通カリキュラムに基づく評価(いわゆる全国テスト)が実施。評価はキーステージの標準到達レベルへの達成度が基準となる。 ・上記以外の学年でも各学校において評価が行われている。	・絶対評価。 ・成績の表記の方法は学校により異なり,点数や記述により表記される。 ・通知表には各教科の成績の他に,知識・技能の習得状況や証明証の取得状況が記録される。	・基礎学校の第1,2学年では記述式評価。 ・基礎学校第3学年以降は,「1」~「6」の6段階の絶対評価(1が最も良い)。 ・ギムナジウム上級段階の第11,12学年では15~0点の16段階評価(15点が最も良い)。

諸外国の初等中等教育（3-2）

		フィンランド	中 国	韓 国	日 本
学年暦	学年度	・8月〜7月。	・9月〜7月。	・3月〜翌年2月。	・4月1日〜3月31日。
	学 期	・2学期制（初等教育段階） 　1学期：8月〜12月。 　2学期：1月〜5月。 ・中等教育段階は学校により異なる。	・2学期制 　1学期：9〜1月末又は2月初め。 　2学期：2月末〜7月中旬。	・2学期制 　1学期：3月〜8月末頃。 　2学期：9月初頃〜2月末。	・公立学校については当該学校を設置する地方公共団体の教育委員会が，私立学校については当該学校が定める。 ・通常は3学期制。
	週5日制か否か	・土曜日・日曜日を休日とする完全週5日制。	・土曜日・日曜日を休日とする完全週5日制（1995年実施）。	・土曜日・日曜日を休日とする完全週5日制。	・公立学校は，週5日制。 ・ただし，当該学校を設置する地方公共団体の教育委員会が必要と認める場合には，土曜日等に授業を行うことが可能である。
授業形態・組織		・初等教育段階は学級担任制（語学等は専科教員が配置されている場合もある）。 ・中等教育段階は教科担任制。 ・習熟度別の学級編制については学校裁量。 ・コーティーチングを導入する学校もある。	・小学校，初級・高級中学いずれにおいても教科担任制（しかし，小学校段階では，学級担任制の場合がある）。 ・各学年ごとに固定的な学級が編制され，これを単位として各教科の授業が行われている。	・初等学校：学級担任制。ただし，体育や音楽，美術及び英語などについては専科教員の配置も可能。 ・中学校及び高等学校：教科担任制。	・小学校：学級担任制。 ・中学校：教科担任制。 ・高等学校：教科担任制（一部の教科についてはティームティーチングが行われている）。
評 価		・絶対評価。 ・4〜10の7段階評価。	・絶対評価。 ・100点法又は4ないし5段階評価。 ・小学校は段階評価。 ・初級中学以上では段階評価に移行。	・初等学校では教科学習発達事項に関する文章を記載。 ・中学校及び高等学校では教科毎に相対あるいは絶対評価。記録簿には，到達度別5段階評価や席次，点数などを記載。	・絶対評価。 ・小・中学校は，①絶対評価による観点別学習状況の評価，②絶対評価による各教科の評定。 ・高等学校は，絶対評価による各教科・科目等の評定。

諸外国の初等中等教育 (4-1)

			アメリカ合衆国	イギリス	フランス	ドイツ
進級・進学制度	初等教育	進級の基準	・通常、毎年1学年ずつ自動的に進級。 ・一部の州では、小学校低学年を中心に英語や数学などの学力テストの成績等に基づいて、進級の可否を判断する進級判定制度を導入している。	・初等中等教育全体を通じて、児童・生徒は年齢にしたがって各学年に配置され、毎年自動的に進級する。例外的に、親や学校の判断で原級留置する場合もある。	・進級の可否については教員評議会が検討する。	・上級の学年への進級の判定は基礎学校第3学年から実施される。 ・学年末の成績の状況から進級の可否が学級担任会議等で判定される。
		修了の基準	・小学校の学年構成は学区によって異なることから、州内共通の修了要件は定められていない。	・各学校が課程修了者に修了証・卒業証書を出すという制度はない。	・各学校が課程修了者に修了証を出すという制度はない。	・所定の成績を収めていること。 ・修了試験は行われない。
	中等教育	進級の基準	・科目履修に基づく単位制であるが、学年毎に取得すべき単位数が進級要件として設定されている場合がある。 ・ただし、単位を取得できなかった科目について未履修部分や理解不十分な内容について、オンライン教育等での再学習で単位を授与する取組が行われている。	・初等中等教育全体を通じて、児童・生徒は年齢にしたがって各学年に配置され、毎年自動的に進級する。例外的に、親や学校の判断で原級留置する場合もある。	・学級評議会(教員、生徒、保護者代表等で構成)が進級の可否を検討する。	・学年末の成績の状況から進級の可否が学級担任会議等で判定される。 ・ギムナジウム上級段階の最後の2年間(認定期)では、進級判定は行われない。
		修了の基準	・修了要件の第一は指定された教科目における一定数以上の単位の取得。 ・近年は、州が指定する学力テストの受験・合格を修了要件に加えるところが増大。	・各学校が課程修了者に修了証・卒業証書を出すという制度はない。	・各学校が課程修了者に修了証を出すという制度はない。 ・前期中等教育修了資格として前期中等教育修了国家免状(DNB)、後期中等教育修了資格としてバカロレアがある。	・所定の成績を収めていること。 ・ギムナジウム上級段階については、所定の成績を収め、かつアビトゥア試験に合格して、一般大学入学資格であるアビトゥアを取得すること。
進学制度			・初等中等教育を通じて、原則、選抜のための試験は行われず、義務教育年限に関係なく、初等中等教育段階の12年間は希望者全員が進学できる。 ・ただし、職業ハイスクールや、通常よりも広域に生徒を集める外国語教育や理数教育を重点的に行う学校については、選抜テストや出身校の成績等による選抜を行う場合もある。	・初等学校から中等学校への進学に当たっては、一部の選抜制の学校を除いて、生徒の学力などに基づく選抜は行わない。 ・中等学校の義務教育段階から義務教育後の段階(シックスフォーム)への進学(進級)に当たっては、GCSEなどの資格試験の成績を入学要件とする場合もある。	・小学校からコレージュへの進学に当たっては、選抜は行われない。 ・コレージュから後期中等教育への進学は、進路指導等を踏まえ、コレージュの学級評議会により決定される。	・基礎学校から中等教育学校への進学に当たっては、選抜の試験は行われない。 ・通常基礎学校教員が保護者との面談を通じて児童の適性に関する所見入りの推薦書を作成し、保護者がこの推薦書や学校との面談を参考に、進学先となる学校種を決定する。推薦書に拘束力を持たせている州の場合、保護者や児童の希望が制限されることがある。 ・前期中等教育段階の各学校種からギムナジウム上級段階への進学は、学業成績が特定の要求水準を満たしている場合に認められる。

諸外国の初等中等教育 (4-2)

			フィンランド	中 国	韓 国	日 本
進級・進学制度	初等教育	進級の基準	・全国的な基準はない。 ・複数科目について上記評定の4がつくと，原級留置となる場合がある。	・全国統一基準はない。 ・上海市の小学校では一般に言語・文学，算数の学年成績により進級の可否を決定。 ・第1, 2, 6学年では留年は実施しない。	・授業日数の3分の2以上の出席がある者について，カリキュラムの履修程度から，各学校の学校長が判断。	・平素の成績を評価して各学年の課程の修了を認める。
		修了の基準	・9年間の基礎教育というかたちが採られているため，初等教育段階としての「修了」はない。	・言語・文学，算数の卒業試験の合格及び思想・品徳や行為・規範で合格することが主たる卒業要件。	同上	・平素の成績を評価して卒業を認める。
	中等教育	進級の基準	・全国的な基準はない。 ・複数科目について上記評定の4がつくと，原級留置となる場合がある。	・全国統一基準はない。 ・上海市の初級中学の場合，言語・文学，数学，外国語の主要教科のうち2教科，又は1主要教科及びその他2教科の学年成績が不合格，或いは4教科が不合格の場合，留年。 ・上海市の高級中学では，選択科目の単位が規定に達していない場合或いは社会実践活動を3分の1以上欠席した場合は留年。	同上	・平素の成績を評価して各学年の課程の修了を認める。
		修了の基準	・全国的な基準はない（修了時における望ましい水準は教育課程基準に記載）。 ・前期中等教育は最終年度の成績を基準として認定する。 ・後期中等教育段階については所定の単位を修得する必要がある。	・上海市の初級中学は各科の学力試験の合格，或いは言語・文学，数学，外国語に合格し，その他不合格が2教科以下で，かつ思想・品徳，行為・規範で合格の場合。 ・上海市の高級中学では，一般に各教科の合格，或いは言語・文学，数学，外国語に合格し，その他不合格が1教科以下で，かつ思想・品徳，行為・規範で合格の場合。	同上	・中学校においては，平素の成績を評価して卒業を認める。 ・高等学校の卒業に当たっては，74単位以上を修得しなければいけない。
	進学制度		・基礎学校から後期中等教育段階への進学は，全国統一のシステム（オンライン）を通じて出願し（第5希望まで記入），調査書及び基礎学校における成績を基に，入学者を選抜。	・初級中学への進学は，各学校の通学区域ごとに指定。 ・高級中学段階への進学は，一般に省単位で統一入試を実施し，入学者を選抜。	・中学校進学には，初等学校卒業，高等学校進学には中学校卒業が基礎要件。 ・高等学校への進学方法は，地域や高校種によって異なる。「平準化」地域の普通高校の場合，中学校記録簿や共通試験の成績に基づき地域毎に選抜，抽選で配置。非「平準化」地域の高校や特殊目的高校，職業高校などの場合，各校が選抜を実施。	・中学校から高等学校へ進学する際には，中学校長から送付された調査書その他必要な書類，学力検査の成績等を資料として行う入学者の選抜に基づいて，校長が許可する。

諸外国の初等中等教育（5-1）

			アメリカ合衆国	イギリス	フランス	ドイツ
教育条件	学校規模	基準・実態	・州や学区の中には学校規模に関する基準や目安を示している場合がある（ルイジアナ州の例：学校存続条件として平均出席者の下限は10人）。 ・公立学校の平均生徒数（2011年度, 全国） 　小学校　　　：479人 　ハイスクール：788人	・学校規模を直接定めた規定はない。ただし，各学校の入学定員に関する規定がある。 ・実態は以下のとおり。 　初等学校：100人以下が1割。8割が400人以下。 　中等学校：5割が1,000人以下。1,501人以上は1割。 　　（2014年1月現在）	・学校規模を直接定めた規定はない。 ・学校規模の実態（公立。2014年度） 初等教育段階の学級数 　1～2学級　：21.7% 　3～5学級　：40.5% 　6～10学級　：29.0% 　11学級以上：8.8% 中等教育段階の平均生徒数 　コレージュ：494人 　リセ　　　：995人 　職業リセ　：409人	・各州の学校法やその施行規則等に基準が定められている。 ・ノルトライン・ヴェストファーレン州の場合，秩序ある学校経営に必要な最小学校規模として，必要な学級数が同州の学校法に定められている（基礎学校，ハウプトシューレ，実科学校は2学級，ギムナジウムは3学級）。
	学級編制	基準	・有。 ・21州では州法や州の行政規則によって学級規模に関する基準を設けている。	・有。 ・1998年教育水準・新学校法により規定。	・無。 ・小学校：大学区国民教育事務局長が毎年決定する。 ・中等学校：各学校の権限となっている。	・有。 ・各州の教育省が学校法施行規則等に定めている。
		基準の内容	カリフォルニア州の例 ・幼稚園：学区平均31人以下。最大33人。 ・第1～3学年：学区平均30人以下。最大32人。 ・第4～8学年：教員1人当たりの生徒数の1964会計年度の州平均（29.2人）又は学区平均のうち，大きい方を上回らない。 フロリダ州の例 ・就学前教育～第3学年：18人 ・第4～8学年　　　　　：22人 ・第9～12学年　　　　：25人	・初等学校の低学年（第1・2学年）について1学級当たりの生徒数の上限を30人と規定。その他の学年については基準はない。		・各学校種，各学年毎の1学級当たり標準人数，上限，一定範囲など，州により様々に規定されている。
	教員配置	基準	・有。 ・17州では州法や州の行政規則によって教員1人当たりの児童・生徒数に関する基準を設けている。	・無。 ・1993年教育（教員）規則の中に，児童・生徒の年齢，能力，適性及び必要に応じた教育を提供するために，適格かつ十分な数の教員を雇用すべきである，という一般的な規定があるのみで，具体的な基準はない。 ・なお，各学校が予算の裁量を任され，教員の実質的な任用を行うことから，各学校がその予算の範囲で教員を配置している。	・無。 ・児童・生徒数や地域の特徴等を考慮して教員を配置。	・有。 ・各州の教育省が教員配置に関する法令により定めている。
		基準の内容	・ジョージア州の例 　－就学前教育　　：15人 　－第1～3学年　　：17人 　－第4～12学年　：23人 ・ニューメキシコ州の例 　－就学前教育　　：20人 　－第1～3学年　　：22人 　－第4～6学年　　：24人 　－第7～8学年　　：27人 　－第9～12学年　：30人			・教員1人当たり児童・生徒数の基準又は1学級当たり教員数の基準が定められている。
	施設設備	基準	・有。 ・州あるいは学区が定めている。	・有。 ・教育省が規則により定めている。	・無。ただし，安全・防災・衛生面の基準に従う。	・有。 ・各州の教育省や建設所管省が法令やガイドラインで施設・設備の基準を定めている。
		基準の内容	・例えばカリフォルニア州では，校地面積，屋外体育施設，校舎，駐車場等の面積について，在学者数に応じて基準を定めている。 ・このほか，教育プログラムの実施との関係や，火災や安全に関する州や地方の基準を満たすことなど。	・運動場の広さなど，従前は学校規模による広さの指示などがあったが，現在は，各施設の適切性の確保といった一般的な規定となっている。		・防災の観点から，防火壁，避難路，避難階段等の基準が定められている。 ・教育環境の整備等の観点から，教室，校長室，体育館，食堂，校庭などの基準面積が定められている。

諸外国の初等中等教育 (5-2)

		フィンランド	中 国	韓 国	日 本
学校規模	基準・実態	・国レベルの基準はない。 ・但し,近年,学校の統合による大規模化が進んでいる。	・都市の学校について,学級数による基準を規定。 小学校　12～30学級 　（1学年2～5学級） 初級中学　12～30学級 　（1学年4～10学級） 高級中学　18～36学級 　（1学年6～12学級）	・基準はない。 ・学校規模の実態 初等学校 　100人以下　：30.7% 　101～600人　：34.2% 　601人以上　：35.1% 中学校 　100人以下　：20.4% 　101～600人　：34.1% 　601人以上　：45.4% 　　　　　　（2014年）	・小学校・中学校については,特別の事情がある場合を除き12学級以上18学級以下を標準とすることを定めている。 ・公立高等学校については,法律で,都道府県は,高等学校の教育の普及及び機会均等を図るため,その区域内の公立の高等学校の配置及び規模の適正化に努めなければならないと定めている。
教育条件 学級編制	基準	・国レベルの基準はない（地方が定めている場合は有）。	・有。 ・国が基準を規定。	・無。 ・各広域市・道の教育監によって定められる。	・有。 ・国が法律で標準を定めている。
	基準の内容		・国の基準を参考に,省・自治区・直轄市がそれぞれの実情に応じて定める。 ・国の基準 小学校　45人（上限） 初級中学　45～50人 　　　（都市・標準） 高級中学　45～50人 　　　（都市・標準）	（学級規模の実態） ・1学級当たりの児童・生徒数 　初等学校：23.2人 　中学校　：31.7人 　高等学校：31.9人	法律に定める数（小中高ともに40人,小学校1年生は35人）を標準として,小学校,中学校については都道府県教育委員会が基準を定め,市町村教育委員会が学級編制を行い,高等学校については設置者である地方公共団体の教育委員会が学級編制を行う。 ・特別支援教室及び特別支援学校については別途標準が定められている。
教員配置	基準	・国レベルの基準はない。	・有。 ・国が基準を規定。	・有。 ・「初等中等教育法」及び同法施行令が学校段階毎に規定。 ・原則として児童・生徒数を基に算出。	・有。 ・法律に基づき国が都道府県ごとに置くべき義務教育諸学校の教職員の総数を設定し,都道府県はこれを標準として,校長,教頭及び教諭等,養護教諭,栄養教諭等,事務職員,特殊教育諸学校の教職員の定数を条例で定める。
	基準の内容		・国の基準（1学級当たり教員数）を参考に,省・自治区・直轄市がそれぞれの実情に応じ定める。 ・1学級当たり教員数（都市部の場合） 　小学校　　　1.8人 　初級中学　　2.7人 　高級中学　　3.0人	・「地域群別教員1人当たりの生徒数」を考慮した計算式に基づき,各広域市・道の教員定数を決定。算出に当たっては,地域群ごとの特性を反映した補正指数が適用される。	・校長,教頭,教諭,養護教諭,栄養教諭,学校栄養職員,事務職員などの学級数等に応じた標準定数を規定。
施設設備	基準	・国レベルの基準はない。	・有。 ・国が基準を規定。	・有。 ・「高等学校以下の各級学校の設立・運営規定」が規定。	・有。 ・幼稚園,小学校,中学校,高等学校に関しては,それぞれ,幼稚園設置基準,小学校設置基準,中学校設置基準及び高等学校設置基準が,学校を設置するのに必要な最低の基準として定められている。
	基準の内容		・校舎床面積 ・敷地面積 ・事務室の面積 ・校舎建築の各規格　等	（例） 初等学校校舎面積の基準 ・児童数240人以下 　全学年定員数×7（㎡） ・児童数241～960人 　全学年定員数×4+720（㎡） ・児童数961人以上 　全学年定員数×3+1,680（㎡）	・一般的基準 ・校舎及び運動場の面積等 ・校舎に備えるべき施設 ・その他の施設 ・校具及び教具　等

諸外国の初等中等教育 (6-1)

		アメリカ合衆国	イギリス	フランス	ドイツ
学校選択・連携	学校選択・通学区域	・通常，学区の教育委員会が設ける通学区域があり，通学する学校が指定されている。 ・近年は，通学区域や学区を越えて，就学する学校を選ぶことができる開放入学制度を導入する州が増えている。	・地方当局が就学・通学校を指定する通学区域はない。しかし通常，各学校には「通学圏」と呼ばれる地理的に合理的な通学範囲が設定されている。親は通学圏外の学校を選択することもでき，定員の範囲内で受け入れられる。ただし希望者が定員を超えた場合には，通学圏内の居住の有無が入学可否の決定基準の1つになる。	・小学校，コレージュ及びリセのいずれについても学区が定められている。ただし，学区外の学校を希望する場合，例外申請をすることができる。	・基礎学校については，多くの州が通学区域を定めている。 ・中等教育学校については，州や学校種により異なるが，伝統的には，通学区域はハウプトシューレと職業学校には設定されているのに対し，それ以外の学校種には設定されていない。
	学校・家庭・地域との連携	・各公立学校に予算運用や教育プログラムの実施に関して一定の権限が授与される「自律性の高い学校運営」について，34州が学区に実施を認める，あるいは義務付けている。	・意思決定機関である学校理事会には，親や地域の代表が含まれている。	・保護者に対して教職員との対話や情報提供が保障されている。 ・保護者代表選挙により選出された保護者代表は学校の管理運営組織に参加。 ・地方公共団体や地域で活動するアソシアシオン（非営利団体）は学校と連携して教育活動を実施している。	・保護者の学校への協力は，一般に，保護者会での情報交換や意見交換，また保護者代表の選出への参加などにより間接的に行われている。 ・各学校には，学校の教育関連設備を財政的，物質的に支援する任意の組織として，保護者，教員，児童・生徒のほか，同窓生や地元の住民及び企業等から成る学校支援協会が置かれている。
	学校段階間の連携	・ドロップアウトや留年することなく，ハイスクールを修了できるように，5年制小学校とミドルスクールを合わせた8年制学校や，ミドルスクールと4年制ハイスクールを合わせた7年制ハイスクールが注目されている。	・中等学校への円滑な進学を目的とするプログラムが学校間で実施されている。 ・拡大学校として，親や地域のニーズに応じたサービスが提供されている。	・小学校からコレージュへの接続を支援するために「小学校－コレージュ評議会」が組織されている。	
その他				・優先教育政策。 ・放課後支援。	・全日制学校／全日制教育プログラム。

諸外国の初等中等教育 (6-2)

		フィンランド	中 国	韓 国	日 本
学校選択・連携	学校選択・通学区域	・通常，居住地に応じて学校が決まるが，芸術系科目など特別クラスを志望している児童・生徒や，言語等個別のニーズがある児童・生徒は学区とは異なる学校に通学することも可能。 ・後期中等教育段階では，全国いずれの学校にも志願可能であり，基礎学校の成績に基づいて入学者選抜が行われる。	・義務教育段階においては，各学校ごとに通学区域が定められ，無選抜で地域内の子供が入学。 ・高級中学は，一定地域の生徒を募集，選抜。	・初等学校については，地域教育行政区の長が，居住地域に応じた学校を指定。 ・中学校については，地域教育行政区の長が，居住地域に応じた学校群内の学校を抽選で指定。 ・高等学校については，地域や高校種によって異なる。 ・「平準化」地域の普通高校の場合，進学先は抽選のため，原則的に選択は不可。その他の高校は選択可。	・公立小学校，中学校については，市町村の教育委員会が就学すべき学校を指定する。 ・高等学校については，都道府県の教育委員会が通学区域について判断することとしている。
	学校・家庭・地域との連携	・家庭との連携については，学校理事会などを通じて行われてきたが，必ずしも実態を伴っていなかったため，2000年頃から強化を図る政策的取組が行われている（教育課程基準にも記されている）。 ・地域については，主に，教会やNGOなど，地域で活動する諸団体と，日常的な教育活動や子供の支援において連携を図っている。	・住民や住民組織，あるいは地元企業，軍隊などが学校の教育や施設・設備の充実のために協力・支援することが奨励されており，寄付や施設・設備の提供などの物的支援を行っている。	・学校運営委員会への参加。	・教育基本法第13条で「学校，家庭及び地域住民その他の関係者は，教育におけるそれぞれの役割と責任を自覚するとともに，相互の連携及び協力に努めるものとする」と定め，連携のための具体的な制度として学校評議員制度や学校運営協議会制度が設けられている。
	学校段階間の連携	・学校段階間の連携は，制度的なかたちでは取り組まれてこなかった。但し，2016年施行予定の教育課程基準では，学校段階間の接続を充実する動きがみられる。	・2001年に改正された課程基準において小中一貫制を見据えた課程の設置が始まり，2011年にさらに改正された課程基準でもその方針は踏襲された。 ・児童・生徒の学習負担の軽減や試験を重視した教育を改めるため，9年一貫制や12年一貫制の学校が近年，実験的に設置されている。		・学校段階間の連携については，中高一貫教育が制度化されている。平成28年度から小学校から中学校までの義務教育を一貫して行う「義務教育学校」が新たな学校の種類として創設される。
	その他		・受験対策を主な目的とする塾や，受験競争と距離を置く「私塾」と呼ばれるオルタナティブ・スクールなど。 ・放課後の課外活動の活発化。	・学校外学習活動（私教育）の抑制。 ・放課後学校の活性化。 ・いじめ対策。	

アメリカ合衆国

1 初等中等教育制度の概要 38
2 教育内容・方法 49
3 進級・進学制度 64
4 教育条件 72
5 学校選択・連携 77

学校系統図

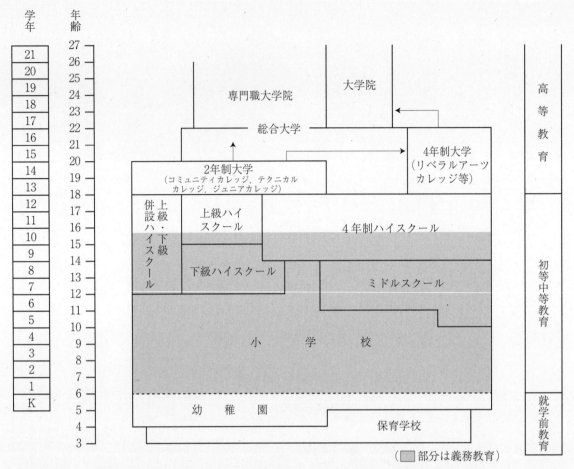

（▨部分は義務教育）

就学前教育——就学前教育は，幼稚園のほか保育学校等で行われ，通常3～5歳児を対象とする。

義務教育——就学義務に関する規定は州により異なる。就学義務開始年齢を7歳とする州が最も多いが，実際にはほとんどの州で6歳からの就学が認められており，6歳児の大半が就学している。義務教育年限は，9～12年であるが，10年とする州が最も多い。

初等・中等——初等・中等教育は合計12年であるが，その形態は6-3（2）-3（4）年制，8-4年制，6-6年制，5-3-4年制，4-4-4年制など多様である。沿革的には，今世紀初めには8-4年制が殆どであったが，その後6-6年制，次いで6-3（2）-3（4）年制が増加し，最近はミドルスクールの増加にともない，5-3-4年制が一般的である。このほか，初等・中等双方の段階にまたがる学校もある。2011年について，公立初等学校の形態別の割合をみると，3年制又は4年制小学校6.8%，5年制小学校34.4%，6年制小学校14.8%，8年制小学校8.8%，ミドルスクール17.8%，初等・中等双方の段階にまたがる学校8.6%，その他8.8%であり，公立中等学校の形態別の割合をみると，下級ハイスクール（3年又は2年制）9.3%，上級ハイスクール（3年制）2.3%，4年制ハイスクール51.8%，上級・下級併設ハイスクール（通常6年）10.2%，初等・中等双方の段階にまたがる学校20.6%及びその他5.8%となっている。なお，初等・中等双方の段階にまたがる学校は初等学校，中等学校それぞれに含め，比率を算出している。

高等教育——高等教育機関は，総合大学，リベラルアーツカレッジをはじめとする総合大学以外の4年制大学，2年制大学に大別される。総合大学は，教養学部，専門職大学院（学部レベルのプログラムを提供している場合もある）及び大学院により構成される。専門職大学院（学部）は，医学，工学，法学などの職業専門教育を行うもので独立の機関として存在する場合（専門大学，専門職大学院大学）もある。専門職大学院（学部）へ進学するためには，通常，総合大学又はリベラルアーツカレッジにおいて一般教育を受け（年限は専攻により異なる），さらに試験，面接を受ける必要がある。2年制大学には，ジュニアカレッジ，コミュニティカレッジ，テクニカルカレッジがある。州立の2年制大学は主としてコミュニティカレッジあるいはテクニカルカレッジである。

アメリカ合衆国

学校統計

(2011年度)

教育段階	学校種名	設置者別	修業年限	通常の在学年齢	学校数		児童・生徒・学生数		本務教員数		備考
			年	歳	校		千人		千人		
就学前	幼稚園	公	−	3〜5	m		2,947		m		
		私			m		402		m		
	保育学校	公	−	3〜5	m		2,876		m		
		私			m		2,035		m		
初等・中等	5年制小学校	公私	5	6〜10	公	66,689	初等段階 公 34,773 私 3,977 中等段階 公 14,749 私 1,291		公 3,103 私 421		初等段階の学校は第6学年以下から始まり，第8学年までに終了する学校。中等段階の学校は第7学年以上の学年で構成される学校。「初等・中等双方の段階にまたがる学校」は第6学年以下から始まり，第9学年以降で終了する学校。また，「その他」とは障害のある児童・生徒を対象とした学校，特別のプログラムを提供するオルタナティブ・スクール，及び学年による分類が困難な学校。「その他」の私立は不明。
	6年制小学校		6	6〜11	私	19,697					
	8年制小学校		8	6〜13							
	ミドルスクール		3(4)	11(10)〜13							
	下級ハイスクール		3(2)	12〜14(13)	公	24,357					
	上級ハイスクール		3	15(14)〜17	私	2,677					
	上級・下級併設ハイスクール		6	12〜17							
	4年制ハイスクール		4	14〜17							
	初等・中等双方の段階にまたがる学校	公	〜12	〜17	6,311						
		私			8,488						
	その他	公	−	−	971						
		私			m						
高等	総合大学	州	4〜	18〜	州	682	州	8,048	762		学校数は，分校を含む。学生数は，大学院及び非学位取得課程を含むフルタイム及びパートタイム在学者（総数20,994千人。うちフルタイム在学者は13,001千人）。
		私			私	2,286	私	5,446			
	その他の4年制大学（リベラルアーツカレッジ）	州	4	18〜21							
		私									
	2年制大学	州	標準2	18〜19	967		7,062				
		私			771		438				

(注)
表中の「m」は計数が不明であることを表す。
(資料)
連邦教育省，Digest of Education Statistics，各年版

1 初等中等教育制度の概要

　教育に関する連邦の権限は，合衆国憲法に規定がないことから，原則として認められていない。教育は州の専管事項であり，各州が州憲法に基づき独自の教育制度を定めている。さらに初等中等教育の制度の詳細や運用については，地方政府の1つで，公立学校の設置・維持・管理を目的とする特別地区である学区の裁量に委ねられている部分が大きい。このため，初等中等教育の制度や実態は州や学区によって多様で，修業年限が異なる公立小学校や公立ハイスクールが1つの学区の中に併存している場合もある。

　ただし，基本的なところで共通する部分もある。例えば，通算の修業年限が12年間であること，ハイスクールは通常，地域の生徒を無選抜で受入れ，そのニーズに応えるために多様な科目を提供する総合制であること，小学校入学から大学等への入学まで進路上の制約や袋小路がない学校制度であることなどは全米共通である。また，小学校は5年制，ミドルスクールは3年制，ハイスクールは4年制が多いこと，小学校には通常，5歳児を対象とする幼稚園が付設されていることも，多くの州や学区に共通している。

1.1 就学前教育

　就学前児童を対象とする教育・保育関連事業は，①公教育の下方への拡充を目指す州政府や学区教育委員会による就学前教育プログラム，②連邦政府の保育政策の対象とならない中・高所得層の保育ニーズへの対応を目指す民間組織を中心に提供されるサービス，③低所得層の社会統合を目指す連邦政府の保育政策に基づくプログラムに大別される（**図1**参照）[注1]。

　このうち，①の幼稚園と②の保育学校とは，州や学区の教育委員会の所管下にある教育機関である。幼稚園（kindergarten）は公立学校に付設されており，通常「Grade K（K学年）」と呼ばれ，小学校第1学年に入る前の5歳児を対象とする。公立学校によっては，3歳児や4歳児を対象とする「Pre-K（プレ幼稚園）」と呼ばれる年少クラスを設けているところもある。保育学校（preschool, nursery school）は，学校付設ではない単独の機関として設けられており，私立と公立のものがある。

　②の「デイケア（day care）」と呼ばれる保育サービスは，通常，州の福祉関係部局が所管しており，制度の枠組みや基準は州によって異なる。②のサービスの内容や提供主体は多様であり，民間の保育所のほか，教会や企業，大学などが様々な期間・頻度のサービスを提供している。この中にはベビーシッターも含まれる。

　③は，連邦保健福祉省所管のヘッドスタート事業（Head Start）及び早期ヘッドスタート事業（Early Head Start）である。両事業は，低所得層の就学前の子供たち（0～5歳）の成長発達を支えることを目的とし，子供たちの親も対象に含めて保健，栄養，教育等の包括的なサービスを提供する支援事業である。

　同一年齢人口での在籍状況をみると，3，4歳児の多くは保育学校に在籍し，5歳になると小学校の幼稚園（第K学年）に進学する（**表1**参照）。

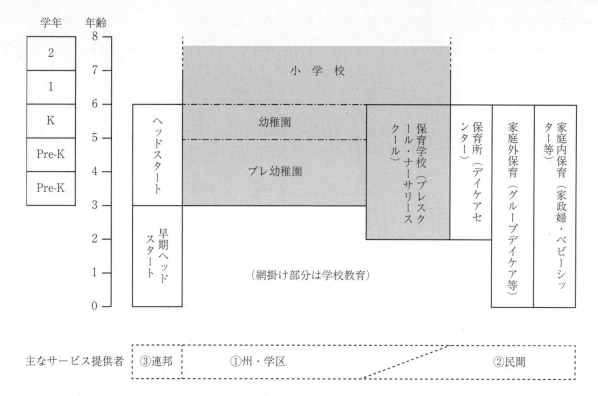

図1：就学前児童を対象とした教育・保育サービスの構造

（出典）深堀聰子（2008年）「学力の底上げをめざすユニバーサルな政策へ」泉千勢，一見真理子，汐見稔幸編『世界の幼児教育・保育改革と学力』明石書店，134頁，図1を参考に作成。

表1：年齢別・機関別就学前教育在籍率（2012年度）[1]

	該当年齢人口	在籍率合計	幼稚園・プレ幼稚園		保育学校	
			公立	私立	公立	私立
5歳児	4,201千人	84.6%	63.2%	6.8%	8.9%	5.8%
4歳児	4,473千人	66.4%	4.9%	1.3%	37.5%	22.7%
3歳児	4,292千人	40.5%	—[2]	—[2]	20.6%	18.3%
3〜5歳児	12,259千人	64.3%	23.9%	2.9%	22.1%	15.4%

表注1：保育学校やプレ幼稚園においてヘッドスタート事業による支援を受けている児童も含まれる。
表注2：データの報告基準を満たしていないことから典拠資料において報告されていない。
（出典）NCES, Digest of Education Statistics 2013, tab.202.10 より作成。

1.2 義務教育

1.2.1 年齢・期間

　義務教育に関する事項は各州が州教育法によって規定している（**表2** 参照）。開始年齢や年限は州によって異なる。年限は10年間としている州が最も多く16州に上るが，半数の25州（及びワシントンD.C.）は11年以上としている。開始年齢は6歳（25州），終了年齢は16歳（22州）とする州が最も多い。

　義務教育の開始年齢あるいは終了年齢と学校段階の区切り（入学，修了）は，必ずしも一致しない。例えば，開始年齢を8歳としているワシントン州では，「当該学年度の8月31日以前に6歳となっている子供は学区内の公立学校第1学年に受け入れられなければならない」（シアトル学区教

育委員会規則第D00.00条）と学区が小学校の6歳入学を定めている。全国的にも小学校の標準的な入学年齢は6歳とされている。

一方で，8州とワシントンD.C.では，義務教育の開始年齢を5歳としている。この場合，5歳児は公立学校に付設された幼稚園（第K学年）に入る。また，年齢による規定はないものの，小学校入学前の幼稚園就園を課している州が7州ある[注2]。

最も多くの州が義務教育の終了年齢としている16歳はハイスクールに在学している年齢である。ただし，ハイスクールの修了については，州や学区が定めた教科目について一定の単位数を取得することを中心とする要件が，年齢とは別に定められている。

表2：各州の義務教育の年限と開始・終了年齢

年限	開始-終了年齢	州
9年 (9州)	7-16歳　(8州)	アラスカ，アイダホ，インディアナ，ミネソタ，モンタナ，ノースカロライナ，ノースダコタ，ワイオミング
	8-17歳　(1州)	ペンシルバニア
10年 (16州)	6-16歳　(12州)	アリゾナ，フロリダ，ジョージア，アイオワ，ケンタッキー，マサチューセッツ，ミシガン，ニュージャージー，ニューヨーク，ロードアイランド，バーモント，ウェストバージニア
	7-17歳　(3州)	イリノイ，メイン，ミズーリ
	8-18歳　(1州)	ワシントン
11年 (10州)	5-16歳　(2州)	デラウェア，メリーランド
	6-17歳　(4州)	アラバマ，コロラド，ミシシッピ，テネシー
	7-18歳　(4州)	カンザス，ルイジアナ，ネバダ，オレゴン
12年 (11州)	5-17歳　(2州)	アーカンソー，サウスカロライナ，
	6-18歳　(9州)	カリフォルニア，ハワイ，ネブラスカ，ニューハンプシャー，オハイオ，サウスダコタ，テキサス，ユタ，ウィスコンシン
13年 (4州)	5-18歳　(4州)	コネチカット，ニューメキシコ，オクラホマ，バージニア，（ワシントンD.C.）

(出典) ECS, *Compulsory School Age Requirements (50-State Analysis: School Attendance Age Requirements)*, April 2013.

1.2.2　義務教育の免除

州教育法において，義務教育は通常，「公立学校への就学」として規定されている。私立学校への就学は，公立学校への就学を免除する要件の1つとして認められる。州によっては，州の認可を受けるなど私立学校が一定の要件を満たしているような場合，公立学校を代替するものとして，就学義務を満たすとみなされる。

義務教育年齢を含めた子供を対象とする家庭での教育（ホームスクーリング）についても，私立学校の場合と同様の扱いとなっている場合が多い。州によっては，アクレディテーションを受けた高等教育機関やオンライン学習のプログラムへの在籍を免除要件として認めているところもある[注3]。また，義務教育終了年齢に達する前に飛び級等でハイスクール修了証を取得したり，「一般教育修了検定（GED）」合格のようなハイスクール修了と同等の資格を取得した者についても，義務教育を免除する州もある[注4]。

学校への就学義務を免除する要件として，多くの州が定めているのは，精神的，身体的に学校で学ぶことが不適当であると医師等の専門家や学区教育委員会が判断した場合である。州法の規定をみると，例えば，ワイオミング州の教育法では，「学校への就学義務が当該児童・生徒あるいは他

の児童・生徒の精神的,身体的健康を害する」と学区教育委員会が判断する場合(第21-4-102条(a)(i))と定めている。また,アラスカ州の教育法は,子供が「医師によって就学困難と判断される身体的あるいは精神的な条件を持っている」場合(第14.30.010条第(b)項(3))と定めている。

1.2.3 義務教育規定違反に関する罰則

州教育法においては,義務教育規定に反して子供を学校に通わせなかった,あるいは適正な手続に基づいてホームスクーリングを行わなかった親を対象とする罰則が定められている。通常,この違反は犯罪とみなされ,罰金刑か禁固刑の罰則が科される。場合によっては,育児放棄の責任をとって親の監督下に子供を置かないようにする措置が講じられる場合もある[注5]。

例えば,ペンシルバニア州では,州行政規則(Article XIII, sec.1333)により300ドル未満の罰金及び法定費用の支払いか,学区や医療施設等が提供する親教育プログラムの受講が科され,いずれも完了できない場合は5日未満の禁固刑が科される。フロリダ州の場合は,州教育法(Title XLIII, Chap.1003, sec.1003.27)により,60日未満の禁固刑もしくは500ドル未満の罰金が科される。さらに,同法では,校長や教員についても故意に規定を違反した場合には校長免許や教員免許を取り消すとしている。

このほか,学校への就学を怠った子供についても,出席義務の不履行とみなされ,保護観察処分として児童養護施設に預けられるような場合もある[注6]。州によっては,コミュニティサービスへの従事やカウンセリングの受講を求めるところもある[注7]。

1.3 初等中等教育

1.3.1 学校制度の概要

初等中等教育の期間は全米共通で通算12年間である。初等教育段階から中等教育段階への進学は無選抜が通常であり,中等教育機関もアカデミックな科目から職業教育科目まで多様な科目群から生徒が自身の能力・関心・進路に合わせて履修する総合制を基本としていることから,単線型の学校制度となっている。この12年間の初等中等教育は,小学校に付設された5歳児対象の1年間の幼稚園クラス(K学年)と合わせて「K-12」と表記される。

ただし,その区切り方は州ごと,学区ごと,場合によっては学区内においても様々である。その制度的背景の1つは,合衆国憲法により教育が州の専管事項とされ,各州が州の法令に基づいて独自の教育制度を確立していることである。もう1つの背景として,各州の法令において必ずしも学校制度や学校種に関する定義等が規定されていない(例:コロラド州),あるいは規定されていても,「……『小学校』とは,K学年から第5学年までのいずれかの学年で構成される公立学校である。……」(バージニア州行政規則第8VAC20-131-5条)というように,学区が学校を設ける際に学年構成を弾力的に設定できるような規定ぶりとなっていることがある。

このような背景から,学校制度は実質的に,州の下に設けられた公立学校の設置・維持・管理を専門とする地方政府である学区(school district)によって決められている。現在,学区の数は全米で1万3,588(2010年度)に上るが,それぞれの学区が,就学年齢人口の増減や校舎の収容能力,連邦や州の政策,独自の教育哲学など,様々な理由から学校制度を決定している。学区は通常,所管地域内について1つの学校制度(5-3-4制,6-2-4制など)を定めているが,こ

れに収まらない学校種（8年制学校，6年制の上級・下級併設ハイスクール，7年制ハイスクール，12年制の一貫型初等中等教育学校など）を同時に設けている場合もある。

　学校数に基づくならば，現在主流となっている学校制度は5年制小学校，3年制ミドルスクール，4年制ハイスクールの5－3－4制である。歴史的にみると，第二次大戦後は6－2（3）－4（3）制が主流であったが，1980年代初頭に5－3－4制を構成する学校の数が各学校段階で統計上最多となった。近年は，児童・生徒の上級段階への移行を円滑にするため，5年制小学校と3年制ミドルスクールを合わせた8年制学校や，3年制ミドルスクールと4年制ハイスクールを1つにした7年制ハイスクールへの関心が高まっている。

1.3.2　初等教育――小学校

　初等教育は小学校（primary school）で行われる。連邦政府の統計上は，「第5学年よりも下の学年を含み，第8学年よりも高い学年を含まない学校」として定義される。小学校は5年制が最も多く，次いで6年制が多い。このほか，3年制や4年制の小学校もある。いずれの場合も入学年齢は6歳である。

　公立学校の場合，これらの小学校には小学校入学前1年間の就学前教育を提供するための幼稚園クラス（第K学年）が付設されているのが一般的である（5年制小学校の場合，実際の学年構成は第K学年と第1～5学年を合わせた計6学年となる）。このため，多くの子供たちは5歳で幼稚園クラスに在籍し，そのまま小学校第1学年に進級する。少数であるが，学校によっては3歳児及び4歳児を対象とするプレ幼稚園クラス（Pre-K）を設けているところもある。

　小学校では，米国文化や職業生活の中で全ての人々にとって必要とされる知識，技能，価値観，行動規範などを身に付けるための教育が実施される。学級担任制を基本とし，第二言語としての英語や芸術科目など一部の教科目について教科担任制が採られている場合もある。

1.3.3　ミドルスクール，下級ハイスクール

　ミドルスクール（middle school）は，連邦政府の教育統計上，「第5学年よりも下の学年と，第8学年よりも上の学年を含まない学年で構成される学校」と定義されている。通常は，5年制小学校から接続する3年制（第6～8学年），あるいは4年制小学校から接続する4年制（第5～8学年）であり，いずれも卒業後は4年制ハイスクールに進学する。同じ統計上の定義で「初等学校（elementary school）」は「州や地方政府の実践上，初等教育機関として分類される学校で，かつ第8学年を超えない学年から構成されるもの」であるため，ミドルスクールは小学校から接続する学校であるものの，統計上は初等教育機関に分類される。

　ミドルスクールのほかに，小学校に接続する学校として下級ハイスクール（junior high school）がある。連邦政府の教育統計上「小学校と上級ハイスクールの間にある学年で編成された，個別に運営される学校であり，通常の学年構成は第7～9学年（6－3－3制）あるいは第7～8学年（6－2－4制）である」と定義される。すなわち6年制小学校から接続するもので，2年制（第7～8学年）の場合は4年制ハイスクール（第9～12学年），3年制（第7～9学年）の場合は上級ハイスクール（第10～12学年）に進学する。定義上，第9学年を含むことから下級ハイスクールは中等教育機関に分類される。

　ミドルスクールや下級ハイスクールと学年構成の一部が重なる学校として，8年制学校（第K～

8学年）や上級下級併設ハイスクール（第7～12学年），7年制ハイスクール（第6～12学年）などがある。このうち，8年制学校は5年制小学校とミドルスクールを1つにしたもので，最初の5年間は学級担任制，後半3年間は教科担任制を基本とするチームアプローチの指導体制が採られる。

1.3.4 中等教育——ハイスクール

中等教育機関（secondary school）は，小学校あるいはミドルスクールから接続するもので，第12学年以下の学年から構成される。4年制ハイスクール（第9～12学年）が半数を占め，このほか3年制の上級ハイスクール（第10～12学年）や，上級ハイスクールと下級ハイスクールを合わせた上級下級併設ハイスクール（第7～12学年），3年制のミドルスクールと4年制ハイスクールを合わせた7年制ハイスクール（第6～12学年）などがある。中等教育の最終学年である第12学年の標準的な修了年齢は17歳あるいは18歳である。

ハイスクールは総合制で，それぞれの生徒が多様な科目の中から自身の能力や関心，進路等に基づいて適切なものを選択し，専用のカリキュラムを編成する。通学区域に居住する生徒を無選抜で受け入れるため，各ハイスクールではあらゆる生徒のニーズに応えるよう，多種多様な科目が用意されている。中規模（通常の中等教育機関の平均在学者数は2010年で790人）の機関であっても提供される科目数が200を超えることは珍しくないと言われる[注8]。

1.4 職業教育

職業教育を示す言葉は非常に多様であるが，今日では，キャリア教育を含めた包括的な概念としてキャリア技術教育（career and technical education）が用いられている[注9]。キャリア技術教育の中核的取組は職業教育とキャリアガイダンス及びカウンセリングである。職業教育は，主に特定の職業で必要とされる技能についての教育のほか，職業準備教育や消費者教育などを内容とする。キャリアガイダンス及びカウンセリングは，進学や就職における選択・決定を児童・生徒の発達段階に応じて支援する包括的な取組である[注10]（キャリアガイダンスとカウンセリングについては，「**2.3.3 キャリア教育**」参照）。

1.4.1 職業教育の実施機関

通常，中等教育段階（第9学年以降）から始まる従来の職業教育（vocational education）は，学士号未満を学歴要件とする職業に関する入門レベルの教育を内容としてきたが，近年は学問的及び職業的なスキルの双方を発達させる，より幅広い目的を持った教育として理解されるようになっている[注11]。ハイスクールにおける職業教育には，特定の職業あるいは職業領域において必要とされる技能に関する教育（occupational education）のほか，家庭に関する教育や消費者教育（有給の労働市場の外での社会人としての役割に関する教育），及び労働市場全般に対応した準備教育（パソコンの操作等）も含まれる[注12]。

中等教育段階における職業教育は，通常，①一般のハイスクール，②職業ハイスクール，及び③地域ごとに設けられた職業教育センターで提供される。①は総合制のハイスクールが多種多様な科目の一部として提供する職業関連科目がこれに相当する。公立ハイスクールのほとんどが職業関連科目を提供しており，体系的に科目を選択・履修することで職業教育課程の修了証を取得すること

ができる。ただし、提供される職業教育科目の種類や水準はハイスクールによって異なる。

②は職業教育専門のハイスクールで、通常、地域の実情に即した複数の学科を有しており、専用の施設・設備を備え、規模が大きく、一般のハイスクールよりも広域に生徒を集める。③は、生徒が一般のハイスクールに通いながら、パートタイム・ベースで職業教育プログラムを履修するもので、多くの州が地域ごとに設置している。連邦政府の統計によれば、②及び③は全米合計で1,485校、うち②は388校、③は1,097校（いずれも2010年度）である[注13]。また、連邦政府の別の統計によると、一般の総合制ハイスクールのうち約半数が③による援助対象となっている[注14]。

1.4.2　職場を中心とする学習

近年の職業教育プログラムには、職場を中心とする学習（work-based learning）と呼ばれる労働体験型の学習が組み込まれている。こうした労働体験の機会は、教室での学習に教室では学ぶことができないことを結び付けて、生徒の学習を促すとともに、進学や就職に備えるものである。労働体験型の学習を組み込んだ職業教育プログラムには見習い訓練（apprenticeship）やインターンシップ（internship）など多様な種類がある[注15]。

例えば、カリフォルニア州では労働体験型の学習を組み込んだハイスクールの生徒を対象とする職業教育プログラムとして、次のものを実施している（**表3**参照）[注16]。

表3：職場を中心とする学習（work-based learning）の取組例（カリフォルニア州の場合）

プログラム	内容
キャリア実習生コンペ	学習を行う職業において求められるスキルの習得をプレゼンしたり、職場の人々に評価してもらう取組。プレゼンや評価の対象となるのは比較的時間をかけて積み上げたもので、場合によってはチームワークが試されることもある。
インターンシップ	教室での学習を豊かで広がりのあるものにするよう、学んだ内容が、職場でどのように活かされるのかを理解する機会であるとともに、通常、学校で触れることのない機器や設備を経験する機会となる。学習目的は特定されており、生徒のパフォーマンスは評価される。無給の機会として提供される場合と有給の機会として提供される場合もある。有給の場合は雇用主の期待に沿った働きが求められることから、事前の調整が必要になる。
学校ベースの起業	一般人を対象に販売したり、利用してもらうことを目的とする商品開発やサービス提供を行うもの。生徒によるカフェ経営やビデオ制作スタジオなどがある。
社会事業学習	地域のニーズ評価等に基づき、実際に地域住民等を対象とした社会貢献プロジェクトを立ち上げ、実施するもの。グループで実施する場合のほか、個人で実施する場合もある。
サービスラーニング	事前学習によって計画した一連の活動を通じて、自身が学んだ知識や技能を地域のニーズに合わせて適用する。活動終了後は、その経験を振り返り、自らの貢献について理解する。通常、継続的な取組として実施される。
再現型職場経験	建設や自動車製造など、労働法の規制や事業内容などによって実際の職場体験が困難な領域の職業について、再現した職場で職場体験をするもの。産業界が協力することで生徒は実際の職場で期待されることを理解することができる。
専門的メンタリング	インターーシップの期間中に、教室での講義やビデオ会議等によって、生徒の労働に対して直接的、体系的に専門家から提供されるメンタリング。ビデオ会議やインターネットのサイト上で行われるものは「バーチャル見習い訓練」とも呼ばれる。
職場体験	職場に実際に赴き、直接に体験すること。次の2つに分けられる。 ・職業探索体験：職業選択を促進することを主な目的として、多様な職場に赴いて、仕事を体験するもの。 ・有給労働体験：特定の職業分野において共通に必要とされる職場技能や職業準備活動に焦点を当てたもの。
若者見習い訓練	教室での学習と職場経験を結び付けつつ、1つあるいは複数の職業をハイスクールの生徒が試す機会を提供するもの。生徒は職場で必要な技能を探ったり、学問上あるいは専門上のスキルを磨く機会を得ることができる。

（出典）WestEd, *Work-Based Learning in California: Opportunities and Models for Expansion*, 2009, p.11.

1.4.3 高等教育機関との連携——テック・プレップ，二重在籍制度

　学校と企業や地域とが協力する労働体験型の職業教育が広がりをみせる一方で，コミュニティカレッジを中心とする高等教育機関とハイスクールの連携による職業教育の拡充に向けた動きもある。その1つがハイスクールと高等教育機関をつなぐ一貫型のプログラムを編成するテック・プレップである。もう1つが，ハイスクールの授業の一部を高等教育機関での科目履修によって置き換える二重在籍制度である。

　テック・プレップ（Tech Prep）は，1990年の「パーキンズ職業教育法改正（Carl D. Perkins Vocational and Applied Technology Education Act of 1990 [P.L. 101-392]）」及び1994年制定の「学校から職場への円滑な移行の援助に関する法律（School-to-Work Opportunities Act of 1994 [P.L.103-239]）」を契機として普及した。これは，ハイスクールの学年の一部あるいは全部（2〜4年間）とコミュニティカレッジ等の2年間をつないだ，2＋2，3＋2あるいは4＋2という一貫型の職業教育課程を編成し，ハイスクールにおいては主に英語や数学などのアカデミックな教科を，その後のコミュニティカレッジ等での2年間で職業に直結した教育（あるいは見習い訓練）を学ぶものである。課程修了者には準学士号が授与される[注17]。

　二重在籍制度（Dual Enrollment）は，中等後教育選択制度（Postsecondary Option）とも呼ばれ，ハイスクールの生徒がコミュニティカレッジや4年制大学において科目を履修し，取得した単位をハイスクールの卒業単位として算定する，学校選択制度の1つである。生徒は高等教育機関が提供する多様な科目から選択するため，必ずしも職業教育に特化した制度ではないが，連邦教育省の統計によれば，同制度を利用する生徒が在学する公立ハイスクールのうち42％（2010年度）は，生徒が職業教育（career and technical education）を重視した科目を履修したと報告している。

1.5　特別支援教育

　特別支援教育を意味する「special education」は，障害のある児童・生徒を対象とした教育と知能や芸術的才能に秀でた児童・生徒を対象とする教育（才能教育）の双方を含む概念と認識されている（以下では，原則として前者を「特別支援教育」，後者を「才能教育」と表記する）。

1.5.1　障害のある児童・生徒を対象とした特別支援教育

　特別支援教育の方針の決定や機会の提供は，他の教育分野と同様，基本的に州の責任事項である。ただし，1975年に「全障害児教育法（Education for All Handicapped Children Act）」（P.L.94-142）が制定されたことによって，この分野における連邦政府の影響力は非常に大きなものとなった。同法は，1990年に「障害のある個人に対する教育に関する法律（Individuals with Disabilities Education Act）」（P.L.102-229）として改正され，さらに2004年にも再改正されて現在に至っているが，その基本方針に変更はない。

　1975年の「全障害児教育法」から現行の「障害のある個人に対する教育に関する法律」に至るまで維持されている特別支援教育に関する基本方針は，障害のある子供たちを可能な限り障害のない子供たちとともに通常の教育条件の中で教育することを意味する「最少制約環境（least restrictive environment）」での教育機会の提供である。この原則に基づいて，専用の学校での分離教育を基本としてきた特別支援教育を，可能な限り近隣の一般校の通常の教室で行うようにす

る，主流化（mainstreaming）が行われるようになった。

　連邦教育省の統計によれば，「障害のある個人に対する教育に関する法律」（Part B）による支援を受けている3～21歳の障害のある者の数は約640万人で，これはPre-K及びK段階を含む公立学校の全在学者数約4,950万人の12.9％に相当する（2011年度）[注18]。同法による支援を受けている6～21歳人口の環境別，障害別の比率をみると，およそ95％が一般の学校の通常学級で授業を受けており，特別支援学校等の分離された環境において学んでいる障害のある児童・生徒は約5％程度に過ぎない。さらに一般の学校において，およそ6割の者は全体の80％以上の指導を通常学級で受けている（**表4**参照）。

表4：連邦法による支援を受けている6-21歳人口の環境別，障害別比率（2011年度） （％）

	全環境	一般の学校（通常学級での授業の比率）			特別支援学校	寄宿制特別支援学校	一般私立学校[1]	家庭／病院	矯正施設
		40％未満	40-79％	80％以上					
合計	100.0	14.0	19.8	61.1	3.0	0.3	1.1	0.4	0.3
自閉症	100.0	33.7	18.2	39.0	7.7	0.5	0.6	0.3	#[2]
視聴覚障害	100.0	32.5	10.5	27.0	18.1	8.4	0.7	2.8	#[2]
発達遅延	100.0	16.3	19.6	62.5	0.8	0.1	0.6	0.2	#[2]
情緒障害	100.0	20.6	18.0	43.2	13.2	1.9	0.2	1.1	1.8
聴覚障害	100.0	13.0	16.8	56.7	8.6	3.4	1.3	0.2	0.1
知的障害	100.0	48.8	26.6	17.0	6.2	0.4	0.3	0.5	0.2
重複障害	100.0	46.2	16.4	13.0	19.2	1.7	0.3	3.0	0.1
肢体不自由	100.0	22.2	16.3	54.0	4.7	0.2	0.8	1.7	0.1
その他の健康障害	100.0	10.0	22.7	63.5	1.6	0.2	1.0	0.9	0.3
学習障害	100.0	6.8	25.1	66.2	0.5	0.1	0.8	0.1	0.3
言語障害	100.0	4.5	5.5	86.9	0.3	#[2]	2.6	0.1	#[2]
外傷性脳損傷	100.0	20.5	22.8	48.5	5.2	0.5	0.8	1.7	0.1
視覚障害	100.0	11.3	13.1	64.3	5.9	3.8	1.1	0.6	#[2]

表注1：「一般私立学校」に分類される者は家庭の支出で私立学校における一般の教育課程に基づく授業を受けるとともに，公費によって特別支援教育を受けている者。
表注2：#は，数値がほぼ0に等しいことを示す。
（出典）NCES, *Digest of Education Statistics 2013*, tab.204.60.

1.5.2 才能教育

　才能教育（gifted and talented education）は，「知的能力や創造力，芸術的才能，指導力あるいは特定の学問分野において高い能力を持っていると証明され，さらに，その能力を完全に発達させるには通常，学校が提供しないサービスや活動が必要である児童・生徒や子供，若者」（合衆国法典タイトル20第7801条）を対象に実施される教育である。こうした子供たちが持っている能力や才能を特別な教育上のニーズとして捉え，それに応える特別支援教育の一領域として位置付けられている。障害のある児童・生徒を対象とした特別支援教育と同様，才能教育は州の責任事項であり，連邦はこれを振興する方針を採っているが，州の方針を方向付けるような条件は設けておらず，その実施方法・形態は州や学区により多様である。

　連邦レベルでは，貧困地域への支援を中心に初等中等教育における財政援助を包括的に定めた

「初等中等教育法」(現行法「全ての児童・生徒が成功するための法律 (Every Student Succeeds Act)」第 4644 条)が,「才能児の持つ特別な教育的ニーズに応えるため」の初等中等教育機関の機能強化を図る州や学区,高等教育機関などの取組を支援する事業(Jacob K. Javits Gifted and Talented Students Education Program)を定めている。同規程では,伝統的なプログラムでは対象とならないような児童・生徒を主な対象とする才能教育の機会の提供のほか,才能児の認定や指導に関する調査研究や,技術支援,情報の提供・普及など,財政援助の多様な用途を認めている[注19]。また,州立のコネチカット大学(University of Connecticut)には同法の支援に基づいて設けられた才能教育の調査研究拠点(National Center for Research on Gifted Education)が現在もその役割を継続している。

各州は,州法や行政規則の才能教育に関する規程の中で,通常,「才能(giftedness)」の定義を定めており,多くの州では「知的才能」「学問的才能」「創造的才能」「芸術的才能」など複数の才能を認め,それぞれに対して適切なサービスを提供することとしている[注20]。全体の7割に当たる 35 州は才能教育に関する事業の実施を州法等によって定めており,このうち 27 州では事業実施のための費用の全部又は一部を州が負担している[注21]。こうした州による才能教育に関する取組は,多くの場合,才能児の認定と教育機会の提供であるが,前者が州の定める基準に基づいて実施されることが多いのに対して,後者の実施は実際の提供者である学区の裁量に委ねられている[注22]。

1.5.2.1　才能児の認定

才能教育の対象となるか否かの認定(identification)で一般的に用いられているのは知能テストをはじめとする各種のテストである。専門家の間では認定の判断において複数の手段を用いることや,教員や親などからの推薦を考慮することも重要であると考えられている[注23]。認定基準は州が規定している場合が少なくないものの,認定に関する実際の手続は,通常,州の下の学区が定める。学区による認定に関する一連の手続は,一般に,①推薦・認定,②審査・選抜,及び③才能児のサービスや教育を受ける場への配置という段階を踏んで行われる。

連邦政府の統計によると,2006 年度に全米の公立学校在学者に占める才能児の比率は平均で 6.7%であった[注24]。ただし,この比率は州によって大きく異なる。10%を超えている州(メリーランド 16.1%,ケンタッキー 14.6%など7州)があった一方,1%未満の州(マサチューセッツ 0.7%,バーモント 0.8%)もあった。

1.5.2.2　実際の取組

才能教育の実際の取組は多様な方法・形態によって行われる(**表5** 参照)。一般の公立学校においては,標準よりも短い時間あるいは標準の年齢よりも早い段階で教育機会を提供する「アクセラレーション(acceleration)」(飛び級,早期入学,二重在籍制度など)や,平日の通常授業から英才児を「取り出し」て,才能教育プログラムを提供する「プルアウト(pull-out)」(アドバンスト・プレースメント・プログラム(APプログラム)の授業やマグネット・プログラムへの参加)が行われている。また,学区によっては,才能教育を専門とする公立学校(マグネットスクールなど)も設けられている。

このほか,カリフォルニア州立大学ロサンゼルス校(CSULA)の「早期入学プログラム(Early Entrance Program)」やワシントン大学(州立)の「UW アカデミー(UW Academy)」のよう

に，一部の大学では大学教育を受けるに当たってのカウンセリングや心理的サポートを充実させた早期入学プログラムを設けており，一定数のハイスクール生徒を受け入れている[注25]。

表5：才能教育の実際の取組

取組	内容
幼稚園や小学校への早期入学	州や学区が定めた年齢よりも早く幼稚園や小学校に入園，入学すること。
飛び級	同年齢の児童・生徒のほとんどが所属する学年よりも上級学年に配置されること。飛び級は学年度の最初から行われるほか，途中から実施される場合もある。
継続的な学習の進行	教員が策定した授業計画に基づく一般的な授業と異なり，指導内容・課題が終了した，あるいは児童・生徒が習得したと判断されると，すぐに次の指導内容・課題が提示され，それを学ぶこと。次に進むか否かは，教員が判断する場合と，児童・生徒が判断する場合がある。
教科目別のアクセラレーション	一部の教科目について上級学年の学習内容を学ぶことで，実際に授業に出席して学ぶ（例えば第2学年の児童が第5学年の数学の授業に出席する）ほか，教室を移動することなく，他の児童・生徒と同じ教室で，上級学年の教育課程や教材を使用して学ぶ方法もある。
隣接学年の教室設置の工夫	連続する学年（例えば第4学年と第5学年）の教室を隣合わせに設置すること。必ずしもアクセラレーションだけを目的とするものではないが，こうした教室の設置が下の学年の児童・生徒にとって上級学年の学習内容に接する機会となったり，上級生との人間関係を形成する機会となったりすることがある。
教育課程の圧縮	一般的な教育課程よりも導入的な説明や演習などに費やす時間を短縮したり，指導目標の数も少なくすることで捻出した時間を，より高度な内容の学習や知識やエンリッチメント（知識や考え方を豊かにするための学習）に充てること。
教育課程の短縮（順送り）	標準よりも短い期間で修了すること（1年間の授業を半期で修了する，3年間のミドルスクールを2年間で修了するなど）。「教育課程の圧縮」と異なるのは，短縮された時間が必ず飛び級につながるようになっている。
メンター制度	指導を受ける分野の専門家である助言者・相談者（メンター）から，当該分野の先端的な内容を効率的に学ぶ方法。
課外プログラム	児童・生徒が任意で参加する放課後学校やサマースクールなどであり，通常の授業よりも進んだ内容の指導が行われる。
通信制教育	インターネット等を利用して提供される教材を基に学ぶ方法。
早期卒業	通常，4年間の課程であるハイスクールや大学の学士課程を3年半以内の期間で卒業すること。通常，各学期で取得する単位数を標準的な単位数よりも多く取得することで達成されるが，二重在籍制度や課外プログラムや通信制科目でも可能である。
二重在籍制度	在学する標準的な学校と上級の学校に二重に在籍し（例えば，ハイスクールの生徒が大学にも在籍する），1つの科目を履修することで在学校と上級学校の双方の単位を取得する制度（大学で化学の科目を履修してハイスクールと大学の単位を取得するなど）。
APプログラム及びその他の試験による単位取得	ハイスクールにおける専用科目（大学の学士課程前半水準）履修の後，カレッジボード（College Board）が実施するテストで一定以上の成績を収めると，大学入学後に単位として認定される制度（ただし，全ての大学が単位認定するわけではない）。州によっては指定された学力試験や活動に合格して上級学校の単位を取得する制度を設けている。

（出典）Nicholas Colangero, Susan G. Assouline, Miraca U.M.Gross (edited), *A Nation Deceived: How Schools Hold Back America's Brightest Students*, Vol.II, 2004, pp.5-6を参考に作成。

1.5.3 不利な立場にある子供たちへの支援

「不利な立場にある子供たち（disadvantaged children）」と，それ以外の子供たちとの学力差を解消することは，連邦，州，地方の各レベルにとって初等中等教育政策における重要課題である。特に連邦政府は，1965年の「初等中等教育法（Elementary and Secondary Education Act）」制定

以降，こうした子供たちが集中する貧困地域に対して，同法のタイトルⅠに基づく財政援助を継続的に行ってきた。2009年度には，全米の公立学校の6割に相当する5万6,000校にタイトルⅠに基づく財政援助が行われ，2,000万人の児童・生徒がこの補助金によるサービスを受けた[注26]。

同法の規定上，支援対象の要件となっているのは学区の就学年齢人口に対する貧困家庭出身者の比率であるが，実際に支援対象となる子供たちは，貧困家庭出身であるほか，マイノリティ家庭の出身であったり，英語を母語としないなど，多様な背景を持つ「不利な立場にある子供たち」である。タイトルⅠによる補助金の支給を受ける学区・学校は，こうした子供たちのニーズに合わせて補助金を利用する。2004年度においては73％が教員や補助教員に対する人件費，及び教材やコンピュータ等の購入などの教育経費（タイトルⅠの補助金120億ドルのうちの88億ドル）に，16％が教員研修などの教育活動支援経費に，11％が事務・行政費に充てられた[注27]。

実際の取組として多くの補助金受給校で行われているのは放課後プログラムによる1日当たりの授業時間の延長である。2004年度に放課後プログラムを実施した補助金受給校は受給校全体の68％であり，実施された放課後プログラムには在校生の17％が参加した。これにより平均年間授業時間1,080時間の12％に相当する平均134時間のプログラムが提供された[注28]。

2　教育内容・方法

2.1　教育課程の基準

2.1.1　教育課程に関する権限

一般に，公立学校の教育課程に関する主たる権限は州議会にあるとされる。州議会は州教育法の制定によって教育課程及び関連事項を決定することが可能であり，教育課程に関する基準のほか，教科書・教材の選定，ハイスクールの卒業要件などを州教育法で規定することができる。実際には，州議会がこうした広範，詳細な事項まで規定することはなく，これらは州教育委員会やその下にある学区教育委員会の裁量に委ねられている[注29]。

公立学校の教育課程について最低基準や必須要件を設定することは，複数のレベルの議会や政府機関が分担する作業である。州議会が定める州法や州教育委員会（あるいは州教育長）が定める行政規則やその他の政策文書は，州内の全ての公立学校在学者が学ぶべき教科目や主題，履修量や到達度に関する最低基準や必須要件を規定する。州が定める基準や要件から逸脱しない範囲において，学区教育委員会が補完的に教育課程に関する詳細を決める[注30]。

なお，近年は，各公立学校に教育課程を含めた学校運営に関する多くの裁量を委譲する「自律性の高い学校運営（School Based Management）」や，学区教育委員会や州教育委員会等との「契約」に基づいて独自の教育，学校運営を行うことが可能なチャータースクールのように，公立学校であっても学校レベルに教育課程に関する権限を与える取組もみられるようになっている。

2.1.2　州が定める教育課程基準——教育スタンダード

各州は，教育課程の基準として，児童・生徒が知っておくべきこと，できるべきことを示した大綱的なガイドラインである教育スタンダード（curriculum framework, academic standards など実

際の呼称は州により様々）を定めている。教育スタンダードは1990年代に，開発・策定され，2001年までに，ほぼ全ての州とワシントンD.C.が，数学，英語，理科，社会科の各教科について導入した。テキサス州のように州の行政規則（administrative code）としている場合もあるが，多くの場合，州教育委員会によって採択された政策文書として位置付けられている。

　一般に，教育スタンダードは，全ての児童・生徒が知っておくべき知識体系を示した教育内容に関する基準と，生徒の到達目標の双方を含むものとなっている。基本的に，小学校入学前1年間の就学前教育（第K学年）を含めて規定されており，多くの場合，第K学年から第8学年までと，最も一般的なハイスクールの構成学年である第9学年から第12学年までの二部構成となっている。前者は教育内容に関する基準と到達目標が学年別に示されているのに対して，後者は各教科における主要な指導項目や分野の別に示されている。

　州が教育スタンダードを定めることに対して，各種調査によると多くの支持があることが示されている（カッパン誌とギャラップ社による年次調査など）。しかし，教育スタンダードについては，これが定める学力水準に関する州間の差や，規定の明確さの違いなどに関して多様な議論が起きている。このため，多くの州の協力により，2010年6月，「各州共通基礎スタンダード（Common Core State Standards）」（通称「コモン・コア」）が策定された。

2.1.3　全国的な教育課程基準——「コモン・コア」と「理科に関する次世代スタンダード」

　州が定める教育課程の基準（教育スタンダード）は，州によって求められる学力水準や規定の仕方が非常に多様であり，全体的な学力向上につながっていないとの批判を受けて，各州が協力して英語，数学，理科の3教科について全国的な基準を開発した。ただし，これらの基準自体は法的拘束力を持つものではなく，州による教育課程基準開発のモデルであり，州が導入を決定することによって初めて教室レベルでの実践に反映される。3教科のうち，英語と数学について定めた「コモン・コア」と呼ばれる共通基礎スタンダードは8割以上の州が導入しているが，「理科に関する次世代スタンダード（Next Generation Science Standards：NGSS）」については完成後間もないこともあり，導入は進んでいない（**表6**参照）。

　「コモン・コア」は，全米州知事会（NGA），州教育長協議会（CCSSO）及び教育スタンダードに焦点を当てた各州の取組に関する調査研究・情報提供を行っている民間団体（Achieve, Inc.）が中心となって，各州の協力により約1年の開発期間を経て完成した。策定された英語と数学の2教科のうち，英語については「第K〜5学年の教科としての英語と他教科におけるリテラシーとしての英語」「第6〜12学年の教科としての英語」，及び「第6〜12学年の他教科のリテラシーとしての英語」の3部構成となっている。数学については，第K〜8学年は学年別に，第9〜12学年は分野別に章立てされている。

　2013年4月に発表された「理科に関する次世代スタンダード」は，カリフォルニアやニューヨークを含む26州と，大学や理科担当教員の全国団体などの関係団体が協力して開発したものである。スタンダードは，物理，生物，地学，応用科学の4分野から構成される。第K〜5学年は学年別に，第6学年以降はミドルスクールとハイスクールの学校段階別（学年は示されていない）に，学習テーマごとの達成目標や，授業での取組などが示されている。

　「コモン・コア」や州が定める教育スタンダードは，教科ごとの時間配当など児童・生徒の学習量について規定しておらず，教科書検定制度もない。このため，授業時間数や教科書・教材など，

「コモン・コア」や教育スタンダードが示した到達目標（学力水準）を目指す指導は，学校や教員個人の裁量となっている。ただし，学校の教育成果に対する責任（アカウンタビリティ）を重視する連邦や州の学力向上政策に基づき，全ての州は少なくとも英語，数学，理科の3教科について教育スタンダードに準拠した州内統一の学力テストを実施し，結果を公表している。

なお，原則として，私立学校に州の教育スタンダードや「コモン・コア」を遵守する義務はない。

表6：「理科に関する次世代スタンダード」と「コモン・コア」の導入状況[1]

NGSS（理科）	コモン・コア（英語，数学）
（導入州：11州とワシントンD.C.） カリフォルニア，デラウェア，イリノイ，カンザス，ケンタッキー，メリーランド，ネバダ，オレゴン，ロードアイランド，バーモント，ワシントン，及びワシントンD.C. （ネバダ州はNGSSの開発に参加していない）	（導入州：43州とワシントンD.C.） アラバマ，アリゾナ，アーカンソー，カリフォルニア，コロラド，コネチカット，デラウェア，フロリダ，ジョージア，ハワイ，アイダホ，イリノイ，アイオワ，カンザス，ケンタッキー，ルイジアナ，メイン，メリーランド，マサチューセッツ，ミシガン，ミシシッピ，ミズーリ，モンタナ，ネバダ，ニューハンプシャー，ニュージャージー，ニューメキシコ，ニューヨーク，ノースカロライナ，ノースダコタ，オハイオ，オレゴン，ペンシルバニア，ロードアイランド，サウスカロライナ，サウスダコタ，テネシー，ユタ，バーモント，ワシントン，ウェストバージニア，ウィスコンシン，ワイオミング及びワシントンD.C.
（未導入州のうち開発に加わった州：16州） アリゾナ，アーカンソー，ジョージア，アイオワ，メイン，マサチューセッツ，ミシガン，ミネソタ，モンタナ，ニュージャージー，ニューヨーク，ノースカロライナ，オハイオ，サウスダコタ，テネシー，ウェストバージニア	
（未導入州のうち開発に加わらなかった州：23州） アラバマ，アラスカ，コロラド，コネチカット，フロリダ，ハワイ，アイダホ，インディアナ，ルイジアナ，ミシシッピ，ミズーリ，ネブラスカ，ニューハンプシャー，ニューメキシコ，ノースダコタ，オクラホマ，ペンシルバニア，サウスカロライナ，テキサス，ユタ，バージニア，ウィスコンシン，ワイオミング	（当初からの未導入州：5州） アラスカ，ミネソタ（英語のみ導入），ネブラスカ，テキサス，バージニア
	（導入したものの撤退を決定した州：2州） インディアナ，オクラホマ

表注1：「理科に関する次世代スタンダード」については2014年6月，「コモン・コア」（英語，数学）については同年9月時点の状況。
（出典）Education Week（2014年1月29日）／Education Week's blogs（2014年3月25日，5月20日，6月2日，6月4日）／ECS, *States and the (not so) new standards - where are they now?*（2014年9月1日）／Common Core State Standards Initiative, Standards in Your States（http://www.corestandards.org/standards-in-your-state/）（2014年8月14日閲覧）。

2.2 教育目標

公立学校教育の目標は，教育に関する最終的な権限を持つ州の法律（州教育法）で規定されている。州により規定の仕方は異なるが，教科目に関する知識の習得のほか，職業技能の獲得，市民としての義務と責任，個人の発達などの観点から定められている。近年は「コモン・コア」の導入により，多くの州は実社会の文脈に即した「大学進学及びその他の進路への準備」の内容を定義するようになっている。

2.2.1 州教育法における教育目標

州教育法にみられる教育目標の規定として，例えば，ウィスコンシン州は，州の初等中等教育制度の枠組みを定める州法第118章の冒頭部分において，教育目標を次のように定めている（第181.01条2項）。

第181.01条2項
(a) 学問的なスキルと知識：読み書き計算等の基礎・基本，問題解決能力や批判的思考力等の分析スキル，文学や芸術，数学，自然科学などの基本的知識，生涯にわたって学ぶ力，コンピュータを扱う能力など
(b) 職業スキル：職業の種類や必要とされる知識・能力に関する理解，入門的な業務に就くための準備，特定の職業に関する訓練に対する準備，労働に対する積極的な姿勢の習得など
(c) シティズンシップ：市民としての義務と責任や政府の機能に関する理解，国旗や独立宣言，合衆国憲法など合衆国の基本的価値に対する傾倒，政治的活動に参加するスキルの習得，他の価値観や文化に対する理解と評価など
(d) 個人の発達：社会変化に対応する力，身体に関する知識と健康を維持する方法の習得，芸術的表現・創造的表現の審美眼や自己表現力の習得，交通安全に関する知識の習得，いじめや他者への攻撃を抑止するための方法の理解など

ここでは，学問的な知識・技能，職業スキル，シティズンシップ，及び個人の発達の4分野が，教育目標として規定されている。これらの観点は，他州の教育法の教育目標に関する規定にもみられる。例えば，テキサス州の教育法では，公教育の使命と目的（第4.001条）と学問上の目標（第4.002条）を次のように定めている。

第4.001条　公教育の使命と目的
(a) （略）
(b) 公教育の目的は，
目的2：　児童・生徒に対して，教育上の可能性を完全に発揮するように働きかけ，動機付ける。
目的5：　教員は，児童・生徒が州や国の伝統にみられる基本的な価値を正しく認識するとともに，自由企業社会（free enterprise society）を理解し，その中で生産的な役割を果たすことができる，思慮に富んだ積極的な市民になれるように準備させる。
（訳注：目的1，3，4及び6〜10は略）

第4.002条　公教育の学問上の目標
　均衡のとれた適切な教育の基礎として，
目標1：　公立学校に在学する児童・生徒は英語による優れた読解力と文章作成力を示す。
目標2：　公立学校に在学する児童・生徒は数学について優れた理解を示す。
目標3：　公立学校に在学する児童・生徒は理科について優れた理解を示す。
目標4：　公立学校に在学する児童・生徒は社会科について優れた理解を示す。

ただし，教育目標に関する規定の仕方は州により多様であり，例えばバージニア州の場合，州教育委員会による教育スタンダードの策定に関する州教育法の規定の中で，「学校を首尾良く修了し，生活への準備を整え，潜在的な力を完全に発揮するために必要なスキルを全ての児童・生徒が発達させることができるようにすることが，州内にある公立学校の基本的目標である」（第22.1-253.13.1条）と定めている。また，マサチューセッツ州は，州内の全ての公立初等学校に適用され

る教育目標として，職場や大学で期待される能力に言及した教科別のスタンダードを策定することを州教育委員会に対して要請する規定（州教育法第69章第1D条）を定めている。

2.2.2 「コモン・コア」の目標

教育目標として習得が求められる学問的な知識・技能については，多くの州が「コモン・コア」を導入するようになったことで，児童・生徒が生活する実社会の文脈に即した目標として理解される方向にある。「コモン・コア」は「大学進学や就職への準備（college and career readiness）」として，「全ての児童・生徒が，住んでいる場所に関係なく，大学や職場，その他の生活場面で成功するために必要な知識・技能を確実に身に付けてハイスクールを卒業する」（「コモン・コア」公式サイト）ことを目指している。「コモン・コア」開発に関わった教育関連団体（Achieve, Inc.）によると，「……成功するために必要な知識・技能」とは，「ハイスクールを卒業する者が，補習授業を受けることなく，入門レベルであるが単位を授与される中等後教育の科目を履修し，単位を取得するために必要な英語と数学の知識・技能を持っていること，言い換えるなら，ハイスクールを卒業する者が，選んだ進路（例えば，コミュニティカレッジや大学，職業技術教育プログラム，見習い訓練，職場研修など）において必要とされる中等後教育レベルの職業訓練や教育を受け，成功するのに必要な英語と数学の知識・技能を持っていること」（http://www.achieve.org/college-and-career-readiness）（2015年9月7日閲覧）としている。このように，「コモン・コア」の目標は，実社会の文脈に即し，初等中等教育を終えた後の進路である大学や職場で期待される能力の習得に焦点が当てられている。

2.2.3 「大学進学や就職への準備」に関する定義

「コモン・コア」の導入に伴い，多くの州が「大学進学及びその他の進路への準備（college and career readiness）」（以下，CCR）に向けた教育を進めるに当たって，その内容を定義付ける州も現れるようになった。2014年1月時点で，州としてCCRの定義を定めているところは32州とワシントンD.C.である[注31]。ほとんどの州の定義に共通して盛り込まれている内容は，学問的な知識，技能，学力評価の成績である。

ただし，規定の仕方は州により多様である。例えば，マサチューセッツ州の定義は，CCRの必須能力（Essential Competency）を，学習（Learning），職場への準備（Workplace Readiness），質と戦略（Qualities and Strategies）に分けて，次のように定義している[注32]。

　学習
　　…（略）英語に関してCCRが整っている生徒は次のような学問的準備ができている。
　　・多様な種類の複雑な文章を1人で読み，理解する。
　　・出典を用いて，場合によってはそれを分析しつつ効果的に書く。
　　・調査やアイディアの融合や比較，合成を通じて，知識を組み立て，表現する。
　　・文脈を使って語句や慣用表現の意味を決定する。
　　…（略）数学に関してCCRが整っている生徒は次のような学問的準備ができている。
　　・数学的実践につながる主要な内容を含んだ問題を解決する。
　　・数学的実践につながる付加的，支援的な内容を含んだ問題を解決する。

・数学的な根拠や批判によって数学的な推論を述べる。
・特にモデル化を行うことで，現実世界の問題を解決する。

職場への準備
…（略）CCR が整っている生徒は次のことができている。

職業倫理とプロフェッショナリズム
・職場で期待されている勤務と時間厳守。
・職位と義務に適した職場での身だしなみ。
・積極的な態度と対応を伴った指示の受入れと建設的な批判。
・意欲，イニシアチブを取ること，開始から完了までプロジェクトを引き受けること。
・守秘義務や職場倫理の尊重を含めて，職場の文化や方針，安全性を理解すること。

効果的なコミュニケーションと人間関係スキル
・職場に適した口頭あるいは書面でのコミュニケーション。
・注意深く話を聞くこと，理解を確実にすること。
・同僚との個人的，あるいはチームとしての関係の形成・維持。

質と戦略

　大学進学及びその他の進路への準備をすることは，生徒が入門レベルの大学の科目や職場で最低限必要とされる能力以上のものを質的，量的に幅広く身に付けることに役立つものでなければならない。そこで，ハイスクールにおいて生徒は次の能力を身に付けていることを示さなければならない。
・分析や融合，評価など高度な思考技能。
・批判的に，一貫性を持って，そして創造的に考える能力。
・積極的な態度と対応を伴った指示の受入れと建設的な批判。
・意欲，知的好奇心，柔軟性，規律，自己主張（self-advocacy），責任，合理的な信念。

2.3 教科構成・時間配当

　教育課程の基準である教育スタンダードの開発，策定は，通常，州議会からその権限を委ねられた州教育委員会が行うが，教育課程の教科構成は州議会が州法によって定めている場合がある。規定の仕方は州によって多様であるものの，多くの州に共通してしている教科は，英語，数学，理科，社会，保健，体育，芸術（美術，音楽，ダンスなど）である。また，州教育法の中で，「アルコール飲用・薬物使用の防止に関する教育」や「選挙に関する教育」など，特定の主題に関する教育の実施を求める規定が定められていることが少なくない。教科別の時間配当については，ハイスクール（第9〜12学年）の卒業要件として取得すべき単位数が定められている以外，州の法令上，実施義務や最低基準として定められていることは少ないものとみられる。

2.3.1 ハイスクール前段階の学校——小学校，ミドルスクール

公立学校の教育課程の教科構成は，州法あるいは州行政規則によって，州内の公立学校に在学する全ての児童・生徒が学ぶべき必須教科目が定められているが，その規定の仕方や教育課程基準である教育スタンダードとの関係は州によって多様である。例えば，カリフォルニア州の場合，州教育法により初等教育（第1～6学年）と中等教育（第7～12学年）とに分けて教科構成を定めているが，州の教育スタンダードは初等中等教育全体（K-12）を通じて教科別に設けられており，規定上，初等教育の教科構成には含まれていない外国語や学校図書館を利用した学習についても定められている。フロリダ州の教育法では，教育スタンダードを初等中等教育全体を通じて州内の公立学校で教えられる主な内容を定めるものと位置付け，これを設けるべき教科目として教科構成を設定している（第1003.41条）。テキサス州では，カリキュラムや卒業要件に関する州教育委員会の権限を定めた州教育法の規定（第7.102条等）に基づき，州教育委員会規則（第110-118章，第126-128章及び第130章）で，教科目別に主な指導内容や到達目標まで規定されている（**表7**参照）。

小学校及びミドルスクール（第K学年から第8学年）までの段階において，多くの州で法令上，指導が求められている教科目は，英語，数学，理科，社会，保健，体育，芸術である。教科別の時間配当に関する規定は，特に小学校については，一般に行われていない。通常，教科別の時間配当は，州の教育スタンダードで示された目標への到達を目指して，学区，学校あるいは教員が，多様な要件（例えば，児童の人種構成や学区の財政状況など）を考慮しつつ，決めている[注33]。ウィスコンシン州では，州教育局が州内学区を対象に時間配当のモデルを示しているが，こうした事例はまれである。（**表8**参照）

ミドルスクールについても，州の法令上は，教科別の時間配当は必ずしも定められていない。教科別の時間配当を定めた事例として，ニューヨーク州とフロリダ州では，**表9**のように最低要件（教科別の履修量）が定められている。

2.3.2 ハイスクール

ハイスクールにおいて，各生徒が履修する科目は，必修教科（必修選択科目）と選択科目から構成される。修了要件は，通常，毎日1授業時間，1年度間履修した場合の学習量を1単位として，取得すべき必修教科別単位数，選択科目の合計単位数及び総単位数が定められているが，州の最低基準を下回らないように学区が定めるため，実際の修了要件は州及び学区によって異なる。全国的にみると，英語4単位，数学，理科及び社会科3～4単位，体育1～2単位を含めて，合計20～24単位程度が，ハイスクール4年間（第9～12学年）の平均的な履修要件（修了要件）となっている（**表10**参照）。

表7：小学校段階における法令上の教科構成と州教育スタンダードの構成の例

カリフォルニア 法令上の 教科構成 (第1-6学年)	英語	数学	理科	社会科	芸術[1]	保健	体育	このほか，学区教育委員会が定める学習
州のスタンダードの 構成	英語	数学	理科	歴史・社会科	芸術[1]	保健	体育	
コロラド 法令上の 教科構成 (第K-12学年)	英語読解，英語作文，英語運用能力	数学	理科	歴史，地理，経済，金融リテラシー	外国語	美術及びパフォーマンスアート	体育	このほか，州教育委員会がスタンダードを策定したもの
州のスタンダードの 構成	英語	数学	理科	社会科	外国語	音楽/ダンス/演劇/美術	体育	保健
フロリダ 法令上の 教科構成 (第K-12学年)	英語	数学	理科	社会科	外国語	美術	保健	体育
州のスタンダードの 構成	英語	数学	理科	社会科	外国語	ダンス/音楽/演劇/美術	保健	体育
テキサス[2] 法令上の教科構成 (小学校で指導が求められる教科)	英語	数学	理科	社会	外国語[2]	美術	保健	体育 テクノロジー教育 スペイン語

表注1：カリフォルニア州の「芸術」はvisual and performing arts。なお，州のスタンダードについては表に示したもののほか，外国語と学校図書館を利用した学習に関するものも定められている。
表注2：テキサス州では，行政規則上の規定が州の教育スタンダード(Texas Essential Knowledge and Skills：TEKS)となっている。なお，TEKSは第K-12学年を対象にしたもので，表では小学校での指導が求められている教科を挙げた。「外国語」は小学校とミドルスクールで導入・実施を「強く推奨」されるものとされている。
各州の法令上の規定：カリフォルニア州(sec.51210)／コロラド州(C.R.S.22-7-1005)／フロリダ州(sec.1003.41 (2))，テキサス州(Texas Administrative Code, Chapter 110, 111, 112, 113, 114, 115, 116, 117, 118, 126, 127, 128, 130)。

表8：ウィスコンシン州教育局が推奨する第K-6学年の週当たり教科別時間配当

教科 \ 学年	第K学年[1]	第1学年	第2学年	第3学年	第4学年	第5学年	第6学年
読解/英語[2]	30%	700分	700分	600分	600分	500分	425分
数学	10%	300分	300分	300分	300分	300分	300分
社会	10%	125分	150分	175分	200分	225分	250分
理科	10%	100分	100分	150分	150分	175分	250分
保健	10%	75分	75分	100分	100分	125分	125分
体育	10%	150分	150分	150分	150分	150分	150分
美術	10%	90分	90分	90分	90分	90分	90分
音楽	10%	75分	75分	75分	75分	75分	75分
外国語	--	--	--	--	--	100分	100分
環境教育[3]	—[3]	—[3]	—[3]	—[3]	—[3]	—[3]	—[3]
コンピュータ・リテラシー[3]	—[3]	—[3]	—[3]	—[3]	—[3]	—[3]	—[3]
キャリア教育[4]	---	---	---	---	---	—[4]	—[4]

表注1：第K学年では，1日の授業時間の3分の1までは児童が自ら選んだ活動に充てることが可能である。表で推奨されている第K学年の時間配当(比率)は，教員が計画する場合のものである。第K学年の時間配当は，同段階の多様なスケジュールを可能にするように，比率で表示されている。
表注2：特に読解力や作文の能力を向上させることを目指して，これらを保健や理科，社会などの他教科でも組み込んで実施しなければならない。
表注3：環境教育は，第K学年から第12学年にかけて，特に保健や理科，社会の各科目において重点的に扱わなければならない。コンピュータ・リテラシーも第K学年から第12学年にかけて実施しなければならない。
表注4：キャリア教育は1学期間の履修科目として第5学年から第8学年の間に提供されなければならない。

表9：ミドルスクールにおける教科別時間配当に関する州の規定（フロリダ州とニューヨーク州の場合）

フロリダ法令上の教科構成（第K-12学年）	英語	数学	理科	社会科	外国語	美術	保健	体育			
履修量に関する最低要件	英語，数学，理科，社会科の各教科についてミドルスクールにおける3年間の履修										
ニューヨーク法令上の教科構成（第7, 8学年）	英語	数学	理科	社会	英語以外の言語	芸術	保健	体育	家庭科等	図書館, 情報技術	テクノロジー教育	キャリア教育
履修量に関する最低要件[1]	2単位	2単位	2単位	2単位	2単位[2]	美術1.5単位, 音楽1.5単位	1.5単位	週当たり2.5授業時間[2]	0.75単位	週当たり1授業時間	1単位	（規定されていない）

表注1：1単位は「1学年度，週当たり最低180分の授業」を履修した場合に授与される（ニューヨーク州教育行政規則第100.1条a項）。なお，テクノロジー教育，家庭科等，キャリア教育，図書館・情報技術については，条件を満たせば他の科目の中で指導することが認められている（第100.4条b項2）。
表注2：体育は1セメスターを週当たり3授業時間，もう1セメスターを2授業時間（第135.4条c項）。英語以外の言語については第K学年から第9学年の間に2単位取得（第100.2条d項）。
各州の法令上の規定：フロリダ州教育法第1003.4156条／ニューヨーク州教育行政規則第100.4条c項。

表10：各州のハイスクール修了要件となっている教科別履修単位数（2011年）

	合計	英語	数学	理科	社会科	その他
	単位	単位	単位	単位	単位	単位
カリフォルニア[1]	13.0	3.0	2.0	2.0	3.0	3.0
コロラド[2]	–	–	–	–	0.5	–
フロリダ[3]	24.0	4.0	4.0	3.0	3.0	10.0
メリーランド[4]	21.0	4.0	3.0	3.0	3.0	8.0
ニューヨーク[5]	22.0	4.0	3.0	3.0	4.0	8.0
ロードアイランド[6]	20.0	4.0	4.0	3.0	3.0	6.0
テキサス[7]	26.0	4.0	4.0	4.0	4.0	10.0
バージニア[8]	22.0	4.0	3.0	3.0	3.0	9.0

表注1：「その他」において，体育2単位，芸術あるいは外国語を1単位取得。なお，同州内の学区は，通常，州を上回る卒業要件を設定しており，例えば，州内最大規模のロサンゼルス統一学区の場合，合計23単位（英語4単位，数学2単位，理科2単位，社会科3単位，芸術1単位，保健0.5単位，体育2単位，応用技術1単位，生活技能0.5単位，選択7単位；Carnegie Unitで換算）の取得が必要とされる。
表注2：ハイスクールの卒業要件は学区が決定している。例えば，同州内最大の学区であるデンバー学区では合計24単位（英語4単位，数学4単位，理科3単位，社会科3単位，体育1単位，選択科目9単位）の取得が必要。
表注3：「その他」において，体育1単位（保健を含む），芸術あるいはスピーチ・ディベートいずれか1単位，選択科目8単位を取得。
表注4：「その他」において，保健0.5単位，芸術1単位，体育0.5単位，テクノロジー教育1単位，外国語あるいは手話あるいは上級テクノロジー教育2単位，選択科目3単位を取得するか，あるいは州認定のキャリア技術教育4単位と選択科目1単位を取得。
表注5：「その他」において，保健0.5単位，芸術1単位，英語以外の言語1単位，体育2単位，選択科目3.5単位を取得。
表注6：「その他」においては，外国語，芸術，保健及び体育，技術教育などの単位取得が想定されている。
表注7：「その他」において，英語以外の言語2単位，体育1単位，スピーチ0.5単位，芸術1単位。選択科目5.5単位を取得。
表注8：「その他」において，保健及び体育2単位，外国語と芸術あるいはキャリア技術教育2単位，経済及びパーソナルファイナンス1単位，選択科目4単位を取得。
（出典）NCES, *Digest of Education Statistics 2012*, tab.199及び各州の教育局サイトの掲載情報。

2.3.3 キャリア教育

　キャリア教育は，各学校に配置されたカウンセラー（guidance counselor，一般教員のうちカウンセラーの専用免許を取得した者）を中心に，キャリアガイダンス及びカウンセリングとして，州の指針に基づき学校単位で指導計画が策定，実施される[注34]。小学校からハイスクールまであらゆる段階で実施されるが，主にハイスクールにおいて教科担当の教員とカウンセラーによるチーム・ティーチングあるいは授業の一部をカウンセラーが譲り受けて行われるのが一般的である[注35]。また，ハイスクールでは「World of Work」や「Career Development」「Career Planning」「Career Ready and Transition」などの科目名で選択科目として提供されている場合もある。カウンセリング（個別進路相談）は，毎年，1～2回，カウンセラーとの面談が義務付けられているのが一般的である[注36]。

　このほか，応用数学や情報処理などを内容とする職業技能一般に関するテストが行われることも多く，イリノイ，ノースカロライナ及びノースダコタの3州では民間のテスト開発・実施機関であるACTが行っている大学進学者対象のテスト（ACT）あるいは職業技能に関するテスト（Work Key）のいずれかの受験を州内の公立ハイスクールの生徒（第11学年）に課している[注37]。

2.3.4 情報教育

　通常，情報教育は小学校からハイスクールを通じて，教科横断的に実施するものとされるが，その中で学校図書館及び司書教員が大きな役割を果たしている。多くの場合，学校図書館は本以外にインターネットに接続されたコンピュータやCD，ビデオなど多様なメディアを利用できるメディアセンターを兼ねており，一般教員のうち学校図書館司書及びメディアを利用した指導に関する免許も取得した司書教員が配置されている。連邦教育省の統計によると，2011年度において全公立学校の9割に学校図書館が設けられ，その95.3％はインターネットに接続可能なコンピュータワークステーション（96.6％）が配置されていた。また，学校図書館の66.4％には，上述のような免許を有する専門教員がフルタイム教員として配置されていた[注38]。

　このような学校図書館や司書教員を活用した情報教育を積極的，効果的に展開するため，例えば，カリフォルニア州では学校図書館を利用した情報教育に関する教育スタンダードを定め，情報へのアクセス，評価，活用，統合の観点から児童・生徒が身に付けるべき情報リテラシーに関するスキルを就学前教育から第12学年まで各学年あるいは学年区分で定めるとともに，情報教育の実施に当たっては，学級担任や教科担当の教員と司書教員が協力することとしている[注39]。また，ニューヨーク州の「数学，理科及びテクノロジー（Mathematics, Science, and Technology）」に関する教育スタンダード（Learning Standards for New York State）では，「適切なテクノロジーを用いて情報にアクセスするともに，情報を作成，加工，伝達する」（standard 2）や「数学や理科，テクノロジーの知識や考え方を適用し，現実世界の問題解決を図ったり，意思決定をする」（standard 7）ことが全教育段階を通じた到達目標として定められている。さらに同州の州教育長規則（第100.4条c項1）は，第7及び8学年において週当たり1授業時間相当を「図書館及び情報スキル」のために充てることとしている。

　カリフォルニア州やニューヨーク州のように，情報教育に関して州レベルで教育スタンダードを設けたり，時間配当を定めることは一般的ではない。しかし，他州を含めて学区レベルでは，学校図書館を利用した授業，司書教員と学級担任や教科担当教員との協力による授業が広く実施されている。

2.3.5　特定の項目に関する指導

「アルコール飲用・薬物使用の防止に関する教育」や「選挙に関する教育」など，州法においては，英語や数学など一般的な教科目とは別に特定の項目に関する指導を求めた規定が設けられていることがある。例えば，ロードアイランド州の場合，州法において「アルコールや薬物の濫用に関する教育」（第 16-22-12 条）や「消費者教育」（第 16-22-13 条），「選挙に関する教育」（第 16-22-10 条），「（校舎の利用等における）防火教育」（第 16-22-5 条），「自殺防止教育（第 16-22-14 条）などを実施することが，州内学区に対して求められている。また，多くの州では，愛国的な主題や話題を指導内容に含めることが法令で求められている[注40]。これら特定の項目に関する指導は，関連する教科（例えば，「アルコールや薬物の濫用に関する教育」であれば，保健の授業）の授業の中で，あるいは専用の時間を設けるなどして指導が行われる。

一方で，州法では，特定の項目に関する指導を禁止する規定も設けられている[注41]。例えば，共産主義を促す主旨の教育については，これを禁止したり，指導上の条件を付ける州がある[注42]。

2.4　学年暦

学年度及び年間授業日数（最低基準）は州によって定められている。学期制や学期間の休暇等は学区によって定められている。

2.4.1　学年度

学年度（school year）は，7月1日に始まり，翌年の6月30日に終わる。学年度の始期と終期は，通常，州教育法の中で定められている（カリフォルニア州教育法第37200条，コロラド州法第22-1-112条，ニューヨーク州教育法第2条，サウスカロライナ州法第59-1-200条など）。州によっては，別の区切り方を規定している場合（例えば，ワシントン州法第28A.150.203条では，9月1日から翌年の8月31日としている）もあるが，こうした例は少ない。

実際に公立学校を開始する時期は学区が決める。通常，8月の終わりから9月の初めの間に学校が始まり，翌年の5月あるいは6月に終了する。州によっては，「『労働者の日』（Labor Day。9月の第1月曜日）以後に開始」（バージニア州）のように，開始時期について条件を設けている州もある。また，州法の規定の中には，公立学校の開校期間を学年度とする場合もある（例えば，ニュージャージー州法 18A:1-1）。

8割以上に当たる41州では州法で年間授業日数に関する最低基準を定めている（**表11**参照）。州により186日（カンザス州）から160日（コロラド州）まで多様であるが，半数以上の州（28州とワシントンD.C.）は180日としている。また，多くの州（36州）では，年間授業日数とともに年間授業時間数を定めており，通常，州が定めた学年区分に応じて時間数が決められている（**表12**参照）。

表11：年間授業日数に関する最低基準（2013年度）

日数	州名
186日	カンザス（第12学年は181日）
185日	ノースカロライナ
180日	アラバマ, アラスカ, アリゾナ, カリフォルニア, コネチカット, フロリダ, ジョージア, ハワイ, イリノイ, インディアナ, アイオワ, メリーランド, マサチューセッツ, ミシシッピ, ネバダ, ニューハンプシャー, ニュージャージー, ニューヨーク, オクラホマ, ペンシルバニア, ロードアイランド, サウスカロライナ, テネシー, テキサス, ユタ, バージニア, ワシントン, ウェストバージニア, 及びワシントンD.C.
178日	アーカンソー
177日	ルイジアナー
175日	メイン, ミシガン, ノースダコタ, バーモント, ワイオミング
174日	ミズーリ（週4日制の場合は142日）
170日	ケンタッキー
165日	ミネソタ
160日	コロラド
規定なし	デラウェア, アイダホ, モンタナ, ネブラスカ, ニューメキシコ, オハイオ, オレゴン, サウスダコタ, ウィスコンシン

(出典) ECS, *School Calendar: Length of School Year*, October 24, 2014.

表12：年間授業時間数と学年始期の決定に関する各州の例（2014年度）

州	年間授業日数	年間授業時間	学年始期
カリフォルニア	180日	K学年: 600時間 1-3学年: 840時間 4-8学年: 900時間 9-12学年: 1,080時間	学区の裁量。
フロリダ	180日	K-3学年: 720時間 4-12学年: 900時間	学区の裁量。ただし、開始は「労働者の日」2週間前から。
マサチューセッツ	180日	K学年: 425時間 1-5学年: 900時間 6-12学年: 990時間	学区の裁量。
オハイオ	（規定なし）	K学年（半日制）: 455時間 K学年（全日制）: 910時間 1-6学年: 910時間 7-12学年: 1,001時間 （K-6学年は2回の15分休憩を含む）	学区の裁量。
オクラホマ	180日	1,080時間	学区の裁量。
ペンシルバニア	180日	K学年: 450時間 1-8学年: 900時間 9-12学年: 990時間	学区の裁量。
サウスカロライナ	180日	（規定なし）	学区の裁量。ただし、開始は8月第3月曜日以降。
サウスダコタ	（規定なし）	K学年: 437.5時間 1-5学年: 875時間 6-12学年: 962.5時間	開始は、9月第1月曜日に続く最初の火曜日以降。
バージニア	180日	K学年: 540時間 1-12学年: 990時間	学区の裁量。ただし、開始は「労働者の日」以後。
ウィスコンシン	（規定なし）	K学年: 437時間 1-6学年: 1,050時間 7-12学年: 1,137時間	9月1日以降に開始。

(出典) ECS, *School Calendar: Length of School Year*, October 24, 2014.

2.4.2　学期制，休暇期間

　公立学校が開校する学年度（school year）の実際の開始や終了の期日のほか，学期の区分や休暇・休日を含む年間予定は，州の規定に反しないように学区が定める。通常，学期制や，各学期の開始時期，休日の設定等は学区内の公立学校で共通である（教育段階によって異なることがある）。

　学期制については，事例として挙げたプロビデンス学区（ロードアイランド州）やデンバー学区（コロラド州）では，8月終わりあるいは9月の初めに始まり，12月後半あるいは1月後半までを前期，以後5月末あるいは6月半ばまでを後期とし，これらをそれぞれ二分した4学期としている（**図2**参照）。また，サンフランシスコ学区（カリフォルニア州）では秋学期（前期），春学期（後期）の2学期制が採られている。一概には言えないが，現在は，こうした2学期制や4学期制としているところが多いようにみられる。

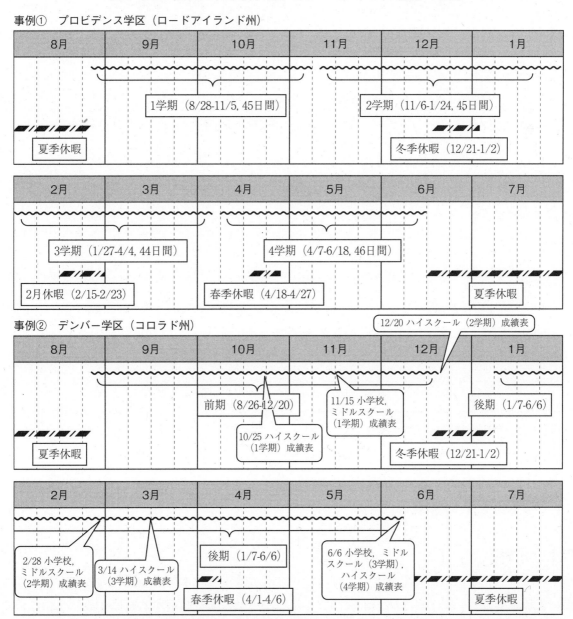

図2：学区が定める公立学校の年間スケジュール（2013年度）の事例

図注：プロビデンス学区の冬季休暇，2月休暇，春季休暇の各期間には前後の土・日曜日を含む。デンバー学区の冬季休暇，2月休暇，春季休暇の各期間には前後の土・日曜日を含む。同学区のハイスクールは，上記4学期制のほか，6週間を1学期とする6学期制（各学期の終わりは10/4, 11/15, 12/20, 2/21, 4/11, 6/6）の場合もある。

（出典）Providence Public Schools, *Academic Calendar 2013-2014*／Denver Public Schools, *2013-2014 DENVER PUBLIC SCHOOLS HANDBOOK FOR FAMILIES & STUDENTS*.

ほとんどの学区では，12月後半に2週間，3月あるいは4月に1週間程度の休暇期間を設けている。これらの休暇期間は，必ずしも学期間に設けられてはいない[注43]。基本的に土曜日と日曜日を休日とする学校週5日制である。

2.4.3 学校の1日のスケジュール

各公立学校は，通常，午前8時前後から始まり，午後3時頃に終了する。ただし，学校の1日のスケジュールは多様である[注44]。通常，公立学校の児童・生徒は校内の食堂で昼食をとるが，多くの場合，収容人数の関係から入替え制をとっているため，学校の1日のスケジュールが，2～3パターン設けられていることが少なくない（**図3**参照）。

図3：クーパーミドルスクール（フェアファクスカウンティ学区）の1日のスケジュール（2013年度）

第7学年		第8学年	
7:40-8:35	1時限	7:40-8:35	1時限
8:40-9:35	2時限	8:40-9:35	2時限
9:40-10:05	QST[1]	9:40-10:05	QST[1]
10:10-11:05	3時限	10:10-11:05	3時限
		11:10-12:05	4時限
11:05-11:35	給食A[2]		
11:37-12:32	4時限A[2]	12:05-12:35	給食B[2]
		12:37-13:30	5時限B[2]
11:10-12:05	4時限B[2]		
12:05-12:35	給食B[2]	12:10-13:03	5時限C[2]
		13:03-13:33	給食C[2]
12:37-13:30	5時限		
13:35-14:30	6時限	13:35-14:30	6時限

図注1：QST（Quiet Structured Time）は，各教科の宿題や生徒組織の活動など，多様な利用の仕方が認められた時間帯。教員から学習のアドバイスを得ることもできる。
図注2：「給食」及び「4時限」「5時限」は，実施時間により3つのグループ（A，B，C）に分かれている。

2.5 授業形態・組織

2.5.1 小学校

小学校は一般に学級担任制であり，児童は終日，同じ教室で基本的に全教科を担当する1人の教員から指導を受ける。週1～2回，学級単位で体育館や図書館を利用する時間が設けられている。通常，小学校の1日のスケジュール（bell schedule）の中で授業時間は，1時限，2時限というように，同じ時間の長さで区切られた時限（コマ）単位で分割されておらず，授業と授業の間の短い

休憩時間も設定されていない（運動場で体を動かす時間は1日1～2回設けられている）。このため，それぞれの教員が児童の学習ニーズや自身の専門家としての見方に基づいて各教科の指導時間を決定している（**図4**参照）。

図4：公立小学校における1日のスケジュール（第1学年担当教員と第5学年担当教員）の例

時刻	第1学年	第5学年
7:50	（始業ベル）	
8:00		
	英語（8:00-8:50）	英語／書き方（8:00-8:50）
9:00	日替わり（8:50-9:40） （月）コンピュータ，（火）体育， （水）音楽，（木）美術，（金）体育	理科（8:50-9:40）
10:00	英語（9:40-10:30）	算数（9:40-10:30）
	《休憩》（10:30-10:55）	読解（10:30-11:20）
11:00	《昼食》（10:59-11:29）	
		社会科（11:20-12:02）
12:00	書き方（11:40-12:20）	
	社会科／理科（12:20-13:00）	《昼食／休憩》（12:02-13:00）
13:00	算数（13:00-13:50）	算数（個別指導）（13:00-13:50）
14:00	算数（個別指導）（13:50-14:40）	日替わり（14:00-14:50） （月）体育，（火）音楽，（水）体育， （木）作文，（金）理科（理科室）
14:50	（下校）	

図注：時間帯ごとに示されている教科目の授業が曜日に関わらず行われる。トイレ休憩などの授業間の休憩時間は基本的に設けられていない。授業時間の区切りは柔軟に行われている。なお，両学年の7:50-8:00の間は連絡や授業準備など，第1学年の14:40-14:50と第5学年の14:00-14:10は帰宅準備である。第1学年の11:29-11:40はトイレや学習準備のための短時間の休憩とみられる。
（出典）Mt. Yonah Elementary School サイト（http://mtyonah.white.k12.ga.us/）（2014年11月25日閲覧）。

小学校では，通常，児童の能力に基づいて，特定の学級や教員を割り当てることはない。しかしながら，英語や数学の授業において，それぞれの教室の中で児童の学力に応じたグループ分けを行うことは一般的である。学力に応じて分けられた児童のグループは，到達目標に向けて，各グループにとって適切な方法や速度で学習が進められるように，グループごとに異なった課題が割り当てられる。

2.5.2 ハイスクール

ハイスクールは教科担任制であり，教員は1日を通して自分が授業を行う教室から移動することはない。1日のスケジュールは，通常，5～6時間の授業から構成され，各時限の間に短い休憩時間（3分前後）が設けられている。科目を選択して登録した授業を受けるため，生徒はそれぞれ独自の授業予定を持っており，1つの授業が終わると次の授業のため教室を移動する。

授業予定は，州や学区が定める卒業要件や生徒個人の興味・関心，将来の目標，学力水準などに基づいて，学校のカウンセラーや親と相談しながら決定する。

2.6 評価

　各教科の成績評価は教室レベル（小学校であれば学級担任，ハイスクールであれば授業担当教員）で付けられる。成績の表記方法で，通常，利用されるのは，アルファベットによる表記である。原則としてA，B，C，D，Fの5段階評価であり，Aが最も良く，Fが履修科目の落第を意味する（学区によってはAよりも優秀な成績であるA+のように更に細かい設定が行われている場合もある）。

　アルファベットによる表記の成績は，特にハイスクールにおいて，個々の生徒の教科目全体を通じた学力をあらわすため，数字表記による「平均成績得点（Grade Point Average：GPA）」として示されることがある。この場合，A＝4，B＝3，C＝2，D＝1，F＝0で換算され，4.0であればオールAの成績であることを意味する。

　成績評価の決定は，担当する教員が責任を持つ。児童・生徒の学習の質，教室単位，試験の成績，授業への参加の程度などを判断基準とする。成績評価の考え方は，通常，開始時点を「満点」あるいは「完全な状態」とし，失敗や質の低いパフォーマンスについて評価を下げていく減点主義であり，開始時点を0として点数を積み上げていく得点主義ではないとされる。

3　進級・進学制度

3.1　進級・修了

　公立学校における進級制度（grade promotion, grade advancement）は，多くの場合，州の法令に基づいて，あるいは学区独自の権限によって，学区が具体の基準を定めている。実際の進級の判定は，主に授業での学習の成果に対する成績評価に基づいて行われる。成績が著しく低く，次の学年に進む準備ができていないと教員が判断すれば，その児童・生徒は留年する場合がある。留年の決定においては，親との協議の後，同意を得た上で実施される。

　ただし実際は，長年にわたって「一斉進級（social promotion）」が学校段階を問わずに行われてきた。「一斉進級」とは，求められている学力水準に達していない児童・生徒であっても，同期の他の児童・生徒と一緒に進級させることである。これは，上級段階に進めば必要とされる学力水準に到達するであろうという期待に基づくものである。

　1990年代に入り，学力向上を目指し，各州は教育課程基準となる教育スタンダードを定め，これに対応した州内統一の学力テストによって公立学校の教育成果を明らかにする教育政策を進めた。同時に，このような改革努力は教育スタンダードが規定した学力水準に児童・生徒が到達していることを従来以上に重視する傾向を生み，「一斉進級」を見直す州が現れるようになった。こうした州では，上級学年への進級に当たり到達すべき学力水準に達しているか否かを判断する進級判定制度や学年別累積取得単位数の設定等を行っている。

　修了（graduation）は，通常，初等中等教育（K-12）の最終段階であるハイスクールの修了を指す。ハイスクールの修了要件は，多くの場合，履修が必要な教科目と教科目別及び合計の取得単

位数が州によって最低要件として定められているほか，近年は修了試験が課されるようになっている。授与される修了証は履修科目の種類や取得単位数，履修科目や修了試験の成績に基づいて複数の種類が設けられている。最近では，授業への出席時間に関わらず，求められる学力の有無を試験等で判定して単位を授与し，修了に結び付ける取組も行われるようになっている。

3.1.1 進級判定制度と原級留置——ハイスクール以前の段階

進級判定制度（promotion gate）は，上級学年への進級に当たり，英語や数学などの基礎的教科について期待される学力水準に達しているか否かを判定する制度である[注45]。通常，州が実施する教科別テストあるいは学区が独自に導入した学力テストの成績を中心に判定が行われているが，他教科の学習にも影響が大きい読解力に問題のある子供を早期に発見し，重点的に指導することが学力向上に効果的であるとして[注46]，小学校低学年（第3学年まで）の英語に焦点を当てている州が多い。2012年8月時点で，14州とワシントンD.C.は，Pre-K段階（3，4歳対象の就学前教育）から第3学年までの間に英語の学力が州内統一の学力テストや学区が実施するテストにおいて基準点に達していることを，第4学年進級の要件とする制度を設けている（**表13**参照）。

表13：第3学年の読解力を基準とする進級判定制度を導入している州

州	原級留置が行われる学年	重点的な指導を受けることで進級可能	学力テスト以外の評価で学力が認められることで進級可能	左記以外で原級留置が免除される要件
アリゾナ	第3学年	不可	不可	英語学習者[1]，特別支援教育対象者
アーカンソー	第3学年	可	不可	特別支援教育対象者
カリフォルニア	第2,3学年	可	−[2]	教員の意見
コネチカット	第1,2,3学年	可	可	校長の意見
デラウェア	第3学年	可	可	回数制限（1回）
ワシントンD.C.	第3学年	−[2]	−[2]	−[2]
フロリダ	第3学年	不可	可	回数制限（1回），英語学習者[1]，特別支援教育対象者
ジョージア	第3学年	不可	不可	親の意見
アイオワ	第3学年	可	可	回数制限（1回），英語学習者[1]，特別支援教育対象者
メリーランド	第3学年	可	−[2]	回数制限（1回），特別支援教育対象者
ミズーリ	第3,4学年	第3学年のみ可	不可	回数制限（1回），英語学習者[1]，特別支援教育対象者
ノースカロライナ	第3学年	不可	可	回数制限（2回），英語学習者，障害のある児童
オハイオ	第3学年	可	可	回数制限（1回），英語学習者[1]，特別支援教育対象者
オクラホマ	第3学年	可	可	回数制限（2回），英語学習者[1]，校長の意見，特別支援教育対象者
テネシー	第3,8学年	可	−[2]	特別支援教育対象者

表注1：「英語学習者」は英語を母語としない児童。
表注2：「−」は州レベルで規定されていないことを示す。
（出典）ECS, *Reading/Literacy: Third Grade Reading Policies*, Aug. 2012, pp.10-12.

図5：テキサス州の学力向上策（Student Success Initiative）における進級決定のプロセス

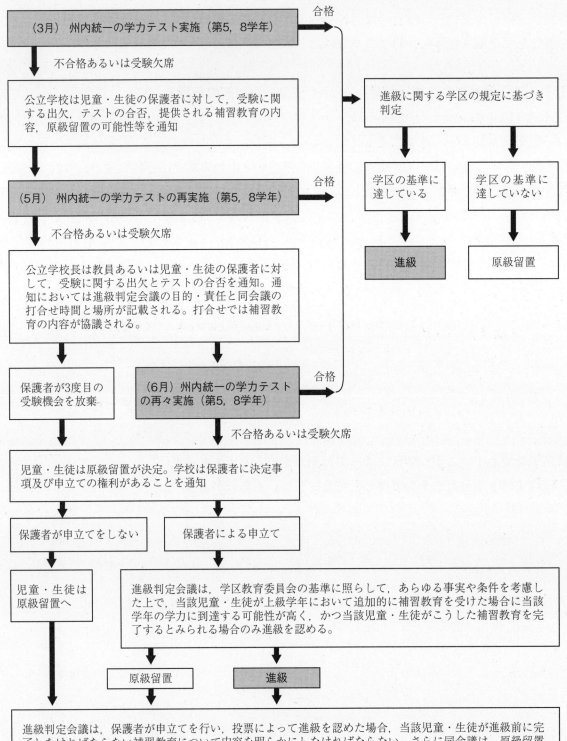

図注：進級判定会議は各学校の校長（あるいはその指定した者），判定対象となる児童・生徒の親，当該児童・生徒の英語（reading）の担当教員から構成される。
（出典）Texas Education Agency, *Student Success Initiative Manual: Grade-Advancement Requirements*(Update for 2014-2015 School Year), p.8.

小学校低学年の英語以外に，数学や理科，社会などの教科について上級学年で進学判定制度を設けている州もある（対象学年や教科は州によって異なる）。例えば，テキサス州の学力向上策（Student Success Initiative）では，第5学年と第8学年で実施される数学と英語に関する州内統一の学力テストで基準点に達することを進級要件とすることが規定されている（テキサス州教育法第28.0211条。図5参照）[注47]。また，ウィスコンシン州では，州教育法の規定（州教育法第118.33条（6））により，第4学年から第5学年，第8学年から第9学年への進級・進学時に州統一の学力テスト（英語，数学，理科，社会）の結果や児童・生徒の学力，教員の意見等に基づく進級・進学要件の策定・実施を州内の学区に求めている。

進級判定制度を導入している州では，定められた学力水準に達していないと判定された児童・生徒を対象に，課外授業やサマーキャンプ，少人数授業など，学力向上のための重点的な指導（interventions）を提供することを進級・原級留置の規定の中に盛り込むよう学区に求めている。多くの州では，学力テストにおいて基準点に達しなくても，学区が提供する特別な指導を受けた者については進級を認めている[注48]。また，日々の学習成果を積み重ねたポートフォリオ評価など他の学力評価から水準に達していると認められたり，学校長と指導教員が承認する場合には，学力テストで基準点に達していなくても，進級が認められる場合もある[注49]。

なお，原級留置の決定については，通常，当該児童の親の合意を得ること，あるいは決定に対する不服申し立ての機会が親に与えられていることなどが必要とされる[注50]。

3.1.2 学年別累積単位数と単位取得における救済措置——ハイスクール

ほとんどの州は，ハイスクールの修了要件として履修すべき教科目と取得すべき単位数に関する最低基準を定めているが，学区によっては州が定めるハイスクールの修了要件に基づいて，学年ごとに取得すべき単位数を進級要件として設定している場合がある。例えば，ボルチモア市学区（メリーランド州）では，修了要件となる21単位取得に向けて，第9学年から第10学年へは4単位，第10学年から第11学年へは5単位を取得することを進級要件とするなど，学年ごとの最低取得単位数を定めている（表14参照）。ニューヨーク市学区も同様であるが，第10学年から第11学年への進級に当たっては，修了要件における必修科目となっている英語と社会の取得単位数（各教科2単位）を規定している。デンバー学区（コロラド州）の場合，各学年の在籍要件として通算の取得単位数を定めている。

学年ごとに累積単位数を進級要件として定める取組は，大学進学や就職の後に活躍できるような高い学力の習得を求めると同時に，ドロップアウトを減らし，ハイスクール修了者の比率を引き上げることを目的とする。近年の調査研究から，ドロップアウトする生徒は単位取得が進まず，上級学年になるほど標準年数で修了することが困難な状況になる傾向が明らかになってきた[注51]。こうした傾向を踏まえて，着実に単位を取得して修了に結び付ける取組として実施されるようになった。

学年ごとの累積単位数の設定とともに注目されているのが，単位取得における救済措置（credit recovery）である。これは，修了要件となっている科目で単位を取得できなかった生徒に対して単位取得のための別の機会を提供するもので，当該科目の内容を全て再履修するのではなく，授業を受けていない内容や，理解が十分でない内容を中心に学習する。実際は，コンピュータソフトを利用した学習から，州や学区が提供しているヴァーチャルスクールなどのオンライン教育，教員による個別指導や少人数指導など多様な形態で行われ，州が実施する科目別学力テストの合格やオン

ライン教育における指定された単元の修了等によって単位が授与される[注52]。ただし，制度の運用方法により，こうした措置が単位取得の抜け道になっているという批判もある。

表14：学年別累積単位数の規定例

	ボルチモア市学区	ニューヨーク市学区	デンバー学区
第9学年から第10学年	4単位	4単位	（第9学年）6.0単位未満
第10学年から第11学年	5単位（通算9単位）	通算10単位（英語，社会各2単位を含む）	（第10学年）通算 6.0-12.0 単位
第11学年から第12学年	6単位（通算15単位）	通算15単位	（第11学年）通算12.1-17.0 単位
（卒業要件）	（21単位）	（22単位）	（第12学年）通算17.1-24.0 単位

表注：いずれもカーネギー単位（Carnegie Unit）に基づくもの。カーネギー単位では，1科目1セメスターの履修で0.5単位が授与される（ボルチモア市学区教育委員会規則における定義）。なお，コロラド州では各学区がハイスクールの卒業要件を定めており，デンバー学区では24単位の取得が要件となっている。
(出典) BCPS Board Policies and Regulations, *Policy IKED – HIGH SCHOOL PROMOTION AND GRADUATION STANDARDS*／New York City Department of Education, *Regulation of the Chancellor, Number A-501, VI*／Denver Board of Education, *Policy IKE- Promotion, Retention and Acceleration of Students*.

3.1.3 初等中等教育（K-12）の修了としてのハイスクールの修了

初等中等教育の全ての段階を通じて，「修了（卒業）（graduation）」という場合，通常，「（第12学年を含む公立）ハイスクール修了（卒業）」を意味する。小学校やミドルスクールなどハイスクール以前の学校段階は学区によって構成する学年が異なり，学校の修了が州内共通に特定の教育課程の修了とならない。このため，ハイスクールの修了が12年間の初等中等教育の修了として重視されている。

ハイスクールの修了要件として各州に共通しているのは，第一に，指定された教科目について一定数以上の単位を取得することである。2013年度において，47州とワシントンD.C.ではこうした教科目と単位数に関する基準を定めている（「**2.3.2 ハイスクール**」参照）。州の規定は最低基準であり，学区はこれを下回らないように実際に適用される修了要件を定める。コロラド，マサチューセッツ，ペンシルバニアの3州については州による規定はなく，学区の裁量に委ねられている。

近年は，履修教科目の種類と取得単位数に加えて，州が指定する学力テストの合格を修了要件とする州が増えている。こうした試験は，難易度や受験科目，様式などにおいて州により多様であるが，2013年度には少なくとも24州が何らかの修了試験を課している。受験科目についてみると，試験を課している州のうち，英語と数学の2教科としている州と英語，数学，理科及び社会科あるいは歴史の4教科としている州がそれぞれ10州，英語，数学，理科の3教科としている州が3州，数学のみの州が1州となっている[注53]。

ハイスクールの修了における特徴の1つは，同じ学校を修了しても，履修科目の種類や取得単位の数，修了試験の成績などにより，異なる種類の修了証が授与されるということである。例えばバージニア州の場合，指定された教科における取得単位数や科目別修了試験の成績の違いにより3種類の修了証が設けられている（このうち1種類は障害のある生徒を対象としたもの）（**表15**参照）。さらに同州では，各教科目における成績や修了証取得要件以上の単位取得，職業能力資格等の取得などに基づいて，成績優秀修了者であることを証明するシール（seal）が修了証に貼付される（**表16**参照）。

表15：バージニア州のハイスクール修了証の種類と取得要件

種類	取得要件
標準修了証	○通常の単位取得要件（140時間の授業受講）を満たすとともに，州が実施する科目別修了試験あるいは州教育委員会が認めた代替試験に合格した場合に授与される承認単位6単位を含む，合計22単位以上の取得が必要。教科目の構成は，次のとおり。 ・英語（4単位うち2単位は承認単位）。 ・数学（3単位うち1単位は承認単位）：代数I，幾何，代数，関数，データ分析，代数IIあるいは代数IIよりも上級レベルの科目の中から最低2科目を選択履修。 ・理科（3単位うち1単位は承認単位）：地学，生物，化学，物理の中から最低2科目を選択履修するか，国際バカロレア（IB）の一部として提供される理科の科目の履修。 ・歴史・社会（3単位うち1単位は承認単位）：米国史とバージニア州史，連邦とバージニア州の政治は必修。残りは世界史あるいは地理から選択。 ・保健・体育（2単位）。 ・外国語／芸術／キャリア技術教育（2単位）：1科目は芸術あるいはキャリア技術教育を選択。 ・経済・パーソナルファイナンス（1単位）。 ・選択科目（4単位）：2科目は連続した内容を持つものを選択。 （コンピュータ科学，テクノロジー，キャリア技術教育，経済等のうち，1科目以上を州教育委員会が認めた試験に合格して承認単位を取得することが可能） ○修了要件となる単位数とは関係なく，1科目をオンラインプログラムで受講することが必要。
上級修了証	○承認単位9単位を含む，合計26単位以上の取得が必要。教科目の構成は，次のとおり。 ・英語（4単位うち2単位は承認単位）。 ・数学（4単位うち2単位は承認単位）：代数I，幾何，代数II，あるいは代数IIよりも上級レベルの科目の中から最低3科目を選択履修。 ・理科（4単位うち2単位は承認単位）：地学，生物，化学，物理の中から最低3科目を選択履修するか，国際バカロレア（IB）の一部として提供される理科の科目の履修。 ・歴史・社会（4単位うち2単位は承認単位）：米国史とバージニア州史，連邦とバージニア州の政治は必修。残りは世界史あるいは地理から選択。 ・外国語（3単位）：1つの外国語を3年間履修あるいは2つの外国語を2年間履修。 ・保健・体育（2単位）。 ・芸術／キャリア技術教育（1単位）：芸術あるいはキャリア技術教育から選択。 ・経済・パーソナルファイナンス（1単位）。 ・選択科目（3単位）。 （コンピュータ科学，テクノロジー，キャリア技術教育，経済等のうち，1科目以上を州教育委員会が認めた試験に合格して承認単位を取得することが可能） ○修了要件となる単位数とは関係なく，1科目をオンラインプログラムで受講することが必要。
特別支援教育対象者修了証	○障害があるため，標準修了証の取得要件を満たすことが困難と判断される生徒を対象として授与される修了証。合計20単位以上の取得が必要。教科目の構成は，次のとおり。 ・英語（4単位）。 ・数学（3単位）：代数，幾何，パーソナルファイナンス，統計のそれぞれに関する応用科目から履修。 ・理科（2単位）：地学，生物，化学，物理の中から最低2科目を選択履修。 ・歴史・社会（2単位）：米国史とバージニア州史で1単位，連邦とバージニア州の政治で1単位を履修。 ・保健・体育（2単位）。 ・芸術／キャリア・技術教育（1単位）：芸術あるいはキャリア技術教育から選択。 ・選択科目（6単位）：2科目は連続した内容を持つものを選択。 ○州が実施する英語と数学に関する第8学年対象の学力テストに合格していることが必要。

（出典）バージニア州教育局サイト内ハイスクール卒業要件関連ページ（http://www.doe.virginia.gov/instruction/graduation/standard.shtml）（http://www.doe.virginia.gov/instruction/graduation/advanced_studies.shtml）（http://www.doe.virginia.gov/instruction/graduation/modified_standard.shtml）（いずれも2015年5月11日閲覧）。

表16：バージニア州の成績優秀修了者証明（シール）の種類と取得要件

種類	取得要件
州知事シール	上級修了証の要件を平均B以上の成績で修了するともに，アドバンスト・プレースメント（AP），国際バカロレア（IB），ケンブリッジプログラム，中等後教育選択制度など大学における単位振替え可能な科目について9科目以上履修した生徒の修了証に貼付。
州教育委員会シール	標準修了証及び上級修了証の要件を平均A以上の成績で修了した生徒の修了証に貼付。
州教育委員会キャリア技術教育シール	次のいずれかの条件を満たす生徒の標準修了証あるいは上級修了証に貼付。 ・キャリア技術教育において特定の専門領域に関して指定された科目群を平均B以上の成績で履修，あるいは， ・キャリア技術教育で扱う分野において実施される産業団体，商業団体，専門団体の証明書や資格を得るための試験や職業能力評価での合格，あるいは， ・キャリア技術教育で扱う分野においてバージニア州が交付する職業免許の取得
州教育委員会上級数学・テクノロジー履修者シール	上級修了証の数学に関する要件を平均B以上の成績で満たすとともに，次のいずれかの条件を満たす生徒の標準修了証あるいは上級修了証に貼付。 ・キャリア技術教育で扱う分野において実施される産業団体，商業団体，専門団体の証明書や資格を得るための試験や職業能力評価での合格，あるいは ・キャリア技術教育で扱う分野においてバージニア州が交付する職業免許の取得，あるいは， ・テクノロジー分野あるいはコンピュータ科学分野で大学の単位に振替えが可能な単位取得ができる州教育委員会が承認したテストの合格
州教育委員会市民教育優秀修了者シール	次の4基準を満たす生徒の修了証に貼付。 ・特別支援教育対象者修了証，標準修了証あるいは上級修了証の取得者。 ・米国史とバージニア州史，連邦とバージニア州の政治のいずれの成績もB以上。 ・コミュニティサービスあるいは，慈善団体・宗教団体が貧困者等に実施するボランティアサービス，ボーイスカウトやガールスカウト等の活動，政府機関等でのインターンシップなどの課外活動に50時間以上従事。 ・出席状況が良く，学区教育委員会規則に定められた規律違反をしていない。

（出典）バージニア州教育局サイト内ハイスクール卒業要件関連ページ（http://www.doe.virginia.gov/instruction/graduation/diploma_seals/index.shtml）（2015年5月11日閲覧）。

3.1.4 ハイスクールの早期修了と能力判定型の学習（単位取得）

　ハイスクールの修了には，修業年限である4年の間に，指定された教科目について定められた単位数を取得すること，場合によっては，これに加えて州が定める修了試験に合格することが求められる。このうち定められた単位数を取得するには，教員による成績評価に基づいて授与される単位を積み重ねることが必要であるが，これは授業への出席時間（seating time）を基本とする。すなわち，ハイスクールを修了するためには，通常4年間，ハイスクールに通学しなければならない。

　ただし，単位制であることから，各学期で履修する科目の組合せを工夫したり，放課後プログラムや夏季休暇中に開催されるサマースクールで単位を取得することにより，4年をかけずに修了要件を満たすことは可能である。例えば，メリーランド州では公立ハイスクール修了証が授与される条件について，法令が定める要件（21単位取得，州の修了試験合格及び合計75時間のサービスラーニング）が満たされた場合，4年目の在学を免除することを含め，各学区が具体的な条件や手続を定めることを認めている（メリーランド州行政規則13A.03.02.11。このほか，同規則13A.03.02.10により，ハイスクール修了前に政府が認めた大学や中等後教育機関への入学が認められた場合にも州の修了試験に合格している，学区教育長が承認しているなど，一定の条件を満たしている場合に修了証が授与される）。このように具体的な条件等は学区に委ねられていることが多いが，フロリダ州のように，標準修了証と比較して取得単位数や修業年限を減らす代わりに成績要件を厳格化した特別の修了証を設け，標準4年のところを3年で大学進学や就職を希望する生徒に授

与しているところもある。こうしたハイスクールの早期修了について，2007年2月時点で少なくとも22州が認めている[注54]。

さらに最近では，授業への出席時間に関わらず，求められている学力を身に付けているか否かに基づいて単位取得を進めて，ハイスクールの修了につなげる能力判定型の学習（単位取得）(competency-based pathway, proficiency-based credit など)を認める州も増えている。例えば，ニューハンプシャー州では2005年の制度改正により，出席時間に基づく単位授与を廃止し，企業インターンシップなど学校外での学習機会も対象とする習得能力判定型の単位授与プログラムを州内全域で導入することとし，2008年度までに各学区で能力判定の方法を確立することが定められた。出席時間による単位授与を完全に廃止しているのは同州のみであるが，授業出席時間を基本とする学習と能力判定型の学習のいずれかの方法によりハイスクールの修了証を取得できるように，具体的な条件や手続の策定を学区に認めている，あるいは要請している州は30州以上に上っているとみられる（**表17**参照）。

表17：能力判定型の学習の導入状況（2014年）

導入状況	州
①出席時間を主な基準とする単位授与は廃止され，生徒の指導内容の習得に基づいて単位が授与される。	ニューハンプシャー (1州)
②学区が単位の授与条件を定義し，出席時間か，能力等の基準のいずれかを用いて，単位を授与している。	アラスカ，アリゾナ，コロラド，コネチカット，フロリダ，ハワイ，アイダホ，インディアナ，アイオワ，ケンタッキー，メイン，メリーランド，ミシガン，ミネソタ，ミシシッピ，ミズーリ，モンタナ，ニュージャージー，ニューメキシコ，ニューヨーク，オクラホマ，オレゴン，ペンシルバニア，ロードアイランド，サウスダコタ，テキサス，ユタ，バーモント，ワシントン，ウィスコンシン (30州)
③学区は，単位授与に関して出席時間以外の基準を使用する場合，規制免除等を州に申請しなければならない。	ルイジアナ，オハイオ，サウスカロライナ，ウェストバージニア (4州)
④学区に単位授与に関する裁量はなく，授業出席時間を基本とする単位授与を行わなければならない。	カリフォルニア，ワシントンD.C.，イリノイ，マサチューセッツ，ネブラスカ，ネバダ，ノースダコタ，バージニア，ワイオミング (9州)
⑤学区には，単位取得救済措置や校外学習など特定の条件下において単位授与に関する限定的な裁量が認められている。場合によっては州の承認が必要とされる。	アラバマ，アーカンソー，デラウェア，ジョージア，カンザス，ノースカロライナ，テネシー (7州)

(出典) Carnegie Foundation for the Advancement of Teaching, 50-State Scan of Course Credit Policies (WORKING DRAFT), May, 2014.

3.2 進学制度

原則的に，初等中等教育の12年間は，義務教育年限に関わりなく，希望者全入となっている。したがって，小学校からミドルスクール，ミドルスクールからハイスクールへ進学する際に，試験等による選抜は通常，行われない。

ただし，職業ハイスクールや，理数教育や芸術教育など特定分野に関する重点的な指導を実施しているハイスクールでは，通常よりも広域から生徒を受け入れることが少なくなく，進学者の選抜を行っているところが半数以上に上る。この場合，選抜要件となっているのは障害の有無などの生

徒のニーズのほか，出身校における学業成績，推薦状などである。入学者選抜テストを実施しているところは全体の3%未満である（**表18**参照）。

表18：公立ハイスクール進学における選抜要件の有無と種類（2008年度）

	全体	一般の ハイスクール	職業 ハイスクール	特定分野で重点的な指導を行うハイスクール[1]
	%	%	%	%
選抜要件を定めているハイスクール	31.5	14.3	59.2	68.2
利用している選抜要件				
入学者選抜テスト	2.5	0.9	13.9	4.8
標準学力テスト	3.8	2.1	12.9	6.5
出身校における学業成績	16.9	11.6	48.1	25.2
生徒のニーズ（障害の有無等）	18.7	8.0	20.8	43.5
特別な技能・才能等の有無	5.2	2.6	19.5	9.7
面談の結果	11.6	3.4	27.6	28.7
推薦状	12.9	1.7	31.3	36.9

表注1：理数教育や芸術教育，外国語教育，特定の才能に恵まれた生徒を対象とした教育，特別支援教育などの実施校が含まれる。
（出典）NCES, Career/Technical Education (CTE) Statistics, Table H1. Percentage of public high schools that are regular, career/technical, and other special focus, and various characteristics of each school type: 2008, (https://nces.ed.gov/surveys/ctes/tables/h01.asp)（2015年5月22日閲覧）．

4 教育条件

4.1 学校規模

州や学区の中には学校規模に関する法令上の規定や基準，目安を示している場合がある。例えば，州レベルでは学校存続の条件として平均出席者数の下限（10人）を定める規定（ルイジアナ州行政規則タイトル28第3章第347条）を設けているところがある。ただし，児童・生徒数を持って学校全体の規模に言及する規定は一般的ではない。

学区レベルでは長期の学校整備計画に関連して各学校段階の在学者数を規模の目安として示している場合（モンゴメリー・カウンティ学区規則第FAA-RA条）がある（**表19**参照）。ただし，他学区では，「人種統合された学区の特性」を維持・促進するもの（デンバー学区規則第F条）であったり，学区内の公立学校の在学者数の現状把握と予測から方針を検討するとするもの（シアトル学区規則第H13.00条）など，必ずしも，具体的な数値として学校規模に言及していない。

表19：学校段階別学校規模（在学者数）の例（メリーランド州モンゴメリー学区）

小学校	300-700人
ミドルスクール	600-1,200人
ハイスクール	1,000-2,000人

（出典）Montgomery County Public Schools, *School Board Policies*, Sec.FAA-RA.

実際の学校規模は学校段階によって大きく異なり，小学校やミドルスクールに比べると，ハイスクールの規模は非常に大きく，1,000人を超える学校は珍しくない。連邦政府の統計によると，学校1校当たり在学者数の全国平均（2011年度）は，初等教育機関（小学校，ミドルスクール）で479人，中等教育機関（ハイスクール）で788人であった。しかしながら，規模別（在学者数に基づく）に全体に占める学校及び在学者の比率（2011年度）をみると，初等教育機関は，全国平均に近い規模の学校が多く，児童の多くもこれらの学校に在学している。これに対して中等教育機関は，1,000人以上の学校が全体の約3割（29.3％）を占め，6割以上（63.2％）の生徒がこうした大規模校に在学している（**図6**参照）。

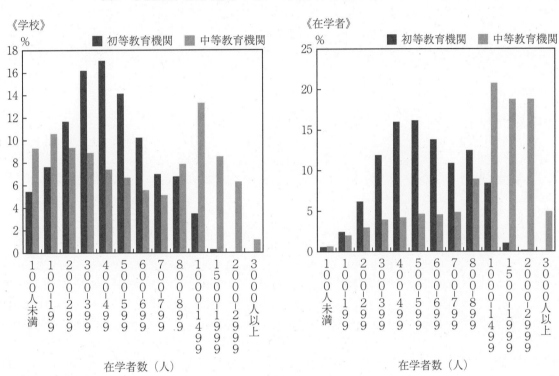

図6：学校規模（在学者数）に基づく学校・在学者の比率（2011年度）

図注：初等教育機関は第7学年以下の学年で構成される学校，中等教育機関は第6学年以上から始まり，第9学年以上の学年で終わる学校。
（出典）Digest of Education Statistics 2013, tab.216.40.

4.2　学級編制基準

21州が州教育法や州の行政規則によって学級規模に関する基準を設けている（2009年時点）（**表20**参照）。学級規模の考え方は州によって異なるが，多くの州では，生徒が科目を選択，履修するハイスクールの授業も含めて「授業集団の上限」として設定されている。例えば，ケンタッキー州の州教育法（第156.340条）では，第K〜3学年24人，第4学年28人，第5〜6学年29人，第7〜12学年31人と上限が設定され，州内公立学校で実施される音楽と体育を除く全ての授業が上限を超えないようにすることが，州教育長に要請されている。

表20：各州の学級規模に関する基準（授業集団の上限）（2009年）

	Pre-K	K	1	2	3	4	5	6	7	8	9	10	11	12
カリフォルニア[1]		31	30	30	30									
フロリダ	18	18	18	18	18	22	22	22	22	22	25	25	25	25
ジョージア[2]		18	21	21	21	23	23	28	28	28				
ハワイ		25	25	25										
アイダホ		20	20	20	20	26	26	26						
アイオワ		20												
ケンタッキー		24	24	24	24	28	29	29	31	31	31	31	31	31
ルイジアナ		26	26	26	26	33	33	33	33	33	33	33	33	33
マサチューセッツ		25												
ミズーリ		25	25	25	27	27	30	30	33	33	33	33	33	33
モンタナ		20	20	20	28	28	30	30	30	30	30	30	30	30
ニューハンプシャー		25	25	25	30	30	30	30	30	30	30	30	30	30
ニュージャージー	15	25												
ニューヨーク		20												
ノースカロライナ		24	24	24	24									
ノースダコタ		25	25	25	25	30		30	30	30	30	30	30	30
オクラホマ	20	20	20	20	20	20	20							
ロードアイランド									30	30	30	30	30	30
テネシー	20	25	25	25	25	30	30	30	35	35	35	35	35	35
テキサス		22	22	22	22	22								
ウェストバージニア	20	20	25	25	25	25	25	25						

表注1：カリフォルニア州では，第4～8学年について教員1人当たりの生徒数に関する上限（29.2人）を設定している。
表注2：ジョージア州では，表の基準（Georgia Code sec.20-2-182）のほか，教員1人当たりの児童・生徒数を別途規定（同 sec.20-2-161）している。
（出典）ECS, Class Size: Maximum P-12 Class-Size Policies (State Notes), Nov. 2009（カリフォルニア州については，州教育法第41376条，同第41378条）。

　州によっては，授業集団の上限を，各授業における上限ではなく，平均とすることを認めている場合もある。例えば，カリフォルニア州の州教育法（第41376条，第41378条）では，同州内にある学区に対して所管する公立学校の授業集団が，第K学年については平均31人以下，第1～3学年については30人以下とすることとされている（ただし，この規定では平均値の上限とともに，各授業集団についても第K学年33人以下，第1～3学年32人以下とすることが定められている）。

　授業集団の上限を第12学年までの全学年に設定している州は，21州中8州である。多くの州は，小学校とミドルスクールの段階，特に小学校の低学年を中心に上限を設定している。アイオワ州やマサチューセッツ州のように1つの学年（第K学年）についてのみ上限を設定している場合もある。

　設定されている上限は州により様々であるが，ほぼ共通しているのは上級学年になるほど上限が大きくなることである。Pre-Kから第3学年までをみると多くの州は20人前後としているが，第4学年から第8学年にかけては25～30人としている州が多い。ハイスクール段階（第9～12学年）については上限を設定している州が9州であるが，フロリダ州を除きいずれも30人以上となっている。

4.3 教員配置基準

17州が州教育法や州の行政規則によって教員1人当たりに対する児童・生徒数に関する基準を設けている（2009年時点）（**表21**参照）。このうち，カリフォルニア州では第1～3学年に関して学級規模に関する上限を設けている。また，ジョージア州については州教育法において学級規模に関する基準を定めた規定が別途設けられている。

表21：各州の教員1人当たり児童・生徒数に関する基準（2009年）

	Pre-K	K	1	2	3	4	5	6	7	8	9	10	11	12
アラバマ		18	18	18	18	26	26	26	29	29				
アーカンソー	20	20	25	25	25	28	28	28	30	30	30	30	30	30
カリフォルニア[1]						29	29	29	29	29				
デラウェア		22	22	22	22									
ジョージア[2]		15	17	17	17	23	23	23	23	23	23	23	23	23
インディアナ		20	20	20	20	26	26	26						
メイン	15	20	25	25	25	25	25	25	25	25	30	30	30	30
メリーランド		20												
ミシシッピ	22	27	27	27	27	27	30	30	30	30	33	33	33	33
ネバダ		15	15	15	15									
ニューメキシコ		20	22	22	22	24	24	24	27	27	30	30	30	30
オハイオ[3]														
ペンシルバニア		20												
サウスカロライナ	20	30	30	30	30	30	30	30	35	35	35	35	35	35
バーモント		19	19	19	19	24	24	24	24	24				
バージニア		29	30	30	30	35	35	35						
ワイオミング			20	20	20	20								

表注1：カリフォルニア州では，第K～3学年について学級規模（授業集団）の上限を設定している。
表注2：ジョージア州では，表の基準（Georgia Code sec.20-2-161）のほか，学級規模（授業集団の上限）を別途規定（同 sec.20-2-182）している。
表注3：オハイオ州では学区に対する州補助金の配分基準として教員1人当たり児童・生徒20人とすることとされているが，学年は明示されていない。
（出典）ECS, Class Size: Maximum P-12 Class-Size Policies (State Notes), Nov. 2009（カリフォルニア州については，州教育法第41376条，同第41378条）。

学級規模に関する基準と同様，第12学年までの全学年に設定している州は，17州中6州と半数に満たない。多くの州は，小学校とミドルスクールの段階，特に小学校の低学年を中心に基準を設定している。また，設定されている基準は，学級規模に関するものと同様，上級学年になるほど上限が大きくなることは設定している州にほぼ共通している。

4.4 施設・設備の基準

公立学校の建設や設備の改善は基本的に学区の責任である。ただし，ほとんど全ての州は，建築基準や建設用地の承認，建築計画の認可など，学校の施設設備について何らかの条件や基準を設けている[注55]。これらは，州法で定められていることもあるが，ほとんどの場合，行政規則（通常は州教育委員会規則）において定められている。

例えば，カリフォルニア州では行政規則の中で学校建設に関する条件や手続を定めている。これによると，学区が作成する学校建設計画の最低要件として，学区の教育目標・目的を反映した教育プログラムの実施を目指すものであることや構造や火災，安全に関して連邦，州，地方政府の基準を満たすものであることなどが定められている。さらに，学校の建設用地については，州教育局が別途定めているガイド[注56]に基づき，屋外運動施設，校舎・歩道・景観，駐車場と進入路，各施設・設備のレイアウト比率を考慮した用地購入計画の策定が必要とし，学校段階別，在学者規模別に用地の目安を提示している（**表22**参照）。

表22：カリフォルニア州内の公立ハイスクールの校地面積基準（単位：エーカー）[1]

用途＼在学者数	≦400	401-600	601-800	801-1,000	1,001-1,200	1,201-1,400	1,401-1,600	1,601-1,800	1,801-2,000	2,001-2,200	2,201-2,400
屋外体育施設	13.8	15.6	17.6	19.5	19.8	20.4	20.4	23.9	24.2	25	25.3
建物（校舎等）	3.3	4	5.1	6.3	7.6	8.9	10.1	11.4	12.7	13.9	15.2
駐車場及び進入路	2.1	3.6	4.4	5.2	6.1	7.1	8.2	9.2	10.2	11.2	12.2
合計面積（エーカー）	19.2	23.2	27.1	31	33.5	36.4	38.7	44.5	47.1	50.1	52.7

表注：1エーカーは4,046.86平方メートル。
（出典）カリフォルニア州行政規則タイトル5の第14010条に基づき，州のガイドライン（Guide to School Site Analysis and Development: 2000 edition）にある Table 6 により作成。

4.4.1 ICT環境の整備状況

連邦政府の統計によると，2008年度において全ての公立学校にインターネットに接続された学習用コンピュータが設置され，1台当たりの児童・生徒数は3.1人である。教室レベルにおいても97％に学習用コンピュータが設置されている（**表23**参照）。コンピュータ以外にも，多様な機器が導入されており，97％の学校がコンピュータから直接映像が送られるプロジェクタを持っているほか，電子黒板についても7割以上の学校で配置されている（**表24**参照）。

表23：公立学校における学習用コンピュータの配置状況（2008年度）

	インターネットに接続された学習用コンピュータ		教室にある学習用コンピュータ	
	設置率（％）	1台当たり児童・生徒数（人）	設置率（％）	1台当たり児童・生徒数（人）
公立学校全体	100	3.1	97	3.0
初等段階（K～8学年）	100	3.2	98	3.2
中等段階（9～12学年）	100	2.9	96	2.6

（出典）NCES, *Educational Technology in U.S. Public Schools: Fall 2008 (First Look)*, 2010, tab.1.

表24：公立学校における学習用機器の配置状況（2008年度）

	LCP／DLP プロジェクタ		ビデオ会議用 装置		電子黒板		ドキュメントカメラ	
	設置率 (%)	1台当たり 児童・生徒数(人)	設置率 (%)	1台当たり 児童・生徒数(人)	設置率 (%)	1台当たり 児童・生徒数(人)	設置率 (%)	1台当たり 児童・生徒数(人)
公立学校全体	97	32	22	308	73	65	52	59
初等段階(K～8学年)	97	34	16	248	71	59	49	49
中等段階(9～12学年)	98	29	39	409	82	80	60	88

（出典）NCES, *Educational Technology in U.S. Public Schools: Fall 2008 (First Look)*, 2010, tab.4.

5 学校選択・連携

5.1 学校選択・通学区域

　学区（school district）内に同じ段階の学校が複数設けられている場合，学区教育委員会は通学区域を設定している。公立学校に就学する場合，学区教育委員会に登録すると，通常，小学校からハイスクールまで学校段階に関わらず，学区教育委員会から居住地の通学区域にある学校を指定される。通学区域とは就学年齢人口によって分けられた地理上の領域であり，小学校からミドルスクール，ハイスクールへと学校段階が上がると同じ学区内にあっても通学区域が広域化する。

　私立学校に就学する場合を除き，ほとんどの子供たちは学区教育委員会が指定した公立学校に就学するが，近年は私立学校以外の選択肢となる学校や教育・学習機会が増えてきた。主な取組として，開放入学制度，マグネットスクール，オルタナティブスクール，チャータースクール，オンライン学習，ホームスクーリングなどがある。このほか，公費による私立学校への就学支援制度（教育バウチャー，教育減税）やハイスクールの生徒が近隣の高等教育機関で学ぶ中等後教育選択制度などがある。

　ただし，こうした選択肢を実際に利用している者は一般的な公立学校に通う児童・生徒に比べると小さい（**表25** 参照）。

表25：初等中等教育におけるマグネットスクール，オルタナティブスクール，
チャータースクール，ホームスクーリングの規模（2011年度）

	学校数			在学者数		
私立学校及び公立学校の合計	129,189校	100.0%		54,789,759人	100.0%	
公立学校	98,328	76.1		49,521,669	90.4	
マグネットスクール[1]	2,949	2.3	(3.0)	2,248,177	4.1	(4.5)
オルタナティブスクール[1]	6,144	4.8	(6.2)	627,515	1.1	(1.3)
チャータースクール[1]	5,696	4.4	(5.8)	2,057,599	3.8	(4.2)
私立学校	30,861	23.9		5,268,090	9.6	
ホームスクーリング（2012年）	-	-		1,773,000	3.4[2]	

表注1：カッコ内は「公立学校」を100としたときの比率。
表注2：比率は2012年の公立学校と私立学校の在学者及びホームスクーリング学習者の合計（51,657,000人。推計値）に対するもの。
（出典）NCES, *Digest of Education Statistics 2013*, tab.105.50, tab.203.20, tab.205.20, tab.206.10, tab.216.20.

5.1.1 開放入学制度

開放入学制度（Open Enrollment）は，通学区域に基づいて学区教育委員会が指定した学校に通う以外に，他の通学区域にある一般の公立学校の中から就学したい学校を選ぶことを認める学校選択制度である。開放入学制度においては同じ学区内で通学区域を越えて学校を選ぶことできるもの（intradistrict）と，学区を越えて学校を選ぶことができるもの（interdistrict）がある。いずれについても制度の実施を州内学区に義務付ける州（ただし，校舎・教室の収容能力による）と学区の任意とする州に分けられる[注57]。州によっては，低所得家庭出身者や低迷校在学者，いじめ被害者など特定の要件を満たす児童・生徒の学校選択についてはこれを認めるよう，学区に制度実施を義務付けているところもある。

2013年6月時点において，学区内の開放入学制を導入している州は31州であり，このうち13州においては制度実施を学区の任意とし，23州は学区に義務付けている（表26参照）。フロリダ州やテキサス州など5州は，低所得家庭出身者やいじめ被害者などの受入れを全ての公立学校に義務付けている。学区間の開放入学制は50州全てで導入されており，このうち36州が制度実施を学区の任意とし，22州が義務としている（ルイジアナ州やノースダコタ州など低迷校在学者や暴力事件の被害者などの受入れを州内全学区の義務としている8州が重複している）。

表26：開放入学制の導入状況（2013年6月時点）

学区内の開放入学制導入州	任意	アーカンソー[1]，カリフォルニア[1]，コネチカット，フロリダ[1]，ニューハンプシャー，ニューメキシコ[1]，テネシー，テキサス[1]，バージニア，ウェストバージニア，ウィスコンシン，ワイオミング，ワシントンD.C. （13州とワシントンD.C.）
	義務	アラスカ，アリゾナ，アーカンソー[1]，カリフォルニア[1]，コロラド，デラウェア，フロリダ[1]，ジョージア，アイダホ，イリノイ，インディアナ，ケンタッキー，ルイジアナ，メイン，マサチューセッツ，ミシガン，ネブラスカ，ニューメキシコ[1]，オハイオ，サウスダコタ，テキサス[1]，ユタ，ワシントン （23州）
学区間の開放入学制導入州	任意	カリフォルニア，コロラド[2]，コネチカット[2]，フロリダ，ジョージア[2]，ハワイ，インディアナ，カンザス，ケンタッキー[2]，ルイジアナ[2]，メイン，マサチューセッツ，ミシガン，ミネソタ，ミシシッピ，ミズーリ，モンタナ，ネバダ，ニューハンプシャー，ニュージャージー，ニューメキシコ，ニューヨーク，ノースダコタ[2]，オハイオ，オクラホマ，オレゴン，ペンシルバニア，ロードアイランド，サウスカロライナ，テネシー，テキサス，バーモント[2]，バージニア，ウェストバージニア，ウィスコンシン[2]，ワイオミング （36州）
	義務	アリゾナ，アーカンソー，コロラド[2]，コネチカット[2]，デラウェア，ジョージア[2]，アイダホ，アイオワ，ケンタッキー[2]，ルイジアナ[2]，メリーランド，ミネソタ，ミズーリ，モンタナ，ネブラスカ，ニューメキシコ，ノースダコタ[2]，サウスダコタ，ユタ，バーモント[2]，ワシントン，ウィスコンシン[2] （22州）

表注1：低所得家庭出身者（アーカンソー州，フロリダ州など）や低所得家庭出身者といじめ，嫌がらせ等の被害者（テキサス州）など，5州については特定の要件を満たす児童・生徒について受入れを義務付けている。
表注2：低迷校在学者（ルイジアナ州，ノースダコタ州など），暴力事件の被害者（ノースダコタ州）など，8州については特定の要件を満たす児童・生徒について受入れを義務付けている。
（出典）ECS, *50-States Analysis, Does the state have a Voluntary Intradistrict Open Enrollment program?*（http://ecs.force.com/mbdata/mbquestU?SID=a0i70000006fu14&rep=OE13201&Q=Q3648），などECSのOnline Data Baseによる学区内開放入学制（任意，義務）及び学区間開放入学制（任意，義務）の導入状況リスト（いずれも2014年12月14日閲覧）に基づき作成。

5.1.2 マグネットスクール

マグネットスクール（magnet school）とは，理科や芸術など特定の領域に重点を置いた教育課程や独特の教授方法を用いた教育を行う公立学校である。歴史的にみると，普及が始まった1960年代から70年代，多くの州や学区，学区の連合体が，優れた教育条件の中で特色のある教育プログラムを提供し，学区の境界を越えて児童・生徒を集めることを通じて人種統合の促進を図るために設置した。このため，現在も在学者に関する人種上のバランスを取るための規制がかけられてい

ることが少なくなく，入学基準の設定，先着順入学，抽選のほか，近隣住民に対する優先枠の設定などを実施している。

連邦政府の統計によると，2011年度は2,949校に約220万人が在籍した（**表27**参照）。これは，公立学校全体において，学校数で3%，在学者数で4.6%に相当する。教育段階別にみると学校数では初等学校が約7割を占めるが，在学者数でみると初等学校と中等学校がそれぞれ5割前後を占めている。

マグネットスクールの特徴の1つは，独自の焦点を持った教育課程を確立させていることである。具体的には，①理科，数学，コンピュータ，②芸術，コミュニケーション，③社会科学，人文科学，外国語，④大学準備（アカデミック）などの分野の教育が提供されている[注58]。学校によっては英才児を対象に幅広い内容を持ったリベラルアーツ教育を提供しているところもある。また，こうしたプログラム（magnet program）を一般の公立学校の中で提供している場合もある。

マグネットスクールは，一般に教育水準が高く，多くの志願者を集めることから，公立学校では通常実施されない入学者選抜を実施するところが少なくない。こうした学校では，筆記試験を行ったり，芸術系のマグネットスクールの場合はオーディションや作品のプレゼンテーションによって入学者を決定している。

公立学校全体からみたマグネットスクールの規模は小さいものの，ほとんどの英才児や優秀な教員を集めてしまうことから，公費によるエリート養成である，あるいは伝統的なハイスクールの教育の質の低下や1人当たり教育費の減額を招いているという批判がある。一方で，専用の施設やプログラムが設けられていない一般の公立学校においては英才児に適切な対応ができないと支持する声もある。特に，都市部のスラムや発展の遅れた地方にある公立学校に在学するマイノリティの英才児にとって特に重要であると考えられている。

表27：マグネットスクールの学校数と在学者数（2011年度）

	学校数	在学者数
	校	人
合計	2,949	2,248,177
初等学校[1]	2,012	1,158,405
中等学校[2]	802	1,015,267
初等教育段階と中等教育段階をまたがる学校[3]	116	74,505
その他[4]	19	0

表注1：第6学年以下から始まり，第8学年よりも上の学年を含まない学校。
表注2：第7学年よりも下の学年を含まない学校。
表注3：第6学年以下から始まり，第9学年以上の学年を含む学校。
表注4：上記の定義に当てはまらない学校。在学者数が0人となっている理由は不明。
（出典）NCES, *Digest of Education Statistics 2013*, tab.216.20.

5.1.3 オルタナティブスクール

オルタナティブスクール（alternative school）とは，一般の公立学校においては通常，対応することが困難なニーズを持った児童・生徒を受け入れることを目的として設けられた学校である。一般の公立学校においてプログラム（alternative program）として提供されている場合もある。児童・生徒の多くは，教育上の失敗（成績が低い，欠席しがちである，授業等を妨害する，妊娠など）の危険が高い子供たちである[注59]。学校によっては才能教育を行っているところや障害のあ

る児童・生徒を対象として特別支援教育を実施しているところもある。

　詳細にみると，これは①「危機的状況にある（at-risk）」と考えられる児童・生徒を対象とした学校と，②規律上の問題がある児童・生徒あるいは授業等を妨害するような行動上問題のある児童・生徒を対象とした学校に大別される。普及が始まった1970年代は前者が主であったものの，1994年の連邦法「銃のない学校法（Gun Free School Act of 1994）」や1990年代半ばに各州で立法化されたゼロ・トレランス制度の影響から，1990年代以降は主に後者のタイプが設置されるようになっている[注60]。後者のタイプの学校の場合，学校選択は，マグネットスクールやチャータースクールのように児童・生徒（あるいはその親）の主体的な判断によるものではなく，一般の公立学校（の教室）から引き離す必要が認められた児童・生徒に対して教育機会を保障するものとなっている。

　連邦政府の統計によると，2011年度時点で6,144校に約63万人が在学している。これは学校数，在学者数とも公立学校全体の約1％に相当する。教育段階でみると，中等学校あるいは初等教育段階と中等教育段階をまたがる学校の比率が大きく，初等学校が占める割合は学校数で約1割，在学者数で約2割を占めるに過ぎない（**表28**参照）。

　オルタナティブスクールの特徴は，第一に無学年制プログラムや地元企業等でのインターンシップに重点を置いたプログラムなど，一般的な公立学校と異なる教育活動が行われているということと，第二に，一般の公立学校に比べると教員やカウンセラー1人当たりに対する生徒数が小さく，丁寧な指導・支援が可能になっている点である。例えば，1970年代にニューヨーク市のコミュニティカレッジ（La Guardia Community College）のキャンパス内に設置された4年制のオルタナティブスクール（Middle College High School）は，コミュニティカレッジの資源を利用しながら，少人数指導，徹底したカウンセリングを通じてハイスクール修了を目指すもので，修了要件の1つとして一定期間のインターンシップが義務付けられている。また，修了までにコミュニティカレッジの単位が取得可能であり，修了後さらに1年間学ぶことで準学士を取得できる[注61]。

表28：オルタナティブスクールの学校数と在学者数（2011年度）

	学校数	在学者数
	校	人
合計	6,144	627,515
初等学校[1]	667	115,285
中等学校[2]	3,228	332,570
初等教育段階と中等教育段階をまたがる学校[3]	1,838	179,514
その他[4]	411	146

表注1：第6学年以下から始まり，第8学年よりも上の学年を含まない学校。
表注2：第7学年よりも下の学年を含まない学校。
表注3：第6学年以下から始まり，第9学年以上の学年を含む学校。
表注4：上記の定義に当てはまらない学校。学校数よりも在学者数が少ない理由は不明。
（出典）NCES, *Digest of Education Statistics 2013*, tab.216.20.

5.1.4　チャータースクール

　チャータースクールとは，親や教員，地域団体などが，州や学区の認可（charter）を受けて設ける初等中等学校で，公費によって運営されることから，公立学校（public school）として位置付けられている。原則的に州や学区の法令の適用が免除され，州や学区などと交わす契約に基づいて

運営されるため，一般の公立学校とは異なる方針による教育の提供も可能であるが，運営状況や教育成果を契約相手により定期的に評価され（3～5年ごと），適切な学校運営がされていなかったり，教育成果を上げなければ，認可を取り消される。無償，無選抜であるものの，学区や通学区域とは関係なく就学先として選択することができることや，州によっては教員免許取得要件等を免除されること[注62]などは，一般の公立学校と異なる。

1991年にミネソタ州で最初に設置を認める法律が定められて以降，学力低迷をはじめとする学校教育における多様な問題の対応に腐心する多くの州で同様の法律が制定され，連邦も振興する方針を示している。2015年3月時点で，42州とワシントンD.C.で設置を認める法律が定められている（認めていない州はアラバマ，ケンタッキー，モンタナ，ネブラスカ，ノースダコタ，サウスダコタ，バーモント，ウェストバージニアの8州）。その多く（32州）は新設のほか，既存公立学校からの地位転換やバーチャルスクールなど多様な設置形態を認めている一方，半数の州（21州）では州内のチャータースクールの学校数に制限を設けている[注63]。

連邦政府の統計によると，2011年度の学校数及び在学者数は5,696校，258万人であり，全公立学校に占める比率は学校数で5.8％，在学者数で4.2％である。教育段階別にみると，一般の公立学校に比べて初等教育段階と中等教育段階にまたがる学年構成となっている学校が多い（**表29**参照）。

学年構成は長い学校が多いものの，1校当たりの規模は小さい[注64]。提供される教育プログラムは，民間団体の調査によると，大学への進学準備の教育（30％）と，歴史や科学，文学など幅広い分野における基本的知識の習得に重点を置いたコア・ナレッジ（Core Knowledge）プログラム及び理数分野を重視するSTEM教育プログラムが半数以上を占めている[注65]。このほか，モンテッソーリ教育やバイリンガル教育，芸術教育など多様なプログラムが提供されているが，これら提供校の比率は5％未満である。

このほかのチャータースクールの特徴は，次のとおりである[注66]。

○**授業日数，開校時間**：年間授業日数が通常（180日）よりも多い学校（27％）や，1日の一般的な開校時間（6.5時間）よりも長い学校（48％）が多い。
○**認可機関**：チャータースクールの設置運営を認可する機関は州の法令によって決められているが，ほとんどの州に共通しているのは学区教育委員会と州教育委員会である。実際にチャータースクールが承認を得ているのも学区教育委員会（39％）と州教育委員会（28％）で，3分の2のチャータースクールはこれらから承認を得ている。このほか，州のチャータースクール専門機関（12％），高等教育機関（7％）等も承認を行っている。なお，チャータースクールの約8割は新規開設，15％前後は公立学校からの地位変更であり，私立学校からの地位変更や低迷校是正措置としての地位変更の比率は極めて小さい。
○**在学者の特徴**：チャータースクールの在学者は一般の公立学校の在学者と比べると，出身家庭の所得が低く，マイノリティ家庭出身の者が多い。低所得家庭の児童・生徒を対象に実施されている連邦政府の無償・減額ランチ・プログラムの対象者はチャータースクールの場合，63.2％であるのに対して，一般の公立学校の場合は48.1％であった。
○**運営費**：州や学区など公財政を源とする在学者1人当たりの学校の収入をみると，一般の公立学校が1万1,184ドル（2009年）であるのに対して，チャータースクールは7,131ドルと，一

般公立学校の64％であった。なお，在学者1人当たりの支出は7,658ドルであった（収入との差額527ドルは民間からの寄付などによる）。

○校舎：通常，チャータースクールは，施設・設備に関する財政的な手当を受けていない（一般的な公立学校の場合，1校当たり予算の11.7％を資本的支出に充当）。調査によれば，独自の校舎を有するチャータースクールは全体の30％で，66％は賃貸の建物を利用している（4％は無償貸与）。校舎を賃貸しているチャータースクールのうち27％は民間の施設を借りている。学区の所有物件（20％）を借りている学校もある。

表29：チャータースクールの学校数と在学者数（2011年度）

	学校数	在学者数
	校	人
合計	5,696	2,057,599
初等学校[1]	3,127	1,045,492
中等学校[2]	1,418	386,482
初等教育段階と中等教育段階をまたがる学校[3]	1,112	625,429
その他[4]	39	196

表注1：第6学年以下から始まり，第8学年よりも上の学年を含まない学校。
表注2：第7学年よりも下の学年を含まない学校。
表注3：第6学年以下から始まり，第9学年以上の学年を含む学校。
表注4：上記の定義に当てはまらない学校。学校数に対して在学者数が少ない理由は不明。
（出典）NCES, *Digest of Education Statistics 2013*, tab.216.20.

5.1.5 ホームスクーリング

ホームスクーリングは，義務教育を含む初等中等教育を自宅を拠点として学習するもので，自宅以外でも，図書館や他のホームスクーリングによる学習者とのグループ学習，特定の教科に関して学校でのパートタイム就学を行う場合などがある。州によっては私立学校として認められているところもあり，制度化された個別学習プログラムや有資格者の下での個人指導プログラム等を含めると，全ての州がこれを認めている。ただし，その規制の内容や方法は州によって多様である。

連邦政府の調査によると，2012年度の全米のホームスクーリング学習者は推計で177万3,000人に上り，就学年齢人口（5,165.7万人）の3.4％を占めた。これは，過去の調査の推計値85万人（1999年），110万人（2003年）及び152万人（2007年）のいずれよりも多い。就学年齢人口に対する比率も過去最大（1999年1.7％，2003年2.2％，2007年2.9％）となった（**表30**参照）。

表30：ホームスクーリングの規模の推移

	1999年	2003年	2007年	2012年
	千人	千人	千人	千人
ホームスクーリング学習者[1]（a）	850	1,096	1,520	1,773
就学年齢人口[2]（b）	50,188	50,707	51,135	51,657
比率（a/b）	1.7％	2.2％	2.9％	3.4％

表注1：ホームスクーリングによる学習者とは，公立学校あるいは私立学校に在学せず，自宅等を基本的な学習の場として学んでいる者で，公立学校や私立学校でのパートタイム就学時間数が週25時間を超えない者である。
表注2：就学年齢人口は公立学校在学者，私立学校在学者及びホームスクーリング学習者の合計。
（出典）NCES, *Digest of Education Statistics 2015*, tab.206.10／NCES, *Digest of Education Statistics 2012*, tab.40.

通常，州がホームスクーリングを規制する場合，①州の法令（州教育法あるいは州行政規則）において明確に規定，②私立学校あるいは宗教系学校の一形態として承認，③私立学校に関する規制の下で暗黙的に承認，④学区による監督，及び⑤①〜④までの組合せのいずれかの枠組みの下で行われている[注67]。実際に，州あるいは学区がホームスクーリングを規制，監督する主な方法には，次のものがある[注68]。

○**ホームスクーリング実施に関する届出**

およそ8割の州とワシントンD.C.では，ホームスクーリングを行おうとする親に対して学区あるいは州教育局に届出（ほとんどの州では毎年）を義務付けている。届出の内容は，実施の意思を通知するのみのところから，使用する教材や過去のテスト成績，出席状況など詳細な情報を求められるところまで，州により多様である。例えば，ノースダコタ州の場合，ホームスクーリングを希望する親は，予防接種の記録と当該年度に参加したい公立学校での活動を記載した届出を毎年，地元の学区に提出することが義務付けられている。

○**指導者の資格**

13州とワシントンD.C.では，ホームスクーリングの指導者の資格を定めている。ほとんどはハイスクール修了，もしくはそれと同等の資格とされている。最も厳格な規定を持つ州の1つであるワシントン州の場合，指導者は大学で複数の科目を履修していることを求められている（免除規定有り）。また，ほとんどの州は指導者を親としているが，コロラド州やモンタナ州など少数の州では親以外の家族による指導も認めている。

○**指導が求められる教科目**

29州とワシントンD.C.では，ホームスクーリングにおいて指導すべき教科に関する規定を設けている。規定内容は州によって異なるが，通常，数学，英語，理科及び社会の各教科の指導が義務付けられている。ミネソタ州など，いくつかの州では学年によって教科の内容が異なるところがある。数は少ないが，州内の公立学校で共通に教えられている内容と同じものを指導すること，としている州もある。州によっては，指導の記録や学習記録としてのポートフォリオの提出が求められる。

○**指導（学習）時間の確保**

23州とワシントンD.C.では，ホームスクーリングの学習者に対して，指導（学習）時間に関する要件を設けている。通常，公立学校の授業日数・時間と同等の指導（学習）時間の確保が求められる。規定の方法は，①年間指導（学習）日数（例：ウェストバージニア州の場合，年間180日），②年間指導（学習）時間（例：オハイオ州の場合，年間900時間），③①と②の組合せ（例：ノースダコタ州の場合，年間175日，1日当たり4時間）のいずれかである場合が多い。メリーランド州やノースカロライナ州のように，こうした規定を設けていない州もある。

○**学力評価**

ホームスクーリング学習者に対して学力テストの受験を義務付けているのは20州であり，このうち12州では州が指定する標準テストを，残りの8州では親が標準テストか他の学力評価（ポートフォリオ評価など）のいずれかを選択することを認めている。学力評価を義務付けている場合，通常は特定の学年での実施（受験）が求められている。

○地元の公立学校における課外活動等への参加

26州では，ホームスクーリング学習者に対して，地元の公立学校で行われる通常の授業の一部に出席したり，課外学習や特別活動に参加することを認めている。

○オンライン教育への参加

インターネットを利用した遠隔教育であるオンライン教育の普及に伴い，ホームスクーリング学習者の間に利用者が増えている。ただし，州が直接提供あるいは承認しているプログラムで学ぶことは，ジョージア州とミネソタ州のようにホームスクーリングと制度上みなさないことが明確にされている場合を除き，公立学校在学者の立場との線引き（例えば州内統一の学力テストの受験義務など）を難しくしている。

ホームスクーリングの実際の学習形態をみると，自宅等での学習のみとしているケースが多く，公立学校にパートタイムで在学し，特定の授業を受ける方法等はあまり行われていない（**表31**参照）。ホームスクールを選んだ理由として，3分の2以上の親は，校内環境に対する不安，宗教教育や道徳教育への希望，学校における教科指導への不満を挙げている（**表32**参照）。

表31：ホームスクーリングの学習形態

	1999年	2003年	2007年
自宅等での学習のみ	82%	82%	84%
学校におけるパートタイム在学	18%	18%	16%
在学時間週9時間未満	13%	12%	11%
在学時間週9時間以上25時間未満	5%	6%	6%

（出典）NCES, *Issue Brief (NCES 2009-030)*, Dec.2008

表32：ホームスクーリングを選んだ理由

	2003年	2007年	2012年
宗教教育を受けさせたいから	72%[1]	83%[1]	64%
道徳教育を受けさせたいから	72%[1]	83%[1]	77%
学校の学習環境が心配だから	85%	88%	91%
学校の教科指導に満足しないから	68%	73%	74%
非伝統的な指導を受けさせたいから	(調査項目に含まれていない)	65%	44%
子供の特別のニーズに対応するため	29%	21%	17%
子供に身体的／精神的な障害があるため	16%	11%	15%
その他	20%	32%	37%

表注1：これらの年度の質問は「宗教教育もしくは道徳教育を受けさせたいから」であった。
（出典）Office of Non-public Educaion (U.S. Department of Education), *Statistics About Non-public Education in the United States* (http://www2.ed.gov/about/offices/list/oii/nonpublic/statistics.html)（2015年8月3日閲覧）。

5.1.6 オンライン学習

オンライン学習は，インターネットを中心とする情報通信技術を用いて提供される初等中等教育水準の遠隔教育であり，チャータースクールやホームスクーリングの普及に合わせて，近年，急速に規模を拡大している。このうち小学校やミドルスクール，ハイスクールの教育課程全体を提供するものは，完結型のバーチャルスクール（full-time virtual school, fully online school）と呼ばれ，

条件を満たせば在学者は課程の修了を認められる。公費で運営されるバーチャルスクールの多くはチャータースクールであるが，学区が運営するものや州法によって設置された州立バーチャルスクール（state virtual school）もあり，通常，開放入学制度に基づいて学区の境界に関わらず就学することができる[注69]。2013年度は30州に設けられた400～500校の完結型のバーチャルスクールに30万人前後が在学した[注70]。

完結型のバーチャルスクールのほか，一般の公立ハイスクールに通う生徒が在籍校で希望する科目が履修できないような場合に1科目から履修できるオンライン科目履修制度（supplemental online courses）がある。これは，主に州立バーチャルスクールによって提供されており（州立バーチャルスクールは，完結型の場合もあるが，主な役割はオンライン科目履修制度のプロバイダ），2013年度は26州に設けられた州立バーチャルスクールで約74万人が履修した[注71]。州立バーチャルスクールのほか，学区やチャータースクールがプロバイダとなっている場合もあり，一部の州では，オンライン科目の選択を促進するため，州内の公立学校に対して所管学区以外のオンライン科目のプロバイダが提供する科目の履修を可能にすることを義務付けるなど，オンライン科目の履修を促進する制度を導入しているところもある（2013年度で11州）。

オンライン学習プログラムは，関連する制度（学校選択，チャータースクール，在籍校以外における科目選択履修）の整備状況により，導入が進んでいる州とそうでない州の間で普及状況に大きな違いがみられる[注72]。導入が進んでいる州においては，多様なプログラム提供者から様々な機会が提供されている。例えば，オンライン学習プログラムが最も普及しているフロリダ州では，州立バーチャルスクールを中心として公費で運営されるバーチャルスクールやオンライン科目履修制度が合計6種類50機関以上において提供され，40万人以上が学んでいる（**表33**参照）。

表33：フロリダ州のオンライン学習（2013年度）

	プログラム名／学校名	就学形態[1]	対象学年	在学者数
州	フロリダ・バーチャルスクール（FLVS）	パートタイム	K-1, 2-5, 6-12	377,508人
	フロリダ・バーチャルスクール・フルタイム（FLVS FT）	フルタイム	K-12	5,104人
学区	FLVSの学区フランチャイズ[2]	パートタイム	K-1, 2-5, 6-12	28,875人
		フルタイム	K-12	3,022人
	学区運営のバーチャルスクール[3]	パートタイム	K-1, 2-12	1,493人
		フルタイム	K-5, 6-12	4,659人
	学区によるオンライン科目提供	パートタイム	K-1, 2-12	4,648人
		フルタイム	K-5	
	バーチャル・チャータースクール	フルタイム	K-5, 6-12	670人

表注1：就学形態のうち「パートタイム」はオンライン科目履修，「フルタイム」は完結型のバーチャルスクールへの在籍を示す。

表注2：FLVSは州立バーチャルスクールであるが，州内の各学区はFLVS提供科目を学区内の公立学校教員によって指導することを認めている。州内67学区中56学区（27学区は2つの連合フランチャイズ，29学区は独自のフランチャイズ）がフランチャイズを運営している。

表注3：州内全ての学区がパートタイム及びフルタイムのオンライン学習プログラムの提供が求められている。学区の中にはこの要件をFLVSの学区フランチャイズで満たしているところもある。

（出典）Evergreen Education Group, *Keeping Pace with K-12 Digital Learning: An Annual Review of Policy and Practice 2014/eleventh edition*, p.90.

5.2 学校・家庭・地域との連携

通常，公立学校は学区教育委員会の定めた方針に基づき，学区教育長と各学校の校長の指揮系統の下で管理運営される。しかしながら，統合により学区の規模が拡大し，公立学校の運営体制における官僚制のマイナス面が指摘されている。こうした課題を解決するため，1980年代の公立学校改善の動きの中で注目されてきたのが「自律性の高い学校運営」（School/Site-Based Management。以下「SBM」という）である。

SBMは，児童・生徒に一番近いところで最善の意思決定が可能になるという考え方に基づき，各公立学校に対して予算運用や教育プログラムの実施等に関して一定の権限が授与される。授与された権限を行使するため，SBMを実施する各学校には，通常，校長や教員のほか，在学生の親や他の地域住民をメンバーに加えた運営協議会（school-site council）が設けられる。協議会の規模やメンバー構成は，州が決めている場合と学区や協議会自体に任されている場合がある。

SBMに関する規定を設けているのは，2005年時点で全50州中34州であるが，このうちSBMの実施を州内全て学区に義務付けているのは17州である（**表34**参照）。イリノイとオハイオの2州では特定の学区におけるSBMの実施を定めており，デラウェアでは，各学校が学区との協議の上でSBMを実施するものとしている[注73]。その他の州では，SBMの実施を学区の任意としている。

表34：SBMに関する規定を設けている州（2005年）

実施を学区の任意としている州	アーカンソー，カリフォルニア，コネチカット，デラウェア，イリノイ，インディアナ，メリーランド，ミネソタ，ミシシッピ，ミズーリ，ネブラスカ，ネバダ，オハイオ，オレゴン，ロードアイランド，テネシー，ワシントン　　　（17州）
実施を義務としている州	アラバマ，アリゾナ，コロラド，フロリダ，ジョージア，ハワイ，カンザス，ケンタッキー，マサチューセッツ，ミシガン，ニューメキシコ，ニューヨーク，ノースカロライナ，サウスカロライナ，テキサス，ユタ，ウェストバージニア　　（17州）

（出典）ECS,（State Notes）*Site-Based Decisionmaking: State-level Policies*, Apr. 2005.

5.3 学校段階間の連携

1990年代以降，学力向上を目標とする教育改革が全州的に展開され，初等中等教育における到達目標（身に付けるべき知識・技能の習得の程度）を示した教育スタンダードを各州が定めるようになった。さらに，今日では労働市場で生き残る最低限の要件としてハイスクール修了が，可能であれば大学進学・卒業が求められている。ドロップアウトや留年することなくハイスクールを修了することが重要であり，上級学年・学校への円滑な移行を可能とする学校制度が模索されている。

こうした状況を背景として，近年，5年制小学校とミドルスクールを合わせた8年制学校（第K～8学年）やミドルスクールと4年制ハイスクールを一緒にした7年制ハイスクールが増大傾向にある。このうち8年制学校の学校数の推移をみると，ミドルスクールが増大した1980年代減少傾向にあったが，1995年度（4,503校）以降増加に転じ，2011年度には6,428校へと2,000校近く増えた（NCES, *Digest of Education Statisitics 2013*, tab.216.75）。8年制学校や7年制ハイスクールでは，指導の継続性や下級段階の教員と上級段階の教員のチームによる指導を通じた教育効果が期待されている。

【注】

1. 深堀聰子（2008年）「学力の底上げをめざすユニバーサルな政策へ」泉千勢，一見真理子，汐見稔幸編『世界の幼児教育・保育改革と学力（未来への学力と日本の教育9）』明石書店，133頁。
2. ルイジアナ，ネバダ，オハイオ，ロードアイランド，サウスダコタ，テネシー，ウェストバージニアの7州（ECS, *50-State Analysis: District Must Offer Kindergarten*, March 2014）。
3. アラスカ州教育法第14.30.010条（b）（10）（B）（遠隔教育），メイン州教育法第5001-A条2項D（高等教育）及びE（遠隔教育），ニューハンプシャー州教育法第193:1条第I項（g）（高等教育）など。
4. 一般教育修了検定（General Education Development）は，全国的な高等教育関係団体であるアメリカ教育協議会（ACE）が実施するハイスクール修了相当の学力を証明するテストプログラム。この合格をもって義務教育終了とみなす州法の規定として，アラスカ州教育法第14.30.010条（b）（9），アーカンソー州教育法第6-18-201条（a）（2），ノースダコタ州教育法第15.1-20-02条1bなど。
5. Michael Imber, Tyll Van Geel（2004）, pp.17-18.
6. Michael Imber, Tyll Van Geel（2004）, pp.17-18.
7. 例えば，フロリダ州法（第1003.27上）では登校をしなかった日数に応じて民事制裁金2ドル（措置が2回目以降の場合は5ドル）の支払いと，最高25時間（措置が2回目以降の場合は50時間）のコミュニティサービスへの従事が科されている。
8. UNESCO-IBE（2006）, p.15.
9. 石嶺ちづる（2010年）「アメリカ合衆国におけるキャリア教育の特徴」名取一好『諸外国におけるキャリア教育（学校におけるキャリア教育に関する総合的研究－児童生徒の社会的自立に求められる資質・能力を育むカリキュラムの在り方について－）』（平成21年度調査研究等特別推進経費調査研究報告書），23頁。NCES, *Tables on the Web: Secondary/High School Level Glossary*（web site）（http://nces.ed.gov/surveys/ctes/tables/glossary_secondary.asp#g14）。
10. U.S. Department of Education, *About ED/OFFICES- OCTAE, Career Guidance and Counseling Programs*（http://www2.ed.gov/about/offices/list/ovae/pi/cte/cgcp.html）及びNCES, *Career/Technical Education (CTE) Statistics, Tables on the Web: Secondary/High School Level Glossary*（https://nces.ed.gov/surveys/ctes/tables/glossary_secondary.asp）（2015年5月22日閲覧）。
11. U.S. Department of Education（2008）, p.16.
12. NCES, *Career/Technical Education (CTE) Statistics, Tables on the Web: Secondary/High School Level Glossary*（https://nces.ed.gov/surveys/ctes/tables/glossary_secondary.asp）（2015年5月22日閲覧）。
13. NCES（2012）, tab.1.
14. NCES（2008）, p.9, tab.2.1.
15. WestEd（2009）, p.3.
16. WestEd（2009）, p.11.
17. U.S. Department of Education, *Programs: Tech Prep Program*（http://www2.ed.gov/programs/techprep/index.html）（2014年8月11日閲覧）。
18. NCES, *Digest of Education Statistics 2013*, tab.204.70.
19. 「全ての児童・生徒が成功するための法律」第4644条（c）項。
20. National Association for Gifted Children, *State of the Nation in Gifted Education 2012-2013: Work Yet to Be Done*, Table A.
21. 2015年8月11日時点の状況。Davidson Institute for Talent Development, *Database: Gifted Education State Policies*（http://www.davidsongifted.org/db/StatePolicy.aspx）（2015年8月15日閲覧）による。
22. National Association for Gifted Children, Table B.
23. NAGC, *Glossary of Terms*（http://www.nagc.org/resources-publications/resources/glossary-terms）及び, *Identification*（http://www.nagc.org/resources-publications/gifted-education-practices/identification）（2015年8月17日閲覧）。
24. NCES, *Digest of Education Statistics 2013*, tab.204.90.
25. Linda E. Brody, Michelle C. Muratori, Julian C. Stanley, "Early Entrance to College: Academic, Social, and Emotional Considerations," Nicholas Colangero, Susan G. Assouline, Miraca U.M.Gross（edited）, *A Nation Deceived: How Schools Hold Back America's Brightest Students*, Vol.II, 2004, pp.97-107.
26. U.S. Department of Education, *Programs: Improving Basic Programs Operated by Local Educational Agencies（Title I, Part A）*（http://www2.ed.gov/print/programs/titleiparta/index.html）（2015年5月25日閲覧）。
27. NCES（2007）, p.16.
28. NCES（2007）, p.79.
29. Michael Imber, Tyll Van Geel（2004）, p.62.

30. Michael Imber, Tyll Van Geel（2004），pp.62-63.
31. ECS（2014a），pp.47-51.
32. Massachusetts Department of Elementary and Secondary Education and Massachusetts Department of Higher Education, *Massachusetts Definition of College and Career Readiness*,（Approved by Massachusetts Board of Elementary and Secondary Education on February 26, 2013; Massachusetts Board of Higher Education on March 12, 2013）.
33. U.S. Department of Education（2005）では，小学校における授業時間について，"In most elementary schools, daily instructional time is not divided into periods; instead, teachers decide how much time to spend teaching particular subjects based on students' learning needs and their own expertise"（p.14）と説明している。また，NCES（1997），pp.2-3によれば，小学校段階では主要教科の時間配当が教員の裁量に基づいて決められている状況が示されている。
34. 石嶺（2010年）24頁。
35. 石嶺（2010年）24頁。
36. 石嶺（2010年）24頁。
37. ECS（2014a），pp.11-12.
38. NCES, *Characteristics of Public Elementary and Secondary School Library Media Centers in the United States: Results From the 2011-12 School and Staffing Survey（First Look）*, NCES 2013-315, 2013, p.7.
39. California State Board of Education, *Model School Library Standards for California Public Schools: Kindergarten through Grade Twelve*, 2011, p.viii.
40. Michael Imber, Tyll Van Geel（2004），p.65. 例えば，フロリダ州教育法第1003.42条，ニューヨーク州教育法第801条など。
41. Michael Imber, Tyll Van Geel（2004），p.65.
42. 例えば，カリフォルニア州教育法第51530条。オハイオ州教育法第3313.60条D項では，共産主義や世界の政府などに関する授業は，米国史や州史，連邦政府や州政府について学んだ後に受けるべきとしている。また，アリゾナ州選挙法第16-805条D項では，学校や高等教育機関で全体主義国家等に関する教育の提供は必要であるが，共産主義に関する指導はこの規定から排除すると定めている。一方で，ニューヨーク州教育法第3204条3項（a）（3）のように，共産主義についての指導を求める規定が設けられている場合もある。
43. U.S. Department of Education（2008），p.8.
44. U.S. Department of Education（2008），p.8.
45. ECS（2012a）.
46. ECS（2012b），p.2.
47. Texas Education Agency, *Student Success Initiative Manual: Grade-Advancement Requirements: Update for the 2014-2015 School Year*, 2015.
48. 第3学年までの英語の学力に関して進級判定制度を設けている14州とワシントンD.C.のうち，10州では集中的な指導を受けた者について進級する場合があるとしている（ECS, 2012b, p.10-11）。
49. ECS（2012a），p.3.
50. ECS（2012b），p.5
51. 例えば，NCES, *Statistics in Brief: Course Credit Accrual and Dropping Out of High School, by Student Characteristics*, February 2009, NCES, *Statistics in Brief: Course Credit Accrual and Dropping Out of High School*, April 2007, Baltimore Education Research Consortium, *Gradual Disengagement: A Portrait of the 2008-09 Dropouts in the Baltimore City Schools*, August, 2010など。
52. ECS, The Progress of Education Reform, Vol.12, No.3, June 2011, pp.2-4.
53. U.S. Department of Education（2005），p.16. NCES, *Digest of Education Statistics 2013*, tab.234.30.
54. ECS, *Additional High School Graduation Requirements and Options*,（http://ecs.force.com/mbdata/mbprofall?Rep=HS04）（2015年5月12日閲覧）。
55. Ronald F. Campbell, et al.（1990），pp.93-94.
56. California Department of Education, *Guide to School Site Analysis and Development: 2000 edition*,（http://www.cde.ca.gov/ls/fa/sf/guideschoolsite.asp#Table1）（2014年12月14日閲覧）。
57. ECS, *Choice of Schools: Choice/Open Enrollment*（http://www.ecs.org/html/issue.asp?issueID=22&subIssueID=326）（2014年12月15日閲覧）。
58. 安彦忠彦ほか編『現代学校教育大事典』ぎょうせい，1993年，第6巻，172-174頁。
59. NCES（2010），*Alternative Schools and Programs for Public School Students At Risk of Educational Failure: 2007-08（NCES 2010-026）*, p.1.
60. ECS（2005），*State Policies Related to Alternative Education（State Note）*.
61. Middle College High School（http://www.mchslic.com/ourhistory.htm）（2015年8月11日閲覧）。

62. NAPCS（2015），*Measuring up to the Model: A Ranking of State Charter School Laws* によると，申請による免除を含めてチャータースクールの教員に教員免許取得を求めていない州は，アリゾナ，アーカンソー，コネチカット，ジョージア，アイダホ，ルイジアナ，オクラホマ，テキサスの8州とワシントンD.C. である。このほか，カリフォルニアやコロラド，デラウェア，インディアナ，メイン，マサチューセッツ，ミシシッピ，ニューハンプシャー，ニューヨーク，ノースカロライナ，オハイオ，オレゴン，ペンシルバニア，サウスカロライナ，ワシントン等でも免許取得が免除される場合がある。
63. NAPCS（2015），*Measuring up to the Model: A Ranking of State Charter School Laws*, pp.8-11.
64. The Center for Education Reform（2014），*Survey of America's Charter Schools 2014* によると，チャータースクール1校当たりの平均在学者数は425人，在学者数の中央値は286人であるのに対して，一般の公立小学校の平均規模が475人，ハイスクールの場合は684人。
65. The Center for Education Reform（2014），p.16.
66. The Center for Education Reform（2014）.
67. ECS（2015），*State Homeschool Policies: A patchwork of provisions*, July 2015, p.2.
68. ECS（2015），*State Homeschool Policies: A patchwork of provisions*, July 2015, pp.2-4.
69. Evergreen Education Group（2014），*Keeping Pace with K-12 Digital Learning: An Annual Review of Policy and Practice 2014/eleventh edition*, pp.52-53.
70. Evergreen Education Group（2014），*Keeping Pace with K-12 Digital Learning: An Annual Review of Policy and Practice 2014/eleventh edition* によると，2013年度の完結型のバーチャルスクールの在学者数は31万6,320人（p.53）であった。一方，National Education Policy Center（School of Education, University of Colorado）（2015），*Virtual School in the U.S. 2015* によると，同年度の在学者数は26万237人（学校数は400校）であった。在学者数の差は前者の数値に対面式の授業とオンライン教育を組み合わせたプログラムを提供する学校が含まれているためとみられている。
71. Evergreen Education Group（2014），p.27.
72. Evergreen Education Group（2014），p.52.
73. イリノイ州ではシカゴ学区内の全ての公立学校をSBM実施校とすることとしている。オハイオ州では5,000人以上の公立学校在学者を有する学区のうち，州の学校評価で一定以上の評価を得ている学校がない学区については，学区内のうち最低1校をSBM実施校とすることとしている。

【参考文献】

1) ECS（2013），*Compulsory School Age Requirements（50-State Analysis: School Attendance Age Requirements）*.
2) ECS（2014a），*Blueprint for College Readiness: A 50-state Policy Analysis*, Oct. 2014.
3) ECS（2014b），*CTE Dual Enrollment: A Strategy for College Completion and Workforce Investment*.
4) ECS（2012a），*Reading/Literacy: Third Grade Reading Policies*.
5) ECS（2012b），*Third Grade Literacy Policies: Identification, Intervention, Retention*.
6) ECS（2009），*Class Size: Maximum P-12 Class-Size Policies（State Notes）*.
7) ECS（2005a），*Promotion/Retention: Student Promotion/Retention Policies（State Notes）*.
8) ECS（2005b），*Site-Based Decisionmaking: State-level Policies（State Notes）*.
9) GAO（2012），*Early Child Care And Education: HHS and Education Are Taking Steps to Improve Workforce Data and Enhance Worker Quality*.
10) Harlow G. Unger（2007），Encyclopedia of American Education（Third Edition），Vol.I, II, III, Facts on File.
11) Michael Imber, Tyll Van Geel（2004），*Education Law, Third Edition*, Lawrence Erlbaum Associates.
12) Nathan L. Essex（2005），*School Law And The Public Schools: A Practical Guide For Educational Leaders（Third Edition）*, Pearson Education Inc.
13) National Association for Gifted Children, *State of the Nation in Gifted Education 2012-2013: Work Yet to Be Done*.
14) NCES（2013），*Dual Credit and Exam-Based Courses in U.S. Public High Schools: 2010-11*.
15) NCES（2012），*Numbers and Types of Public Elementary and Secondary Schools From the Common Core of Data: School Year 2010-11: First Look*.
16) NCES（2008），*Career and Technical Education in the United States: 1990-2005（Statistical Analysis Report）*.
17) NCES（2007），*National Assessment of Title I, Final Report, Volume I: Implementation*.
18) NCES（1997），*Time Spent Teaching Core Academic Subjects in Elementary Schools: Comparisons Across Community, School, Teacher, and Student Characteristics*（NCES 97-293）.
19) Nicholas Colangero, Susan G. Assouline, Miraca U.M.Gross（edited）（2004），*A Nation Deceived: How Schools Hold Back America's Brightest Students*, Vol.I & II.
20) Ronald F. Campbell, Luvern L. Cunningham, Raphael O. Nystrand, Michael D. Usdan（1990），*The Organization*

Control American Schools: sixth edition, Macmillan Publishing Company.
21) U.S. Department of Education (2008), *Education and Inclusion in the United States: An Overview*.
22) U.S. Department of Education (2005), *Education in the United States: A Brief Overview*.
23) U.S. Department of Education (2003), CERI, *OECD THEMATIC REVIEW OF EDUCATION AND CARE POLICY, Background Report: UNITED STATES OF AMERICA*.
24) UNESCO-IBE (2006), World Data on Education: The United States of America (6th edition), Updated version.
25) WestEd (2009), *Work-Based Learning in California: Opportunities and Models for Expansion*.

イギリス

1 初等中等教育制度の概要 94
2 教育内容・方法 103
3 進級・進学制度 118
4 教育条件 121
5 学校選択・連携 125

学校系統図

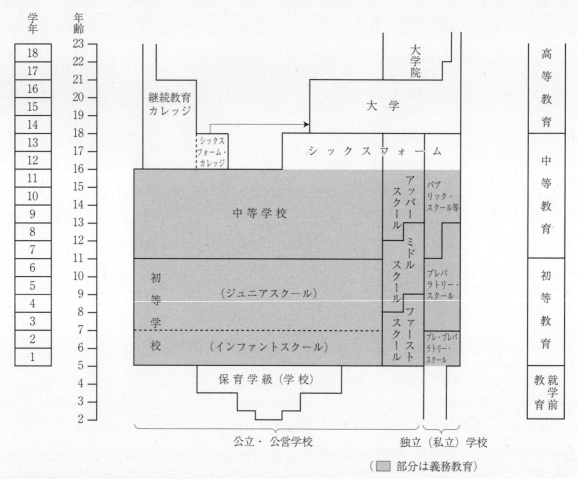

（■部分は義務教育）

就学前教育——保育学校及び初等学校付設の保育学級で行われる。

義務教育——義務教育は5～16歳の11年である。

初等教育——初等教育は、通常6年制の初等学校で行われる。初等学校は、5～6歳を対象とする前期2年（幼児部）と7～10歳のための後期4年（下級部）とに区分される。両者は1つの学校として併設されているのが一般的であるが、一部には幼児学校と下級学校として別々に設置しているところもある。また一部において、幼児部（学校）・下級部（学校）に代えてファーストスクール（5～7歳、5～8歳など）及びミドルスクール（8～11歳、9～12歳など）が設けられている。

中等教育——中等教育は通常11歳から始まる、5年又はシックスフォームを含む7年の課程。義務教育後の中等教育の課程・機関としては、中等学校に設置されているシックスフォームと呼ばれる課程及び独立の学校として設置されているシックスフォーム・カレッジがある。ここでは、主として高等教育への進学準備教育が行われる。初等・中等学校は、経費負担などの観点から、地方教育当局が設置・維持する公立（営）学校及び公費補助を受けない独立学校の2つに大別される。独立学校には、いわゆるパブリック・スクール（11又は13～17歳）やプレパラトリー・スクール（7～10歳、12歳）などが含まれる。

高等教育——高等教育機関には、大学等がある。これらの機関には、第一学位（学士）取得課程（通常修業年限3年間）のほか、各種の専門資格取得のための短期の課程もある。1993年以前は、このほか、ポリテクニク（33校）があったが、全て大学となった。また、継続教育カレッジ（後述）においても、高等教育レベルの高等課程が提供されている。

継続教育——継続教育とは、義務教育後の多様な教育を指すもので、一般に継続教育カレッジと総称される各種の機関において行われる。青少年や成人に対し、全日制、昼・夜間のパートタイム制などにより、職業教育を中心とする多様な課程が提供されている。

イギリス

学校統計

(2012年度)

維持者別	教育段階	学校種名	修業年限	通常の在学年齢	学校数	児童・生徒・学生数	本務教員数	備考
			年	歳	校	千人	千人	
公立・公営学校	就学前	保育学校	－	3～4	3,085	141.1	244.9	就学前教育については保育学校のみの統計。初等学校付設保育学級の生徒数は初等学校に含む。
	初 等	初等学校	6	5～10	21,069	5,108.9		中等学校にはシックスフォーム・カレッジを含まない。
	中 等	中等学校	5～7	11～15・16・17	4,081	3,825.4	250.5	公立・公営学校及び独立学校の教員数には、フルタイムに換算したパートタイム教員を含む。
	特別支援	特殊教育学校	－	－	1,198 (403)	107.9 (12.4)	17.9 (m)	特別支援に、特別指導施設(PRU)の数を( )で示した。
独立(私立)学校	初等・中等		－	－	2,497	589.3	69.6	学校種別数は不明。独立特殊教育学校の教員数は、公立に含まれる。
	特別支援	特殊教育学校	－	－	71	4.2	m	
国	高 等	大学	3	18～20	163	1,312.1	117.8	学生及び教員はフルタイム。大学については、公開大学及び国から補助金を受けていないバッキンガム大学を含む。ロンドン大学及びウェールズ大学は構成する機関を含む。
		大学院	－	21～	m	309.4		
国	その他	継続教育機関	－	16～	396	4,899.0	70.0	継続教育機関の学生数はパートタイムを含み、機関数はシックスフォーム・カレッジ(95校)を含む。

(注)
1. イギリスは、イングランド、ウェールズ、スコットランド及び北アイルランドの4地域(country)からなる連合王国であり、それぞれ共通性を持ちつつも特色ある教育制度を形成している。学校系統図は、イギリスの全人口の9割を占めるイングランドとウェールズについてのものであり、両地域はほぼ同様の学校制度を有している。
2. 特別指導施設(Pupil Referral Units：PRU)は、通常学校での学習が困難な児童・生徒が通う代替学校。
3. 高等教育及び継続教育機関は独立の法人であり、財源は主に国の補助金による。
4. 「大学」には、校名に「college」や「university college」などを用いている高等教育機関28校を含む(従来は高等教育カレッジとして分類)。大学とこれらの機関は、かつては学位授与権の有無、規模や上級学位の扱いなどで異なる点も多かったが近年その差が縮小している。
5. 「m」は計数が不明であることを表す。

(資料)
英国教育省(DFE), Education and Training Statistics for the United Kingdom, 各年版(全般)
英国高等教育統計機関(HESA), Students in Higher Education Institutions, 2011/12年版(学生, 機関)
英国高等教育統計機関(HESA), Staff in Higher Education Institutions, 2011/12年版(教員)

イギリスは，イングランド，ウェールズ，スコットランド及び北アイルランドの4つの地域（country）から成る連合王国であり，ここでは，イギリスの全人口の8割以上を占めるイングランドの初等中等教育をみる。各地域は，教育制度について共通する部分がありつつもそれぞれ特色を有しており，また，教育行政を所管する機関が設けられている。イングランドの場合，教育省（Department for Education：DFE）が中央の機関として初等中等教育政策を策定・実施し，教育サービスの全般的な提供に責任を負っている。地方には教育その他を所管する地方当局（地方自治体）が置かれている。統計はことわりのない限りイングランドの数値である。

1 初等中等教育制度の概要

初等中等教育は5歳からの13年間で，初等学校6年（5～10歳），中等学校7年（11～17歳）というのが最も基本的な形である。中等学校はさらに，義務教育に含まれる最初の5年間と義務教育後の2年間（シックスフォーム（sixth form）と呼ばれる）に区分される。

一部の地方では，初等中等教育をファースト・スクール（主に5～8歳），ミドル・スクール（主に9～12歳）及びアッパー・スクール（～15又は17歳）の3つに分けている。ミドル・スクールは初等及び中等の双方の段階にまたがるものであるが，中等学校の全体に占める割合は5％弱（2014年）[注1]である。

以上は公費によって設置・維持されている公立（営）学校（maintained school）である。このほかに公費補助を受けない私立学校（通常，独立学校（independent school）と呼ばれる）が2,357校（2015年）あり，初等中等学校全体の1割を占める。独立学校には様々な段階・規模のものがあるが，伝統的な中等学校であるパブリック・スクール（public school。11又は13～17歳）とこれに接続するプレパラトリー・スクール（7～10又は12歳），及びプレ・プレパラトリー・スクール（5歳又はそれ以下～6歳）というのがその代表例である。設置形態別にみた学校数は，**表1**のようになっている。

表1：設置形態別にみた学校数

(単位：校)

調査年		公費により維持される学校				合計	独立校
		公立学校	公営校				
			有志団体立管理学校	有志団体立補助学校	地方補助学校	公営独立 アカデミー		
2010	初等	10,318	2,516	3,706	431	—	20,304	2,376
	中等	3,333	102	540	779	203		
2015	初等	8,124	2,233	3,270	699	2,440	20,147	2,357
	中等	657	43	301	302	2,075		

表注：調査日は各年1月。公立学校は，地方当局により設置・維持される地域学校（community school）。公営学校には，宗教団体などの民間団体により設置・所有される有志団体立学校（voluntary aided /controlled school），及び地方当局から独立して学校設置団体（foundation body）により設置・所有される地方補助学校（foundation school）がある。アカデミーは公費補助により維持されるが，運営面ではより独立校に近い。2015年のアカデミーには，UTC技術カレッジ及びスタジオスクールが含まれる。また，シティテクノロジーカレッジ（City Technology College）3校はいずれも合計に含まれる。公費を受けない独立（私立）校にはいわゆるパブリック・スクールが含まれる。特殊教育学校は含まない。

(出典) DFE SFR09／2010, *Schools, pupils, and their characteristics, Jan. 2010 (provisional)*（2010年5月）／DFE SFR16／2015, *Schools, pupils, and their characteristics, Jan. 2015*（2015年6月）。

継続教育（further education）は，広義には高等教育を除く普通・職業教育，成人教育などを含み，フルタイムやパートタイムによる義務教育後（16歳〜）の多様な教育・訓練を指し，継続教育カレッジにおいて提供されている。ここでは，シックスフォーム及び義務教育後の16〜18又は19歳の青少年を対象とする教育・訓練を行う継続教育を，教育段階からみて後期中等教育に相当するものとして捉える。継続教育カレッジは2013年現在339校あり，これには，シックスフォームが独立した機関となっているシックスフォーム・カレッジが94校含まれている[注2]。

1.1　就学前教育

就学前教育は，0歳児から5歳児までを含み，教育・保育の指導の観点から「就学前基礎ステージ（Early Years Foundation Stage：EYFS）」が設定されている。修業年限は定められておらず，主な対象は3・4歳児となっているが，近年2歳児に対する公的支援が強化されている。

就学前教育・保育は，学校や地方当局，民間のグループ・団体や個人などの様々な主体により提供されている。**表2**にあるように，便宜的に「グループによる提供」と「学校による提供」に分けることができる[注3]。「学校による提供」には公立（営）の就学前教育機関として，①2〜5歳未満児を対象とする保育学校（nursery school），②主として3・4歳児に就学前教育を提供する初等学校付設の保育学級（nursery class），及び③初等学校入学直前の幼児を早期に受け入れるレセプション・クラス（reception／first class）がある。保育学校の数は限られており，初等学校に付設する就学前教育・保育機関が普及している。なお，私立（独立校）の就学前教育機関も一部ある。

表2：就学前教育・保育機関・施設の分類

・終日保育 ・半日保育	プレイグループ，プレスクール，保育所	「グループによる提供」
・子供センター内保育（終日保育が基本）		
・託児員（childminder）		
・初等学校（保育学級＋レセプションクラス） ・初等学校（レセプションクラスのみ） ・保育学校（nursery school）		「学校による提供」

（出典）DFE, *Childrecare and Early Years Providers Survey 2013*（2014年9月）。

「グループによる提供」において，幼児のための保育施設として大きな役割を果たしているのが，保育所（day nursery）やプレイグループ（playgroup），プレスクールと呼ばれる施設・組織である。これらは，民間やボランタリー組織，あるいは地方当局などによって運営されている。このほか，3・4歳児を自宅で有料で保育するチャイルドマインダー（託児員）の制度がある。これらの提供者は教育水準局（OFSTED）への登録（Early Years Register）が義務付けられるとともに，同局の監査を受ける。また，福祉サービスを併せて提供する子供センターにおいても保育が提供されている。

就学前教育・保育のサービスの提供は，終日保育（full day care）又は半日保育（sessional care）が基本となっている。

また，設置者の観点から，3・4歳児の在籍規模を該当年齢人口比でみると，**表3**のとおり，公立（営）の就学前教育機関（主に初等学校付設）の在籍率が55%，保育所やプレイグループ，チャイルドマインダーなどの民間施設や組織が38%，そして独立（私立）就学前教育機関が2%となっている（2015年1月現在）[注4]。機関・施設別にみた年齢ごとの在籍割合は**表4**のとおりであり，2・3歳児では民間施設・ボランタリー組織（「グループによる提供」に該当）の割合が高いが，就学前年の4歳児になると初等学校付設の幼児学級の割合が増える。これはレセプションクラスに通う幼児が含まれるためである。

　保育者の資格は，後期中等教育修了相当の関連資格を有する者が中心となっているが，初等学校における場合は，第一学位（学士）取得者以上の割合が高くなっている。

表3：機関・施設別にみた3・4歳児在籍者数と該当年齢人口比

公(営)機関			独立機関	民間施設	特殊教育学校
保育学校	初等学校	中等学校			
	754,650 (55%)	7,390 (1%)	31,100 (2%)	524,300 (38%)	4,460 (-%)
	保育学級	幼児学級			
37,510 (3%)	294,640 (21%)	422,490 (31%)			

表注：幼児学級（infant class）は，レセプションクラスを含む。
(出典) DFE SFR 20/2015, *Provision for children under five years of age in England: January 2015*（2015年6月，Table 2）。

表4：機関・施設別にみた2～4歳児在籍者の割合（2015年）　　　（単位：%）

	2歳	3歳	4歳
民間・ボランタリー	92	60	19
チャイルドマインダー	3	1	-
独立校	-	2	2
公立(営)保育学校	2	4	2
初等学校保育学級	2	31	13
初等学校幼児学級	-	-	62
公立(営)中等学校	-	-	1
特殊教育学校	-	-	-

表注：幼児学級（infant class）は，レセプションクラスを含む。
(出典) DFE SFR 20/2015, *Provision for children under five years of age in England: January 2015*（2015年6月，Figure B）。

1.2　義務教育

　義務教育は，5～16歳の11年間である。義務教育について，現行1996年教育法は「義務教育年齢に該当する全ての子供に対して，学校への規則的出席又はその他の方法により，その年齢，能力及び適性に応じた，又は，教育の特別のニーズがある場合にはそれに応じた効果的なフルタイムの教育を受けさせることは親の義務である」（第7条）と規定している。「その他の方法により」とあるように，法令上，必ずしも就学義務を意味するものではなく，子供を学校に通わせないで家庭で教育を行う，ホームスクーリングを行うこともできる。この場合，地方当局は，親が適切な教育

を行っていないと判断した場合には介入するが，それでも改善が認められない場合は，最終的な手段として当局が学校出席命令を出すことになる。

　義務教育は子供が5歳の誕生日を迎えた日に始まるが，親には5歳に達した後の最初の学期の開始までその義務は生じない。入学は通常9月を基本としているが，学校により1月の入学，さらには3月又は4月にも入学を認める場合もある。ただし大多数の子供は，義務教育年齢の5歳に達する年には入学を予定する学校のレセプションクラスに通う。また，フルタイムの義務教育は16歳の誕生日をもって終了するが，2008年教育・技能法により，教育又は訓練を受ける義務が18歳までとなった。

1.2.1　教育・訓練の義務的継続

　2008年教育・技能法（Education and Skills Act）により，義務教育後の2年間，18歳までの教育・訓練継続（Raising the participation age：RPA）が決まり（第1・2条），2013年から段階的に導入された。ただし，「義務」の内容は16歳までのフルタイム義務教育とは異なり，パートタイムも認められ，以下に示されるような形態のいずれかを選択することになる。政府はこれにより，10代後半の若者の教育・訓練参加への拡大，教育・技能水準向上を期待している。

　表5は，従来からのフルタイムの義務教育と比べた，新たな義務的教育・訓練の要点を示している。18歳まで継続する教育・訓練は，次の3つのかたちに分けられる。

○中等学校（シックスフォーム）又は継続教育カレッジなどにおいて，フルタイムの教育を受ける。
○フルタイムで働きながら（ボランティア活動も含む），パートタイムで教育又は訓練を受ける。
○見習い訓練（apprenticeship，職場での実習と教育・訓練機関での学習を組み合わせた訓練）プログラムを受ける。

表5：義務教育と義務的教育・訓練の概要

5〜16歳の11年間 （義務教育）	17〜18歳の2年間 （教育・訓練の義務的継続）
・フルタイムの教育 （通常学校教育であるが，ホームスクールも認められている）	・フルタイム又はパートタイムの教育・訓練 ・就業者（あるいはフルタイムベースのボランティア活動従事者）はパートタイムによる教育又は訓練 ・見習い訓練プログラム
・フルタイムの教育は親の義務。違反者は，内容により罰金や禁固刑	・フルタイム又はパートタイムの教育又は訓練は本人の義務。ただし，違反者に対する罰則はない （レベル3（後期中等教育修了相当）の資格を取得している者はこの限りではない）
・無償	・無償
主な法令：1996年教育法	主な法令：2008年教育・技能法

（出典）DFE Raising the participation age（PRA）（http://www.education.gov.uk/childrenandyoungpeople/youngpeople/participation/rpa，2013年10月参照）。

　教育・訓練継続の義務化により，地方当局には対象となる若者に対して十分な教育・訓練を提供し，支援することが義務付けられる（2008年法第10，68条）とともに，該当する教育機関は対象者の参加を促す義務がある（第11条）。この間の教育・訓練費用は公財政によるため，雇用主は該当する従業員の教育・訓練（パートタイム）を負担する必要はない。

1.3　初等教育

初等教育は5～11歳の6年間であり，多くは6年制の初等学校（primary school）で行われる。また，初等学校には就学前の4又は5歳児を対象にレセプションクラスが設けられているのが一般的であり，学校により3～5歳の幼児を対象とする保育学級（nursery class）が開設されている。初等学校は，インファント（infant department。2年間）とジュニア（junior department。4年間）の2つの段階に区分される。一部には，インファント・スクール（infant school）及びジュニア・スクール（junior school）という別の学校として設けているところもある。

また，初等教育から中等教育への円滑な移行を図るとの観点から，ファースト・スクールとこれに接続するミドル・スクールを設けているところもある。

なお，初等教育は，後述の全国共通カリキュラムに設定されている教育段階のうち，キーステージ1及び2（KS1，KS2）に当たる。

1.4　中等教育

中等教育は11～18歳の7年間で，最初の5年間が義務教育である。イギリスでは中等教育を前期・後期の名称で区分することは一般的ではないが，ここでは便宜上，義務中等教育の段階（11～16歳）を前期中等教育，義務教育後の段階（16～18歳）を後期中等教育とする。

中等学校の多くは，初等学校の終了者を無試験で受け入れ，生徒の能力・適性・志望などに応じた教育を提供する総合制中等学校（コンプリヘンシブ・スクール。comprehensive school）である。また，一部に選抜別のグラマースクールなどもある。中等学校には，前期・後期一貫型の7年制の学校と，前期5年間（義務教育段階）のみ提供する学校がある。

イギリスでは第二次大戦後，初等学校の終了時に行われる11歳試験（eleven plus examination）によって，①グラマースクール（主として大学への進学を目指す選抜校），②モダンスクール（非選抜校），及び③テクニカルスクール（技術系の教科に重点を置いた学校）の3種類の学校に生徒を振り分ける学校体系を構築した。しかし，1960年代以降の総合制中等学校（コンプリヘンシブ）の普及に伴い，現在このような学校体系を維持している地方は限られている。特にテクニカルスクールは皆無である。現在の中等学校の分類は，入学方針及び設置形態の2つの観点から行われている。入学方針について，選抜・非選抜を基準にタイプ別にみた構成は，**表6**のようである。また，設置形態からみた中等学校の構成は，**表7**のようになっている。

なお，中等学校から始まったアカデミーは，2010年以降，政府の積極的な普及策により初等学校においても数を増やしているほか，中等教育段階では新たに，大学の支援を受けながら技術教育を重点的に行うUTC技術カレッジ（University Technical College）や，UTCよりも規模が小さく，個別指導や実習に力を入れているスタジオスクールも導入されている。また多くのグラマースクールがアカデミーに転換している。このほか，**表8**にあるように特別支援教育を行う特殊教育学校もある。

表6：入学方針からみた中等学校（公費維持学校）

(単位：校)

入学方針 年	コンプリヘンシブ・スクール （非選抜）	グラマースクール （選抜制）	モダンスクール （非選抜制）	アカデミー		合計
				（非選抜）	（選抜制）	
2010	2,559	164	160	203	－	3,333
2013	1,428	29	62	1,503	135	3,281
2015	1,136	24	47	1,936	139	3,381

表注：調査日は，各年1月。合計には，City Technology College（3校）及び入学方針不明校が含まれる。2013年及び2015年のアカデミーにはフリースクール，UTC及びスタジオスクールが含まれる。
（出典）DFE SFR 09／2010, *Schools, pupils, and their characteristics, Jan. 2010 (provisional)*（2010年5月）／DFE SFR 21／2013, *Schools, pupils, and their characteristics, Jan. 2013*（2013年6月）／DFE SFR 16／2015, *Schools, pupils, and their characteristics, Jan. 2015*（2015年6月）。

表7：設置形態別にみた中等学校数

(単位：校)

学校種 年	公立学校	有志団体立管理学校	有志団体立補助学校	地方補助学校	アカデミー	合計	独立校
2010	1,706	102	540	779	203	3,333	2,376
2013	871	55	354	360	1,638	3,281	2,413
2015	657	43	301	302	2,075	3,381	2,357

（出典）DFE SFR 09／2010, *Schools, pupils, and their characteristics, Jan. 2010 (provisional)*（2010年5月）／DFE SFR 21／2013, *Schools, pupils, and their characteristics, Jan. 2013*（2013年6月）／DFE SFR 16／2015, *Schools, pupils, and their characteristics, Jan. 2015*（2015年6月）。

表8：タイプ別にみたアカデミー（2015年）

(単位：校)

初等		中等				特別支援		代替	
アカデミー	フリースクール	アカデミー	フリースクール	UTC技術カレッジ	スタジオスクール	アカデミー	フリースクール	アカデミー	フリースクール
2,347	93	1,893	119	30	33	133	14	31	29

表注：表の特別支援及び代替施設であるアカデミーは，**表1**及び**表3**の数には含まれない。「代替」は，就学上の理由により通常校に通わない子女が教育を受ける機関。

1.4.1 義務教育後教育

義務教育後教育（post-compulsory secondary programme）は，狭義には16歳からの2年間を対象としており，ここでは後期中等教育として捉えている[注5]。大学への進学準備教育や特定の職業のための教育・訓練など，生徒の進路に応じてパートタイムを含む多様な教育・訓練が提供されている。進学準備課程は伝統的にシックスフォームと呼ばれ，職業応用的課程は継続教育（further education）と呼ばれ，広義には高等教育を除く義務教育後の教育・訓練を指し，年齢も限定されていない。なお，**1.2.1**に述べたように，2年間の教育・訓練の継続が義務化されている。

教育機関としては，中等学校に置かれるシックスフォーム課程，シックスフォームが独立したシックスフォーム・カレッジ，継続教育カレッジが主なものである。なお，成人教育を担う成人教育センター（adult education centre）などにおいても，義務教育後の教育・訓練プログラムが提供されている。また，近年は，政府が見習い訓練（apprenticeship）への参加を支援している。

後期中等教育段階の教育機関の在学者及び訓練プログラムなどへの参加状況は，**表9**のとおり

であり，値には2013年から段階的に導入された義務的教育・訓練への参加者が反映されている。フルタイムの生徒はほとんどが上述の教育機関で学んでいる。パートタイムは主に，見習い訓練を中心に働きながら教育や訓練を受ける者である。また，18歳のフルタイムの半分以上は，大学など高等教育機関に在学している。

表9：義務教育後の教育・訓練参加率 （2014年）

	16歳	17歳	18歳
フルタイム教育・訓練	87.9%	76.8%	50.5%
パートタイム教育・訓練	3.3%	4.0%	5.4%
フル＋パート	91.1%	80.8%	55.9%

表注：統計上の定義は，以下のとおり。
・教育・訓練参加者の年齢：学年度の始まり，8月31日現在の年齢。
・フルタイムの教育・訓練：シックスフォームや継続教育カレッジ，高等教育機関あるいは独立の訓練提供者などにおいて週当たり16時間以上教育・訓練を受ける者。
・パートタイムの教育・訓練：年間の学習が540時間に満たないコースに学ぶ者。
・見習い訓練：フルタイムで就労するが，国の見習い訓練サービス（National Apprenticeship Service）による訓練プログラム（パートタイム）に参加する者。
（出典）DFE SFR 19/2015, *Participation in Education, Training and Employment by 16-18 year-olds in England:End 2014*（2015年6月）／DFE, *Proportion of 16-17 year olds recorded in education and training, June 2014 technical notes*（2014年6月）。

1.4.1.1　シックスフォーム（カレッジ）

　高等教育機関への進学を目指す者のための義務教育後の教育としては，中等学校に置かれるシックスフォーム（sixth form）と呼ばれる第12及び13学年から成る2年間の課程があり，主にGCE・Aレベルなど大学入学資格取得のための教育が行われる。この課程は，7年制一貫型中等学校の最後の2年間の課程として設置されるのが伝統的な形態である。

　シックスフォームの課程を独立して提供するする機関としてシックスフォーム・カレッジ（sixth form college）がある[注6]。シックスフォームを有さない5年制中等学校の生徒が進学を希望する場合，7年制中等学校のシックスフォームで学んだり，シックスフォーム・カレッジに入学したりする。

　シックスフォームへの進学に際しては公的な資格要件はなく，各学校が入学要件を定めている。通常，中等教育修了一般資格（GCSE）試験において一定の成績を収めることが求められる。

1.4.1.2　継続教育カレッジ

　継続教育カレッジ（further education college）は，伝統的には技術・職業に関するフルタイム及びパートタイムのコースを提供し，主として高等教育への進学を目指さない生徒のために義務教育後の職業教育を提供してきた。しかし現在は，一般教育を含む幅広いプログラムを提供している。ただし，農芸カレッジや技術カレッジなど専門教育を中心とする機関もある。また，従来から高等教育ディプロマ（Higher National Diploma）といった高等教育プログラムを提供し，近年では応用準学位（foundation degree）の課程を開設する機関もある。成人学生も少なくない。

　継続教育カレッジへの進学に際しては公的な資格要件はなく，各機関がコースに応じて定めている。
　なお，シックスフォームと継続教育カレッジの両方の性格を備え，16～19歳を対象とする機関があり，ターシャリー・カレッジ（tertiary college）と呼ばれることがある。

1.5 職業教育

職業教育は，フルタイム義務教育後（16歳～）の継続教育において主に行われている。すなわち，継続教育カレッジやターシャリー・カレッジに加えて，コミュニティ・カレッジなどの成人教育機関において行われ，様々な職業資格取得の課程が提供されている。

職業教育はこの他に，働きながら訓練を受ける見習い訓練（apprenticeship）など，職業訓練を中心とするプログラムを通じて行われている。

見習い訓練（apprenticeship）は16歳以上を対象に，訓練水準により中級見習い訓練，上級見習い訓練及び高等見習い訓練の3段階に整理されている。中級（intermediate）は全国資格枠組みのレベル2に相当し，普通教育資格ではGCSE（中等教育修了一般資格，通常16歳で受験）と同等である。上級（advanced）は全国資格枠組みのレベル3で，基本的な大学入学資格であるGCE・Aレベル資格に相当する。さらに高等（higher）は，全国資格枠組みのレベル4以上となっている。

図1：見習い訓練と全国資格枠組み

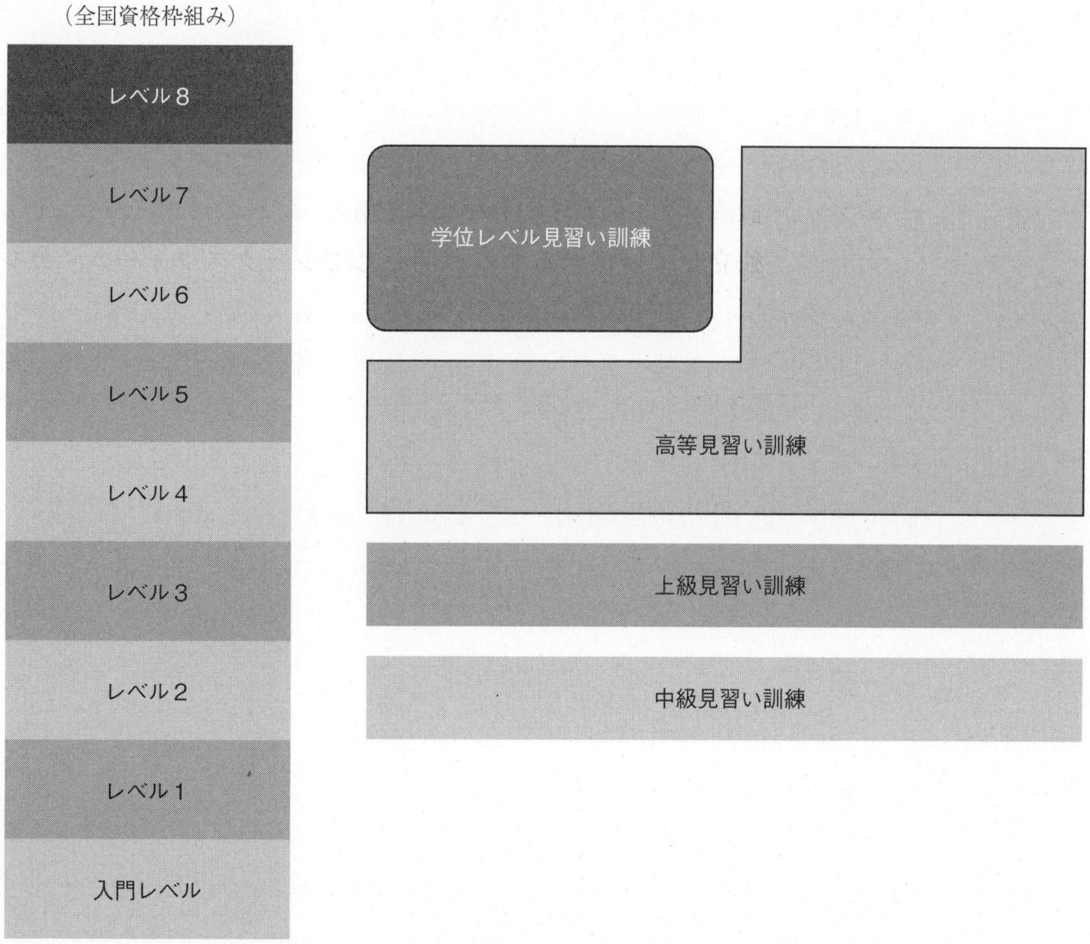

（全国資格枠組み）

レベル8	
レベル7	学位レベル見習い訓練
レベル6	
レベル5	高等見習い訓練
レベル4	
レベル3	上級見習い訓練
レベル2	中級見習い訓練
レベル1	
入門レベル	

（出典）GOV.UK, *SFA: higher and degree apprenticeships*（2015年3月）。

1.6 特別支援教育

　特別支援教育の対象は「特別な教育ニーズ（Special Educational Needs：SEN）」を持つ子供である。SEN を持つ児童・生徒は，1996 年教育法により，①同年齢の大部分の子供に比べ著しい学習上の困難を有する，又は②学校で通常提供される教育施設の利用を妨げるような障害のある子供，と定義されている。

　このように，法令は特別な教育ニーズ（SEN）を持つ子供についてその障害を特定しておらず，学校において学習上の困難をもたらす身体的・精神的困難，行動的・情緒的困難，さらに読み書き話す又は数的処理を行う上での困難を有する子供を広く指している。

　特別支援教育は主として特殊教育学校（special school）で行われるが，1996 年教育法は，特別な教育ニーズ（SEN）を持つ子供をできる限り通常の学校（mainstream school）に受け入れるよう定めている（第316条）。ただし，通常の学校が SEN を持つ児童・生徒を受け入れる条件としては，① SEN を持つ子供に必要な教育が提供できること，②他の子供に対しても効果的な教育が行えること，及び③資源の有効活用が図れること，の3つが示されている。

　SEN を持つ児童・生徒に対する支援を行う上で，地方当局は SEN の評価・判定を行い，特に重度の児童・生徒については認定書（statement）を発行する。

　2015 年現在この認定書を得ている児童・生徒数は 23 万 6,165 人で，初・中等教育就学者全体の 2.8％であるが，ここ 10 年の推移は**表 10**のとおりである。認定書を持たない SEN 児童・生徒を含めると，特別支援教育の対象とされる児童・生徒は全体の2割を占めている。

　また，認定書を持つ SEN 児童・生徒について在籍先別にみると，2015 年現在，特殊教育学校に 43.0％，通常の学校に 56.2％（うち保育学校に 0.1％，初等学校に 26.0％，中等学校に 24.6％，独立学校に 5.3％）である。このほか 0.7％が特別指導施設（Pupil Referral Unit）に在籍している。特別指導施設は，健康上の理由や問題行動により指導上特別の配慮を要する児童・生徒が通う教育機関で，地方当局により設置（362施設，2015年）[注7]されている。

表10：就学人口に占める特別な教育ニーズ（SEN）を持つ児童・生徒数の割合
(%)

年 認定の有無	2006	2007	2008	2009	2010	2011	2012	2013	2014	2015
認定書を持つ SEN児童・生徒	2.9	6	3	2.8	2.8	2.8	2.8	2.8	2.8	2.8
認定書を持たない SEN児童・生徒	15.7	16.5	17.3	17.9	18.3	17.8	17	16	15.1	12.6

表注：就学人口は，就学前教育を含む初等中等学校の全在学者。独立学校を含む。特殊教育学校には，病院内特殊教育学校や公費補助を受けない有志団体立特殊教育学校を含む。認定書を持たないSEN児童生徒は，特殊教育学校には通わない。

（出典）DfEE, *Statistics of Education: Special Educational Needs in England: January 2000 and January 2001* ／ DfEE SFR 21／2001, *Special Educational Needs in Schools in England-January 20001 (provisional estimates)* ／ DfE SFR 25／2015, *Special Educational Needs in England: January 2015*（2015年7月）。

2 教育内容・方法

2.1 教育課程の基準

　全国的な教育課程の基準として，必修12教科から成る「全国共通カリキュラム（National Curriculum：NC）」が定められている[注8]。NCは，義務教育段階の第1学年から第11学年（5～16歳）の11年間を対象とし，それを4つの教育段階（Key Stage，以下「キーステージ」又は「KS」という）に分け，各キーステージに沿って教育内容を定めている。

　イギリスでは，1944年教育法により宗教教育を行うことが義務付けられていたほかは，従来，国としての教育課程の基準はなく，教育課程は基本的に地方（教育）当局（実質的には各学校）が定めることとされてきた。しかし1988年教育改革法により，必修10教科から成る「全国共通カリキュラム（NC）」を国として初めての教育課程基準として導入し，その内容は教育大臣が定めることとされた。学校はこの枠組みの下で，学校の特性を考慮したカリキュラム（教育課程）を編成，実施することとなった。

　全国共通カリキュラム（NC）は1995年の改定で「情報（ICT）」が，さらに2000年の改定では「公民」がそれぞれ必修教科として加わった。2013年の改定では，「情報（ICT）」が「コンピューティング」に変更された。

　この全国共通カリキュラム（NC）は，公費によって運営されている公立（営）学校にのみ適用され，公費補助を受けていない独立（私立）学校には適用されず，その採用は任意となっている。なお，公費により維持される学校のうち，アカデミー及びそれと同じ枠組みをもつフリースクールなどは，全国共通カリキュラム（NC）を遵守する義務はない。

2.2 教育目標

　「全国共通カリキュラム（NC）」の基本的な性格については，2002年教育法において，以下のとおり規定されている。

　　①学校及び社会における児童・生徒の精神的，道徳的，文化的，知的及び身体的発達を促進すること，②成人になってからの機会，責任及び経験に向けて児童・生徒に備えさせることを基本として，均衡のとれた幅広い内容のものでなければならない。（第78条）[注9]

　なお，本条は学校カリキュラムの基本を規定したものであるが，教育目標に関するこれ以上の規定はない。また，施行のための命令・規則においても，このほかの一般的・全体的な教育目標は示されていない。

2.3 教科構成・時間配当

2.3.1 教科の構成

2.3.1.1 教育課程の構成

学校は，(a) 全国共通カリキュラムに示される教科，(b) 全国共通カリキュラム以外に指導が義務付けられている内容，及び (c) 学校独自の教育活動の3つの要素から成る教育課程（カリキュラム）を編成する。

全国共通カリキュラム以外で指導が義務付けられている内容としては，宗教（1996年教育法），性教育（1993年教育法）がある。このほか，「人格形成・社会性，健康及び経済教育」（PSHE：Personal, Social Health and Economic Education）と呼ばれる教科横断的な領域を設けることが薦められている。学校は独自の教育活動として，全国共通カリキュラムの教科以外の科目や教科横断的な教育活動を編成することができる。教育課程（カリキュラム）の構成はほぼ図2のようになる。

図2：教育課程（カリキュラム）の構成

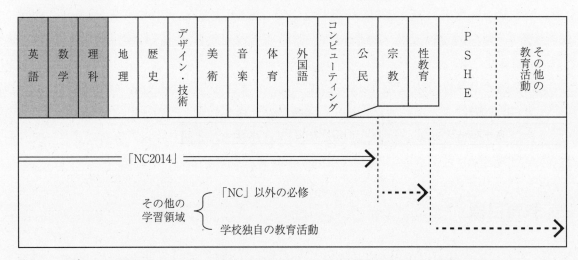

図注1：⟹ は，全国共通カリキュラム（NC）の必修教科。特に英語，数学及び理科は中核教科と呼ばれる。
図注2：性教育は，初等学校では学校がその指導の有無を決定。
図注3：公民（citizenship education）は，2002年から中等学校において必修。初等段階は，PSHE。
（出典）The National Curriculum 1995, The National Curriculum for England 2014 などから作成。

2.3.1.2 義務教育の段階区分

全国共通カリキュラムは，義務教育段階にある児童・生徒に対して全ての公立（営）学校において教えるべき必修教科を定めると同時に，義務教育の期間を**表11**のように，複数学年にまたがる4つの教育段階，すなわちキーステージ（KS）に区分し[注10]，その段階区分に沿って教科を配置している。学校はこのキーステージに沿ってカリキュラムを編成する。

表11：キーステージ（KS）と学年の対応

キーステージ		学年	年齢
KS4	中等学校	第10～11学年	14～16
KS3		第7～9学年	11～14
KS2	初等学校	第3～6学年	7～11
KS1		第1～2学年	5～7

（出典）Education Act 1996 Part V The Curriculum Chapter II Secular Education などから作成。

2.3.1.3 必修教科

全国共通カリキュラム（NC）は，英語，数学，理科，歴史，地理，公民，外国語，コンピューティング，デザイン・技術，美術，音楽及び体育の12の必修教科から成り，これらを基礎教科（foundation subjects）と呼んでいる。このうち特に数学，英語及び理科を中核教科（core subjects）としている。

外国語は初等の第3学年から中等の第9学年（キーステージ2及び3）において，公民は中等段階（キーステージ3及び4）においてそれぞれ必修となっている。また，歴史，地理，音楽，美術は，義務教育の最終段階であるキーステージ4（第10又は11学年）では選択となっている。

キーステージ4の2年間は，中等教育修了一般資格（GCSE）などの資格試験の準備課程となっており，他のキーステージに比べて選択科目に比重が置かれ，必修教科は最も少なくなる。教科の必修とキーステージ・学年は，**表12**のように対応している。

表12：全国共通カリキュラム教科とキーステージ・学年との対応

学校		初等学校		中等学校	
キーステージ		KS1	KS2	KS3	KS4
学年		1～2	3～6	7～9	10～11
年齢		5～7	7～11	11～14	14～16
教科	英語	■	■	■	■
	数学	■	■	■	■
	理科	■	■	■	■
	歴史	■	■	■	
	地理	■	■	■	
	公民			■	■
	外国語		■	■	
	コンピューティング	■	■	■	■
	デザイン・技術	■	■	■	
	美術	■	■	■	
	音楽	■	■	■	
	体育	■	■	■	■

その他の必修	KS1	KS2	KS3	KS4
宗教	■	■	■	■
性教育			■	■

表注：■は，当該キーステージ（KS）において必修であることを示す。
（出典）DFE, *The national curriculum in England Framework document*（2013年9月）から作成。

2.3.1.4　全国共通カリキュラムの内容

全国共通カリキュラムに示される各教科については，教育大臣が指導内容を示す「学習プログラム」及びその内容について習得の程度を示す「到達目標」が定められており，これが全国共通カリキュラムの主な内容である。

○学習プログラム
　学習プログラム（programmes of study）は，児童・生徒に対し，教えるべき知識や技能，理解の内容について，教科ごとに各キーステージ及び到達目標に沿って示した基本的な指導内容である。ただし，内容の具体的な教授方法や教科書を含む教材などは示されていない。

○到達目標
　到達目標（attainment targets）は，様々な能力や発達段階が異なる児童・生徒が，学習プログラムが示す内容について，各キーステージの終わりまでに習得することが期待される知識・技能及び理解力のことである。

従来，到達目標は，教科ごとに，習熟度に応じてレベル1からレベル8までの8段階の水準を示し，その上に「例外レベル」を設けられるなど詳細に定められていたが，2013年の改定ではレベル設定が廃止され，各教科共通して「各キーステージの最後に，生徒は，当該の学習プログラムに示される事項，スキル及び手順・方法について習熟することが期待される」とのみ示されている。

2.3.1.5　義務教育後の教育課程

義務教育後の教育（後期中等教育）においては，国の教育課程基準である全国共通カリキュラムは適用されず，シックスフォーム（16～18歳）で各生徒は，自己の進路や希望に合わせて，特定の資格に即したプログラムやシラバスの内容を学ぶ。主な資格には，大学入学資格であるGCE・A及びASレベル資格やその他の職業資格がある。例えば，GCE・Aレベル資格では，生徒は将来の専攻希望に合わせて最終的に3科目程度を履修する。

また，資格の種類や開設されている科目は，学校の規模や特性により異なる。

2.3.2　時間の配当

2.3.2.1　授業時間 [注11]

学校の授業時間について，教科ごとといった規定はなく，代わりに年間課業数や授業日数といった大枠が定められている。

学校の授業時間については，従来，1981年教育（学校・継続教育）規則（Education (Schools and Further Education) Regulations 1981）及び1990年の教育省通達（DES Circular 7/90）により，学年ごとに表13のような週当たり及び年間の最低時間の指針が定められていたが，この指針は2012年に取り消された[注12]。

表13：初等・中等学校の最低授業時間

学校段階	学年（年齢）	週当たり時間	年間合計
初等	1〜2 (5-7)	21	798
初等	3〜6 (8-11)	23.5	893
中等	7〜11 (12-16)	24	912

表注1：授業時間（lesson times）は自然時間。
表注2：授業時間は教科の教授時間であり，集団礼拝，出席登録，休憩は含まない。授業以外に充てられる時間は，学校により様々であるが週当たり4時間から8時間程度ある。
表注3：年間の授業日数は200日。ただし，うち10日は臨時の休業日とすることができるため，実質年間190日，38週間を指針としている。
表注4：14〜16歳については，週当たり25時間とすることもできる。
（出典）Education (Schools and Further Education) Regulations 1981／DES Circular 7/90.

　授業日（school day）について，1日の始業・終業時間，1授業日の長さ，1授業時間の長さ，休憩の取り方は学校が決める。

　ただし，1学年（school year）は最低380課業（session）から成り，1授業日は2つの課業からなることから，年間最低授業日数は190日となる。学年は7月末日以降始まる（一般に9月初め）。なお，学年及び課業に関する規定は，アカデミーには適用されない[注13]。

　時間割は，各学校の裁量により定められているが，全体として教育段階が進むにつれて授業時間単位がより細かに設定されている。

　初等学校では，通常，午前の課業，午後の課業と大まかに分け，昼食を挟んで各2時限を配し，1日4時限となっている。ただし，必ずしも1時限1教科とはなっておらず，しばしば同一時限内に異なる内容が指導される。インファント（1〜2学年）からジュニア（3〜6学年）に学年が進行するにつれて，教科ごとの授業時間がより明確に設定される。

　中等学校の時間割も授業時間の長さや授業時数は学校により異なる。1時限を40分前後と比較的短く設定し，1日7又は8時限設けている学校もあれば，1時限を60分程度として，1日5時限程度としている学校もある。単位時間を短く設定している学校では，教科により2時限を連続して1つの授業とする場合もある。

　時間割には，授業と授業の間の移動（又は短い休憩）のための時間は設けられていない。また1日2回，課業ごとに出欠を取ること（attendance register）が法令により定められている。

　初等中等学校とも，おおむね始業時間は9時前，終業時間は15時過ぎとなっている。

2.3.2.2　全国共通カリキュラムの時間配当

　1988年教育改革法（現行は2002年教育法第87条）は，教育大臣が全国共通カリキュラムに関する法令において各教科への時間配当を定めてはならないと規定し，その最終的な決定は学校に委ねられている。

　また，授業日数や授業時間については，上述のように現在「指針」もなくなり，従来よりもさらに大綱化が進んでいる。**表14の1〜3**は，全国共通カリキュラムの教科に当てるキーステージ（KS）ごとの参考時間であり[注14]，2002年に教育担当省が各学校におけるカリキュラム編成のためのガイダンスとして公表した資料に示されている。

2.3.2.3　中等段階の実際の時間配当の割合

　上述のように時間配当に関する規定はないが，中等段階（第7～12学年。11～16歳）における週当たり授業時間は25時間程度となっている。**表15**は，約1,200名の生徒が在学する男女共学の総合制中等学校の例である。なお，同校は3学期制を採っている。

表14-1：キーステージ1（1～2学年）

教　科	週当たり時間数	年間時間	週当たりの配当割合
英語	5時間～7時間30分	180～270時間	24～36%
数学	3時間45分	135	18
理科	1時間30分	54	7
情報（ICT）	50分	30	4
デザイン・技術	50分	30	4
歴史	50分	30	4
地理	50分	30	4
美術・デザイン	50分	30	4
音楽	50分	30	4
体育	1時間15分	45	6
宗教	1時間	36	5
合　計	17時間30分～20時間	630～720時間	84～96%[1]

表注1：週21時間として計算。
出典：QCA, *Designing and timetabling the primary curriculum-a practical guide for key stage 1 and 2*（2002年）。

表14-2：キーステージ2（3～6学年）

教　科	週当たり時間数	年間時間数	週当たりの配当割合
英語	5時間～7時間30分	180～270時間	21～32%
数学	4時間～5時間	150～180	18～21
理科	2時間	72	9
情報（ICT）	55分	33	4
デザイン・技術	55分	33	4
歴史	55分	33	4
地理	55分	33	4
美術・デザイン	55分	33	4
音楽	55分	33	4
体育	1時間15分	45	5
宗教	1時間15分	45	5
合　計	19時間15分～22時間	690～810時間	82～96%[1]

表注1：週21時間として計算。
出典：QCA, *Designing and timetabling the primary curriculum-a practical guide for key stage 1 and 2*（2002年）。

表14-3：キーステージ3（7〜9年）

教　科	週当たり時間数	年間時間数	週当たり配当割合
英語	3時間	108時間	12%
数学	3時間	108	12
理科	3時間	108	12
情報（ICT）	1時間	36	4
デザイン・技術	1時間30分	54	6
歴史	1時間15分	45	5
地理	1時間15分	45	5
外国語	2時間	72	8
美術・デザイン	1時間	36	4
音楽	1時間	36	4
体育	1時間30分	54	6
公民	45分	27	3
宗教	1時間15分	45	5
合　計	21時間30分	774時間	86%[1]

表注1：週25時間として計算。
（出典）DFES/QCA, *Key Stage 3 National Strategy Designing the Key Stage 3 Curriculum*（2002年）。

表15：中等学校（KS3）における教科別週当たり授業時数の例　　　　　　（時間）

	7学年	8学年	9学年
数学	3	3	3
英語	3	3	3
理科	3.5	3.5	3.5
デザイン・技術	2.5	2.5	2.5
情報（ICT）	2	2	2
歴史	1	1	2
地理	2	1	1
外国語	2	2	2
美術・デザイン	1	1	1
音楽	1	1	1
体育	2	2	2
宗教教育	1	2	1
公民/PSHE/キャリア教育	1	1	1
計	25	25	25

（出典）：DfES/QCA, *Key Stage 3 National Strategy Designing Key Stage 3 Curriculum*（2002年）。

2.3.2.4　シックスフォームにおける授業時間

シックスフォーム（16〜18歳）は，一般に，GCE・Aレベル資格試験の受験に焦点を合わせた科目履修制度を基本としており，卒業要件としての科目の履修や単位数といった制度がない。このため学年やコースによりある程度の履修傾向はみられるが，どんな資格の取得を目指すかによって，生徒の授業時間や時間割はそれぞれ異なる（GCE・Aレベル資格のプログラムについては，**3.1.3**を参照）。

2.3.3 情報教育

教科「情報（Information and Communication Technology：ICT）」は，1995年のカリキュラム改定により，初等及び中等学校の全ての段階．（キーステージ1～4）で学ぶ必修教科として導入された。ただし，独立した教科として教えるか，あるいは他教科の中で横断的に活用を図るかなど，教育方法については，学校の判断に任されている。

2014年9月から「情報」に代わって，「コンピューティング（Computing）」が導入されたが，情報教育は，引き続き初等中等教育を通じて必修である。「コンピューティング」では，コンピュータ科学に基づいてコンピュータの働きを原理的に理解する内容に改められ，初等学校からアルゴリズムを学び，プログラムをデザインする。これは従来の「情報」が，ソフトウェアを利用して課題や作品をつくることに重点を置いていたのとは異なり，コンピュータの「使い手」から「作り手」を育成する情報教育へと転換したと言える。また，カリキュラムのスリム化という2013年の改定方針に沿って，「コンピューティング」の課程は「学習の目的」「目標」「到達目標」「内容」の4項目について規定されている。最初の3つについてはいずれのキーステージでも共通で，「内容」のみキーステージごとに規定が異なる。「全国共通カリキュラム」（全238ページ）のうち4ページと限られており，「情報」が独立の冊子形式で公表されていたのに比べ，大幅に削減されている。**表16**は，これまでの「情報」と，新しい「コンピューティング」に示されるねらいと目的を示したものである。

表16：「情報」と「コンピューティング」の学習の目的・目標

旧「情報（ICT）」 各キーステージの主なねらい	新「コンピューティング」 学習の目的（KS1～4全体）
KS1では，生徒は，ICTについて調べ，自信を持って，また，達成目標を持って，使う。また，ICTを使い始め，自分のアイデアを深め，創造的な作品を記録する。さらに，ハードウェアやソフトウェアに親しむ。 KS2では，生徒は，他の教科における課題のために，様々なICTツールや情報源を使う。リサーチ・スキルを磨き，自分の課題にふさわしい情報は何かを解決する。情報の妥当性や質を問うようになる。自分の課題や作品をどのように修正したり，聞き手に即した方法でそれを表現する仕方を学ぶ。 KS3では，生徒は，ICTツールや情報源をより自立的に使うようになる。ICTが他教科における課題を助けてくれることを一層理解するようになる。また，ICTを使うタイミングやその限界を知る能力を高める。情報の質や信頼性について考え，より多くの情報にアクセスし結合する。ICTを使うことに，より明確で効果的，かつ厳密になり，より複雑な課題をこなす。 KS4では，生徒は，ICTツールや情報源の選択と使用に一層責任を持つようになる。より多くのアプリケーションを自信をもって効果的に使う。ほとんど自分で作業を進められるようになる。特定のニーズに沿ったICTのシステムを選びデザインする。また，他の人が使うシステムをデザインし実行することができる。さらに，他の人とともに働き，課題をこなし，それを評価することができる。	○目的：質の高いコンピューティング教育により，生徒がコンピュータを活用した思考や創造力を使って，世界を理解し，それを変えることができるようにする。コンピューティングは，数学，理科，デザイン・技術の各教科と深く結び付いており，自然のシステムと人工のシステムの双方について洞察力を与えてくれる。「コンピューティング」の核心はコンピュータ科学であり，生徒は，情報と計算操作（computation）の原理を学ぶ。つまり，どのようにデジタル・システムが働くのか，そして，その知識をプログラミングを通してどのように用いるのかを学ぶ。この知識と理解を基礎にして，生徒は，プログラム・システム・コンテンツを創り出すために情報技術を用いる能力を身に付ける。また，「コンピューティング」は，ICTを用いて自らを表現し，自らのアイデアを発展させることができるデジタル・リテラシーを生徒に身に付けさせる。それは，未来の職場において求められるものであり，また，デジタル世界の積極的な参加者となる上で必要なものでもある。 ○目標：生徒は，以下のことができるようになる。 ・抽象化・ロジック・アルゴリズム・データ表現といったコンピュータ科学の概念や基礎的原理を理解し，応用する。 ・コンピュータ用語を用いて問題を分析し，その問題の解決のために，プログラムを記述する経験を繰り返し積む。 ・分析的に問題を解決する上で，新しい見知らぬ技術を含む情報技術を評価し，応用する。 ・ICTについて，能力，責任，自信を持った，創造的なユーザーとなる。

（出典）DFE, The National Curriculum for England, Information and Communication Technology (1999年)／DFE, National Curriculum in England, Computing programmes of study KS 1 to 4 (2013年)。

2.3.4 初等学校における外国語の必修化

2013年のカリキュラム改定により，2014年9月の新学期から，初等教育段階の第3～6学年（KS2）における外国語が必修となった。この結果，生徒は外国語を第3～9学年（KS2及び3）の通算7年間学ぶことになった。学ぶ外国語は，現代外国語あるいは古代外国語（古典語）であり，学校の判断で少なくとも1つを選んで教える。初等中等段階を通じた学習の目的，及び初等学校における外国語のねらいは，表17のようになっている。

表17：全国共通カリキュラム「外国語」の学習の目的規定

学習の目的
　外国語の学習は，狭いものの見方から解放し，他の文化への扉を開けてくれる。質の高い言語教育は，生徒の好奇心を育み，世界に対する理解を深める。教授を通じて，生徒が自らのアイデアや考えたことを他の言語で表現できるようにする。また，スピーチと書くことの双方によって，話し手の言うことを理解し，それに応答できるようにする。さらに，実際的な目的のための意思疎通をする機会や，新しい思考法を学んだり，原語で優れた文学作品を読んだりする機会を用意する。言語の指導は，さらなる言語の学習の基礎を提供し，生徒が他国において将来学んだり働いたりできるように備えさせるものである。

KS2外国語のねらい
　指導する言語は，現代又は古代外国語とし，1つの外国語について生徒に相応の進歩がみられるようにする。指導に際しては，話し言葉と書き言葉をバランスよく扱う。キーステージ3における，さらなる外国語学習の基礎となるものとする。指導では，スピーチやライティングを通じて，アイデアや事実，気持ちを理解し，それを伝えられるようにする。その際，親しみのある日常の事柄に着目し，生徒は音韻・文法・語彙の知識を用いるようにする。
　現代外国語を学習する場合，実践的なコミュニケーションに焦点を当てる。古代語の場合は，読解力の基礎及び古代文明に対する理解を与えるものとなる。古代語を学ぶ生徒は，簡単な会話を行うほか，学習内容については英語で議論を行う。古代語についての基礎は，キーステージ3において現代外国語を学ぶときの助けとなる。

（出典）DFE, *National Curriculum in England, Languages programmes of study: Key stage 2 and 3*.

2.3.5 キャリア教育

キャリア教育は主に中等教育段階において行われる。広義のキャリア教育は，学校における教育課程（カリキュラム）の中で実施される，いわゆるキャリア教育（careers education）と，個々人の進路選択・キャリア形成のための指導を中心とするキャリア・ガイダンスから成る。教育課程の中に位置付けられているキャリア教育では，しばしば職業体験（work-experience）と結び付けられたり，職業理解学習（work-related learning）といったかたちを取る。職業理解学習では，仕事に対する理解や知識を深めたり，職業体験を通じて雇用可能性につながるようなスキルの向上を目指す機会が提供される。もう1つのキャリア・ガイダンスでは，キャリア情報の提供や個々の生徒のキャリア選択への支援，助言が中心となり，教育課程上の位置付けは弱い。

イギリスのキャリア教育は，1990年代後半から制度的な整備が進められてきた。まず，1997年教育法において，各学校にはキャリア教育・ガイダンス（Careers education and guidance）の提供が義務付けられた（第7部）。その後2011年教育法により，2012年9月からキャリア教育に代えて，キャリア・ガイダンスが第9～11学年に義務化され，続く2013年9月からは，対象学年が第8～13学年（13～18歳）に拡大された。つまり，教育課程上の領域として導入され，その後，個々の生徒への支援・助言を中心とするキャリア・ガイダンスとなって現在に至っている。

2011年教育法の定めた「キャリア・ガイダンス」は，「独立したキャリア・ガイダンス（Independent careers guidance）」という考えに基づき，個別のキャリア指導とキャリアに関する活動を柱とすることとなった。その結果，従来地方当局の下で若者支援を行うコネクション・サービスが提供してきたキャリア・ガイダンスは学校の責任となった。その一方で，学校は，キャリア

教育及び職業理解学習を行う必要がなくなった。2014年に公表された『学校におけるキャリア・ガイダンス』[注15]では，学校の行うべき「独立のキャリア・ガイダンス」について，次のように述べられている。

○学校は第8～13学年（12・13歳～17・18歳）の全ての生徒に，学校外の資源を活用する独立のキャリア・ガイダンスを行う。例えば，企業訪問，メンタリング，ウェブや電話などにより助言機会を得る。なお指導に際し，特定の教育や仕事が選択されるようなことがないようにしなければならない。
○学校は，地元企業や専門のメンターやコーチなどと常に連絡を持つこと。
○学校は，若者を刺激する様々な活動へのアクセスを彼らに提供すること。例えば，キャリア・フェアやカレッジ・大学訪問など。
○希望するキャリアと実際の雇用機会との間にミスマッチがある。指導に際しては，現実の労働市場と将来の機会の変化をよく見定める必要がある。

なお，同ガイダンスは，キャリア・アドバイスを総合的に提供する政府のサービス事業「全国キャリアサービス（National Careers Service：NCS）」（2012年4月～）の活用を図ることを，学校に薦めている。

2.3.6 教科書

教科書に関する法令上の規定はない。教科書検定などの制度もなく，民間の教育出版社が編集・発行している。採択は学校レベルで行われる。初等学校では，学校長や教科主任（subject coordinator）などと相談して担任が決める。教科書は各学校の備品とされ，児童・生徒に無償貸与を基本としている。中等学校においても，教材は担当教員の責任であるが，教科主任や学校長などと相談して決める。ただし，中等段階では目指す資格により，当該資格の授与団体によって教科書が指定される場合がある[注16]。また近年，電子教材の利用が進んでいる。

2.4 学年暦

学年（academic year）は8月1日から翌年の7月31日[注17]であるが，学校は一般に9月から新学年を開始する。具体的な学年暦，学期の日程は，地方当局あるいは学校が決定する。イングランド全体で，中等学校の7割，初等学校の3割が学年暦を学校自身が定めている[注18]。

学年暦はおおよそ図3のようになっている。9月から始まる3学期制が基本で，秋学期，春学期及び夏学期に分けられている。学期と学期の間の長期休暇，すなわち，クリスマス休暇，イースター休暇及び夏季休暇のほか，各学期中に1度の中間休み（half term）が設けられている。各休暇の期間は，夏季休暇が約6週間，クリスマス休暇及びイースター休暇がそれぞれ2週間程度，及び中間休みがそれぞれ1週間程度となっている。

また，土曜日と日曜日を休業日とする完全週5日制が採られている。なお，中等学校の中には2学期制を採る学校もある。

図3：初等中等学校の学年暦

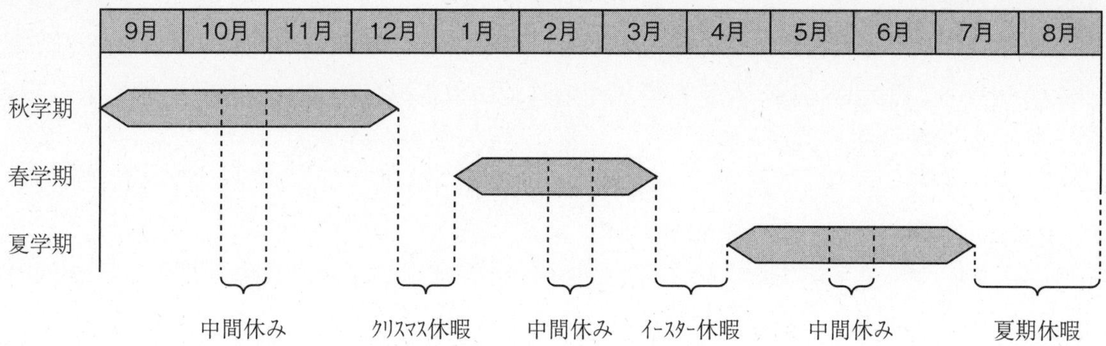

(出典) Eurydice, *Organisation of school time in Europe 2015/16 school year*等より作成。

2.5 授業形態・組織

指導のための組織は，混合能力編制（mixed ability grouping）と習熟度別編制に大別される。後者はさらに，次の3つの形態があり，教育段階や教科により組み合わせて用いられている。

①**ストリーミング**（streaming）：全般的な習熟度（general ability）に従って学級を編制し，全ての教科の学習指導をその学級において行う。
②**セッティング**（setting）：特定の教科について習熟度別にグループ又は学級（set）を編制する。この方式は，数学・理科・英語などの基礎的教科で多く採用されている。
③**バンディング**（banding）：習熟度に従って学年の全生徒を2～4の集団（band）に分けた後，各バンド内で生徒を更にセッティングや混合能力の方式により学級編制する。

初等学校においては，同一年齢児童から成る混合能力（mixed ability）による学級編制を基本とする。全て又はほとんどの教科を1人の教員が通年で教える学級担任制が一般的である。ただし，一部の教科，例えば音楽や外国語については，専任教員による指導を行う場合もある。また，英語や数学といった基礎的な教科について，当該教科の習熟度によりグループを編制し，授業を行うセッティング（setting）と呼ばれる指導も行われている。また，混合能力クラスにおいて，習熟度別に小グループを作り指導を行うことも行われている。なお，全般的な習熟度（general ability）による能力別学級を編制し，ほとんどの授業を行うストリーミング（streaming）を低学年において実施する初等学校が，2割近くあるという研究報告もある[注19]。

授業の進め方や教材については，校長や教科主任（subject leader 又は subject coordinator）との相談の上で，担任が決める。

中等学校（義務教育段階）においては，通常，同一年齢の生徒から成る学年が形成され，生徒指導主任（head of year）が置かれている。各学年はクラスから成り，生活面を含めた指導（pastoral care）の観点から，生活指導担任（form tutor）を配置して，生徒の学習や生活面での個人的な指導を行っている。教科指導は，教科担任制（specialist teachers）が採られ，同一年齢の生徒から成るクラスによる指導を基本としている。

学級編制に当たっては，セッティングによる習熟度別指導が，数学や語学において広く採用され

ている。教科により，混合能力編成も用いられている。また，全般的な習熟度（general ability）に従って学級を編制し，全ての教科の学習指導をその学級において行うストリーミングを行うこともできる。学校はこうした指導編制を組み合わせて行うことができる[注20]。

シックスフォームにおいては，生徒は選択する科目により担当教員から指導を受ける。一般にそれまでよりも少人数で指導を受ける。

2.6 評価[注21]

児童・生徒の学習評価は，教員による継続的な形成的評価と全国的な枠組みに基づく総括的評価を組み合わせて行われている。

全国的な枠組みに基づく義務的評価の枠組みは，全国共通カリキュラムの内容とキーステージ（KS）に沿い，同カリキュラムの改定と並行して継続的に見直されており，2014年現在，**表18**のようになっている。

表18：全国共通に実施される主な評価活動

年齢	学年		キーステージ（KS）	全国共通的な評価活動
4〜5	R	初等学校	就学前基礎ステージ（EYFS）	「基礎ステージ評価ファイル」（EYFS Profile） 「初等教育基点評価」（2016年〜）
5〜6	1		KS1（キーステージ1）	「フォニックス・テスト」（2012年〜）
6〜7	2			「教員による評価」（英，数，理）
7〜8	3		KS2（キーステージ2）	「任意テスト」の利用不可
8〜9	4			
9〜10	5			
10〜11	6			「全国テスト」及び「教員による評価」（英，数，理）
11〜12	7	中等学校	KS3（キーステージ3）	「任意テスト」の利用不可
12〜13	8			
13〜14	9			「教員による評価」（全国的な結果の公表はなし）
14〜15	10		KS4（キーステージ4）	一部生徒が「中等教育修了一般資格（GCSE）」を受験
15〜16	11			ほとんどの生徒が「GCSE」，その他の資格試験を受験

表注：「基礎ステージ」（Early Years Foundation Stage：EYFS）は，0〜5歳児の学習・発達・保育に関する法令上の枠組み。
「任意テスト」は学校の判断で利用できるテスト（英・数・理）で，第3〜5学年及び第7〜9学年向けに提供されてきたが，2014年は提供されていない。

まず，就学前基礎ステージ（EYFS）の最後に「基礎ステージ評価ファイル」が作成される（2016年からは「初等教育基点評価」（Foundation Stage Profile：FSP）に変更）。次に，初等学校第1学年において「フォニックス・テスト」が，次いで「教員による評価」が第2学年の末に行われる。さらに，初等学校最後の第6学年では，いわゆる「全国テスト」と「教員による評価」が実施される。中等学校に進むと，KS3の最後第9学年には「教員による評価」が行われ，義務教育最後の第11学年には，ほとんどの生徒が外部試験であるGCSE（中等教育修了一般資格）試験を受験する。さらに，義務教育後の第13学年において，高等教育への進学を希望する者は，GCE・Aレベル資格試験を受験し，資格を取得するのが一般的である。このほか，職業系の資格を取得

する者もある。

　従来，学校の判断により実施する「任意テスト（optional test）」が提供されてきたが，2014年の新課程の導入に合わせて提供されなくなった。

　なお，イギリスの学校における評価活動では，日常の授業などを通じて児童・生徒の進捗を評価し，それを今後の学習改善に役立てる形成的評価（formative assessment, assessment for learning）と，一定期間の最後にそれまでの学習の成果を測る総括的評価（summative assessment, assessment of learning）の概念が用いられている。

　学校には，児童・生徒の学習の成果に関する親への報告が義務付けられている。

　初等学校は，評価の結果を少なくとも年に一度は親に送らなければならない。親に対する報告の内容は，▽全国共通カリキュラムの教科に関する学習成果，▽その他の教科についての学習成果，▽全体的な進歩や出欠状況，及び▽全国テストなどの全国的枠組みに基づく評価の結果，などが含まれる。評価は，到達度に基づく絶対評価となっている。

　中等学校においては，初等学校の評価活動に比べて，テストの利用など総括的評価の機会が増える。学校は，評価の結果を，少なくとも年に1度は親に報告しなければならない。内容は，**表19**のようになっており，KS4（第10・11学年）では外部試験の結果が盛り込まれる。また，報告内容について親と教員の面談が行われる。

表19：中等学校における保護者への通知表に含まれるべき情報

	第7・8学年	第9学年	第10・11学年
全般的な学習成果	○	○	○
教科その他の学習成果，特筆事項や要改善点など	○	○	○
出席状況	○	○	○
GCSEの成績			○
その他の学習成果			○
教員との面談	○	○	○

（出典）GOV.UK, *School reports on pupil performance: guide for headteachers*（2014年3月）。

2.6.1　基礎ステージ評価と初等教育基準評価

　就学前における幼児の学習・発達，保育・教育に関する指導の基準・枠組みとして「0～5歳児基礎ステージ（Early Years Foundation Stage：EYFS）」が定められており，全ての子供にとって，楽しみと周りの世界の理解には遊びが必要であること，安全と福祉が第一であること，親はできるだけ子供に寄り添うこと，適切なスタッフが配置され，どの子供も自らのペースと方法で発達することが認められることなどを原則・内容としている。保育学校，保育所，プレイグループ，託児員など全ての就学前教育・保育に関わる施設・実践者は，これに則った教育・保育活動を行う。『0～5歳基礎ステージ実践ガイダンス（Practice Guidance for the Early Years Foundation Stage）』は，**表20**にある6つの領域の学習と発達それぞれについて，課題を示している。発達の課題はさらに，誕生～11か月，8～20か月，16～26か月，22～36か月，30～50か月，40～60か月以上の6つの期間ごとに記述されている。

　「0～5歳児基礎ステージ（EYFS）」は，2006年保育法により，就学前の保育・教育に関する包

表20：学習と発達の領域と課題

人格・社会性・情緒の発達	コミュニケーション・言語・読み書き能力	問題解決・推論・数的処理	周りの世界の知識と理解	身体の発達	創造力の育成
・性格と態度 ・自信と自尊心 ・他者との関係 ・行動と自制 ・自己管理 ・社会意識	・コミュニケーションのための言語 ・思考のための言語 ・発音とつづり ・読むこと ・書くこと ・書くこと（筆記具を使う）	・数の表示と数えること ・計算 ・形・空間・計測	・発見と探求 ・デザインと工作 ・情報（ICT） ・時間 ・環境 ・社会	・運動と場 ・健康と身体の変化 ・道具と材料の利用	・経験に応え，表現し，考えを伝える ・媒体（media）と材料の探求 ・言葉とダンスを楽しむ ・想像と想像あそび

（出典）DCSF, *Practice Guidance for the Early Years Foundation Stage*（2008年）。

括的な法的枠組みとして示された（第39条）。これにより，従来の「0〜3歳のための保育枠組み」「基礎ステージ・カリキュラム」（3〜5歳対象）及び「7歳以下の保育全国水準」の3つが0〜5歳児を対象とする枠組みである「0〜5歳基礎ステージ」（EYFS）として統合され，0〜5歳児の保育・教育において柔軟性のある一貫した取組の実現が目指されている。

なお，EYES以前には，2002年教育法により，全国共通カリキュラムに接続する段階として3〜5歳児を対象とする「基礎ステージ」が定められていた。「基礎ステージ」については，6つの発達領域に下位領域を加えた13領域から成る学習指導の指針と，学習の発達度をみるガイダンスとして「基礎ステージ評価ファイル（Foundation Stage Profile）」が作成され，2003年に導入された。教員は評価ファイルに示される基準にしたがって幼児の学習の発達度評価を行うが，2004年度から政府はその結果を集計して全国結果を公表している[注22]。

2016年から，第1学年に接続するレセプションクラス（R）への入学児童全てを対象に行う「初等教育基準評価（Reception Baseline Assessment）」の導入が予定されている。同評価は，学校教育の開始時点における児童の能力を測ることで，初等教育における個々の生徒の学力の伸長をみていく基準を得ようとするものである。学校の教育努力による成果をみる基準ともなる。同評価の導入に伴い，現在就学前教育の最後に行われている「基礎ステージ評価ファイル」の作成は義務ではなくなる。

「初等教育基準評価」は，初等学校第1学年直前の4〜5歳児からなるレセプションクラス（R）の入学児童を対象に，「0〜5歳児基礎ステージ」で学ぶコミュニケーションや言語，数の扱いといった内容を基に評価を行う。評価は直線型（linear）あるいは適応型（adaptive）で行われ[注23]，結果は点数化して示されるが，年齢による標準得点は示さない。また，特別の教育ニーズ（SEN）や障害のある児童用の基準評価も用意する。評価は教員あるいは教員補助（teaching assistant）が行う。初等教育基準評価の開発は，2014年9月から導入される新しい全国共通カリキュラムにも連動している。新しい全国共通カリキュラムでは，生徒の学習到達度をみるために教育段階ごとに設けられていた到達目標の「レベル」が廃止された。これを受けて，今後は初等教育基準評価が，初等教育段階における生徒の学習進歩を測る基準点として用いられる。多くの学校ではこれまでもレセプションクラス入学児童に対して評価を実施してきたが，初等教育基準評価は，それに統一的で公的な性格を与えることになるだろうと言われている。

2.6.2 全国共通カリキュラムに基づく評価

全国共通カリキュラムの学習到達度をみるために「全国共通カリキュラムに基づく評価（National Curriculum Assessment：NCA）」が行われているが，これは全国共通カリキュラムテスト（いわゆる「全国テスト（national test）」あるいは，SATとも呼ばれる）及び教員による評価から成る。全国共通カリキュラムテストは，2015年現在，11歳児を対象に英語と数学について悉皆調査が実施された。同時に教員による評価も全国集計され，テスト結果と合わせて発表されている。全国結果の公表に加えて，教育省の学校別全国成績一覧（performance table）において学校別の結果も提供されている。

表21：全国共通カリキュラムに基づく評価（NCA）で標準到達レベル4に達した11歳（第6学年）の割合の推移 (%)

年		2008	2009	2010	2011	2012	2013	2014	2015
英　語	テスト	81	80	80	82	85	−	−	−
	教員による評価	79	79	81	81	85	87	88	89
読解	テスト	87	86	83	84	87	86	89	89
	教員による評価	−	−	−	−	86	87	89	90
書き方（文法等）	テスト	68	68	71	75	77	(74)	(76)	(80)
	教員による評価	−	−	−	−	81	83	85	87
数　学	テスト	79	79	79	80	84	85	86	87
	教員による評価	79	80	81	82	85	87	88	89
理科	テスト（抽出）	−	−	81	84	84	−	−	−
	教員による評価	85	86	85	85	87	88	88	89

表注：イングランドの結果。書き（writing）テストの2012年は，同一年齢の約10％の抽出調査による結果。2013年からは，「書き方」に代わり導入された「文法等（Grammar, punctuation and spelling）」の結果である。

「全国共通カリキュラムに基づく評価（NCA）」は，国の教育課程基準である全国共通カリキュラムの導入に合わせて1990年代の前半に段階的に導入された。全国テストについては当初，英語，数学及び理科について7歳，11歳及び14歳を対象に悉皆調査を実施していた（7歳理科は当初より教員による評価のみ）が，2000年代に入って見直しが進み，2010年には，悉皆の全国テストとしては11歳を対象とする英語及び数学のみの実施となった。また，全国テストと同じ「標準到達レベル」に基づく「教員による評価」が実施されており，近年の評価見直しの過程において，より重視されるようになっている。2011年には，新たに全国的な評価の在り方を見直す政府の方針が示され，2013年から英語の「書き方」に代わって「文法等（grammar, punctuation and spelling）」が導入されるなど，テスト内容にも変更が加えられている。

なお，キーステージ4の生徒（16歳）の評価については，主に中等教育修了一般資格（GCSE）試験（後述）の結果が全国学校別成績一覧に公表されている。

3 進級・進学制度

3.1 進級・進学

　初等中等段階を通じて，一定の成績に基づき，学年ごとに進級や原級留置を決定するという制度は採られていない。同一年齢の学習集団の形成が基本となっており，学習遅進児に対しては，個別指導や追加支援を行う。したがって，児童・生徒は，義務教育段階においては親や学校が特別の理由により原級留置を希望又は決定しない限り，通常，年齢にしたがって自動的に進級していく。学校長が原級留置を決定する場合には，本人や親の考えに加えて，当該生徒に詳しい教員や学校外の教育心理士などの専門家の意見を求める[注24]。

3.1.1 修了

　イギリスでは，各学校が課程修了者に修了証・卒業証書を出すという制度はなく，学校外部の試験機関による様々な資格を取得することが制度化されている。中等教育及び義務教育後の中等段階における主な資格としては，GCSE（中等教育一般資格）及びGCE・Aレベルがある。GCSEやGCE・Aレベルなどの普通教育資格を授与する主な試験機関（examination boards）としては，AQA，Edexcel，OCR及びWJECなどがある。各学校は，こうした試験機関が扱っている資格・科目の中から，自校で開設する科目を選び，その試験のシラバス（指導項目）に沿って指導を行う。

3.1.2 中等教育修了一般資格（GCSE）

　中等教育修了一般資格（General Certificate of Secondary Education：GCSE）は，義務教育の最終段階（第11学年。16歳）における科目別試験で，おおよそ50科目あり，学校により開設されている科目は必ずしも同じではない。一般に，キーステージ4において，全国共通カリキュラムに示される教科に対応した科目の範囲で，生徒は，自分の通う学校が開設している科目のうち英語，数学及び理科に関する科目を中心に履修し，試験を受けて資格を取得する。生徒により10科目以上受験する場合もある。評価は科目ごとに，試験とコースワークによって行われ，最高のA*（Aスター）からGの8段階で示され，Gに達しないものは不合格とされる。

3.1.3 GCE・Aレベル資格

　GCE・Aレベル資格（General Certificate of Education・Advanced Level）試験は，中等教育の最終段階（第13学年。18歳）において実施される試験であり，大学入学の主たる入学資格となっている。通常，生徒はシックスフォームの2年間で準備する。試験は科目別で，主なものだけでも50を超える科目があるが，学校により開設されている科目は異なる。受験者はこれらの中から志望する専攻に応じて3科目程度を受験する。評価は科目別に最高のA*（Aスター）からEまでの6段階が合格（それ以下は不合格となっている）。特にA*〜Cは優秀成績と呼ばれ，大学は通常，3科目において優秀成績を求めている。

　GCE・Aレベル資格取得のための課程は2年間から成り，ASレベル（Advanced Subsidiary

とA2レベルの2段階に分かれている。通常，シックスフォームの2年間（16～18歳）で学び，ASレベルはシックスフォーム1年目，A2レベルはシックスフォーム2年目に履修し，受験する（**図4**の左側を参照）。ASレベル試験では4～5科目程度を受験し，A2レベルでは，そのうち大学での専攻志望に関連する3科目程度に絞って受験する。

なお，現政府はGCE・Aレベル資格試験の改革を進めている。**図4**の右にあるように，2015年度から，ASレベルとGCE・AレベルのA2段階とのリンクを止め，独立したものとして扱い，2016年に最初の試験を実施する。ただし，資格として到達水準は現行を踏襲する。また，GCE・Aレベルの試験は夏期（主に6月）の実施が基本であるが，従来冬期（主に1月）にも実施されてきたものを，2013年度から段階的に廃止している。

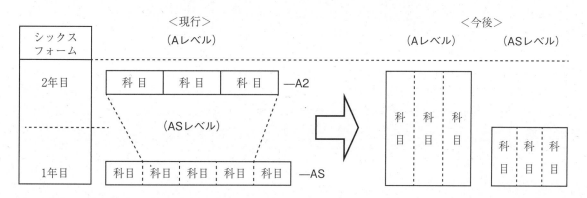

図4：GCE・A／ASレベル資格のプログラムの構成の変更

3.1.4 全国職業資格（NVQ）及びディプロマ

GCSEやGCE・Aレベル資格のほかに，NVQやディプロマと呼称される応用的職業的内容をもつ資格も多く提供されている。

全国職業資格（National Vocational Qualifications：NVQ）は，伝統的な職種を含む多種多様な職業について，職場における評価を中心とする職業資格である。約160の特定職種の技能水準について5つの段階が設定されており，NVQ1から3が中等教育段階，NVQ4及び5は高等教育段階の資格や学位に相当している。

このほか，政府は広く国民が身に付けるべき基礎的技能として，コミュニケーション，数的処理，情報技術，共同作業，学習改善及び問題解決の6つを基礎技能とし，このうちコミュニケーション，数的処理及び情報技術の3つについて基礎技能資格（Key Skills Qualifications）を設け，2000年秋から導入を始めた。基礎技能資格は，中等学校以上の生徒が，将来の進路（就職又は進学）にかかわらず取得することが求められ，例えば大学志願者は，GCE・Aレベルとともに基礎技能資格を得ることが期待される。普通教育資格と職業系資格を含む全国的な枠組みは，**図5**のようになる。近年この応用的職業的資格については，改革が試みられている。

中等教育レベルの応用資格として2008年に導入された「ディプロマ」もその1つである。同資格は，①情報，②健康・福祉，③エンジニアリング，④建設・環境，⑤芸術・メディアの5種類から始まり，2009年9月から環境，理容美容，製造・デザイン，接客・ケータリング及びビジネス・ファイナンスの5科目が加わり合計10科目となった。ただし政府の方針により，2014年夏をもって提供を終えた。

図5：全国資格枠組み（NQF／QCF）

レベル	各レベルの資格例（一般的な相当職）	(高等教育資格枠組み（FHEQ）)	
レベル8	City & Guilds Fellowship（先導的専門家）	D	博士
レベル7	BTEC Advanced Professional Diploma（上級専門家）	M	修士
レベル6	BTEC Advanced Professional Diploma（知的専門職）	H	第一学位
レベル5	NVQ5, BTEC Professional Diploma（上級技術者，管理者）	I	ディプロマ（HND, 応用準学位）
レベル4	NVQ4, BTEC Professional Diploma（技術・専門的職務）	C	サーティフィケイト（CHE）
レベル3	GCE・A レベル，NVQ3，BTEC Diploma 3, Key Skills 3	} 後期中等教育レベル	
レベル2	GCSE（A*〜C 評価），NVQ2, Key Skills 2	} 義務教育修了レベル	
レベル1	GCSE（D〜G 評価），NVQ1, Key Skills 1		
入門レベル	Entry Level Certificate, Entry Level Skills for Life		

（出典）GOV.UK Compare different qualification（https://www.gov.uk/what-different-qualification-levels-mean/compare-different-qualification-levels, 2015年3月参照）など。

3.2 進学制度

　初等学校から中等学校への進学，及び中等学校の義務教育段階から義務後の段階への進級（進学）に当たっては，一部の選抜制の中等学校（グラマースクールなど）を除き，生徒の能力に基づく選抜は基本的に行われない。中等学校への進学に際しては，初等学校の生徒は，従来よりその学校の生徒を受け入れている近隣の中等学校に進学するのが一般的である。義務教育後段階のシックスフォーム・カレッジへの進学に際しては，学校又は希望するコースにより，例えばGCSEなどの資格試験の成績を入学の要件とする場合もある。

3.2.1 普通・職業教育（資格）ルート

　中等教育では，学校が課程修了者に修了証・卒業証書を出すという制度はなく，生徒は通常，義務教育段階の終了時（16歳）に外部資格であるGCSEを取得し，大学進学を考える者はGCE・A レベル資格試験受験のための課程（シックスフォーム）に進学する。また，応用的な資格や職業資格を目指す者は，一般に継続教育カレッジに進学してそれぞれの資格取得を目指すか，あるいは見習い訓練制度に入り，仕事に就きながら当該職業に関連する資格の取得を目指す。このように，イギリスの生徒は，資格の取得を目指して進路を選択することになる。

　資格制度をめぐってはこれまでも，資格の厳格性や内容の現代化，普通教育資格と職業資格の「同等性（parity of esteem）」などについて歴代政府が改革に取り組んでおり，特に近年は制度変更が続いている。現政府（2010年〜）は，普通教育資格の見直しと並行して，全国資格枠組み

「レベル3（後期中等教育段階）」に相当する既存の応用又は職業資格を「職業技術資格」と「応用一般資格」との2つに分類整理し，2014年9月から導入している。「職業技術資格（Tech Level qualification）」は，特定の職種を指向するもので，資格認定に当たっては専門職団体の支援を得る。「応用一般資格（Applied General qualification）」は特定の職種というよりも一定の分野を内容とし，更なる訓練や教育への進路を想定しており，資格認定にあたっては大学の支援を得ることとされている。また，義務教育最後の2年間（「レベル1・2」相当，14〜16歳）については，GCSEと同等で実習要素を含む「技術アワード」を，2015年9月から導入することが決まっている。この段階は全国共通カリキュラムのキーステージ4に当たり，GCSEを取得するとともに，新しい「技術アワード」を取ることもできる。キーステージ4では，GCSEについて，英語，数学を含む最低5科目以上の取得が期待されているが，「技術アワード」はそれと同時に3つまで取得することが認められている。普通及び職業教育の資格取得のルートをまとめると，**図6**のようである。

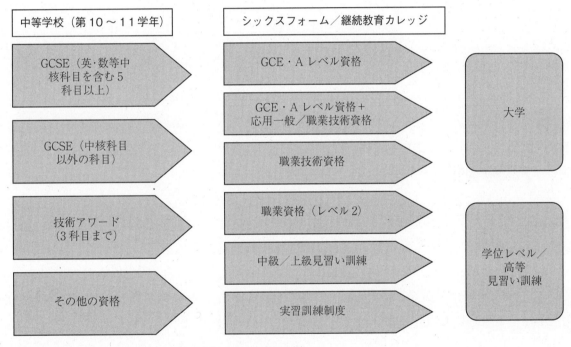

図6：中等教育段階の普通・職業教育（資格）ルート

（出典）DFE, *Technical awards for 14 to 16 year olds*（2014年）。

4　教育条件

4.1　学校規模

　学校規模を直接規定する法令はない。現行2012年入学者決定要項（School Admission Code）によれば，入学方針決定機関は標準入学定員（published admission number）を決めなければならないとされ，標準入学定員の決定に当たっては，定員数の増加をより好ましいものとしている。
　学校規模の実態をみると**表22**のようである。イギリスの学校規模は初等学校では100人以下

の学校が約13％，300人以下の学校が全体の7割を占める。中等学校は，初等学校に比べて規模にばらつきがあるが，1,000名以下の学校が全体の半数以上を占める。

表22：在学者規模別学校数及びその比率

(2015年1月現在)

在学者数	初等学校（割合）		中等学校（割合）	
人	校	％	校	％
～100	2,144	(12.8)	54	(1.6)
101～200	3,606	(21.5)	100	(3.0)
201～300	5,084	(30.3)	59	(1.7)
301～400	2,461	(14.7)	117	(3.5)
401～500	2,369	(14.1)	151	(4.5)
501～600	547	(3.3)	221	(6.5)
601～700	354	(2.1)	265	(7.8)
701～800	114	(0.7)	309	(9.1)
801～900	52	(0.3)	323	(9.6)
901～1,000	25	(0.1)	313	(9.3)
1,001～1,100	3	(0.0)	319	(9.4)
1,101～1,200	6	(0.0)	261	(7.7)
1,201～1,300	1	(0.0)	244	(7.2)
1,301～1,400	0		185	(5.5)
1,401～1,500	0		155	(4.6)
1,501～1,600	0		103	(3.0)
1,601人以上	0		202	(6.0)
計	16,766校	(100)	3,381校	(100)

表注：公費により維持される学校であり，独立（私立）校は含まない。
(出典) DFE SFR 16／2015, *Schools, pupils and their characteristics: January 2015*, Table 2e.

4.2　学級編制基準

　学級編制については，1998年教育水準・新学校法において，初等学校の低学年（infant class。5～7歳），すなわち1，2学年（KS1）の1学級当たりの生徒数は上限30人とすることが定められているが，その他の学年については学級編制基準は設けられていない。

　低学年の学級規模は，**表23**にあるように2000年度までに30人超学級はほぼ解消されたが，ここ数年は，規模が拡大傾向にある。

表23：公立（営）初等学校の低学年学級（KS1）の規模

(人)

学級の規模	1998年	2000年	2010年	2013年	2015年
平均学級規模	25.7	24.5	26.6	27.3	27.4
30人以下の学級	1,258,000 (78%)	1,520,000 (98%)	1,403,185 (97.8%)	1,475,455 (95.4%)	1,537,085 (93.8%)
31人以上の学級	354,000 (22%)	30,000 (2%)	31,265 (2.2%)	71,935 (4.6%)	101,270 (6.2%)

(出典) DfES SFR 44／2001, *Infant Class Sizes in England: September 2001 (15 Nov. 2001)*／DFE SFR 21／2013, *Schools, Pupils, and Their Characteristics, January 2013*／DFE SFR 16／2015, *Schools, Pupils, and Their Characteristics, January 2015*.

4.3 教員配置基準

学校の教員数を具体的に定める規定はない。教員配置についての国の規定としては，1993年教育（教員）規則（Education (Teachers) Regulations 1993）の中に，「児童生徒の年齢，能力（abilities），適性（aptitudes）及び必要に応じた教育を提供するために，適格かつ十分な数の教員を雇用すべきである」（第6条）という一般的な規定がみられるが，具体的基準は示されていない。

配置すべき教員の種類については，2009年学校教職員規則（School Staffing (England) Regulation 2009）において，雇用する教員及び職員の種類とその適性について言及されているが，規模については特段の規定はない。

なお，1988年教育改革法により，学校の予算の裁量権（地方（教育）当局から一括配分される使途の特定されない予算を運用する権限）及び教員の実質的な任用権が，地方教育当局から各学校に委譲されたことから，各学校（学校理事会）はその予算の範囲内で，自らの裁量により教員数及びその配置を決めることができるようになった。

各学校への予算配分に当たっては生徒数を主たる算定基準としており，教員数を基準とする配分額算定は行われていない。ただし，各学校は，全国共通カリキュラムの実施に十分かつ適切な教員数を確保する責任を負っている。

なお，近年の学校教職員統計（School Workforce in England）統計では，学校全体の教育従事者という観点から，従来の教員1人当たり生徒数（Pupil-Teacher Ratios：PTR）に加えて，教員と（事務職を除く）指導を補助する職員（support staff）を「教育職員（adult）」と捉え，「生徒・教育職員比（Pupil-Adult Ratios：PAR）」を算出している。

表24：教員1人当たり生徒数（PTR）及び教育職員1人当たり生徒数（PAR）の推移

（単位：人）

学校種	調査年	2000年	2007年	2009年	2011年	2012年	2013年	2014年
初等学校	PTR	23.3	21.9	21.4	21.0	20.9	20.8	20.9
	PAR	16.8	12.4	11.6	11.7	11.5	11.3	11.1
中等学校	PTR	17.2	16.5	15.9	15.5	15.4	15.4	15.5
	PAR	14.5	11.4	10.7	10.6	10.5	10.3	10.4

表注1：公立校，公営校及びアカデミーを含む公費により維持される学校教員及び生徒数ともにフルタイム換算。教員は正教員資格（QTS）を持つ者。アカデミーは2011年以降含む。イングランド。
表注2：2000～2009年は1月現在の，2011～2014年は11月現在の統計。
（出典）DFE SFR11/2015, *School Workforce in England: November 2014*, Table 17a.

4.3.1 教職員の規模

学校の教職員組織は，その職務の内容から，一般に管理職，教授職及び支援職の3つから成り，前者2つは専ら教員から成り，後者は，教授・指導支援から学校の施設設備の営繕までを含む。

2014年11月現在の学校教職員統計によると，公立（営）初等中等学校の総教員数は45万4,900人，教授活動を直接支援する教員補助が25万5,100人，事務職が8万7,800人，技術職が2万4,500人，及び保健・司書等の支援職が3万1,400人となっている。これら職員と教員の比は1対1となっている。教職員総数は，近年ほぼ一貫して増えている。

表25：2014年公立（営）初等中等学校教職員統計　　　　　　　　　　　（千人）

職種 \ 調査年	2005年	2007年	2009年	2011年	2012年	2013年	2014年
教　　　員	434.2	439.3	442.6	440.0	445.4	449.7	454.9
職　　　員	265.8	308.2	345.9	437.9	457.1	470.7	487.2
教育補助	147.2	163.8	183.7	219.8	232.3	243.7	255.1
事 務 職	59.0	66.7	73.1	79.9	82.9	85.1	87.8
技 術 職	21.9	24.1	25.4	24.3	24.5	24.8	24.5
支 援 職	37.7	53.6	63.7	29.7	30.5	30.7	31.4
補 助 職	m	m	m	84.2	86.9	86.4	88.4
教職員総数	700.1	747.5	788.5	877.9	902.4	920.3	942.0

表注1：保育学校，初等学校，中等学校，特別支援学及びアカデミーを含む。フルタイム換算（FTE）。イングランド。2005～2009年は1月現在の，2011～2014年は11月現在の統計。各項目の端数を揃えているため計が一致しない項目がある。
表注2：教員総数は，正教員資格（QTS）を持つ常勤教員。
表注3：教育補助（teaching assistant）には，補助教員（teaching assistant）のほか，保育補助（nursery assistant），リテラシー及びニューメラシー指導員，学習メンター，ほかに教室で教員の指導を補助する者を含む。また，特別支援教育補助，マイノリティ生徒補助を含む。
表注4：事務職（administrative staff）は学校事務のほか，財務担当（bursar）等を含む。
表注5：技術職（technician）は実験助手，デザイン・技術助手，家庭科・工芸技能及びIT技術職を含む。
表注6：支援職（other support staff）は看護，寮母，司書，福祉助手，パストラル支援担当などを含む。
表注7：補助職（auxiliary staff）は，賄い方（catering）や保守管理担当などを含む。
（出典）DFE SFR 21/2015, *School Workforce in England: November 2014* Table 1, 2, 17a.

4.4　施設・設備の基準

　公立（営）学校の施設・設備については，1996年教育法により，国（教育大臣）が基準を定めるとされている（第542条）。これに基づき，2012年学校施設・設備（イングランド）規則（School Premises (England) Regulations 2012）は，以下の7点について一般的な規定を定めている。

1) トイレ及び洗面・洗浄施設は，児童・生徒にとって適切であること。
2) 医療施設は，児童・生徒の医療的治療的ニーズに合ったものであること。
3) 学校施設設備は，児童・生徒の健康・安全・福祉にとってふさわしいものであること。
4) 各部屋その他のスペースの音響及び防音は，そこで行われる活動に適したものであること。
5) 各部屋その他の屋内スペースの照明は，そこで行われる活動に適したものであること。
6) 適切な飲用水が提供設備が備えられること。
7) 体育及び児童の遊戯に相応しい屋外スペースが提供されること。

　従前は，1999年教育（学校施設・設備）規則（Education (School Premises) Regulations 1999）により，目的別の部屋の広さなど具体的に定められていた。例えば，競技用運動場の広さについても，**表26**のように定められていた。しかし，現政府（2010年～）は学校の施設設備に関する煩雑な規定を改める方針を示し，2012年規則により学校の施設・設備に関する規則を簡素化した。

　ただし，学校は，職場の健康・安全に関する規則（Workplace (Health, Safety and Welfare)

Regulations 1992）の適用を受けており，トイレの数など若干の数値が定められている。

なお，独立（私立）学校の施設設備については，別途規則（Education (Independent School Standards) (England) Regulation 2010）があるが，規定ぶりは，2012年学校施設・設備（イングランド）規則に類似しており，一般的な規定に留まっている。

表26：競技（team game）用運動場に関する基準（保育学校を除く）

学校規模 （生徒数）	最小限の広さ（平方メートル）	
	11歳未満の生徒が在籍する学校（初等学校）	その他の学校
100人以下	2,500	5,000
101～200	5,000	10,000
201～300	10,000	15,000
301～400	15,000	20,000
401～500	20,000	25,000
（略）		
1,201～1,350	50,000	55,000
1,351～1,500	55,000	60,000
1,501～1,650	60,000	65,000
1,651～1,800	65,000	70,000
1,801～1,950	70,000	75,000

（出典）Education (School Premises) Regulations 1999.

5　学校選択・連携

5.1　学校選択・通学区域

イギリスでは，教育当局（地方自治体）が，当該区域に住んでいる児童・生徒の就学・通学校を指定する通学区域はない。ただし，各学校には「通学圏（catchment area）」と呼ばれる，児童・生徒が通うのが地理的に合理的な範囲が設定されており，児童・生徒が通学圏内に居住していることは入学者決定の優先理由の1つとなっている。

初等学校から中等学校への進学などの学校選択については，開放入学制（open enrollment）が採られており，地方当局の設立した公立校や教会などが設置者となっている公営学校など，公費により維持される学校への入学に際しては，原則，学力（ability）による選抜を行わない。ただし，学校によっては，初等学校の最後の11歳で選抜試験を行い，その結果により進学先を決める伝統が残っている地方が一部にある。こうした学力選抜を行う中等学校は一般にグラマースクールと呼ばれ，全国（イングランド）に163校（2015年現在）あり，国も選抜を認めている。なお，グラマースクールのほか，無選抜を原則とする学校においても部分的な選抜を認められている場合がある。例えば，体育や芸術などの特定の分野の適性（aptitude）を持つ子供については，定員の10%までの選抜が認められている。

入学年齢の子供を持つ親は，通常，初等学校や中等学校入学の前年度に，住居のある地方当局の入学手続案内に従って希望する学校を探す。その際，親は希望する学校を訪問することが推奨されている。その後，親は，地方により必ずしも数は一律ではないが，複数の学校について順位を付け

て希望校を申請する。3・4月には，当該年9月の新学期からの学校別の入学者が公表される。

公立（営）学校で入学希望者が定員を超えた場合，地方当局や学校の入学方針に示される基準により，希望する学校に入学が認められない場合がある。入学の可否の基準としては，①住居と学校との距離（通学圏内に居住しているか否か），②兄姉の在学の有無や親が当該校で働いているといった家族的背景，あるいは，③当該児童・生徒の健康や社会福祉上の理由などが含まれる。

なお，学校は定員の最大限まで入学希望者を受け入れなければならないが，公営の宗派学校及び選抜制学校（グラマースクール）については，志願者が入学基準に満たない場合は空席も認められている。

定員オーバーや入学方針に示される基準により希望する学校に入学が認められない場合，親は地方当局（公営学校の場合はその学校理事会）により設けられる審査委員会に対し，決定に対する不服の申立てを行うことができる。

2015年統計によると，第1希望の学校に入学を認められた児童・生徒は，初等学校の場合87.8％で，入学申請数にすると63万6,279件，中等学校の場合は，84.2％で，申請数にすると53万3,314件となっている。また，第1～3希望の学校に入学を認められた児童・生徒の割合は，初等学校及び中等学校ともに96％以上であった。

また，教育省はこうした入学施策・手続に関する規定を「入学要項（School Admission Code）」において示している。最新の内容は「2012年入学者要項」[注25]に定められている。

表27：中等学校入学決定の希望別割合

	2010年	2011年	2012年	2013年	2014年	2015年
入学申請数	529,645	512,193	503,734	499,968	521,274	533,314 (636,279)
第1希望の学校に入学が認められた割合(％)	83.2	84.6	85.3	86.7	85.2	84.2 (87.8)
第1～3希望の学校に入学が認められた割合(％)	94.9	95.6	95.9	96.5	95.5	95.0 (95.9)
いずれかの希望校に入学が認められた割合(％)	96.6	97.2	97.6	97.8	96.8	96.4 (96.5)

表注：（　）は初等学校の値。
（出典）DFE SFR 17/2015, *Secondary and primary school applications and offers*: March to April 2015（2015年6月）。

5.1.1 ホームスクーリング

イギリスの義務教育（5歳から11年間）は就学の義務を意味せず，親は子供を家庭において教育すること，すなわちホームスクーリング（Elective Home Education）を選択することもできる。ただし，「子供の年齢，能力，適性，また，その特別の教育ニーズに即した効果的なフルタイム教育を行うこと」（1996年教育法第7条）が親に義務付けられている。なお，教育省は，ホームスクーリングに関する統計を公表していない。

ホームスクーリングを選択した場合，親はその旨を地方当局や学校に伝える。これに対して地方当局は，親と連絡を取り，担当者が親と教育プランについて面談をしたり，訪問を行うなどその子供の教育が適切かどうか判断する。地方当局の担当者は教育の質をモニタリングする（ただし，これは地方当局の義務ではない）。地方当局が，親は適切な教育を行っていないといったん判断した場合，情報の提出を求めたり，合意した期間後に再訪問するなどする。その結果，改善が認められ

ない場合，最終的な手段として，地方当局は親に対して学校出席命令を出すことになる。なお，地方当局は，当該地方の子供の福祉の保障と改善に責任を負い，その福祉の状態について知る権限を持っているものの，ホームスクーリングの適否を知るためにその子供に会ったり，質問したりする権限は与えられておらず，こうした点から，当局によるホームスクーリングへの関与を難しくしている面がある[注26]。

5.2　学校・家庭・地域との連携

学校が家庭や地域と連携してサービスを提供するものとして「拡大学校（extended school／services)」がある。拡大学校では，児童の保育，補習や教科外の様々な活動，家庭支援サービスや成人教育プログラムなどが提供される。従来よりそうした活動はあったが，近年これらの活動は「拡大学校」と総称されている。

拡大学校の内容としては，大枠次のような4つの領域がある。

①保育サービス及び学習・クラブ活動支援
　　始業前の早朝や放課後における保育サービスや学習・クラブ活動の支援。朝食の提供，補習や宿題，教科外の芸術・スポーツ活動などが行われる。
②家庭・親支援
　　子育てプログラムや家族が共に学ぶセッション，関連情報の提供など。
③地域サービス
　　スポーツ施設，ICT設備や芸術施設，ホールなどの地域への開放，成人教育プログラムの実施など。
④健康・福祉サービス
　　児童・生徒の健康・福祉に関するサービスを提供する。例えば，言語セラピーやメンタルヘルス，ドラッグ誤用防止助言などの保健サービス，特別支援教育サービス，問題行動支援など。

これら「拡大学校」は学校段階や地域のニーズにより内容は異なるが，通常の学校管理運営業務とは切り離して行われ，実施校は，地方当局や関連する公的サービス部門，民間組織や地元のボランティア団体などと連携協力して行う。

プログラムの実施については，①当該校が直接実施主体となる場合，②地元の民間組織やボランティア団体といった第三者とともに行う場合，③他の学校と協同して行う場合などがある。プログラムの実施は，教職員の通常業務とは別のものとして捉えられている。また，サービスにより利用者に対して費用負担を求めることもできる[注27]。

5.3　学校段階間の連携[注28]

初等学校から中等学校への進学に際して，新入生がスムーズに新しい環境に移行できるようにするための取組が，初等学校と中等学校との連携により行われている。取組は地域や学校により様々

であるが，例えば，▽初等学校の教員が中等学校における学習や生活の様子，教科について説明する，▽進学予定児童が中等学校のオープンデーに参加する（学校案内，校長先生の話，中等学校教員や生徒との対話など），▽クラスや家族単位で中等学校を訪問する（授業見学など），▽中等学校第1学年担当教員が初等学校を訪問する（児童との対話や授業見学，授業の実施など），▽カリキュラム支援として，第6学年（初等最終学年）と第7学年（中等第1学年）が共通のワークブックを使う「橋渡し教材」を活用するなどである。

　近年，政府は，社会経済的に困難な家庭の進学予定者を対象に中等学校で実施されるサマースクールを支援する補助金を交付している。教育省は，困難家庭の子供がサマースクールに参加することで自信を持ち，進学に向けた心構えができたり，社会性が高まったりするとしている。

【注】

1. DFE, *Education and Training Statistics for the United Kingdom:2015*, Table1.1. ミドルスクール（middle deemed secondary）は154校。
2. DFE, *Education and Training Statistics for the United Kingdom:2015*, Table2.1.
3. DFE, *Childcare and Early Years Providers Survey 2013*（2014年9月）。
4. DFE SFR20/2015, *Provision for children under five years of age in England: January 2015*, Table 2.
5. 義務教育後教育プログラムの多くは2年間であり，対象は16〜18歳が主となるが，補助金の枠組みは16〜19歳に適用されることから，＜16〜18又は19歳＞のための教育・訓練と表現される場合がある。Eurydice=Eurypedia, *UK-England:Secondary and Post-Secondary Non-Tertiary Education*（2013年12月更新版）。
6. シックスフォーム・カレッジは，統計上，継続教育機関に分類されるが，GCE・Aレベルといった普通教育資格プログラムを専ら提供している。
7. DFE SFR 16/2015, *Schools, pupils and their characteristics: January 2015*, Table2a. なお，値にはアカデミー／フリースクールとして設けられている「代替」施設を含む。
8. NCは，1988年教育改革法において初めて規定され，現行は2002年教育法第81条以下，The National Curriculum for Englandにおいて定められている。
9. この内容は，1996年教育法第351条を再び定めたものである。第351条は，1988年教育改革法第1条第2項を再規定したものであった。
10. 2002年教育法第82条。
11. DFE press release School day and school year（2013年2月22日）／DFE School attendance（2013年11月）／The Education (School Day and School Year)(England) Regulations 1999。
12. Eurydice Eurypedia, UK-England: Organisation of Primary Education（2013年10月更新版）。
13. 学年に関するこれらの規定を，2015年9月からはその他の公費維持学校にも適用しない法案，Deregulation Billが2015年1月現在審議中（DFE School day and school year／Changes in school session times or school term dates, July 2013／BBC All state schools in England allowed to set own term dates 2013年7月1日）。
14. QCA, *Designing and timetabling the primary curriculum-a practical guide for key stage 1 and 2*（2002）／DFES/QCA, *Key Stage 3 National Strategy Designing the Key Stage 3 curriculum*（2002）。なお，2013年の改定カリキュラムの内容は反映されていない。
15. DFE, *Careers guidance and inspiration in schools*（2014年4月）。
16. Eurydice Eurypedia, UK-England: UK-England: Organisation of Primary Education（2013年10月更新版），Teaching and Learning in General Lower Secondary Education（2015年8月更新版）。
17. School Admissions (Admission Arrangements and Coordination of Admission Arrangements) (England) Regulations 2012, 第2条。
18. DFE School day and school year（2013年2月22日）。
19. Institute of Education UCL News, *Streaming pupils by ability in primary school widens the attainment gap*（2014年9月25日）(http://www.ioe.ac.uk/newsEvents/104575.html, 2015年1月26日参照)。
20. Eurydice-Eurypedia, UK-England: *Organisation of General Lower Secondary Education, Age Levels and Grouping of Pupils/Students*.
21. Eurydice-Eurypedia, UK-England: *Assessment in Primary Education, Assessment in General Lower Secondary Education*.

22. 初等学校の入学児童の読み書きや数の扱い，社会性の発達のレベルを評価するものとして，1998年に「発達状況評価（Baseline Assessment）」が導入された。その後，2002年教育法により，初等教育に接続する教育段階の枠組みとして「3～5歳児基礎ステージ」が導入されると，2003年から発達状況評価に代わって「基礎ステージ評価ファイル（Foundation Stage Profile）」が実施されるようになった。さらに2006年児童支援法に基づき，2008年より「0～5歳児基礎ステージ」が導入されると，「基礎ステージ評価ファイル」の名称も，Foundation Stage Profile から Early Years Foundation Stage Profile に変更された。
23. 「直線（又は線形）型評価（linear assessment）」は決まった項目（問題）を決まった順番で解くテストであり，「適応（又は調節）型評価（adaptive assessment）」は答えに応じて事項（問題）が変わるものである。
24. Eurydice-Eurypedia, UK-England: Assessment in Primary Education/in General Lower Secondary Education（2013更新版）。
25. DFE, *School Admissions Code 2012*.
26. DCSF, *Elective Home Education Guidlines for Local Authoriteis 2007*.
27. DFES, *Extended schools: Access to opportunities and services for all 2005*.
28. DCSF *What Makes a Successful Transition from Primary to Secondary School?*（2008年），DFE *The pupil premium summer schools programme 2015*（2015年1月）。

【参考文献】

1) Gordon Peter, Lawton Denis（2003）, *Dictionary of British Education*, London, Woburn Press.
2) Wallace Susan, ed.（2008）, *Oxford Dictionary of Education*, Oxford, Oxford University Press.
3) 細谷俊夫，奥田真丈ほか編集（1990）『新教育学大事典』東京，第一法規。
4) 安彦忠彦，新井郁男ほか編集（2002）『新版現代学校教育大事典』東京，ぎょうせい。
5) Lexis Nexis ed., *The Law of Education*, London, Reed Elsevier.
6) Hyam Oliver（2004）*Law of Education*, 2nd ed, London, Sweet & Maxwell.
7) UK Parliament Website, Bills & legislation, http://www.parliament.uk/business/bills-and-legislation/（2016年1月参照）。
8) Department for Education（DFE）, Service and information, https://www.gov.uk/government/organisations/department-for-education/services-information（2016年1月参照）。
9) Department for Business Innovation & Skills（BIS）, Further education and training, https://www.gov.uk/government/policies/further-education-and-training（2016年1月）。
10) *United Kingdom (England), Countries Description of national education system*, Eurypedia（European Encyclopedia on National Education Systems）, https://webgate.ec.europa.eu/fpfis/mwikis/eurydice/index.php/Countries（2016年1月参照）。
11) INCA（*International Review of Curriculum and Assessment Frameworks*）National Achive National Foundation for Educational Research, Centre for International Comparisons, http://webarchive.nationalarchives.gov.uk/20130220111733/http://inca.org.uk/（2016年1月参照）。
12) オルドリッジ・リチャード（松塚俊三，安原義仁監訳）（2001）『イギリスの教育』東京，玉川大学出版部。
13) 木村浩（2006）『イギリスの教育課程改革－その軌跡と課題－』東京，東信堂。
14) 藤井泰（2014）「伝統と急進が混在する学校－イギリス」二宮晧編著『新版世界の学校』東京，学事出版。
15) 柳田雅明（2004）『イギリスにおける「資格制度」の研究』東京，多賀出版。
16) 渡辺翕（1990）『イギリスの教育改革』東京，第一法規。

フランス

1 初等中等教育制度の概要 134
2 教育内容・方法 138
3 進級・進学制度 153
4 教育条件 156
5 学校選択・連携 159
6 その他 161

学校系統図

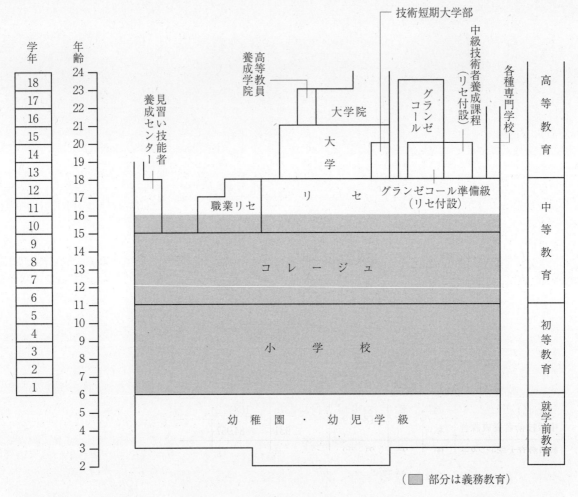

（■部分は義務教育）

就学前教育──就学前教育は，幼稚園又は小学校付設の幼児学級・幼児部で行われ，2～5歳児を対象とする。

義務教育──義務教育は6～16歳の10年である。義務教育は年齢で規定されている。留年等により，義務教育終了時点の教育段階は一定ではない。

初等教育──初等教育は，小学校で5年間行われる。

中等教育──前期中等教育は，コレージュ（4年制）で行われる。このコレージュでの4年間の観察・進路指導の結果に基づいて，生徒は後期中等教育の諸学校・課程に振り分けられる（いわゆる高校入試はない）。後期中等教育は，リセ（3年制）及び職業リセ等で行われる。職業リセの修業年限は2～4年であったが，2009年度より2～3年に改められた。

高等教育──高等教育は，国立大学（学士課程3年，2年制の技術短期大学部等を付置），私立大学（学位授与権がない），グランゼコール（3～5年制），リセ付設のグランゼコール準備級及び中級技術者養成課程（いずれも標準2年）等で行われる。これらの高等教育機関に入学するためには，原則として「バカロレア」（中等教育修了と高等教育入学資格を併せて認定する国家資格）を取得しなければならない。グランゼコールへの入学に当たっては，バカロレアを取得後，通常，グランゼコール準備級を経て各学校の入学者選抜試験に合格しなければならない（バカロレア取得後に，準備級を経ずに直接入学できる学校も一部にある）。教員養成機関として高等教員養成学院がある（2013年までは教員教育大学センター）。

学校統計

(2012年度)

教育段階	学校種名	設置者別	修業年限	通常の在学年齢	学校数	児童・生徒・学生数	本務教員数	備考
			年	歳	校	人	人	
就学前	幼稚園	公	－	2～5	15,435	2,243,980	m	幼稚園には小学校付設幼児学級・幼児部の在籍者を含む。幼稚園の教員数は，小学校の教員数に含まれている。私立小学校の教員数には，特別支援（初等教育レベル）の教員数を含む。小学校の学校数には，特別支援（初等教育レベル）の学校数を含む。
		私			123	313,040	m	
初等	小学校	公	5	6～10	32,237	3,533,818	312,733	
		私			5,142	581,855	43,590	
中等	コレージュ	公	4	11～14	5,274	2,526,138	168,035	公立コレージュ及びリセの生徒数には特別支援（EREA）の生徒が含まれる。 教員数は特別支援（中等教育レベル）の教員数を一部含む。
		私			1,777	690,529	43,700	
	職業リセ	公	2～3	15～17	942	515,593	42,742	
		私			660	141,947	13,722	
	リセ	公	3	15～17	1,587	1,135,383	131,397	
		私			1,065	316,772	32,132	
高等	大学	国	3～	18～	75	1,347,411	74,732	
		私	－		(12)	(29,300)	m	
	技術短期大学部	国	2	18～19	106	115,303	10,035	
	グランゼコール	国私	3～5	18～22	808	412,100	m	グランゼコールの一部は大学に付設されており，その学生数は国立大学の学生数に含む。
	リセ付設グランゼコール準備級	国	標準2	18～19	351	69,095	m	
		私			100	13,126	m	
	リセ付設中級技術者養成課程	国	2	18～19	1,376	168,772	m	
		私			931	84,957	m	
	教員教育大学センター	国	2	21～22	m	m	m	教員教育大学センターは，大学付設機関。学生数は，大学に含む。
	各種専門学校	国私	－	－	736	187,100	m	
特別支援	就学前・初等教育レベル	公	－	(2)～	m	43,147	10,716	
		私			m	3,062	m	
	中等教育レベル EREA	公	－	11～	79	m	m	EREAの生徒数は公立コレージュ及びリセに含まれる。
	中等教育レベル SEGPA	公私			1	m	m	
	中等教育レベル ULIS	公			m	95,625	m	
		私			m	25,881	m	

（注）
1. 本土及び海外県の数値。ただし，ULISは海外県マヨットを含まない。
2. 本務教員数は，パートタイム教員を含んでいる。
3. 私立大学は，学位授与権を持たない。
4. 教員教育大学センターは，2013年から高等教員養成学院に改められた。
5. 各種専門学校は，医療系などの専門学校である。
6. 職業リセの修業年限は2～4年であったが，2009年度より2～3年に改められた。
7. 中等教育レベルの特別支援教育は，地域適応教育機関（établissement régional d'enseignement adapté：EREA），普通及び職業教育適応部門（section d'enseignement général et professionnel adapté：SEGPA），統合教育ユニット（unité localisée pour l'inclusion scolaire：ULIS）等で実施され，著しい学習困難や障害の状況に応じて生徒を受け入れている。SEGPAはコレージュに付置されている。
8. 表中の「m」は計数が不明であることを表す。

（資料）
国民教育・高等教育研究省，Repères et références statistiques sur les enseignements, la formation et la recherche, 各年版

1 初等中等教育制度の概要

フランスの初等中等教育は，初等教育5年間，前期中等教育4年間，後期中等教育2～3年間から成る5-4-3（2）制を全国一律に採用している。小学校就学前の教育は幼稚園で3～4年行われる。初等中等教育は，小学校，コレージュ（中学校），リセ（高校），職業リセ（職業高校），及び各種の特別支援機関で行われる。このほか，見習い訓練により教育課程を履修する見習い技能者養成センターがある。

1.1 就学前教育

就学前教育は，国民教育・高等教育研究省が所管する幼稚園（école maternelle）又は小学校に付設された幼児学級（classe enfantine, classe préélémentaire 等）で行われる。

幼稚園・幼児学級は2～5歳児を対象としている。ただし，2歳児については，社会的に恵まれない環境に置かれる幼稚園を優先して，定員に空きのある場合に受入れが可能となっている。幼稚園は，年少（petite section），年中（moyen section），年長（grande section）の3つの区分で構成される。2歳児については，最年少クラスが設けられている。

公立の幼稚園及び幼児学級は教育サービスとして無償となっている。3～5歳児のほぼ100％，2歳児の約12％が幼稚園に在籍している（2013年）。

就学前年齢を対象とした施設には幼稚園，幼児学級以外に保育所（crèche，3歳未満対象），託児所（halte-garderie，6歳未満対象）等があるが，これらの施設は厚生・女性権利省[注1]が所管する社会的サービスとして位置付けられており，教育的要素を持たない。また，有料であり，所得や収入等に応じた保育料が定められる。

1.2 義務教育

義務教育は6～16歳の10年間である。教育法典では「6歳から16歳までのフランス人及び外国人の男女両性の子供に関して，教育は義務である」と規定される。飛び級や留年等なく就学する場合，6歳で小学校に入学し，後期中等教育段階の第1学年までが義務教育となる。

なお，義務教育修了時点で，中等教育段階で取得可能な国家資格又は全国職業資格目録（RNCP）に登録される第5水準の資格（1.5.1参照）を全員が取得することが目標とされており，この水準に到達するために学習を継続することが保障される。

義務教育の実施方法として，保護者は，公立又は私立学校への就学，又は家庭において教育を実施することを選択することができる。

1.3　初等教育

初等教育は，6歳からの5年間で，小学校（école élémentaire）で行われる[注2]。小学校の学年構成は，第1学年（CP），第2学年（CE1），第3学年（CE2），第4学年（CM1），第5学年（CM2）となっている。申請により，6歳未満で小学校へ入学することが考慮される場合がある。

1.4　中等教育

1.4.1　前期中等教育

前期中等教育は，11歳からの4年間，コレージュ（collège）で行われる。コレージュは小学校を修了した児童を受け入れ，全ての生徒に共通した統一課程となっている[注3]。前期中等教育の4年間は，第1学年（sixième），第2学年（cinquième），第3学年（quatrième），第4学年（troisième）から構成される。

1.4.2　後期中等教育

後期中等教育は，普通課程，技術課程，職業課程の3つの課程から構成される。普通課程及び技術課程は3年制の普通・技術リセ（lycée général et technologique：LEGT）に，職業課程は2〜3年制の職業リセ（lycée professionnel）に置かれる。職業課程も含めた複数課程を提供する総合リセ（lycée polyvalent）という形態をとる機関もある。後期中等教育機関には，国民教育・高等教育研究省が所管するもののほか，同省以外が所管する農業リセ，海洋リセ，防衛リセ等がある。

1.4.2.1　普通・技術リセ

普通・技術リセ（lycée général et technologique：LEGT）では第1学年（seconde）は共通課程となっている。第2学年（premier）及び第3学年（terminal）では普通教育課程（3コース）と技術教育課程（8コース）に分かれる。第2学年で進学する課程（コース）は第1学年終了時に決定する。ただし，技術教育課程の一部（ホテル業及び音楽・舞踏）では第1学年から連続した課程となっている。

第3学年終了時に，中等教育修了資格と高等教育への入学資格を兼ねる国家資格であるバカロレア取得試験を受験する。

1.4.2.2　職業リセ

職業リセは，3年制の職業バカロレア取得課程（約90の専門），2年制職業適任証（CAP）取得課程（約200の専門）及びその他の職業資格を取得する課程がある。職業リセは2009年に改革され，それまで通算4年で取得した職業バカロレアは3年制の課程となった。

1.5 職業教育

職業教育は，全国職業資格目録（RNCP）に掲載される職業資格の取得に向け，▽職業リセ，▽リセ技術教育課程の一部，▽見習い技能者養成センター（centre de formation d'apprentis：CFA）等で行われている。

1.5.1 中等教育段階の職業資格

国が公認した全国の職業資格は，職業領域別・水準別に全国職業資格目録（RNCP）に登録されている。RNCPに登録された資格は第5水準（後期中等教育2年相当）から第1水準（高等教育5年相当）までに分類されている。

中等教育段階で取得される職業資格は，全国職業資格目録（RNCP）の第5水準（後期中等教育2年相当）及び第4水準（中等教育修了相当）に分類される資格である。国民教育・高等教育研究省が所管する第5水準の資格には，職業適任証（certificat d'aptitude professionnelle：CAP），職業教育修了証（brevet d'études professionnelles：BEP），第4水準の資格には，職業バカロレア，職業免状（brevet professionnel：BP），技術者免状（brevet de technicien：BT），技芸免状（brevet des métiers d'art：BMA）等がある。この他，第一職業資格の取得者を対象に更なる専門性を持たせるための補習科修了証（mention complémentaire：MC）がある（**表1**）。これらの職業資格は法令により詳細が定められている。

表1：国民教育・高等教育研究省の所管する中等教育段階の職業資格

水準	職業資格	年限	備考
第5水準	職業適任証（CAP）	2年	約200の専門。
	職業教育修了証（BEP）	2年	職業バカロレア取得課程で中間資格として取得。
	補習科修了証（MC）	1年	約30の専門。
第4水準	職業バカロレア	3年	約90の専門。
	職業免状（BP）	2年	約50の専門。
	技芸免状（BMA）	2年	約20の専門。
	技術者免状（BT）	3年	現在技術バカロレア，職業バカロレアに移行中。
	補習科修了証（MC）	1年	約20の専門。

1.5.2 職業教育実施機関

中等教育段階の職業教育は，主に職業リセで行われている。職業リセでは，職業領域における知識・技能を身に付け，産業界とその職業と関連付けた教育が実施される。職業リセでは，主に就職につながる職業適任証（CAP）及び就職又は高等教育への進学につながる職業バカロレアの取得に向けた課程が設置されている。このほか，職業バカロレア課程の中で中間資格として取得する職業教育修了証（BEP）や補習科修了証（MC）などの取得準備ができる。また，職業リセでは職業準備課程として前期中等教育段階の生徒（15歳以上）を受け入れることがある。

職業リセのほか，リセ技術教育課程の一部や私立技術リセにおいても，技術者免状（BT），技芸免状（BMA），補習科修了証（MC）の取得に向けた職業教育が行われている。また，一部の私立技術リセにおいては職業バカロレア課程を置くものがある。

1.5.3 見習い訓練

職業教育はこのほか見習い訓練を通じて行われている。見習い訓練（apprentissage）とは，雇用先における訓練（formation）と見習い技能者養成センター（CFA）における課程を交互に実施することで職業資格を取得する制度である。職業界との連携が図られ，訓練生は理論と実践により職業技術を身に付けるとともに，資格の取得に必要な科目等を履修する。中等教育段階から高等教育段階に至るまで，職業的性質を持った資格は見習い訓練により取得することが可能である。

見習い訓練制度は，原則16～25歳の者を対象に行われる。見習い技能者養成センターへの受入れは，訓練生が受入れ先となる企業との間に見習い訓練契約を締結していることが必要である（なお，受入先を見つけるのが困難な者に対しては，CFAが支援することがある）。見習い訓練契約は取得する資格に応じて訓練生と企業との6か月～3年の契約であり，訓練生は企業の職員（salarié）として位置付けられ，訓練期間は有給である。契約を締結した企業からの報酬は年齢により最低労働賃金の割合が定められている。近年，訓練生の身分は改善され，「見習い訓練学生（apprenti étudiant des métiers）」の身分を与えられている。

見習い技能者養成センターにおける教育（formation）は年間最低400時間となっている。CAP取得のためには2年間で800時間，職業バカロレア取得は3年間で1,850時間となっている。受入先企業における訓練は見習い訓練指導者の責任の下で実施される。

1.6　特別支援教育

全ての児童・生徒の成功と機会の均等は教育政策の基本方針であり，そのために様々な特別支援措置が設けられている。

1.6.1　障害のある児童・生徒への支援

基本的に通常学級での受入れが促進されている。通常学級での学習が難しい場合，障害のある児童・生徒は，学校内の特別支援学級（初等教育段階では classe d'intégration scolaire：CLIS，中等教育段階では unité localisée pour l'inclusion scolaire：ULIS）に受け入れられる。このほか，医療福祉教育機関などの特別支援教育機関で行われる。

障害のある児童・生徒に対しては総合的な支援が行われ，一人一人の状況に応じた個人教育計画（projet personnalisé de scolarisation：PPS）が策定され，同計画に基づいた教育とそのための支援が行われる。

1.6.2　学力不振・不適応のある生徒への支援

持続的な学業不振や不適応がある生徒のために職業適応部門（section d'enseignement général et professionnel adapté：SEGPA）及び地域圏適応教育機関（établissement régional d'enseignement adapté：EREA）が置かれている。

職業適応部門（SEGPA）はコレージュにおいて設置されるセクションであり，持続的な学業不振や不適応のある生徒を対象とする。SEGPAでは生徒一人一人が進路計画を策定し，コレージュ修了後にRNCP第5水準の資格取得に向けた課程に進学することを目指す。SEGPAへの受入れは，保護者の合意及び中等教育段階適応教育に向けた県進路委員会（CDOEA）の意見の後，大学区国民教育事務局長（DA-SEN）[注4]により決定される。CDOEAは，大学区国民教育事務局長（DA-SEN）を議長として国民教育視学官，学校幹部職員，教員や保護者の代表，県及び学校医療関係者等により構成される。

地域圏適応教育機関（EREA）は，前期中等教育及び後期中等教育の課程を提供する機関であり，学業及び社会的困難を抱える生徒や障害のある生徒を受け入れる。遠方からの生徒や，教育環境が整っていない生徒のために寄宿舎が設けられる。EREAへの進学は，障害のある生徒の場合は障害者の権利及び自立委員会（CDA），持続的に学業が困難な生徒の場合はCDOEAを通して行われる。

1.6.3　能力の伸長が著しい児童・生徒への支援

能力の伸長が著しい子供に対する取組は2005年以降行われている。能力の伸長が著しい児童・生徒に対応するため2012年より大学区担当官（référent académique des élèves intellectuellement précoces）が設置され，校長，国民教育視学官（IEN），大学区視学官－地域教育視学官（IA-IPR）及び能力の伸長が著しい子供を持つ家庭のアソシエーションが協力して取り組んでいる。

1.6.4　外国人児童・生徒，非定住生活の児童・生徒への支援

新規に来仏した子供及び非定住家庭の子供に対する支援は，新規に来仏した外国語を母語とする子供及び非定住の子供の教育のためのセンター（CASNAV）が支援している。CASNAVは各大学区に置かれる組織であり，このような児童・生徒に対する就学の組織，教育資源の提供や教職員に対する研修を実施する。

CASNAVの目的は，フランス語の習得及び「共通基礎知識技能教養」を習得するために必要な学習を身に付けることである。子供が通常のクラスで学習することができるよう，個人のフランス語のレベルやこれまでの学習に応じた就学プログラムにより支援している。通常の学級の教員との連携，保護者に対する情報提供，児童・生徒に対する肯定的な評価の実施などにより，フランスの教育制度における適応をしやすくするために子供を支援する。

2　教育内容・方法

2.1　教育課程の基準

教育課程基準は，学校段階・課程ごとに国の法令により定められている。配当時間表及び各教科の学習指導要領（programme）が省令で規定され，学校はこれに基づき教育課程を編成する。教育課程の策定に当たり，教育課程高等審議会（Conseil supérieur des programmes：CSP）が設置されている。教育課程高等審議会は国民教育所管大臣の下に置かれる独立機関として2013年に設

置された。審議会は，男女同数の原則の下18人（国民議会議員3人，元老院議員3人，経済社会環境評議会代表2人，有識者10人）から構成される。教育課程基準は公立学校及び国と契約を結び補助金を受ける契約私立学校に適用される。

配当時間表と学習指導要領の改訂はそれぞれ別に行われる。また，学習指導要領についても科目により改訂時期は異なる。現行の教育課程基準は，幼稚園は2015年，小学校は2008年，コレージュは2008年（一部の科目を除く），リセは2010～2012年に改訂されたものである。現在，教育課程基準は見直しが行われており，2015年に改訂された幼稚園の教育課程基準に続き，小学校及びコレージュでは2016年度に新基準が導入される予定である。

2.1.1 学習期

就学前及び初等中等教育段階は，学年の区切りとは別に「学習期（cycle）」に区切られており，教育課程基準は学習期に基づいて定められている。学習期の区切りは，次の教育課程に進む上で獲得し，評価されるべく知識・技能を総括することであるとともに，段階的に学び，学校段階の接続を円滑にすることが目的である。

現行の学習期は，幼稚園が「第1学習期（初歩学習期）」，小学校が2つの学習期（「第2学習期（基礎学習期）（小学校第1～2学年）」「深化学習期（小学校第3～5学年）」），コレージュで3つの学習期（「適応期（コレージュ第1学年）」「中間期（コレージュ第2～3学年）」「進路指導期（第4学年）」），リセ段階で2つの学習期（「進路決定期（リセ第1学年）」「最終期（リセ第2～3学年）」）に区切られている。

学習期は2013年学校基本計画法により改められ，幼稚園段階からコレージュまでの教育は4つの学習期に組織されることとなった（第1学習期：幼稚園段階，第2学習期：小学校第1～3学年，第3学習期：小学校第4～5学年及びコレージュ第1学年，第4学習期：コレージュ第2～4学年）。新たな学習期は，幼稚園段階では2014年度から既に導入され，そのほかの段階では2015年度から2017年度にかけて段階的に導入される。

2.2 教育目標

教育の目的について，教育法典では「学校教育及び大学教育は，基礎知識及び科学的・技術的内容を含む一般教養の基礎原理を授けること，職能の準備を行うこと，職能の完成と職業生活における適用に貢献することを目的とする」と定めている。

2.2.1 2013年学校基本計画法に掲げられる目標

2013年に制定された学校基本計画法においては，その付属報告書（annexe）で，教育目標について記述されている。全ての児童・生徒のレベルを高めることが優先事項となっていることのほか，教育的性質を持つ目標として，次のものが掲げられている。

○全ての児童が小学校第2学年終了時にフランス語の基礎（読み，書き，読解及び語彙）及び数学の知識（数，計算及び図形）を身に付けさせ，小学校修了時には基礎的知識を習得させる。
○優先教育対象校の児童とそうでない児童の小学校最終学年終了時の学力差を10％以内に削減

する。
○資格を取得することなしに中退する生徒の割合を半減し，全ての生徒が義務教育修了時に「共通基礎知識技能教養」を習得できるようにする。
○同一年齢層の80％以上をバカロレアへ，50％を高等教育の資格（diplôme）へ到達させるという目標を再確認する。

2.2.2 「共通基礎知識技能教養」

義務教育修了までに全ての児童・生徒が習得すべき知識・技能として「共通基礎知識技能教養（socle commun de connaissances et de compétences et de culture）」が定められている。「共通基礎知識技能教養」は義務教育修了までに獲得すべき，学業の成功及び個人的職業的生活を構築するために必要な，知識や技能，価値，意識・態度の総括として2006年に定められた[注5]。当初「共通基礎知識技能（socle commun de connaissances et de compétences）」として制定されたが，2013年の学校基本計画法に基づき，「共通基礎知識技能教養」と名称が改められた。また，その内容を改める改革が進められ，新たな「共通基礎知識技能教養」が2016年度から導入が予定されている。

現行の「共通基礎知識技能教養」では，習得すべき知識・技能として，①フランス語の習得，②1つの外国語の実用，③数学の基礎原理及び科学的技術的教養，④情報通信に関する日常的な技術の習得，⑤人文的教養，⑥社会的公民的技能，⑦自律性及び自発性，の7項目が定められている。「共通基礎知識技能教養」は，初等教育及び前期中等教育段階において3つの柱（palier）から構成されており，それぞれの柱について到達目標が定められている。初等教育段階では，第2学習期で第1の柱，第3学習期で第2の柱，コレージュ修了時に第3の柱を習得することが目標とされる。各柱で到達すべき目標は学習指導要領に示されている。

2016年度から導入が予定される「共通基礎知識技能教養」では，これまでの7項目を改め，「考え，伝達するための言葉」「学ぶための方法と手段」「人及び市民の形成」「自然体系と技術体系」「世界の表象と人間活動」の5つの領域が定められている（**表2**，**表3**）。

表2：共通基礎知識技能教養の定める学習領域

現行	2016年度～
1. フランス語の習得	1. 考え，伝達するための言葉
2. 1つの現代外国語の実用	2. 学ぶための方法と手段
3. 数学の基礎原理及び科学的技術的教養	3. 人及び市民の形成
4. 情報通信に関する日常的な技術の習得	4. 自然体系と技術体系
5. 人文的教養	5. 世界の表象と人間活動
6. 社会的公民的技能	
7. 自律性及び自発性	

表3：共通基礎知識技能教養の定める内容（2016年度から適用）

領域1：「考え，伝達するための言葉」

考え，伝達するため，次の4種類の言葉を対象とする：フランス語，外国語又は地域語，数学・科学・プログラミング言語，芸術・身体言語。

共通基礎を習得するための知識・技能の目標
- ○フランス語の口頭及び筆記を利用して理解，表現する。
- ○外国語，場合によっては地域語を利用して理解，表現する。
- ○数学，科学，情報言語を利用して理解，表現する。
- ○芸術及び身体言語を利用して理解，表現する。

領域2：「学ぶための方法と手段」

情報及び文献へのアクセス，デジタル手段の利用，個人・集団の計画の遂行，学習計画を立てるための明確な方法を身に付ける。

共通基礎を習得するための知識・技能の目標
- ○個人の学習の管理
- ○協力及び計画の実行
- ○メディア，研究の方法及び情報の処理
- ○情報交換（対話）やコミュニケーションのためのデジタル機器

領域3：「人及び市民の形成」

個々の選択及び責任を尊重した道徳及び公民教育により，社会生活，集団的活動及び市民性を学習する。

共通基礎を習得するための知識・技能の目標
- ○感情及び意見の表現，他者の尊重
- ○規則と権利
- ○思慮と分別
- ○責任，責任感，イニシアティブ

領域4：「自然体系と技術体系」

地球及び宇宙について科学技術的観点から理解する。好奇心，観察能力，問題解決能力を発達させる。

共通基礎を習得するための知識・技能の目標
- ○科学的方法
- ○構想，創造，実現
- ○個々及び集団的責任

領域5：「世界の表象と人間活動」

時間と空間における社会の理解，文化に対する解釈及び現代社会について理解する。

共通基礎を習得するための知識・技能の目標
- ○学問と時間
- ○世界の組織と表象
- ○発明，開発，生産

［2015年3月31日付政令（MENE1506516D）］

2.3 教科構成・時間配当

2.3.1 就学前教育段階

幼稚園では，学習指導要領が定められているが，教科及び時間配当は定められていない。2015年度から導入された新学習指導要領では，「あらゆる側面で言葉を駆使する」「身体活動を通じた行動，表現，理解」「芸術活動を通じた行動，表現，理解」「思考力形成のための初期手段の構築」「世界の発見」の5つの領域が定められた。また，幼稚園修了時の子供の到達目標が示されている。

2.3.2 初等教育段階

現行の教育課程基準は小学校第1～2学年（基礎学習期）及び第3～5学年（深化学習期）に分けられている。小学校では，フランス語及び数学の習得が重視されている。小学校第1～2学年の教科は，「フランス語」「数学」「世界の発見」「外国語」「芸術及び芸術史」「体育」が設けられている。小学校第3学年から第5学年では，「実験科学技術」「歴史－地理－道徳・公民教育」が加わる。教育における様々な活動の中でICTが活用され，児童は小学校の修了時には情報通信技術免状（B2i）「第1水準」を取得する。地域語の学習も授業時数内で考慮に入れることができる。

教科構成・週当たり時間配当（年間36週）は，**表4**のとおりである。

表4：小学校の教科構成と週当たりの時間配当

〈基礎学習期（小学校第1～2学年）〉

教科	年間	週当たり
フランス語	360時間	10時間
数学	180時間	5時間
体育	108時間	9時間
外国語	54時間	
芸術及び芸術史	81時間	
世界の発見	81時間	
計	864時間	24時間

〈深化学習期（小学校第3～5学年）〉

教科	年間	週当たり
フランス語	288時間	8時間
数学	180時間	5時間
体育	108時間	11時間
外国語	54時間	
実験科学技術	78時間	
人文的教養 －歴史-地理-道徳・公民教育	78時間	
－芸術及び芸術史	78時間	
計	864時間	24時間

表注1：時間は自然時間（60分）である。ただし，実際には各学校の裁量で授業時間は55分ないし50分で定められているとみられる。
表注2：基礎学習期（小学校第1～2学年）では，「世界の発見」「外国語」「芸術及び芸術史」「体育」について，週当たりの授業時数は教員の教育計画に合わせ，各教科の年間授業時数を尊重した上で変化する。
表注3：深化学習期（小学校第3～5学年）では，「外国語」「人文的教養」「体育」「実験科学技術」について，週当たりの授業時数は，教員の教育計画に合わせ，各教科の年間授業時数を尊重した上で変化する。芸術史教育は年間20時間とし，教科全体を包括する。
（出典）2015年6月12日付省令，2008年6月9日付省令を基に作成。

2.3.3 前期中等教育段階

コレージュの現行教育課程は，第1学年（適応期），第2～3学年（中間期），第4学年（進路指導期）を区切りとして設定されている。必修教科として，「フランス語」「数学」「外国語」（第1学年），「第一外国語」（第2学年～），「第二外国語又は地域語」（第3学年～），「歴史－地理－道徳・

公民教育」「生物・地学」「技術」「物理・化学」（第2学年から）「造形」「音楽」「体育」が設けられている。また，全学年で「学級生活の時間」が設けられており，生徒，教員間の対話や進路指導の準備などに当てられる。芸術史及び情報処理は授業の枠組みの中でコレージュ全学年を通して実施される（**表5**）。

表5：現行コレージュの教育課程

教科	週間授業時数			
	適応期	中間期		進路指導期
	第1学年	第2学年	第3学年	第4学年
フランス語	4+(0.5)又は5	4	4	4.5
数学	4	3.5	3.5	4
外国語	4	−	−	−
第一外国語	−	3	3	3
第二外国語又は地域語	−	−	3	3
歴史−地理−道徳・公民教育	3	3	3	3.5
科学技術				
−生物・地学	1+(0.5)	1.5	1.5	1.5
−物理・化学	−	1.5	1.5	2
−技術	1+(0.5)	1.5	1.5	2
芸術				
−造形	1	1	1	1
−音楽	1	1	1	1
体育	4	3	3	3
個別支援	2	−	−	−
発見過程	−	2	2	−
学級生活の時間	年間10	年間10	年間10	年間10
選択科目（第2・3学年）				
ラテン語		2	3	
地域語		−	3	
選択科目（第4学年）				
職業発見				3又は6
第二外国語又は地域語				3
古典語（ラテン語，ギリシャ語）				3

注1：第1学年の括弧内の時間は少人数のグループで実施される。
注2：第2・3学年の選択科目「地域語」は第二外国語又は地域語で第二外国語を選択した者が対象。
注3：第2・3学年で実施される2時間の「発見過程」の時間は含まれない。
注4：第4学年の「職業発見」を6時間履修する場合，必修科目である「第二外国語又は地域語」を履修しない。
注5：第4学年の選択科目第二外国語は，必修科目で第二外国語を選択した者は地域語を，地域語を選択した者は第二外国語を選択する。
注6：定員や時間割等を踏まえ，可能である場合，ラテン語及びギリシャ語を同時に履修することができる。
（出典）1996年12月26日付省令，2002年1月14日付省令，2004年7月2日付省令，2015年6月12日付省令を基に作成。

　第1学年は，小学校で習得した知識を定着，強化させ，コレージュにおける学習方法への手ほどきを行うことが優先事項である。生徒が中等教育へ適応することに重点が置かれ，生徒のニーズに合わせた個別支援（2時間）の時間が設けられている。
　第2～3学年は，知識・技能を拡げ，深化させることを目的とする。第2学年では，必修科目では「物理・化学」が開始し，選択科目として「ラテン語」が設けられる。第3学年では，必修科目として「第二外国語又は地域語」が開始し，選択科目として「ラテン語」のほか「地域語」が設けられる。
　第4学年では，コレージュにおいて習得した知識・技能を完成させ，後期中等教育への準備をす

ることが目的とされる。自由選択科目として古典語（ラテン語又はギリシャ語），外国語又は地域語，職業課程への準備としての「職業発見（découverte professionnelle）」が設けられている。

なお，コレージュでは教育課程の見直しが行われており，2015年5月，2016年度から導入が予定される必修教科の時間配当が定められた（**表6**）。

表6：コレージュの教育課程（必修教科）（2016年度から導入予定）

教科	週間授業時数			
	第3学習期	第4学習期		
	第1学年	第2学年	第3学年	第4学年
体育	4	3	3	3
芸術 (a)（造形＋音楽教育）	1+1	1+1	1+1	1+1
フランス語	4.5	4.5	4.5	4
歴史－地理－道徳・公民教育	3	3	3	3.5
外国語	4	－	－	－
第一外国語	－	3	3	3
第二外国語	－	2.5	2.5	2.5
数学	4.5	3.5	3.5	3.5
生物・地学，技術，物理・化学	4	－	－	－
生物・地学	－	1.5	1.5	1.5
技術	－	1.5	1.5	1.5
物理・化学	－	1.5	1.5	1.5
合計	23+3	22+4		

表注1：このほか年間最低10時間の学級生活の時間が加算される。
表注2：「芸術」の各々の教育は1セメスターで2時間として実施できる。
表注3：第1学年では合計26時間のうち，3時間は補完的指導（個別的指導）が実施される。
表注4：第2～4学年では合計26時間のうち，4時間は補完的指導（個人指導及び横断的教育）が実施される。
（出典）2015年5月19日付省令を基に作成。

2.3.4　後期中等教育段階

普通・技術リセにおける教育は2つの学習期（第1学年：決定期（cycle de determination），第2～3学年：最終期（cycle terminal））から構成される。普通・技術リセの教育課程は第1学年が共通課程となっている。第2学年から普通課程及び技術課程に分かれる。さらに，普通課程では3コース，技術課程では8コースに分かれており，各コースでは専門科目が取り入れられる。「個別指導」及び「学級生活の時間」は3年間を通して全てのコースで設けられている。

第1学年では，「フランス語」「歴史・地理」「第一外国語・第二外国語」「数学」「物理・化学」「生物・地学」「体育・スポーツ」「道徳・公民教育」の8教科及び様々な領域を発見するための「発見教科」が共通科目として設けられている（**表7**）。

第2学年以降，普通課程では第2学年で「フランス語」「第一外国語・第二外国語」「体育・スポーツ」「道徳・公民教育」が，第3学年では「第一外国語・第二外国語」「体育・スポーツ」「道徳・公民教育」が3コースで共通となっている（**表8，表9**）。

技術課程ではコース別に教科が定められているが，第2学年では「フランス語」及び「体育・スポーツ」が，第3学年では「哲学」及び「体育・スポーツ」が全てのコースで共通となっている（**表10**）。

表7：リセ第1学年（普通科及び技術科）の教育課程

教　　　科	週間授業時数
共通教科	
フランス語	4
歴史・地理	3
第一外国語及び第二外国語（a）（b）	（合計で）5.5
数学	4
物理・化学	3
生物・地学	1.5
体育スポーツ	2
道徳・公民教育（c）	0.5
個別指導	2
学級生活の時間	年10時間
発見教科（2教科選択）※	
1教科は次から選択：	
経済社会科学	1.5
経済経営の基礎	1.5
2教科は次から選択（1教科と異なるものを選択）：	
経済社会科学	1.5
経済経営の基礎	1.5
医療社会福祉	1.5
バイオテクノロジー	1.5
科学と実験	1.5
文学と社会	1.5
技術工学	1.5
科学の方法と実践	1.5
技術の創造と刷新	1.5
芸術創作と実践：視覚芸術，聴覚芸術，舞台芸術又は遺産から選択	1.5
古代文明と言語：ラテン語	3
古代文明と言語：ギリシャ語	3
第三外国語（a）（b）	3
生態学・農学・国土・持続可能な開発（d）	3
自由選択教科（1教科選択可）	
古代文明と言語：ラテン語	3
古代文明と言語：ギリシャ語	3
第三外国語（a）（b）	3
芸術：造形芸術，映画・音響映像，舞踏，芸術史，音楽，又は演劇から選択	3
体育スポーツ	3
馬学・馬術（d）	3
社会文化実践（d）	3
職業実践（d）	3
芸術実習	年72時間

表注：発見教科と自由選択教科で同じ教科を履修することはできない。
　（a）第二・第三外国語は外国語又は地域語（フランス国内で地域的に用いられている非フランス語）。
　（b）外国人助手（assistant de langue）との時間を1時間追加することができる。
　（c）当教科は少人数制のグループによる指導。
　（d）農業リセで開設。
　※特例として：①3教科選択可能（経済社会科学・経済経営の基礎から1教科，医療社会福祉・バイオテクノロジー・科学と実験・技術工学・技術の創造と刷新から2教科），②体育スポーツ（5）・曲芸（6）・創作文化デザイン（6）から1教科のみの選択可能（括弧内は授業時数）。なお，体育スポーツは自由選択科目の体育スポーツと併せて履修することはできない。
（出典）2010年1月27日付省令，2015年6月12日付省令を基に作成。

表8：リセ第2学年普通科の教育課程
(経済社会コース (ES), 文学コース (L) 及び科学コース (S))

3コースの共通科目	
教　　科	週間授業時数
フランス語	4
第一外国語及び第二外国語 (a) (b)	(合計で) 4.5
体育スポーツ (c)	2
道徳・公民教育 (d)	0.5
個別指導	2
個別課題学習 (e)	1
学級生活の時間	年10時間

各コース固有科目					
経済社会コース(ES)		文学コース(L)		科学コース(S)	
経済社会科学	5	文学	2	数学	4
歴史・地理	4	外国語による海外文学	2	物理・化学	3
数学	3	歴史・地理	4	生物・地学	3
科学	1.5	科学	1.5	又は技術工学	7
				又は生態学・農学・国土 (h) (e)	6
		次から必修科目として1科目選択		歴史・地理	2.5
		芸術 (f)	5		
		曲芸	8		
		LCA：ラテン語 (g)	3		
		LCA：ギリシャ語 (g)	3		
		第三外国語 (a) (b)	3		
		第一第二外国語応用	3		
		数学	3		

自由選択科目					
a) 次から最大2科目選択		a) 次から最大2科目選択		a) 次から最大2科目選択	
第三外国語 (a) (b)	3	第三外国語 (a) (b) (g)	3	第三外国語 (a) (b)	3
LCA*：ラテン語	3	LCA*：ラテン語 (g)	3	LCA*：ラテン語	3
LCA*：ギリシャ語	3	LCA*：ギリシャ語 (g)	3	LCA*：ギリシャ語	3
体育スポーツ	3	体育スポーツ	3	体育スポーツ	3
芸術 (f)	3	芸術 (f)	3	芸術 (f)	3
				馬学・馬術 (h)	3
				社会文化実践 (h)	3
b) 芸術実習	年72時間	b) 芸術実習	年72時間	b) 芸術実習	年72時間

*LCA は古代文化と言語。
(a) 第二・第三外国語は，外国語又は地域語（フランス国内で地域的に用いられている非フランス語）。
(b) 外国人助手との時間を1時間追加することができる。
(c) 第1学年で特例として体育スポーツを5時間を選択した者は，必修のほかに4時間の補足授業を受けることができる。この場合，自由選択科目としてのスポーツと合わせた履修は認められない。
(d) 当教科は少人数制のグループによる指導。
(e) 個別課題学習（TPE）は，コースの主要教科を優先的に対象とする。科学コース（S）で技術工学及び生態学・農学・国土の選択については，授業時数にTPEの時間が含まれる。体育・スポーツで4時間の補足授業を選択した場合，TPEとして体育・スポーツを履習することができる。
(f) 造形芸術，映画・音響映像，舞踏，芸術史，音楽又は演劇から選択。文学コース（L）では，必修科目と自由選択科目で同一の芸術分野を選択することができる。
(g) LCA 及び第三外国語について，必修科目と自由選択科目で同一の科目を選択することはできない。
(h) 農業リセでのみ開設。
(出典) 2010年1月27日付省令，2015年6月12日付省令を基に作成。

表9：リセ第3学年普通科の教育課程
（経済社会コース（ES），文学コース（L）及び科学コース（S））

3コースの共通科目	
教　科	週間授業時数
第一外国語及び第二外国語（a）（b）	（合計で）4
体育スポーツ（c）	2
道徳・公民教育（d）	0.5
個別指導	2
学級生活の時間	年10時間

各コース固有科目					
経済社会コース(ES)		文学コース(L)		科学コース(S)	
経済社会科学	5	文学	2	数学	6
数学	4	外国語による海外文学	1.5	物理・化学	5
歴史・地理	4	歴史・地理	4	生物・地学	3.5
哲学	4	哲学	8	又は技術工学	8
				又は生態学・農学・国土（h）	5.5
				哲学	3
専門教科		専門教科		歴史・地理	2
（1科目選択）		（1科目選択）			
数学	1.5	芸術（f）	5	専門教科（e）	
政治社会科学	1.5	曲芸	8	（1科目選択）	
経済応用	1.5	LCA*：ラテン語（g）	3	数学	2
		LCA*：ギリシャ語（g）	3	物理・化学	2
		第三外国語（a）（b）（g）	3	生物・地学	2
		第一第二外国語応用	3	情報処理及びデジタル科学	2
		数学	4	生態学・農学・国土（h）	2
		法及び現代世界の争点	3		

自由選択科目					
a) 次から最大2科目選択		a) 次から最大2科目選択		a) 次から最大2科目選択	
第三外国語（a）（b）	3	第三外国語（a）（b）（g）	3	第三外国語（a）（b）	3
LCA*：ラテン語	3	LCA*：ラテン語（g）	3	LCA*：ラテン語	3
LCA*：ギリシャ語	3	LCA*：ギリシャ語（g）	3	LCA*：ギリシャ語	3
体育スポーツ	3	体育スポーツ	3	体育スポーツ	3
芸術（f）	3	芸術（f）	3	芸術（f）	3
				馬学・馬術（h）	3
				社会文化実践（h）	3
b) 芸術実習	年72時間	b) 芸術実習	年72時間	b) 芸術実習	年72時間

*LCAは古代文化と言語。
(a) 第二・第三外国語は，外国語又は地域語（フランス国内で地域的に用いられている非フランス語）。
(b) 外国人助手との時間を1時間追加することができる。
(c) 必修のほかに4時間の補足授業を受けている場合，自由選択科目としてのスポーツと合わせた履修は認められない。
(d) 当教科は少人数制のグループによる指導。
(e) 科学コース（S）の必修科目で技術工学を選択する場合，専門教科は自由選択。
(f) 造形芸術，映画・音響映像，舞踏，芸術史，音楽又は演劇から選択。文学コース（L）では，専門教科と自由選択科目で同一の芸術分野を選択することができる。
(g) LCA及び第三外国語について，必修科目と自由選択科目で同一の科目を選択することはできない。
(h) 農業リセでのみ開設。
(出典) 2010年1月27日付省令，2015年6月12日付省令を基に作成。

表10：リセ技術科の教育課程（第2・第3学年）
工業科学技術及び持続可能な発展（STI2D）コース

	週間授業時数	
	第2学年	第3学年
必修科目		
フランス語	3	−
哲学	−	2
歴史・地理	2	−
第一外国語及び第二外国語 (a)	（合計で）3	（合計で）3
体育スポーツ (b)	2	2
数学	4	4
物理・化学	3	4
横断的技術教育	7	5
外国語による技術教育 (c)	1	1
道徳・公民教育 (d)	0.5	0.5
個別指導	2	2
学級生活の時間	年10時間	年10時間
専門教科（1科目選択）	5	9
・建築と建設		
・エネルギーと環境		
・技術革新とエコ構想		
・情報及びデジタル化		
自由選択科目		
a）次から最大2科目選択		
体育スポーツ	3	3
芸術 (e)	3	3
b）芸術実習	年72時間	年72時間

(a) 第一外国語は外国語，第二外国語は外国語又は地域語。外国人助手との時間を1時間追加することができる。
(b) 第1学年で特例として体育スポーツを5時間を選択した者は，必修のほかに4時間の補足授業を受けることができる。この場合，自由選択科目としてのスポーツと合わせた履修は認められない。また，自由選択科目は1科目のみ選択できる。
(c) 教員2人が担当（第一外国語及び技術分野）。
(d) 当教科は少人数制のグループによる指導。
(e) 造形芸術，映画・音響映像，芸術史，音楽，演劇又は舞踏。
（出典）2010年5月27日付省令，2015年6月12日付省令を基に作成。

　職業リセで行われる職業教育課程は，普通教育，技術教育及び職業界における実践的訓練により構成される。職業バカロレア取得課程では，全ての専門で一般教育（enseignement général）として，「フランス語，歴史・地理」「道徳・公民教育」「数学」「外国語」「応用芸術・芸術文化」「体育・スポーツ」が必修科目として設けられている。このほか，職業教育及び専門に関連する一般教育科目が設けられ，「予防−健康−環境」は必修となっている。また，3年間を通して22週間の職業実習が必修であるほか，個別指導の時間が設けられている（表11）。職業適任証（CAP）取得課程は「フランス語，地理・歴史」「道徳・公民教育」「数学・科学」「外国語」「応用芸術・芸術文化」「体育・スポーツ」「予防−健康−環境」が必修科目として設けられている。また，専門により，12〜16週の実習を行う。CAPは実習期間により3種類の時間配当表が定められている。

表11：職業リセの教育課程

	時間配当1 物理・化学が含まれる専門	時間配当2 第二外国語が含まれる専門
	3年間時数	
職業教育及び専門に関連する一般教育科目		
職業教育	1,152	1,152
経済－経営	84	－
予防－健康－環境	84	84
仏語及び／又は数学及び／又は外国語 及び／又は物理・化学[1]及び／又は応用芸術	152	152
一般教育科目		
フランス語，歴史・地理	338	338
道徳・公民教育	42	42
数学，物理・化学	349	－
数学	－	181
外国語	181	－
外国語（第一及び第二）	－	349
応用芸術－芸術文化	84	84
体育・スポーツ	224	224
計	2,690	2,606
個別指導	210	210

表注1：職業教育及び専門に関連する一般教育科目の「物理・化学」は物理・化学が含まれる専門のみ。
（出典）2009年2月10日付省令，2015年6月12日付省令を基に作成。

2.3.5 キャリア教育

キャリア教育は主に中等教育段階を通して実施されている。生徒一人一人の進路指導や相談は主任教員と進路指導・心理カウンセラーが中心となって担当しており，各種情報の提供は進路情報センター（CIO），各学校に置かれる資料情報センター（CDI）や国立教育・職業情報機構（ONISEP）が行っている。

コレージュ及びリセでは，キャリア教育に関係する科目が教育課程の中で設けられている。特にコレージュ最終学年においてキャリア教育に関連する取組がみられる。また，企業や産業界を知り，キャリアについて考える機会を与えるためコレージュ及びリセを対象とした「学校－企業週間（semaine Ecole-Entreprise）」などの取組も行われている。

2.3.5.1 「将来設計行程」

2013年に制定された学校基本計画法では，進路を計画し，進路の選択を明確にするため，情報及び職業・経済界の発見のための個別行程（parcours individuel d'information, d'orientation et de découverte du monde économique et professionnel：PIIODMEP）が生徒一人一人に中等教育の異なる段階において提供されることが規定された。2015年7月，情報及び職業・経済界の発見のための個別行程は「将来設計行程（parcours Avenir）」と名付けられ，生徒一人一人に経済及び産業界を理解し，職業と教育・訓練の多様性を知り，自身の進路を計画する自発性を身に付けることを目的とした行程であるとし，その詳細が定められた。同行程はコレージュ第1学年からリセ最終学年まで実施され，実施に当たっては，職業界や地域との連携が図られ，学校内外の情報や資源が活用される。

同行程は，現在のかたちになる以前は，2008年から導入された「職業及び教育発見のための行程（parcours de découverte des métiers et des formations）」がコレージュ第2学年より実施されていた。

2.3.5.2　コレージュ第4学年を対象とした様々な取組

コレージュ最終学年（第4学年）では「職業界における観察実習（séquence d'observation en milieu professionnel）」が必修となっている。期間は5日程度であり，教育課程の中の，特にキャリア教育の枠組みで，技術，経済，職業界に関する知識を育成することを目的として，企業，団体，公的機関や地方自治体で実施される。

また，コレージュ最終学年では自由選択科目として「職業発見（découverte professionnelle）」が設けられている。同科目は，様々な職業，職種，仕事の組織等を発見すること，主な資格とその取得過程等について知ることを目的としている。週3時間又は週6時間の履修がある（週6時間の履修は，コレージュ修了後に職業課程への進学が決定している者が対象）。なお，週6時間の「職業発見」は2011年より「第4学年職業教育準備クラス（classe de troisième préparatoire aux formations professionnelles）」に改められ，2012年度より普及されている。

このほか，15歳以上のコレージュの生徒を対象とした「交互教育による職業入門措置（dispositif d'initiation aux métiers en alternance：DIMA）」がある。DIMAは，15歳以上のコレージュの生徒を対象に行われている交互教育による措置であり，「共通基礎知識技能教養」を習得しながら教育・訓練を行い，1つ又は複数の職業を発見することを目的としている。

2.3.5.3　「学校－企業週間」

コレージュ及びリセの生徒を対象に，産業界や企業，起業について知り，職業参入を円滑に行えるようにすることを目的とした「学校－企業週間」が実施されている。国民教育・高等教育研究省が経済団体をはじめ若者や企業に関わるアソシアシオン（非営利団体）と連携，協力して実施しており，取組の例として，企業訪問，生徒によるミニ企業の実施，職業人による講演などがある。

2.3.6　情報教育

情報関連の独立した科目は設けられていない。「共通基礎知識技能教養」ではICTが習得すべき知識・技能となっており，児童・生徒は小学校，コレージュ，リセの各段階で「情報・インターネット免状（B2i）」を取得する。「情報・インターネット免状（B2i）」では，5つの領域「領域1：ICTの環境に適応する」「領域2：責任ある態度をとる」「領域3：データを作成，提示，処理，活用する」「領域4：情報収集，資料収集」「領域5：コミュニケーション，意見交換」が評価され，各教育段階で習得が求められる知識・技能が定められている。情報教育として，また，児童・生徒がICTの責任を持った利用を身に付けることができるような教育が実施されている。

2.3.7　横断的・総合的な学習

小学校では，第1～2学年で「世界の発見」が教科として設けられており，地理，歴史や理科などを扱う総合的な教科となっている。

コレージュ第2学年及び第3学年では、必修科目の枠組みで週2時間、「発見過程（itinéraires de découverte）」が設けられている。「発見過程」は4つの領域（自然と身体、芸術と人文、言語と文明、創造と技術）をテーマとして扱う、最低2教科にわたる教科横断的な内容となっている。

リセ普通課程では第2学年で「個別課題学習（travaux personnels encadrés：TPE）」が必修として設けられている。TPEは、設定されたテーマについて調査することを基本とする調査学習で、少人数のグループで行われる。TPEは、教科横断的な方法により学習指導要領の内容の履修を多様化しようとする試みである。また、生徒が主体的に調査や資料を利用し、レポートや口頭発表を行う力を育成することを目指したものである。

2015年度及び2016年度においては、次のテーマが設定されている（**表12**）。

表12：「個別課題学習（TPE）」のテーマ（2015年度及び2016年度）

3コースに共通のテーマ		・不確実性、奇異、予測可能性 ・倫理と責任 ・個人と集団	
各コース特定テーマ	経済社会（ES）コース	文学（L）コース	科学（S）コース
	・不平等 ・危機と進歩 ・貨幣	・遊び ・英雄と人物 ・光、照明	・構造 ・計測 ・素材と形状

（出典）2015年6月23日付事務通知第2015-097号（MENE1513997N）を基に作成。

職業リセでは、「職業的性質を持つ学際的プロジェクト（projet pluridisciplinaire à caractère professionnel：PPCP）」が設けられている。PPCPは、多様な教科を扱う総合的なプロジェクト学習である。PPCPは、グループワークや学習の方法など、一般的な知識・技能や創造性を育成するとともに、資格取得のために必要な知識・技能を具体的な活動を通して獲得することを目的としている。PPCPは、技術的側面から職業界で直面するような課題を扱い、職業を行う上で必要な実際的知識を身に付けていく点で職業的性質を持つ。職業の性質を考慮して、例えば、▽あるテーマに関連した活動、▽商品やサービスの開発、▽作業現場の建設、などのプロジェクト学習が行われる。全国共通で設定されるテーマはなく、各学校により設定される。

このほか、「安全教育（éducation à la sécurité）」が横断的・総合的な学習として扱われている。教職員及び生徒の安全を保障することは国民教育・高等教育研究省の使命となっており、また同時に、安全に関する教育を実施することも使命となっている。公立学校及び契約私立学校においては、▽リスクの予防への関心を高めること、▽救急隊員の情報や使命、▽救急のための研修、▽安全のための一般規則に関する教育が実施されることとされている。安全教育は、共通基礎知識技能教養の「社会的公民的技能」及び「自律性及び自発性」の学習領域に位置付けられている。

2.4　学年暦

就学前教育を含む初等中等教育段階の学年暦は教育法典に規定される。同規定では、学年暦は年間36週の授業から成り、それは4つの休業期間（諸聖人の祝日、クリスマス休暇、冬休み及び春休み）により、5つの就業期間に分割されること、教育所管大臣が3年分の全国の学年暦を定めることなどが定められている。また通常、学年暦は、▽児童・生徒は年間36週間の授業を受ける、

▽小休暇は２週間とする，▽冬休み及び春休みに際しては３つのゾーンに分ける，▽祝日の次の日の授業開始は避ける，▽教員のための新学期準備期間（pré-rentrée）を２日間設ける，という原則に従って設定される。

表13：2015年度学年暦

	ゾーンA	ゾーンB	ゾーンC
教員の年度開始	2015年8月31日		
児童・生徒の年度開始	2015年9月1日		
諸聖人の祝日	2015年10月17日～2015年11月2日		
クリスマス休暇	2015年12月19日～2016年1月4日		
冬休み	2016年2月13日～2016年2月29日	2016年2月6日～2016年2月22日	2016年2月20日～2016年3月7日
春休み	2016年4月9日～2016年4月25日	2016年4月2日～2016年4月18日	2016年4月16日～2016年5月2日
夏季休暇	2016年7月5日～		

ゾーンA：ブザンソン，ボルドー，クレルモン・フェラン，ディジョン，グルノーブル，リモージュ，リヨン，ポワティエ大学区
ゾーンB：エクス・マルセイユ，アミアン，カーン，リール，ナンシー・メッツ，ナント，ニース，オルレアン・トゥール，ランス，レンヌ，ルーアン，ストラスブール大学区
ゾーンC：クレテイユ，モンプリエ，パリ，トゥールーズ，ヴェルサイユ大学区
（出典）2015年4月16日付省令（MENE1509384A）を基に作成。

　冬休み及び春休みの期間は，フランス本土の25の大学区を３つのゾーンに分け，各ゾーンについて１週間ずつずらして設定されている。休暇のゾーン化は1964年度から開始された。休暇のゾーン化は，家庭及び観光地の福利，また交通安全のためとされ，混雑防止策となっている（**表13**）。

　就学前・初等教育段階では，授業時数は週24時間とされる。授業時数は半日単位で定められており，１週間は９回の半日，すなわち週４日半（月・火・水（午前）・木・金）となっている[注6]。１日の授業は最大５時間半，半日の授業時間は３時間半，休み時間は最低１時間半とされる。学校の開校時間は，県レベルに置かれる国の出先機関である，大学区国民教育事務局長（DA-SEN）が決定する。学校を所有する市長は地域の状況を踏まえて変更することは可能である。

　中等教育段階では，週の授業編成は学校が決定する。１週間は２日半を２回として設定し，規定されている時数に沿った上で，学校が裁量を持つ。

2.5　授業形態・組織

　就学前及び初等教育では学級担任制が採られる。幼稚園では，学級担任のほか市町村が雇用する幼稚園専門職員（ATSEM）が置かれる。学級編制は，原則，年齢別に行われる。ただし，幼稚園における２歳児の受入れなど，受入れ人数により異年齢混合のクラス編制もされる場合がある。

　中等教育では教科担任制が採られる。クラス編制は学年別及び学科別となっている。個別支援の時間は少人数制やレベル別の編制で行われる。

2.6 評価

　評価は絶対評価により行われる。成績の表記の方法は学校により異なり，得点や5段階評価などが用いられている。得点による評価は多くの場合，20点満点で表され，10点以上が合格点である。
　小学校及びコレージュにおける現行の評価や記録の方法については，2016年度から改革が予定されている。

2.6.1 初等教育

　小学校では，日頃の学習や宿題等を基にした評価が各学習期を通して教員により行われ，通知表（livret scolaire）に記録される。通知表には，知識・技能の習得状況や上達状況，児童が取得している交通安全教育や外国語の証明証の取得状況が記録される。小学校修了時に通知表は保護者に送付されるとともに，全国学力調査結果等の情報は進学先のコレージュに送付される。
　「共通基礎知識技能教養」の習得に関する評価は，同技能の3つの柱（第1の柱は小学校第2学年，第2の柱は第5学年，第3の柱はコレージュ又は義務教育修了）の修了時に行われ，「知識技能個人記録簿（livret personnel de compétences）」に記録される。
　全国学力調査は，従来，第2学年（CE1）及び第5学年（CM2）の児童を対象にフランス語及び数学で実施されていたが，2015年度より第3学年（CE2）で行われている。

2.6.2 中等教育

　コレージュでは日頃の学習や課題等を基に通年評価が行われ，通知表は3学期ごとに保護者宛てに送付される。コレージュでは「共通基礎知識技能教養」の第3の柱の習得が目指されており，その習得状況は「知識技能個人記録簿」に記録される。第4学年終了時に校長が「共通基礎知識技能教養」の修得の可否について認定する。
　リセにおいても通年評価が行われ，保護者に対して3学期ごとの通知表が送付される。職業リセでは試験等に基づく通常の評価のほか，資格授与のための評価（contrôle en cours de formation：CCF）が実施される。CCFは学校の授業及び職業界における実習について通年で評価が実施される。

3　進級・進学制度

3.1　進級・修了

3.1.1　初等教育

　児童の進級については，各年度の終了時，教員評議会が決定する。児童の状況に応じて，教員評議会が児童の次学年度への進級，飛び級又は留年についての意見を表明し，校長が保護者に対して提案を伝達する。保護者は県不服審査委員会に対して不服を申し出ることができる。飛び級及び留年は，例外を除き，小学校を通して1回のみ可能である。
　初等教育修了を認定する証明証書はない。

3.1.2 前期中等教育

　コレージュでは，毎年保護者は次年度について，次学年への進級，進路変更又は留年を申請する。中間期（第2～3学年）では，学習期の途中である第2学年における留年は，保護者の申請・同意が必要となる。この申請は学級評議会（conseil de classe）により審議され，進級もしくは留年が提案される。保護者の申請と学級評議会の意見が一致した場合，校長がその決定を保護者に通知する。申請と不一致の場合，校長は保護者と生徒と面談し，調整を図る。意見の不一致の場合，保護者は不服審査委員会に申し出ることができる。

　コレージュの修了は「前期中等教育修了国家免状（DNB）」の取得により認定される。ただし，同免状の取得は後期中等教育への進学のための要件とはなっていない。DNBには普通部門と職業部門の2つが設けられている。職業部門は職業教育準備クラスなどコレージュで特定の措置を受けている者等に開かれている。

　このほか，義務教育最終年にある者を対象に，一般的な知識・技能を獲得したことを証明する「一般教育修了証（CFG）」がある。CFGは主に特別支援教育（SEGPA，EREA等）の生徒を対象としている。

3.1.3 後期中等教育

　リセ及び職業リセにおける次年度への進級等の過程はコレージュと同様である。

　後期中等教育では，普通・技術リセ第1学年以降，生徒はバカロレアの種類及びコースに分かれる。第1学年では，次年度の進路について保護者が次学年への進級（希望するバカロレアのコース等も申請）又は留年を申請する。進路決定の流れはコレージュのそれと同様である。第2学年以降，リセ修了後の進路について検討するため，生徒に対して主任教員及び進路指導・心理カウンセラーによる面談が実施される。

　2009年に職業リセ改革，2010年にリセ改革が実施され，それぞれのリセから進路変更，職業リセにおける課程間の進路変更が可能な制度が構築された。進路の修正を可能とすることで留年・中退者を減らすことが目的とされている。

3.1.3.1 バカロレア試験

　後期中等教育最終学年で，生徒はバカロレア試験を受験する。バカロレア（baccalauréat）は後期中等教育の修了を証明すると同時に高等教育への入学資格を認める国家資格である。バカロレアは，リセの普通教育課程で取得する普通バカロレア，技術教育課程で取得する技術バカロレア，職業リセの職業課程で取得する職業バカロレアの3種類があり，その中でコース（série），職業バカロレアについては専門領域に分かれる。普通バカロレアは3コース，技術バカロレアは8コース，職業バカロレアは約90の専門がある（**表14**）。

表14：バカロレアの種類

普通バカロレア	文学（L），経済社会（ES），科学（S）
技術バカロレア	工業科学技術及び持続可能な発展（STI2D），デザイン及び応用芸術工学（STD2A），経営科学技術（STMG），医療社会科学（ST2S），実験科学技術（STL），音楽舞踏（TMD），ホテル業，農業（STAV）
職業バカロレア	工芸，サービス，生産製造，建設，販売，事務等，様々な専門領域

3.2 進学制度

3.2.1 コレージュへの進学

初等教育を修了した全ての児童は，教員による特段の反対がない限り，コレージュへ受け入れられる。12歳に到達した者は学力にかかわらず小学校を離学し，コレージュに登録しなければならないとされる。公立又は契約私立校を修了した児童は原則学区内のコレージュに進学する。非契約私立校を修了した児童や家庭における教育を受けた児童は受入れのための試験を受験する。

3.2.2 リセへの進学

コレージュ修了後の進路については学級評議会により決定される。普通・技術リセにおけるコースの選択，職業リセにおける専門の選択は家庭が行う。2006年度からコレージュ第4学年の生徒を対象とした個別進路面談が実施されている。個別進路面談は主任教員が進路指導専門員の支援のもとに行う。

コレージュ最終学年で，学区を考慮して普通リセ又は職業リセへの進路指導が行われる。進路決定は校長にあり，学級評議会で決定される進路に不服の場合は，不服審査委員会に申請することができる。

3.3 進路指導

進路指導は教員，校長，進路指導・心理カウンセラーをはじめ，必要に応じて福祉関係者等の専門家が一体となって行う。生徒は教員や進路指導・心理カウンセラー等の支援により自身の進路及び職業に関する計画を策定する。

コレージュ最終学年，リセ第2学年以降及び職業課程第1学年では，個別面談が実施されている。コレージュでは，後期中等教育への進路が受け身の進路選択ではなく，生徒の目標や計画に沿ったものとなるよう支援される。リセでは，バカロレアの各コースに対して開かれる進路の情報，バカロレア取得後の高等教育段階への進学やその手続等に関する情報提供や支援が行われる。職業課程では，職業課程で取得する職業資格とその資格に開かれる職業分野などを確認し，進路を明確なものとすること，また高等教育段階への進学の可能性等について情報提供や支援が行われる。

4 教育条件

4.1 学校規模

　就学前・初等教育段階では，原則として各市町村（commune）は公立小学校を最低1校供給しなければならないとされる。中心地又は近隣集落から3キロメートル以上離れている集落等で最低15人の就学年齢の子供が集まる場合も同様であるとされる。ただし，子供が15人未満の場合，複数の市町村が共同で学校を提供することができる。

　幼稚園，初等学校，小学校の規模は，**表15**のようになっている。公立では，約22％が1～2学級，40％以上が3～5学級，私立では2学級以下が約13％である。就学前・初等教育段階では，学校の性質及び規模は公立及び私立で異なっている。私立では，就学前学級と小学校を併せた初等学校が90％を占めているのに対し，公立では30％となっている。

表15：就学前・初等教育段階の学校規模（2014年）

		1～2学級	3～5学級	6～10学級	11学級以上	合計(%)
公立	幼稚園	19.5	58.6	20.7	1.2	100.0
	初等学校	23.8	21.3	39.0	15.9	100.0
	小学校	21.4	44.6	25.8	8.2	100.0
	合計	21.7	40.5	29.0	8.8	100.0
私立	幼稚園	51.1	38.0	10.2	0.7	100.0
	初等学校	44.6	30.3	14.3	10.8	100.0
	小学校	10.0	34.4	35.7	19.9	100.0
	合計	12.7	34.3	34.0	19.0	100.0

表注：初等学校（école élémentaire）は就学前クラスと初等教育クラスを併せ持つ学校。
　　　また，同表では初等学校に特別支援学校が含まれる。
（出典）国民教育・高等教育研究省RERS-2015

　中等教育段階では，大学区国民教育事務局長（DA-SEN）が施設・設備，財源と考慮して学校が収容可能な最大人数を決定する。コレージュ及びリセにおける学校規模は，**表16**のようになっている。2014年における1学校当たりの平均生徒数は公立コレージュで494人，リセで995人，職業リセで409人となっている。私立学校では公立と比べ規模は小さくなっている。

表16：コレージュ及びリセ，職業リセの学校規模（2014年）

		100人未満	100～299	300～499	500～699	700～899	900人以上	合計(%)	平均生徒数
公立	コレージュ	0.8	14.4	37.2	34.8	10.8	2.0	100.0	494人
	リセ	0.4	2.6	9.8	13.9	17.6	55.7	100.0	995人
	職業リセ	0.7	30.4	43.3	18.4	5.5	1.7	100.0	409人
私立	コレージュ	13.9	30.1	27.8	15.6	7.8	4.8	100.0	383人
	リセ	18.3	26.6	22.4	14.1	8.2	10.4	100.0	422人
	職業リセ	46.0	36.0	14.6	2.9	0.3	0.2	100.0	164人

（出典）国民教育・高等教育研究省RERS-2015

4.2 学級編制基準

　就学前・初等教育段階では，学級編制基準（平均人数）は大学区国民教育事務局長（DA-SEN）が，クラスの特徴，児童数，予算等を踏まえて，また県専門委員会（comité technique）の意見を聴取した後，毎年決定する。1学級当たりの平均児童数は，公立幼稚園及び就学前学級では25.7人，小学校では23人となっている（表17）。

表17：就学前・初等教育段階の学級規模及び1学級当たり平均児童数（2014年）

		15人未満	15～19人	20～24人	25～29人	30～34人	35人以上	合計（%）	学級数	1学級当たり平均児童数
公立	就学前	0.5	4.9	39.6	46.7	6.2	2.1	100.0	87,989	25.7
	小学校	2.5	10.2	60.2	26.9	0.1	a	100.0	155,791	23.0
私立	就学前	4.4	6.5	20.0	44.8	18.1	6.2	100.0	11,736	27.0
	小学校	5.5	11.7	38.0	43.5	1.3	0.1	100.0	25,131	23.4

表注：aは0ではないが，ごくわずかな数値。就学前は幼稚園及び就学前学級。
（出典）国民教育・高等教育研究省 RERS-2015

　中等教育段階における学級編制は学校の権限とされている。前期中等教育段階では，第1～4学年の公立及び私立学校の平均学級規模は25.3人となっている。特別支援を行う学級（ULIS, SEGPA）では平均約13人となっている。後期中等教育段階の普通・技術課程の平均学級規模は29人である。職業課程では18.9人となっている（表18）。

表18：中等教育段階の学級規模及び1学級当たり平均生徒数（2014年）

		15人未満	15～19人	20～24人	25～29人	30～34人	35～39人	40人以上	合計%	学級数	1学級平均生徒数
前期中等教育	第1～4年	1.2	4.2	31.8	53.3	9.3	0.2	0.0	100.0	127,034	25.3
	特別支援学級	69.5	4.4	9.2	14.9	2.0	0.1	0.0	100.0	2,435	13.1
	SEGPA	53.9	45.2	0.8	0.1	0.0	0.0	0.0	100.0	6,824	13.4
	公立	5.0	6.1	32.5	52.2	4.2	0.0	0.0	100.0	109,104	24.1
	私立	5.5	6.5	19.5	40.8	26.9	0.8	0.1	100.0	27,189	25.8
後期中等教育	普通・技術	4.2	5.4	14.1	16.9	38.8	20.3	0.4	100.0	51,755	29.0
	公立	1.7	4.3	13.8	15.9	41.5	22.7		100.0	39,485	29.9
	私立	12.5	8.8	15.1	19.9	29.9	12.5	1.4	100.0	12,270	26.1
	職業課程	32.2	19.2	24.6	14.6	8.5	0.7	0.1	100.0	35,020	18.9
	公立	30.3	18.6	27.0	15.0	8.6	0.5	0.0	100.0	27,061	19.3
	私立	38.7	21.4	16.3	13.3	8.2	1.5	0.6	100.0	7,959	17.7

（出典）国民教育・高等教育研究省 RERS-2015

4.3 教員配置基準

　公立学校の教員は国家公務員である。教員の配置は国が出先機関を通して行う。国民教育・高等教育研究省は，児童・生徒数や地域の特徴等を考慮して各大学区に教員を配置する。初等教育段階では，大学区から各県に配置される教員を，児童数等を基準に大学区国民教育事務局長（DA-SEN）が配置する。中等教育段階では，コレージュについてはDA-SENが，リセについては大学区が教員を配置する。各学校への配置は，生徒数や授業計画等を基準として，学校の実施する週当たりの総授業時数として配分される。総授業時数を基に各学校は学級編制や授業計画を定め，必要な教員数が割り出される。

4.4 施設・設備基準

4.4.1 設備基準

　幼稚園，小学校の設置及び施設・設備の整備は市町村の権限，コレージュについては県の権限，リセについては地域圏の権限となっている。教育機関は建設及び居住法典（code de la construction et de l'habitation：CCH）及び大衆を受け入れる機関（établissement recevant du public：ERP）に係る規定の適用を受けており，安全・防災・衛生面の基準に従わなければならない。

　国民教育・高等教育研究省は学校の施設・設備に関する全国的な基準は設けていないが，1989年に「学校の建設」と題したガイドを，地方公共団体向けに作成している。更新はされていないが，現在も参考にされているとみられる。

　中等教育段階の学校の施設・設備の整備状況は，**表19**に示すとおりである。

表19：中等教育段階における学校の設備状況（2014年度）

	コレージュ	リセ	職業リセ	シテ・スコレール	全体
生徒1人当たり面積（㎡）	14.8	19.0	32.0	19.7	17.7
寄宿舎設置の割合（%）	4.6	52.2	53.9	74.8	21.1
学校の受入れ容量の占有率（%）					
－平均占有率	79.0	80.6	69.3	－	78.7
－90%以上が占有される学校の割合	31.5	35.8	13.0	－	30.3
食堂施設設置の割合（%）	94.3	95.8	91.2	99.3	94.5
施設を備えている学校の割合（%）					
－コンピュータ室	97.7	98.7	99.1	98.6	98.0
－芸術室（美術・音楽）	96.9	76.4	91.1	94.3	92.9

表注1：学校の受入れ容量とは，施設の良好な状態を維持した上で学校が受け入れることができる最大の生徒数。
表注2：シテ・スコレール（cité scolaire）とは，異なる教育段階の学校を同じ敷地に併せ持つ学校。
（出典）国民教育・高等教育研究省 RERS-2015

4.4.2 情報化環境の整備

　学校及び教育関係者に対して提供されるICTのサービスは「学習のための情報化空間（espace numérique de travail：ENT）」として就学前・初等教育段階から中等教育段階まで整備されてい

る。学習のための情報化空間（ENT）は，インターネットに接続している環境で児童・生徒，保護者，教員，事務職員がアクセス可能な，セキュリティが管理されたポータルサイトである。例えば学校生活における成績管理，時間割，日程やコミュニケーション等のために活用されている。

5　学校選択・連携

5.1　学校選択・通学区域

5.1.1　初等教育段階

初等教育段階では学区（secteur scolaire）が定められている。原則として学校を決定するのは住所であり，児童は居住に最も近い学区の学校に登録する。市町村長が事務的な登録，校長が学校への登録を行う。例外措置を希望する保護者は市町村長に申請しなければならない。

5.1.2　中等教育段階

中等教育段階では学区（zone de desserte／secteur scolaire）が定められている。学区は居住地を基に定められる。大学区国民教育事務局長（DA-SEN）が生徒をコレージュ及びリセに配置する。2007年から，学区制に弾力性が与えられ，学校選択について保護者の自由が拡大された。原則として，保護者は定められた学区における例外申請をすることで学校の定員の空きの状況を踏まえて学区外の学校が選択可能となる。社会的混交により，生徒の配置が均衡となるよう，奨学生については特に考慮されている。学校選択に関して，次のような条件が定められている。

○生徒は，保護者による例外申請がある場合を除き，居住に最も近い学校（コレージュ又はリセ）に登録する。
○例外申請の選定については大学区国民教育事務局長（DA-SEN）により行われる。例外申請は学校の定員に空きがある場合にのみ認められる。
○生徒の受入れは，配置委員会（commission d'affectation）の意見の後，次の順を優先して行われる：障害のある生徒，希望する学校のそばで診察等が必要である生徒，優等生奨学金受給生，一般給与奨学生，特定の教育課程（一部の教科や職業課程は，課程によっては全国区，複数大学区，大学区単位でのみ置かれるものがある）への進学を希望する生徒，兄姉が希望する学校に通う生徒，生徒の住居が，学区を限度として，希望する学校に近いこと。

5.1.3　家庭における義務教育

義務教育は学校で行うことが優先されるが，家庭において実施することも認められる。家庭における教育を選択する場合，保護者は市町村長及び国の権限ある当局（大学区国民教育事務局長：DA-SEN）に毎年届け出なければならない。

家庭で教育を受ける子供については，学習環境及び学力に関する審査が行われる。学習環境は市町村長が2年ごとに更新される調査により審査し，学力は大学区国民教育事務局長（DA-SEN）が最低1年に1度，子供が「共通基礎知識技能教養」を習得することができるよう教育を受けている

かについて審査する。審査の結果によっては，保護者は子供を教育機関に登録するように命ぜられる。家庭における義務教育は，国立通信教育センター（CNED）等の通信教育を通して実施することが可能である。ただし，原則として有料となっている。

家庭における教育を選択する理由が，保護者の選択ではなく，教育機関における就学が困難な場合（障害のある子供の教育，スポーツ・芸術活動等従来の学校教育と両立ができない活動，非定住家庭，学校が遠方にある場合等），大学区国民教育事務局長（DA-SEN）の許可を受けた後，子供は国立通信教育センター（CNED）に無償で登録し，学力の審査は同センターにより実施される。

5.2　学校・家庭・地域との連携

学校は，経済・社会環境におけるアクターの1つとして，地域環境に開かれた学校となり，地域の特徴を踏まえた教育活動を実施することが目指されている。その中で，保護者との対話をはじめ，地方公共団体，非営利団体等との対話のための取組が実施されている。

5.2.1　家庭との連携

保護者は教育コミュニティの構成員として位置付けられており，教職員との対話や情報提供が保障されている。例えば，新入生の保護者に対して校長との集会（説明会）の開催や，コレージュ及びリセでは年に最低2回保護者と教員の面談が行われている。保護者の学校への参加が子供の学業の成功に不可欠であるとして，特に社会経済的環境に恵まれない子供の保護者や学校教育と最も関わりの薄い保護者を支援するため，より開かれた学校を構築するための取組がみられる。

毎年，学校における保護者の代表選出選挙が実施され，選出された代表は学校の管理運営組織である管理評議会や学級評議会に参加する。また，学校活動への参加と保護者の共通の利益を保護するために組織する保護者会（association de parents d'élèves）がある。主なものとして，公教育の保護者連盟（PEEP），保護者評議会連盟（FCPE），全国保護者協会連合（UNAAPE）がある。

5.2.2　地域との連携

学校と地域は連携して教育活動を行っている。地方公共団体は，主に学校時間外の活動を支援するかたちで学校と連携している。

例えば，「地域教育計画（projet éducatif territorial）」（2013年3月に導入）は，地方公共団体が任意で始業前，昼及び放課後に教育関連の活動を，子供一人一人の知識・技能を踏まえて提供する計画である。同計画は，地方公共団体のイニシアティブにより，国（教育担当省をはじめ様々な省庁）や学校など教育関係者と連携を図ることで実施される。

このほか，「地方教育計画（projet éducatif local：PEL）」「地方教育契約（contrat éducatif local：CEL）」があり，地域教育計画はこれらの措置も包括して策定される。これらの活動は，子供や若者に対して知識，文化及びスポーツにアクセスする機会を平等に与えること，また都市政策の一環として地域の発展や疎外防止への対策を目的として実施されている。

地域と連携した教育活動はまた，地域で活動するアソシアシオン（非営利団体）とも連携して実施される。

5.3 学校段階間の連携

　小学校からコレージュへ円滑に移行できるよう，学校間，教員間の連携が図られている。2013年学校基本計画法に基づき，2013年度以降，「小学校－コレージュ評議会（conseil école-collège）」が組織されており，最も支援が必要な生徒を中心として，生徒の接続を支援するため学校間の協力及び意見交換が行われている。「小学校－コレージュ評議会」は，コレージュの校長（又は副校長），小学校の学区を担当する国民教育視学官（又は代理者），コレージュの校長に任命される教員，及びコレージュの学区にある小学校の教員評議会のメンバーにより構成される。評議会は最低年に2回集まり，次年度のための活動計画を策定する。

6　その他

6.1　優先教育

　政府は1981年以降，地域や家庭における社会的・経済的・文化的諸事情から児童・生徒の学業不振が起こる地区を指定し，教員の加配や特別支援等を行うことで児童・生徒に機会の平等を与え，また，学業不振を抑制し，学業の成功を導くことを目的とする優先教育政策（éducation prioritaire）を実施している。

　優先教育政策は，当初，「優先教育地区（zone d'éducation prioritaire：ZEP）」を指定することから開始し，その後見直しが繰り返されてきた。1990年代後半には「優先教育ネットワーク（REP）」としてZEP対象校及び特定の支援が必要な学校がネットワーク化された。2006年には「成功希望ネットワーク（réseau ambition réussite：RAR）」及び「学業成功ネットワーク（réseaux de réussite scolaire：RRS）」，2010年に「コレージュ及びリセのための希望，革新及び成功プログラム（programme CLAIR）」，2011年には「小学校，コレージュ，リセのための希望，革新及び成功プログラム（programme ECLAIR）」と変遷している。2013年以降，優先教育政策のさらなる見直しが進められ，2014年度から「優先教育ネットワーク（REP）」及び「優先教育ネットワーク・プラス（REP＋）」として新たな優先教育政策の枠組みが導入された。REP＋は社会的困難が最も大きく学業の成功に大きな影響を与えると考えられる地域の学校，REPは優先教育以外の学校と比べ社会的困難が大きい学校を対象として定められた。2014年度には102のREP＋が稼動し，2015年度には350のREP＋及び739のREP，合わせて1,089の優先教育ネットワークが稼動している。

　優先教育の一環として，十分な教育環境に恵まれていないが勤勉な意思を有する中等教育段階の生徒を受け入れる「卓越した寄宿舎（internat d'excellence）」政策が2008年から実施されている。学習環境を変えることで学業の成功を目指すことが目的とされ，保護者及び生徒からの希望，学校長や教員，ソーシャルワーカー等からの提案により寄宿舎への申請がなされる。寄宿舎の生徒に対して，寄宿舎を設けた学校を中心に，他の学校や地域が連携して放課後の宿題支援や補習，課外活動等が提供される。また，リセの生徒には，高等教育への進学を目指すための支援も行われている。

6.2 放課後支援

　優先教育対象の小学校及びコレージュ[注7]では，年間を通して希望する児童・生徒に対して週4回，1日2時間の放課後支援（accompagnement éducatif）を実施している。放課後支援は，教員や教育補助員，アソシアシオン（非営利団体）等により実施され，主に▽宿題の支援，▽芸術文化活動，▽スポーツ活動，▽外国語の口頭学習（コレージュのみ），から成る。2013年度には優先教育対象校の児童・生徒の約90％が参加している。

【注】
1. フランスではしばしば省庁改編が行われることがあるが，幼稚園は国民教育所管省庁，保育所などは家族を所管する省庁が所管する。
2. 就学前段階のクラスを設け，就学前及び小学校段階の子供を受け入れる学校は初等学校（école primaire）といわれる。
3. 1970年代半ばまで，コレージュでは修業年限4年間の全体を通じてコース制が採用されており，生徒は学力等に応じて3つの課程に分かれて学習していた。1975年には，全ての生徒に同一の前期中等教育を行う「統一コレージュ」の実現を目指した改革（アビ改革）により，共通課程が整備された。
4. 中央の行政は地方分散化（déconcentration）されており，国民教育行政については，全国は，ほぼ地域圏の区分に相当する大学区（académie）という教育行政区画に分けられている。大学区を構成する県レベルには，大学区国民教育事務局長（DA-SEN）が置かれる。
5. 「共通基礎知識技能」は，2005年の学校基本計画法に基づき2006年に定められた。
6. 2008年には週4日制が導入されたが，2013年に現行制度に改められた。
7. 2014年度までは全ての公立コレージュが対象となっていた。

【参考文献】
1) Code de l'Education commenté, Edition 2014, Dalloz, 2013.
2) DEPP, Repères et références statistiques sur les enseignements, la formation et la recherche - édition 2014, 2015.
3) AUDUC Jean-Louis, Le système éducatif français aujourd'hui, Hachette Éducation, 2013.
4) Ministère de l'éducation nationale, de l'enseignement supérieur et de la recherche (http://www.education.gouv.fr/).
5) Eduscol (http://eduscol.education.fr/).
6) Le site officiel de l'administration française (http://www.service-public.fr/).
7) ONISEP (http://www.onisep.fr/).
8) Eurydice, Eurypedia – L'encyclopédie européenne sur les systèmes éducatifs nationaux (France) (http:/eacea.ec.europa./eu/Education/eurydice/eurypedia_fr.php).

ドイツ

1 初等中等教育制度の概要 ……… 166
2 教育内容・方法 …………………… 177
3 進級・進学制度 …………………… 201
4 教育条件 …………………………… 208
5 学校選択・連携 …………………… 211

学校系統図

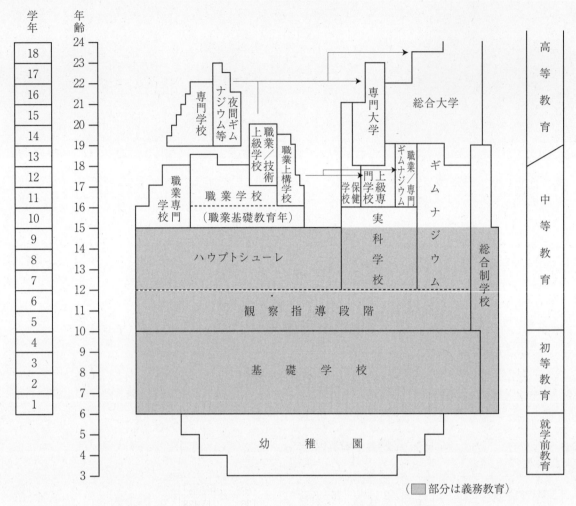

（■部分は義務教育）

就学前教育——幼稚園は満3歳からの子供を受け入れる機関であり，保育所は2歳以下の子供を受け入れている。

義 務 教 育——義務教育は9年（一部の州は10年）である。また，義務教育を終えた後に就職し，見習いとして職業訓練を受ける者は，通常3年間，週に1～2日職業学校に通うことが義務とされている（職業学校就学義務）。

初 等 教 育——初等教育は，基礎学校において4年間（一部の州は6年間）行われる。

中 等 教 育——生徒の能力・適性に応じて，ハウプトシューレ（卒業後に就職して職業訓練を受ける者が主として進む。5年制），実科学校（卒業後に職業教育学校に進む者や中級の職に就く者が主として進む。6年制），ギムナジウム（大学進学希望者が主として進む。8年制又は9年制）が設けられている。総合制学校は，若干の州を除き，学校数，生徒数とも少ない。後期中等教育段階において，上記の職業学校（週に1～2日の定時制。通常3年）のほか，職業基礎教育年（全日1年制），職業専門学校（全日1～2年制），職業上構学校（職業訓練修了者，職業訓練中の者などを対象とし，修了すると実科学校修了証を授与。全日制は少なくとも1年，定時制は通常3年），上級専門学校（実科学校修了を入学要件とし，修了者に専門大学入学資格を授与。全日2年制），専門ギムナジウム（実科学校修了を入学要件とし，修了者に一般大学入学資格を授与。全日3年制）など多様な職業教育学校が設けられている。また，専門学校は職業訓練を終えた者等を対象としており，修了すると上級の職業資格を得ることができる。夜間ギムナジウム，コレークは職業従事者等に一般大学入学資格を与えるための機関である。なお，ドイツ統一後，旧東ドイツ地域各州は，旧西ドイツ地域の制度に合わせる方向で学校制度の再編を進め，多くの州は，ギムナジウムのほかに，ハウプトシューレと実科学校を合わせた学校種（5年でハウプトシューレ修了証，6年で実科学校修了証の取得が可能）を導入した。

高 等 教 育——高等教育機関には，総合大学（教育大学，神学大学，芸術大学を含む）と専門大学がある。修了に当たって標準とされる修業年限は，伝統的な学位取得課程の場合，総合大学で4年半，専門大学で4年以下，また国際的に通用度の高い学士・修士の学位取得課程の場合，総合大学でも専門大学でもそれぞれ3年と2年となっている。

学校統計

(2012年度)

教育段階	学校種名	設置者別	修業年限 年	通常の在学年齢 歳	学校数 校	児童・生徒・学生数 人	本務教員数 人	備考
就学前	幼稚園(1)	公	-	3～5	6,816	656,069	m	(1) 保育所を含む3月1日現在の数値。学校数は2～8歳児を受入れ対象としている機関の数。
		私			14,606	1,264,621	m	
	学校幼稚園(2)	公	-	-	1,228	24,084	1,929	(2) 就学義務年齢に達しているが，心身上の理由から就学が不適切とみなされる子供のための学校。多くは基礎学校あるいは特別支援教育学校に付設されている。なお，就学義務年齢には達していないが就学が適切とみなされる子供のための早期教育機関「予備学年」を含む。
		私			135	3,792	619	
初等・中等	基礎学校	公	4	6～9	15,147	2,659,386	186,791	
		私			824	86,993	6,683	
	ハウプトシューレ	公	5	10～14	4,154	676,082	46,933	
		私			308	29,132	1,961	
	実科学校	公	6	10～15	2,170	970,263	59,661	
		私			355	110,335	7,014	
	ハウプトシューレと実科学校を合わせた学校種(3)	公	5～6	10～14, 15	1,764	410,575	36,433	(3) 名称は州により異なる。
		私			193	23,062	1,935	
	ギムナジウム	公	9 (8)	10～18 (17)	2,601	2,111,768	157,852	
		私			521	275,822	21,496	
	総合制学校	公	6	10～15 (18)	1,029	643,251	51,342	
		私			418	120,305	10,148	
	職業学校(4)（定時制・全日制）	公	3	15～17	2,500	1,549,707	51,730	(4) 全日制は職業基礎教育年等。
		私			318	46,564	3,262	
	職業上構学校	公	1	-	19	481	33	
		私			a	a	a	
	職業専門学校	公	1	15～17	1,463	332,406	26,480	
		私			1,042	104,542	7,118	
	専門ギムナジウム等	公	3	16～18	766	164,203	13,604	
		私			97	8,676	708	
	上級専門学校	公	2	16～17	728	122,713	6,877	
		私			136	11,438	655	
	職業・技術上級学校	公	2	-	260	22,848	1,499	
		私			16	348	30	
高等	専門大学	州	3～	18～	142	707,415	30,972	
		私			103	118,319		
	総合大学(5)	州	3～	19 (18)～	87	1,593,577	188,622	(5) 工科大学，医科大学を含む。
		私			21	18,087		
	教育大学	州	3～	19 (18)～	6	24,735	1,226	
		私			0	0		
	神学大学	州	3～	19 (18)～	14	2,218	311	
		私			3	339		
	芸術大学	州	3～	19 (18)～	50	33,650	3,983	
		私			2	1,069		
その他	夜間ギムナジウム等	公	-	19 (18)～	229	46,163	3,367	
		私			91	10,727	463	
	専門学校等	公	0.5～	18～	964	127,492	7,091	
		私			542	66,034	3,796	
	保健学校	公私	3	17 (18)～19 (20)	1,790	148,558	8,482	
特別支援	特別支援教育学校	公	9	6～14	2,603	284,402	56,605	
		私			655	70,737	14,665	

(注)
表中の「m」は計数が不明であること，「a」は制度が存在しないことを表す。

(資料)
連邦統計局, Statistiken der Kinder- und Jugendhilfe: Kinder und tätige Personen in Tageseinrichtungen, 各年版
連邦統計局, Allgemein bildende Schulen, 各年版
連邦統計局, Private Schulen, 各年版
連邦統計局, Berufliche Schulen, 各年版
連邦統計局, Studierende an Hochschulen, 各年版
連邦統計局, Personal an Hochschulen, 各年版

1 初等中等教育制度の概要

16の州から成る連邦国家のドイツでは，州を単位とした行政が行われている。同国の憲法に相当する基本法（Grundgesetz）により，連邦が権能を行使する事項として基本法が規定する以外の事柄は，州の権限であり，責任とされている。教育分野についても，教育，学術，文化に関する権限は基本的に州が有するとする，いわゆる「文化高権（Kulturhoheit）」と呼ばれる伝統的な考え方に則り，基本法には連邦の権限とする規定が設けられていないため，原則的に州の権限となっている。したがって，各州は教育を所管する教育担当省を置き，独自の教育関係法令を制定し，教育行政を行っている。

初等中等教育制度においては，州は独自の政策，制度，教育課程の基準を定めているため，州により違いがみられる。ただし，各州の多様な教育制度の下，州を越えた移動により児童・生徒及び各家庭が不利益を被ることがないように，各州の教育担当大臣で構成される常設の各州文部大臣会議（KMK）が各州の教育制度や政策を調整し，学校修了資格などの相互認定に対する州間協定を締結することで，連邦全体としての統一性の維持に努めている。

1.1 就学前教育

保育と就学前教育は早期教育の概念上は区別されていないが，0歳児から3歳未満の子供は保育所（Krippe），3歳以上6歳未満の子供は幼稚園（Kindergarten）と，受け入れる施設が年齢で区別されている。ただし，就学前の子供を年齢で区切ることなく総合的に受け入れている施設もある[注1]。これらの施設は，連邦法では社会法典を根拠法としており，就学義務年齢にある14歳未満の子供を対象とした学童保育施設（Hort）と併せて一般に「キタ（KITA = Kindertagesstätteの略称）」と総称されている。

就学前教育はいずれの州でも義務教育ではないが，7州が初等教育就学前の1年間を，2州が就学前の3年間を無償としている（2011年7月現在）。また，一定の保育時間を無償としたり，保護者に保育バウチャーを発給したりすることによって就園にかかる費用を助成している州もある。

1.2 義務教育

1.2.1 学校に就学する義務

義務教育の年限は，**表1**のとおり，州により異なり，12州が6～15歳の9年（ノルトライン・ヴェストファーレン州のギムナジウムを含む），5州が6～16歳の10年（ノルトライン・ヴェストファーレン州のギムナジウム以外の学校種を含む）となっている。いずれの州でも国籍に関係なく学校に就学する義務が定められており，国内に一定の住居を定めていれば，ドイツ国籍の子供のみならず外国人及び無国籍の子供も，疾病や障害等のやむを得ない事情を除いて就学する義務を負い，その保護者は我が子を就学させる義務を負う。したがって，ホームスクーリングは認められていない。

なお，義務教育期間中のみならず後期中等教育段階まで，普通教育学校及び職業教育学校の授業料は無償となっている。

表1：各州の就学義務

	一般就学義務 （フルタイム）	職業学校就学義務 （パートタイム）
バーデン・ヴュルテンベルク州，バイエルン州，ハンブルク市，ヘッセン州，メクレンブルク・フォアポンメルン州，ニーダーザクセン州，ノルトライン・ヴェストファーレン州（ギムナジウム），ラインラント・プファルツ州，ザールラント州，ザクセン州，ザクセン・アンハルト州，シュレスヴィヒ・ホルシュタイン州　　　　　　　　　　　　　計12州	6～15歳の9年間	18歳まで
ベルリン市，ブランデンブルク州，ブレーメン市，ノルトライン・ヴェストファーレン州（ギムナジウム以外の前期中等教育機関），チューリンゲン州　　　　　　　　　　　計5州	6～16歳の10年間	19歳まで

1.2.2　就学の一時免除と早期就学

近年，就学開始年齢を柔軟化する動きが広まっており，就学義務年齢に達してはいるものの，就学するには心身の発達が十分ではない子供については，保護者の申請により，一時的に就学が免除される。就学の一時免除を受けた子供は，大半の州では，基礎学校に併設された学校幼稚園（Schulkindergarten）や就学前学級（Vorschulklasse）に通い，基礎学校第1学年に問題なく就学できるように準備する。逆に，就学義務年齢に達してはいないものの，問題なく就学できるほどに心身が発達している子供については，通常よりも少し早い時期に就学することが認められている。一時的に就学免除を受けた場合も，早期に就学した場合も，基礎学校への就学をもって就学義務が発生する。ベルリン市（州と同格）では，例えば2016年度（2016年8月～）に就学する者については，本来は2010年1月1日から12月31日までに生まれた子供が対象となるが，2010年10月1日から12月31日までに生まれた子供は，特段の理由がなくても保護者の申請により就学の一時免除を受けられることとなっている一方，2011年1月1日から3月31日までに生まれた子供は，言語能力に問題がなければ，通常よりも1年早い2016年度に就学できるようになっている。

1.2.3　職業学校就学義務

義務教育修了後，後期中等教育段階に進学しない者についても，18歳あるいは19歳まで3年間の職業学校就学義務があり，その間は，職業訓練生として企業に勤めながら職業学校にも週1～2日程度通わなければならない（デュアルシステム）。

1.3　初等教育

初等教育は6歳から始まり，一般に，基礎学校（Grundschule）で4年間（ベルリン市（州と同格）とブランデンブルク州の2州は6年間），無償で提供される。また，州により，初等中等一貫の総合制学校（Gesamtschule）の基礎学校課程で行われる。就学に当たっては，子供の心身の発達状況などに鑑み，就学時期を早めたり遅らせたりすることができ，就学を遅らせた子供は，大半

の州では，学校幼稚園あるいは基礎学校に併設された就学前学級でケアを受ける（**1.2.2** 参照）。

1.4 中等教育

中等教育は，取得を目指す学校修了資格の種類により5～9年間，無償で提供される。

前期中等教育段階は，いわゆる複線型の学校制度になっており，初等教育段階が終了する10歳のときに子供の能力や適性に鑑み，▽ハウプトシューレ修了資格，▽実科学校（中等教育）修了資格，▽ギムナジウム修了資格兼一般大学入学資格，の3種類の学校修了資格のいずれかが取得可能な学校種を選択する。ただし，最初の2年間（第5～6学年）は，いずれの学校種あるいは教育課程でも，適切な進路選択を可能にするための猶予期間として「観察指導段階」（オリエンテーション段階）が設けられており，観察指導段階が終了すると，生徒は改めてどの学校種ないし教育課程に進学するか決定することとなっている。

後期中等教育段階では，一般大学入学資格「アビトゥア」を取得できる，「ギムナジウム上級段階」と呼ばれる3年の課程において普通教育が提供される。また，定時制の職業学校，全日制の職業専門学校，上級専門学校など，多様な職業教育機関で職業教育が提供される。

1.4.1　学校修了資格

中等教育段階の学校修了資格には，▽ハウプトシューレ修了資格，▽実科学校修了資格，▽ギムナジウム修了資格の3種類がある。

ハウプトシューレ修了資格は，5年制の課程で取得される。修了後に企業の職業訓練生として職業訓練を受けつつ職業学校にも通う，いわゆるデュアルシステムに入る者が主に取得するもので，企業での職業訓練に入るための基礎要件となっている。州により，職業訓練資格とも呼ばれている。

実科学校修了資格は，6年制の課程で取得される。修了後に職業教育学校（全日制）に進む者や中級の職に就く者が主に取得するもので，同資格の取得をもって中等教育を修了したこととなり，上級専門学校や専門ギムナジウムへの進学要件となる。ほとんどの州では実科学校修了資格と呼ばれている[注2]。

ギムナジウム修了資格は，8年制又は9年制の課程で取得される。アビトゥア（Abitur）と呼ばれる一般大学入学資格を兼ねており，大学進学希望者が主に取得する。

なお，ハウプトシューレ修了資格及び実科学校（中等教育）修了資格は，夜間学校や職業学校で取得できるほか，外部試験を通じて取得することもできる。

1.4.2　普通教育を提供する学校種

ハウプトシューレ修了資格，実科学校（中等教育）修了資格，ギムナジウム修了資格といった3つの学校修了資格の取得課程を提供する学校種は，州により様々である。伝統的には，ハウプトシューレ修了資格はハウプトシューレで，実科学校修了資格は実科学校で，ギムナジウム修了資格である一般大学入学資格のアビトゥアはギムナジウムで，とそれぞれの修了資格とそれらが取得できる学校種の名称は一致していた。しかし近年では，ギムナジウムだけは独立したかたちで残しつつも，ハウプトシューレと実科学校を統廃合し，ハウプトシューレ修了資格と実科学校修了資格の取

得課程を併設する学校や，初等中等一貫の教育課程を提供する学校を設置する州が多くみられる。

1.4.2.1 ハウプトシューレ

ハウプトシューレ（Hauptschule）は基本的な普通教育を行う学校種であり，修了後に企業の職業訓練生として職業訓練を受けつつ職業学校にも通うという二元制の職業教育訓練，すなわち「デュアルシステム」に入る者が主として就学する。通常，第5～9学年の5年制であるが，第10学年までフルタイムの就学義務を課している州では，第10学年までカバーしている。修了者には，企業での職業訓練に入るための基礎要件となるハウプトシューレ修了資格が与えられる。また，成績優秀な修了者には，州により，第10学年の課程に進級して実科学校（中等教育）修了資格や，全日制の職業教育機関である職業専門学校への進学を可能とする上級のハウプトシューレ修了資格（Erweiterte Hauptschulabschluss）を取得する機会が開かれている。

1.4.2.2 実科学校

実科学校（Realschule）はハウプトシューレよりもレベルの高い普通教育を行う学校種であり，修了後に上級専門学校などの全日制の職業教育学校に進学する者や中級の職に就く者が主として就学する。通常，第5～10学年の6年制で，同学校種を修了すれば中等教育を修了したこととなる。修了者には，上級専門学校や専門ギムナジウムへの進学要件となる実科学校（中等教育）修了資格が与えられる。

1.4.2.3 ギムナジウム

ギムナジウム（Gymnasium）は深化させた普通教育を提供する，いわゆる中高一貫制の学校種で，大学進学希望者が主として就学する。通常，第5～12学年又は第5～13学年（基礎学校が6年制の場合は，第7～12学年又は第7～13学年）の8年制又は9年制で，後期中等教育段階を構成するギムナジウム上級段階（Gymnasiale Oberstufe）と呼ばれる3年の課程（8年制，9年制の場合）又は2年の課程（8年制の場合）を修了した者には，一般大学入学資格であるアビトゥアが与えられる。

なお，ギムナジウム上級段階が設置されていれば，総合制学校に限らず他の学校種でもアビトゥアが取得可能であるが，ギムナジウムの場合は8年，それ以外の学校種では9年で取得に至るのが一般的である。ただし，ギムナジウムを9年制としている州や，9年制ギムナジウムと8年制ギムナジウムを併設している州もある[注3]。

1.4.2.4 2種類の教育課程を併せ持つ学校種

2つの教育課程を併せ持つ学校種は，通常は，ハウプトシューレと実科学校を合わせた形態の学校種として存在する。州により名称は異なり，教育課程の提供の仕方にも多少の違いがみられるが，いずれも前期中等教育段階（第5～9学年又は第5～10学年）をカバーしている。第5～6学年では，一般に全生徒に共通する教育課程が敷かれているが，第7学年からは，生徒は，職業教育訓練への受入れ要件となるハウプトシューレ修了資格が取得可能な5年制の課程と，実科学校（中等教育）修了資格が取得可能な6年制の課程に分かれて学ぶか，習熟度別に分かれて学ぶ。ノルトライン・ヴェストファーレン州，ザクセン・アンハルト州及びブレーメン市（州と同格）の中

等学校（Sekundarschule），ブランデンブルク州及びザクセン州の上級学校（Oberschule），メクレンブルク・フォアポンメルン州及びシュレスヴィヒ・ホルシュタイン州の広域実業学校（Regionale Schule/Regionalschule），ザールラント州の拡大実科学校，チューリンゲン州の通常学校（Regelschule），ラインラント・プファルツ州の実科学校プラス（Realschule plus）[注4]がこのような学校種に相当する。

表2：各州の中等教育段階の学校種

課程	ギムナジウム 修了資格取得課程	ハウプトシューレ 修了資格取得課程	実科学校 修了資格取得課程
前期	・ギムナジウム（第5〜9/10学年）	・ハウプトシューレ（第5〜9/10学年） ・中間学校（Mittelschule, バイエルン州）	・実科学校（第5〜10学年）
前期	3種類の教育課程を併せ持つ学校種と教育課程が分岐しない学校種（第5〜10学年） ・統合型総合制学校（Integrierte Gesamtschule） ・協力型総合制学校（Kooperative Gesamtschule） ・地区総合学校（Gemeinschaftsschule, バーデン・ヴュルテンベルク州, ザールラント州, ザクセン・アンハルト州, シュレスヴィヒ・ホルシュタイン州, チューリンゲン州） ・統合型中等学校（Integrierte Sekundarschule, ベルリン市） ・上級学校（Oberschule, ブレーメン市, ニーダーザクセン州） ・一部の広域実業学校（Regionale Schule, メクレンブルク・フォアポンメルン州） ・市区学校（Stadtteilschule, ハンブルク市） ・中等学校（Sekundarschule, ノルトライン・ヴェストファーレン州）		
前期		2種類の教育課程を併せ持つ学校種（第5〜10学年） ・拡大実科学校（Erweiterte Realschule, ザールラント州） ・ハウプト・実科学校（Haupt- und Realschule, ハンブルク市） ・上級学校（Oberschule, ブランデンブルク州及びザクセン州） ・実科学校プラス（Realschule plus, ラインラント・プファルツ州） ・通常学校（Regelschule, チューリンゲン州） ・広域実業学校（Regionale Schule, メクレンブルク・フォアポンメルン州） ・広域実業学校（Regionalschule, シュレスヴィヒ・ホルシュタイン州） ・中等学校（Sekundarschule, ブレーメン市, ザクセン・アンハルト州） ・ハウプト・実科連合学校（Verbundene Haupt- und Realschule, ヘッセン州） ・中級学校（Mittelstufenschule, ヘッセン州）	
後期	・ギムナジウムのギムナジウム上級段階（第10〜12学年） ・3種の教育課程を併せ持つ学校種のギムナジウム上級段階（第11〜13学年）		

表注：全州又は半分以上の州に設置されている学校種については，（　）内に州名を入れていない。
（出典）Sekretariat der Ständigen Konferenz der Kultusminister der Länder in der Bundesrepublik Deutschland: Übersicht über die Bildungsgänge und Schularten im Bereich der allgemeinen Bildung (Stand: 08/2014)を基に作成。

1.4.2.5　3種類の教育課程を併せ持つ学校種と教育課程が分岐しない学校種

　初等中等一貫の教育課程を提供する学校としては，伝統的に一部の州に総合制学校（Gesamtschule）が設置されている。これは，1960年代に欧州各国で起きた，社会的階層を反映した複線型学校制度に対する批判を背景に，全ての児童・生徒が共通の教育課程で学べるように設置された学校種で，統合型の総合制学校（Integrierte Gesamtschule）と協力型の総合制学校

(Kooperative Gesamtschule）の２種類がある。統合型の総合制学校は，一部の教科を除き，中等教育段階においても学校修了資格別に教育課程が分岐しないことを特徴としているもので[注5]，それに対して協力型の総合制学校では，中等教育段階において学校修了資格別に課程が分岐している。

また，近年では，様々な能力や適性の児童・生徒を第１学年から第13学年まで，あるいは初等教育修了後の第５学年から第13学年まで同じ教室で一緒に学ばせ，子供一人一人に応じた教育プログラムを提供する地区総合学校（Gemeinschaftsschule）と呼ばれる学校種が，シュレスヴィヒ・ホルシュタイン州が2007年度に導入に踏み切ったのを端緒に，ベルリン市（州と同格）やザクセン・アンハルト州でも導入されている[注6]。

なお，総合制学校でも地区総合学校でも，ハウプトシューレ修了資格及び実科学校（中等教育）修了資格のほか，「ギムナジウム上級段階」と呼ばれる後期中等教育課程が設置されていれば，ギムナジウムと同様に一般大学入学資格であるアビトゥアが取得可能となっている。

1.4.3　観察指導段階（検証段階）

中等教育段階のいずれの学校種あるいは教育課程にも，観察指導段階（Orientierungsstufe）又は検証段階（Erprobungsstufe）などと呼ばれる，適切な進路を改めて見極め，決定するための猶予期間が最初の２年間，すなわち第５～６学年に設けられている。この間に，学級担任及び教科担任によって生徒の適性や能力に合った教育水準や教育内容が観察，検証され，観察指導段階が終了すると，生徒は改めてどの学校種ないし教育課程に進学するかを決定することとなっている。ただし，近年，様々な能力や適性の児童・生徒ができるだけ長い期間同じ教室で一緒に学ぶことが可能な総合制学校や地区総合学校といった，複数の教育課程を併せ持つ学校種を設置したことに伴い，観察指導段階を廃止している州もある。

1.5　職業教育

職業教育は後期中等教育段階から始まり，進路選択の可能性を幅広く保障する観点から，職業学校での職業教育と企業における職業訓練による二元式の職業教育訓練制度（デュアルシステム）において提供されるほか，職業訓練修了資格の取得を目的に専門的な職業教育をフルタイムで提供する職業教育機関（例えば職業専門学校）や，職業訓練中の者や職業訓練経験のある者が上級の学校に進学するための資格を取得できるような職業教育機関（例えば「上級専門学校」）など，取得を目指す資格（大学入学資格を含む）の種類に応じて多様な職業教育機関（年限は概ね２～3.5年）で提供されている。ただし，ベルリン市（州と同格）やブランデンブルク州の上級段階センター（Ober-stufenzentrum：OSZ）やノルトライン・ヴェストファーレン州の職業コレーク（Berufskolleg）のように，州により，多様な職業教育機関が提供するそれぞれの課程を１つの機関に集約し，ハウプトシューレ修了資格から一般大学入学資格に至るまで，あらゆる学校修了資格の取得を可能とした総合的な職業教育機関も存在する。

なお，前期中等教育を概ね終える16歳年齢にある者の在学状況（2013年）をみると，74％が普通教育学校に，15％が全日制の職業教育学校に，9％が定時制の職業学校（デュアルシステム）に在学している（**図1**）。

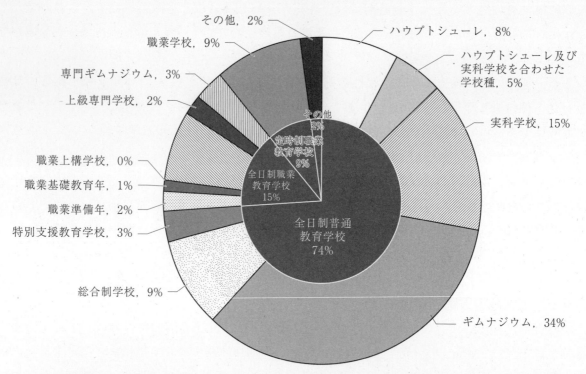

図1：16歳年齢層の在学状況（2013年）

（出典）Statistisches Bundesamt: Bildung und Kultur, Allgemeinbildende Schulen, Schuljahr 2013/2014 (Fachserie 11, Reihe 1), Wiesbaden November 2014 u. Berufliche Schulen, Schuljahr 2013/2014 (Fachserie 11, Reih 2), Wiesbaden Oktober 2014.

1.5.1 職業学校

　前期中等教育段階においてハウプトシューレ修了資格及び実科学校（中等教育）修了資格を取得した者は，一般に，職業学校就学義務が課せられている18歳又は19歳までは，約330職種（2014年10月現在）の認定訓練職のいずれかを提供する企業と訓練契約を結び職業訓練を受ける傍ら，週に1～2日，定時制の職業学校（Berufsschule）に通うという，いわゆるデュアルシステムの中で職業教育訓練を受ける。なお，認定訓練職とは，同一の職種について同質の職業訓練を受けられるよう保障するために定められた職業訓練規定を有する職種である。

　職業学校（Berufsschule）では，職業横断的な普通教育（ドイツ語，社会，経済，宗教，体育）が通常週に4時間，職業関連の授業が通常週に8時間行われる一方，企業での職業訓練では，職業訓練生は企業から給与の支払いを受けながら，メンターと呼ばれる指導員の下で実務に従事する。訓練期間は職種により2～3年半で，3年が一般的である。企業での職業訓練は，地域の手工業会議所や商工会議所といった職能団体による修了試験（手工業の場合，職人試験と呼ばれる）をもって修了し，合格者には相応の職業資格が与えられる。また，職業学校において十分な成績を収めていれば，職業学校からは，中等教育修了資格と同じ意味を持つ職業学校修了資格が与えられる。

　なお，職業学校には，企業と職業訓練契約を結べなかった者の受け皿として職業基礎教育年（Berufsgrundbildungsjahr）と呼ばれる1年間の全日制の課程や，また，企業での職業訓練の基礎要件となるハウプトシューレ修了資格を取得できていない者にハウプトシューレ修了資格を取らせる職業準備年（Berufsvorbereitungsjahr）と呼ばれる，同じく1年間の全日制の課程が設けられている。前者の職業基礎教育年で受けた職業訓練は，後に，企業での職業訓練の年数に換算されるとともに，修了すれば，実科学校（中等教育）修了資格相当とみなされる。

1.5.2 職業専門学校

職業専門学校（Berufsfachschule）は全日制の職業教育学校で，商業系の職業，外国語にかかる職業，営業技術や手工芸にかかる職業，家政及び社会福祉にかかる職業，芸術系の職業，連邦法が規定する保健衛生関連の職業等を対象としたものがある。職業学校の職業基礎教育年と同様に，企業と職業訓練契約を結べなかった者の受け皿としても機能しており，ハウプトシューレ修了資格を持ちつつも実科学校（中等教育）修了資格を持たない者が全日制で1年間又は2年間の職業基礎教育課程を修了すれば実科学校修了資格が，実科学校修了資格を持つ者が全日制で2年間又は3年間の課程を修了すれば，州が試験して認定する（staatlich geprüfte）職業資格や，特定の条件下で専門大学入学資格が授与される。また，デュアルシステムで職業教育訓練を受けている者と同様に，修了時に，地域の手工業会議所や商工会議所といった職能団体による修了試験を受けて相応の職業資格を取得することも，州の職業教育所管省と地域の職能団体との間で相応の協定が結ばれている限りで可能である。

1.5.3 上級専門学校

上級専門学校（Fachoberschule）は実科学校（中等教育）修了資格を入学要件とする，2年制（第11～12学年）の全日制職業教育学校である。一般的な知識や技能のほか，経済，行政，技術，保健衛生，造形，栄養，家政，農業，バイオテクノロジー，環境技術といった職業分野においてそれぞれの理論的かつ実践的な知識や技能を提供しており，修了者には専門大学入学資格が与えられる。また，第13学年が設置されていることもあり，第13学年を修了した者には特定の専門分野に限って総合大学での学修となる専門限定の大学入学資格が，さらに第二外国語で十分な成績を収めた者には一般大学入学資格であるアビトゥアが与えられる。

1.5.4 職業／技術上級学校

職業上級学校（Berufsoberschule）又は技術上級学校（Technische Oberschule）は，実科学校（中等教育）修了資格を持つ者だけでなく，2年以上の職業教育訓練を終えた者や5年以上の職業経験を持つ者に，専門限定の大学入学資格を取得する機会を提供する中等後職業教育機関で，バイエルン州やベルリン市（州と同格），ニーダーザクセン州など，一部の州にのみ設置されている。全日制で2年の課程を修了すれば，あるいは相応の年限のパートタイム就学（すなわちデュアルシステム）により専門限定の大学入学資格が，さらに第二外国語において十分な成績を収めることで一般大学入学資格であるアビトゥアが取得できる。

1.5.5 職業／専門ギムナジウム

職業ギムナジウム（Berufliches Gymnasium）は，実科学校（中等教育）修了資格を入学要件とする全日制の職業教育機関で，3年の課程を修了した者には一般大学入学資格であるアビトゥアが授与される。州により，専門ギムナジウム（Fachgymnasium）とも呼ばれる。第5学年から第12学年又は第13学年までの一貫した教育課程を特徴とする通常のギムナジウムとは異なり，前期中等教育段階（第5～10学年）をカバーしておらず，一部の州では，職業関連科目も扱うギムナジウム上級段階として設置されている。

1.5.6 職業上構学校

職業上構学校（Berufsaufbauschule）は，職業学校に在学中の者あるいは職業学校就学義務を完遂した者，すなわち職業訓練中であるか職業訓練を終えて既に就職している者を対象とした学校種で，全日制で1～1.5年，定時制で1～3.5年の課程を修了した者には，実科学校（中等教育）修了に相当する修了資格が授けられる。修了者の多くは，上級専門学校や職業／技術上級学校，職業／専門ギムナジウムなどに進学する。

1.6 特別支援教育

1.6.1 障害のある児童・生徒

障害のために特別な支援なしに通常学校での就学が困難である児童・生徒は，特別支援教育機関である促進学校に就学するか，部分的にサポートを受けながら通常学校に就学するか，部分的に促進学校と通常学校の両方に就学するか，のいずれかのかたちで特別支援教育を受けることになる。児童・生徒にどのような特別支援教育のニーズがあり，どこでどのようなかたちで特別支援教育を受けさせるかについては，州教育省の出先機関である州学務局が，保護者からの入学申請を受けて決定する。

1.6.1.1 促進学校での特別支援教育

心身の障害により通常学校では十分な教育を行うことができない児童・生徒に対しては，ドイツでは伝統的に，促進学校（Förderschule）又は特殊学校（Sonderschule）などと呼ばれる教育機関で，視覚障害，聴覚障害，言語障害，精神発達障害，身体障害，学習障害，行動障害，病弱のための特別支援教育プログラムが提供されている。一般に，促進学校は，特定の学校教育段階の特定の特別支援教育プログラムごとに存在するが，複数のプログラムを総合的に提供する特別支援教育センターも存在する。

授業は，州や障害の内容により普通教育学校あるいは促進学校固有の学習指導要領に従いつつ，児童・生徒一人一人の条件を考慮しながら進められる。中等教育段階では，各課程で生徒が所定の成績を収めれば，修了時にハウプトシューレ修了資格，実科学校（中等教育）修了資格，一般大学入学資格など，相応の学校修了資格が与えられる。

1.6.1.2 通常学校での特別支援教育

心身の障害を理由に特別支援教育を必要とする児童・生徒は，特別支援教育を提供するための人的，物的，空間的な条件が保障される場合には，部分的には促進学校の協力を得ることがありながらも，通常学校に通うことができる。

障害のある児童・生徒を受け入れる通常学校では，個々の障害に対応した設備等の外的な環境が整備されているほか，特別支援教育の資格を有する教員が専任ないし近隣の促進学校との兼任で配置されている。また，学習目標や教育計画を個別に立て，柔軟に対応するなどの措置がとられている。促進学校との共同授業など，促進学校との連携協力も積極的に行われている。

なお，こうした通常学校での特別支援教育は，2009年2月24日に国連「障害者の権利に関する条約」（2006年12月13日採択）を批准したことを受け，インクルーシブ教育の理念の下，特に近

年推奨されるようになっている。各州では，障害のある子供をはじめ，エスニック・マイノリティや社会的・経済的事情といった，様々なニーズを持つあらゆる子供を対象としたインクルーシブ教育の普及に向け，学校制度改革が進められている。

表3：特別支援教育を受ける児童・生徒（2013年度）

障害の内容	通常学校（人）	促進学校（人）	計（人）	通常学校で特別支援教育を受ける児童・生徒の割合(%)
学習	68,351	125,640	193,991	35.2
視覚	2,806	4,595	7,401	37.9
聴覚	7,179	10,806	17,985	39.9
言語	22,320	2,573	24,893	89.7
身体	9,812	24,637	34,449	28.5
精神発達	6,327	73,884	80,211	7.9
行動	38,256	37,983	76,239	50.2
病弱	836	10,399	11,235	7.4
複数の障害又は分類なし	1,324	22,070	23,394	5.7
合計	157,201	343,343	500,544	31.4

（出典）Sekretariat der Ständigen Konferenz der Kultusminister der Länder in der Bundesrepublik Deutschland: Sonderpädagogische Förderung in allgemeinen Schulen (ohne Förderschulen)2013/2014 u. Sonderpädagogische Förderung in Förderschulen (Sonderschulen)2013/2014.

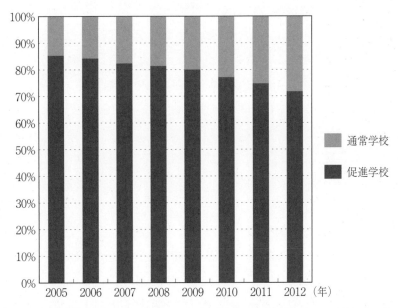

図2：学校種別にみた特別支援を受ける児童・生徒の推移

（出典）Sekretariat der Ständigen Konferenz der Kultusminister der Länder in der Bundesrepublik Deutschland: Sonderpädagogische Förderung in Schulen 2001 bis 2010 u. 2003 bis 2012.

1.6.2 移民を背景に持つ児童・生徒及びドイツ語を母語としない児童・生徒

ドイツ全人口の約2割，18歳未満では3割以上を，移民を背景に持つ者が占めるドイツでは，いずれの州も，全ての学校種及び学校教育段階において，移民を背景に持つ児童・生徒及びドイツ語を母語としない児童・生徒が学校や社会に順応するよう，ドイツ語の言語能力の習得を中心とした特別な支援を様々なかたちで提供している。

就学前教育段階では，ほとんどの州がドイツ語の言語テストを行い，子供がドイツ語を十分に話せ，理解できるかを確認しており，テストの結果が芳しくなかった子供に対しては，基礎学校に就学するまでにできるだけ言語上の問題を解消すべく，特別な言語教育プログラムを提供している。

初等教育段階や中等教育段階では，例えば，そうした児童・生徒を対象としたドイツ語の準備クラスや，母語とドイツ語を授業言語とした二言語クラス，「外国語としてのドイツ語」の集中コースを設置したり，一般教科における学力不足を補うために母語で補習授業を行う機会を設けたりといった取組が顕著である。

こうした状況に対応するため，学級を担当する教員には，相応の現職研修を受ける機会が設けられており，このために，当該教員の担当授業時数を軽減するなどの措置がとられている。また，移民を背景に持つ児童・生徒が高い割合で存在する場合には，州がさらに資金を措置して，移民を背景に持つ教員を加配したり，社会教育士等，教員や児童・生徒をサポートしたりするための人材を投入するなどの対応を行っている。

1.6.3 能力の伸長が著しい児童・生徒

要求水準よりもずっと高い適性や能力が認められる児童・生徒への対応は，州により様々であるが，どの州にも早期就学や飛び級の措置に関するガイドラインが存在しており，一部の州では，そうした措置が学校法などの教育関係法令に規定されている。

早期就学は，初等教育段階への就学時に，子供の心身の発達状況などに鑑みて就学時期を数か月早める措置で，早期就学の対象となる子供の基準となる生まれ月は州により異なる。例えば，ベルリン市（州と同格）では，2015年12月までに満6歳になる子供はその年の8月に基礎学校に入学することとなっているが，2016年の1〜3月に満6歳になる子供も，言語上問題がなければ，保護者の申請により2015年8月に就学することができる。また，バーデン・ヴュルテンベルク州では，2015年9月までに満6歳になる子供はその年の秋に就学義務を負うことになるが，2015年10月から2016年6月までに満6歳になる子供も，保護者の申請により2015年の秋に就学することができる[注7]。

1学年分の教育課程を飛ばして進級する，いわゆる飛び級は，当該児童・生徒の保護者の申請により，上級学年の授業に問題なくついていくことが期待できると学級担任会議[注8]において判定された場合に認められている。このほか，州により，▽一部の科目のみを上級学年の授業クラスで学ばせる，▽特別なカリキュラムやメソッドに基づいた授業を提供する，▽速習プログラムを提供する特進クラスを編制する（中等教育段階のみ），▽大学の講義等に参加する機会を与える（後期中等教育段階のみ）などの措置が講じられている。いずれの措置も，当該児童・生徒及びその保護者が希望していて，当人の学力面のみならず精神的な発達にも問題がないことを前提としている。ただし，早期就学や飛び級の措置を含め，こうした制度の利用は少ない。

2 教育内容・方法

2.1 教育課程の基準

2.1.1 学習指導要領

　州は独自に教育課程の基準として，学校種及び教科ごとに重要な学習内容と能力を示した学習指導要領（州により Lehrplan, Rahmenlehrplan, Bildungsplan, Rahmenplan と称する）を定めている。学習指導要領は各州の教育担当省の責任において開発され，教員に対して拘束力のある省令として告示される。そのため，校長及び教員はこれを遵守することに努めなければならないが，学習指導要領がかなり大綱的にまとめられていることから，教員の教育的行為にはある程度の裁量が認められている。

　学習指導要領の改訂については，各州の教育省が決定し，その作業を行うための委員会を招集する。委員会の過半数は校長を含む現役の教員で占められ，それ以外は学校行政を担当する公務員，州の学校研究所の代表者，高等教育機関の研究者によって構成される。学習指導要領の改訂作業は，通常，各学校種の教科ごと，学年ごとに行われる。その際，中等教育段階の学習指導要領については，国際学力調査の結果が考慮される。学習指導要領の開発の作業が終了して学習指導要領の最終版が固まると，教育省は教員を新しい学習指導要領に備えさせるよう，州内の教員研修教育センターに教員研修を委託する。教科書出版会社もこの段階で改訂版又は新版の構想に着手する。一部の州では，学習指導要領を本格運用する前に試験的な運用を行っている。

2.1.2 全国共通の教育スタンダード

　各州がそれぞれ独自に教育課程基準を定めている連邦制のドイツでは，全国統一的な評価基準をもって各州の状況を比較できるようにし，かつ学校教育の質を保証するため，各学校教育段階修了学年の主要教科については，各州の教育制度の調整を図る各州文部大臣会議（KMK）が策定した全国共通の教育スタンダードが設定されている。これは，児童・生徒が獲得すべき知識や技能を示したもので，各州の学習指導要領は同スタンダードに準拠して作成されている。教育スタンダードが設定されているのは，▽基礎学校修了（第4学年）程度のドイツ語，算数，▽ハウプトシューレ修了（第9学年）程度の数学，ドイツ語，第一外国語（英語又はフランス語），▽中級（実科学校）修了（第10学年）程度の数学，ドイツ語，第一外国語（英語又はフランス語），生物，物理，化学，▽一般大学入学資格（アビトゥア）程度のドイツ語，数学，応用外国語（英語又はフランス語），である。

2.1.3 アビトゥア試験における統一要求水準（EPA）

　一般大学入学資格（アビトゥア）程度の全国共通の教育スタンダードが設定されていない教科については，「アビトゥア試験における統一要求水準（Einheitliche Prüfungsordnungen in der Abiturprüfung：EPA）」がアビトゥア取得時に実施されるアビトゥア試験の形式や水準について共通枠組みを定めており，試験問題の事例も示している。アビトゥア程度のドイツ語，数学，応用外国語（英語又はフランス語）についての全国共通の教育スタンダードは，EPAを発展させたも

のである。

2.1.4 職業教育訓練のための大綱的学習指導要領

定時制の職業学校の学習指導要領は，普通教育関連教科については，普通教育学校と同様の手続で各州の教育省が所管している。ただし，職業関連教科の学習指導要領については，目標，内容，時間的な規模等に共通性を持たせるべく，各州文部大臣会議（KMK）が企業の職業訓練のあり方を定めた職業訓練規定を参照しつつ大綱的学習指導要領を策定し，企業での職業訓練を所管する連邦との調整[注9]を前提に決定している。

2.2　教育目標

2.2.1　学校教育の一般目標

多くの州では，各州の憲法に教育の基本原則が定められ，各州の学校法には，これをより具体化したかたちで学校教育の一般目標が定められている。それぞれの歴史的，政治的事情などから各州の規定ぶりには違いがみられるが，原則的な部分は共通している。表4は，ノルトライン・ヴェストファーレン州とベルリン市（州と同格）それぞれの学校法における学校教育の目標にかかる規定である。

2.2.2　各学校種の教育的任務

各州の学校法には，学校種ごとの教育的任務が定められている。州により規定ぶりは異なるものの，原則的な部分は概ね全州に共通している。

基礎学校の教育的任務は，一人一人異なった学習条件や学習能力を持つ子供たちが，自身の生活世界における方向付けや行動基盤とともに，中等教育段階の学校での学習の基礎を構築できるように促進することである。ノルトライン・ヴェストファーレン州学校法第11条では，基礎学校は，生徒に基本的な能力，知識及び技能を伝え，体系的な学習形態を身に付けさせることによって中等教育学校での勉学の基礎を築くこととされている。ベルリン市（州と同格）でも，同市学校法第20条に，学習条件や学習能力が様々な児童に基礎的な普通教育及び技能を伝えることが，基礎学校の任務として定められている。

前期中等教育学校は，生徒一人一人の能力や適性に合わせて基礎教育を授け，生徒に，二元式の職業教育訓練に入るための，あるいは後期中等教育段階の全日制の普通教育課程又は職業教育課程に入学するための資格及び能力を身に付けさせることを任務としている。

後期中等教育段階では，ギムナジウム上級段階の場合，一般に，高等教育機関での学修が可能となり，さらには相応の職業教育訓練へも進むことができる一般大学入学資格の取得に至るよう，生徒に深化された普通教育，一般的な学修能力，そして学術に対する準備教育的な教養を授けることが任務とされている。一方，職業教育学校の場合，職業資格の取得につながる職業基礎教育や職業専門教育を提供するだけでなく，これまでに生徒が受けた普通教育を拡大させるとともに，専門大学入学資格や専門限定の大学入学資格などの取得につながる専門的な教育を提供することが任務とされている。

表5は，ノルトライン・ヴェストファーレン州とベルリン市の学校法に定められた，主な学校種の教育的任務を示したものである。

表4：ノルトライン・ヴェストファーレン州とベルリン市の学校教育の一般目標

ノルトライン・ヴェストファーレン州	ベルリン市
学校法（2005年2月15日制定，2014年1月17日最近時改正） 第2条　学校の教養教育及び教育の任務 (1) 学校は青少年をドイツ基本法及び州憲法に基づいて教え，教育する。学校は州憲法第7条に定める一般的な教育の目標を実現する。 (2) 神に対する畏敬の念，人間の尊厳の尊重及び社会的行動への意欲を呼び起こすことが，教育の極めて重要な目標である。青少年は人間性，民主主義及び自由の精神に従って，寛容になり，他者の信念を尊重し，動物及び自然の生命基盤の維持に対して責任を負い，国民と故郷，諸国民共同体，平和主義を愛するよう，教育されなければならない。 (3) 学校は父母の教育権を尊重する。学校と父母は教育の目標を実現するために，パートナーとして相互に協力する。 (4) 学校はその教育任務を果たすために必要な知識，能力，技能，価値観を伝え，その際，児童・生徒一人一人の前提条件を考慮する。学校は人格の発達，決定と行動の自立性，公共の福祉，自然及び環境に対する責任意識を促進する。児童・生徒に，責任を持って社会的，利益社会的，経済的，職業的，文化的，政治的生活に参加し，自己の生活を形成する能力を身に付けさせる。男女の児童・生徒は通常，一緒に教えられ，教育される（男女共学）。 (5) 児童・生徒には特に，以下の各号に掲げる事柄を学ばせなければならない； 1. 自立的に，自己の責任で行動する， 2. 1人で，また他者と一緒に学び，成果をもたらす， 3. 自己の意見を主張し，また他者の意見を尊重する， 4. 宗教，世界観の問題について個人的な決定を下し，他者の決定に対する理解と寛容さを養う， 5. ドイツ基本法及び州憲法の基本的な規範を理解し，民主主義を擁護する， 6. 自己の知覚能力，感受性，表現力及び芸術的能力を養う， 7. 身体を動かし一緒にスポーツをすることを楽しむ心を発達させ，栄養のある食事を摂り，健康に生活する， 8. 責任感を持って，安全にメディアと付き合う。 (6) 学校は様々な宗教的，世界観的，政治的信念及び価値観に対して偏見にとらわれず，寛容さを守る。学校は男女同権の原則を尊重し，既存の不利益の排除に向けて尽力する。学校は，異なった思想を持つ人の感情を傷つけ得るあらゆることを回避する。児童・生徒に一面的な影響を及ぼしてはならない。 (7) 学校は，自由民主主義的な基本秩序の枠内で様々な見解を可能にし，尊重する。学校長及び教員は，その任務を公正に遂行する。 (8) 授業は児童・生徒の学習意欲を維持し，さらに促進するように行わなければならない。授業は児童・生徒を鼓舞し，生涯にわたる持続的な学習のための戦略と方法を発展させる能力を与えなければならない。児童・生徒の成績が不振になり，また他の能力の低下がみられるようになったときは，学校は早期に父母を交えて予防措置を講じる。 (9) 発達障害又は障害のある児童・生徒は，個別支援によって可能な限り授業・職業に適合し，利益社会に参加し，自立的な生活設計を行うことが可能になるよう，特別に支援される。 (10) 学校は，ドイツ語を母語としない児童・生徒の統合教育を，ドイツ語能力獲得のための提供サービスによって支援する。その際，学校はこれらの児童・生徒の言語的アイデンティティ（母語）を尊重し，支援する。これらの児童・生徒は他の児童・生徒と一緒に教え，同じかたちで修了させる。 (11) 特に優秀な児童・生徒は，助言と補足的な教育プログラムによって支援される。 (12) 第1〜11項は代替学校にも適用される。	学校法（2004年1月26日制定，2014年3月26日最近時改正） 第3条　教育目標 (1) 職業上の発展及び個人の発達という任務をこなし，自らの人生を積極的に形成し，責任を持って社会的，精神的，文化的，経済的な生活に関与し，未来社会を一緒に形づくっていくために，自ら決定し自主的に学び続ける状況に身を置く児童・生徒に，学校は知識，能力，技能，価値観を伝える。 (2) 児童・生徒は，特に次のことを学ぶ； 1. 自ら学び，他者と一緒に学び，そして成果をもたらすとともに社会的な行動を積極的に展開する， 2. 情報を自ら手に入れ，それらを批判的に用いて自己の意見を主張し，偏見にとらわれることなく他者の意見を尊重する， 3. 誠実かつ自己批判的であること，そして自覚的に正しくかつ必要な認識を行う， 4. 自らの知覚能力，感覚能力，表現の能力，音楽的・芸術的能力を開花させ，メディアと適切かつ批判的に，そして生産的に付き合う， 5. 論理的な思考，創造性，自己の発議を展開する， 6. 心的葛藤を認知し，理性的にかつ暴力を用いることなく解決し，さらにそれに耐える， 7. 身体を動かし，一緒にスポーツをすることを楽しむ心を育む。 (3) 学校教育は児童・生徒に，特に次の能力を身に付けさせる； 1. 尊敬の念と同権と非暴力的な意思の疎通において他の人々との関係を構築し，全ての人々を公正に扱う， 2. 歴史，科学，経済，技術，文化，社会において女性の業績を認めることについても，男性と女性を平等に扱うことを学ぶ， 3. 自身の文化並びに他者の文化を知って理解し，出身や宗教や世界観の異なる人々と偏見にとらわれることなく接し，異文化能力を発展させることで文化の平和的共生に寄与するとともに人間の生存権と尊厳を擁護する， 4. 共同の欧州において市民としての自らの任務を引き受ける， 5. 一地域及び地球全体の天然資源に対する自身と社会の行為の影響を認識し，天然資源を保護するために共同責任を引き受け，次世代のために天然資源を維持する， 6. 技術，法，政治，経済の発展の結果について価値判断を行い，社会の変化と生活にかかわるあらゆることの国際的な次元の要求拡大に対応する， 7. スポーツを持続的に行うことによって自らを身体的，社会的，精神的に発達させ，積極的に健康的な生活態度を形成するとともに，公正，寛容，連帯感，意欲を高める， 8. 自身の健康と自身が生活を共にする人々に責任を持ちながら将来の個人の生活，職業生活，公的な生活を形づくり，生きることと学ぶことを楽しむ心を育むとともに，余暇を有意義に使う。

(出典) Schulgesetz für das Land Nordrhein-Westfalen (Schulgesetz NRW - SchulG) vom 15. Februar 2005, zuletzt geändert durch Gesetz vom 25. Juni 2015.／Schulgesetz für das Land Berlin (Schulgesetz - SchulG) vom 26. Januar 2004, zum 09.10.2015 aktuellste verfügbare Fassung der Gesamtausgabe.

表5：ノルトライン・ヴェストファーレン州とベルリン市の各学校種の教育的任務

	ノルトライン・ヴェストファーレン州	ベルリン市
前期中等教育段階	第14条　ハウプトシューレ (1) ハウプトシューレは，生徒に基本的な普通教育を授け，彼らの成績と素質に合わせ，重点教育を通じて，修了資格に応じて特に職業上の，さらには学業上の資格の取得につながる教育課程でも彼らが教育の道を歩み続けられるような能力を与える。 第15条　実科学校 (1) 実科学校は，生徒に拡充された普通教育を授け，彼らの成績と素質に合わせ，重点教育を通じて，修了資格に応じて職業上の資格及び学業上の資格の取得につながる教育課程で彼らが教育の道を歩み続けられるような能力を与える。 第16条　ギムナジウム (1) ギムナジウムは，生徒に深化された普通教育を授け，彼らの成績と素質に合わせ，重点教育を通じて，後期中等教育段階における修了資格に応じて高等教育機関で，さらには職業上の資格の取得につながる教育課程でも彼らが教育の道を歩み続けられるような能力を与える。	第22条　統合型中等教育学校 (1) 統合型中等教育学校（Integrierte Sekundarschule）は，共通の教育課程において深化された普通教育及び職業オリエンテーション的な教育を生徒に授け，生徒の成績や素質に合わせて重点教育を実現することで，修了資格に応じて高等教育機関又は職業資格の取得につながる教育課程で彼らが教育の道を歩み続けられるような能力を与える。 第26条　ギムナジウム (1) ギムナジウムは，深化された普通教育を授け，彼らの成績と素質に合わせて重点教育を実現することで，修了資格に応じて高等教育機関又は職業資格の取得につながる教育課程で彼らが教育の道を歩み続けられるような能力を与える。
後期中等教育段階	第18条　ギムナジウム上級段階 (3) ≪前略≫（ギムナジウム上級段階の最後の2年間を構成する－訳者注）認定期では，必修教科と選択教科が言語・文学・芸術系，社会科学系，数学・自然科学・技術系の課題領域に分類される。これら3つの課題領域の授業を通じて，また宗教学やスポーツといった教科において，共通する基礎教育が適切な広がりで，さらに一人一人に応じて深化された教養が重点領域において保証される。 第22条　職業コレーク (1) 職業コレークは，職業学校，職業専門学校，上級専門学校及び専門学校の教育課程を包括する。 (2) 職業コレークは，単一又は二重の資格を付与する教育課程の細分化された授業システムの中で職業教育（職業に関する知識，技能，能力，職業継続教育，職業訓練修了資格）を授ける。同学校では，後期中等教育段階の普通教育修了資格（専門大学，専門限定大学入学資格，一般大学入学資格）の取得が可能である。前期中等教育段階の修了資格を後から取得することができる。	第28条　ギムナジウム上級段階 (1) ギムナジウム上級段階は，深化された普通基礎教育と一人一人決まった重点領域において教養を授ける。ギムナジウム上級段階は前期中等教育段階の勉学の上に構成され，普通教育的な学習，学術に対する準備教育的な学習，そして高等教育機関での学修に関連した学習の統一を特徴としている。 第29条　職業学校 (1) 職業学校は，職業訓練身分にある生徒に，特に選択された職業に必要な専門理論的な知識を授け，職業上得た洞察力や経験に結び付けたかたちで普通教育を拡充する。職業学校は，訓練所とともに共通の教育的任務を完遂する。その際，職業学校と訓練所は，二元式の職業教育訓練においてそれぞれ独立した学習拠点であるとともに，同価値的なパートナーである。共通する教育的任務は，内容や組織に関する問題でのパートナーとの緊密な連携や同調を前提に完遂される。≪後略≫ 第30条　職業専門学校 (1) 職業専門学校は，職業訓練の身分にない生徒に，1年間の教育課程で将来の職業訓練に備えて専門に関連した職業基礎教育を提供するか，複数年の教育課程で選択された職業に必要な実践的な技能や理論的な知識を提供するとともに普通教育を拡充する。≪後略≫ 第31条　上級専門学校 (1) 上級専門学校は，専門大学の学修に必要な教育（専門大学入学資格）を提供する。専門大学入学資格は，修了試験をもって取得となる。 第32条　職業上級学校 (1) 職業上級学校は，2年制の全日制教育課程において普通教育及び専門理論的な教育を提供する。同学校では，専門限定の大学入学資格や，第二外国語で必要な知識を証明すれば一般大学入学資格の取得にも至る。職業上級学校は，相応に期間を延長した定時制の形式でも提供されることがある。

（出典）Schulgesetz für das Land Nordrhein-Westfalen (Schulgesetz NRW - SchulG) vom 15. Februar 2005, zuletzt geändert durch Gesetz vom 25. Juni 2015.／Schulgesetz für das Land Berlin (Schulgesetz - SchulG) vom 26. Januar 2004, zum 09.10.2015 aktuellste verfügbare Fassung der Gesamtausgabe.

2.3　教科構成・時間配当

　各学校種における教科構成及び時間配当については，全国統一的な基準はなく，各州の教育省が学校種ごとに定めている規定，すなわち省令（Verordnung）等に規定されている。

2.3.1　初等教育段階

　初等教育段階では，読み，書き，計算の習得を中心に行われる。教科としては，通常，ドイツ語，算数，事物科（Sachunterricht），美術，音楽，体育，そして大半の州では宗教ないしそれに替えて世界観や様々な価値について学ぶ授業が設定されているほか，外国語に触れる時間も設けられている。事物科は，理科，社会，地理，交通教育，性教育などの分野を含んだ統合教科で，一部の州では「郷土・事物科（Heimat- und Sachunterricht）」「郷土・世界・事物科（Heimat-, Welt- und Sachunterricht）」などと呼ばれている。外国語の授業は，多くの州では第3学年から始まるが，第1学年から設けられている州もある。大半の州では，英語又はフランス語の授業が実施されているが，国境沿いの州などでは，隣接する国の言語が扱われていることもある。

　1授業時間は45分で，週当たりの授業時間数は，多くの州では第1学年で20～22時間，第4学年では27時間までとなっている。

　大半の州ではどの学校種も週5日制だが，週6日制とすることについての決定権を学校会議[注10]に委ねている州では，学校により，隔週で土曜日にも授業が実施されていることがある。授業は学校により7時半から8時半ぐらいに始まり，通常，13時半頃まで6時間行われる（土曜日は11時半まで）が，課外の全日制教育プログラム（**5.2.3**参照）を提供している学校の場合，授業時間が午後まで延長されていることがある。

　下表は，ヘッセン州とベルリン市（州と同格）の基礎学校の教科の構成及び週当たりの授業時間数（**表6**，**表7**）と，基礎学校の時間割の例を示したものである。ヘッセン州については，第1学年及び第3学年の時間割の例（**表8**），ベルリン市については，第1・2学年による異年齢学級と第3学年の時間割の例（**表9**）となっている[注11]。

表6：ヘッセン州の基礎学校の教科構成及び週当たり授業時間数

教　　　科	学　　年				計
	1	2	3	4	1～4
宗教／倫理	4		4		8
ドイツ語	12		10		22
事物科	4		8		12
算数	10		10		20
美術／音楽	6		8		14
体育	6		6		12
第一外国語	-		4		4
合　　計	42		50		92

表注：ヘッセン州の基礎学校は4年制である。
（出典）Verordnung über die Stundentafel für die Primarstufe und die Sekundarstufe I, vom 05. September 2011, Hessen.

表7：ベルリン市の基礎学校の教科構成及び週当たり授業時間数

教　科	学　年 1	2	3	4	5	6	備　考
ドイツ語	(6)*	(7)*	7*	7*	5	5	*推奨される基準
事物科	13　(2)*	14　(2)*	3*	5*	－	－	
算数	(5)*	(5)*	5	5	5	5	
美術	2	2	2	2	2	2	
音楽	2	2	2	2	2	2	
体育	3	3	3	3	3	3	遅くとも第3学年で水泳の授業を1時間
外国語	－	－	2	3	4	5	
理科	－	－	－	－	4	4	生物, 物理, 化学から成る内容
地理	－	－	－	－	3	3	数週間にわたってその都度交互に又はブロックで（エポック授業）
歴史／政治教育	－	－	－	－			
重点教育（選択授業）	－	－	－	－	2	2	選択必修授業：学校が提供するプログラムから1教科を選択
合　計	20	21	24	27	30	31	年間に10時間以上は交通教育等に；第3・4学年では自転車試験への準備

表注1：ベルリン市の基礎学校は6年制である。
表注2：時間割では，通常の授業時間の中で宗教ないし世界観教授のために，週に2授業時間が取られている（ベルリン市学校法第13条第5項）。
（出典）Verordnung über den Bildungsgang der Grundschule (Grundschulverordnung - GsVO), vom 19. Januar 2005, Berlin.

表8：ヘッセン州のある基礎学校の時間割の例

時限	時間	月	火	水	木	金
\multicolumn{7}{第1学年の学級}						
1時間目	8:00～8:45	ドイツ語	ドイツ語	美術	宗教	ドイツ語
2時間目	8:50～9:35	算数	算数	体育	美術	算数
3時間目	9:55～10:40	事物科	体育	ドイツ語	算数	算数
4時間目	10:40～11:25	体育	音楽	ドイツ語	ドイツ語	宗教
5時間目	11:40～12:25	促進（算数）	事物科		促進（ドイツ語）	
\multicolumn{7}{第3学年の学級}						
1時間目	8:00～8:45	ドイツ語	入門外国語	美術	算数	
2時間目	8:50～9:35	事物科	ドイツ語	ドイツ語	ドイツ語	入門外国語
3時間目	9:55～10:40	事物科	事物科	体育	ドイツ語	音楽
4時間目	10:40～11:25	体育	体育	事物科	宗教	算数
5時間目	11:40～12:25	算数	宗教	音楽	美術	算数
6時間目	12:25～13:10		算数	促進（算数）	促進（ドイツ語）	

表注：「促進」は，学力が不振な児童あるいは優秀な児童を主な対象として，必修授業時間以外に追加的に設けられている授業時間で，学級や学年を超えたクラブ活動などの課外活動の時間に充てられることもある。
（出典）Bardoschule Fulda, Grundschulstundenplan, Hessen (http://www.bardo.fulda.schule.hessen.de/index.html).

表9：ベルリン市のある基礎学校の時間割の例

時 限	時 間	月	火	水	木	金
第1・2学年による異年齢学級						
1時間目	8:00～8:45	音楽	体育	算数	宗教／生活指導*	ドイツ語
2時間目	8:50～9:35	ドイツ語	ドイツ語	体育	算数	音楽
-	9:35～9:45	朝　食　休　憩				
3時間目	10:05～10:50	事物科	算数	ドイツ語	事物科	ドイツ語
4時間目	10:55～11:40	体育	美術	ドイツ語	美術	算数
5時間目	11:45～12:40	算数	促進授業*	促進授業*	ドイツ語	宗教／生活指導*
第3学年の学級						
1時間目	8:00～8:45	ドイツ語	算数／促進授業*	ドイツ語		算数
2時間目	8:50～9:35	ドイツ語	ドイツ語／トルコ語*	ドイツ語	英語	宗教／生活指導*
-	9:35～9:45	朝　食　休　憩				
3時間目	10:05～10:50	体育	水泳*	事物科	音楽	体育
4時間目	10:55～11:40	算数	水泳／トルコ語*	事物科	算数	音楽
5時間目	11:45～12:40	英語	ドイツ語／トルコ語*	算数	宗教／生活指導*	ドイツ語
6時間目	12:45～13:30	事物科	美術		ドイツ語	美術

表注1：「*」が付いている部分は任意選択の授業で，表記されている授業教科のいずれも選択しないことも可能である。その場合，児童は空き時間を課外の全日制教育プログラム（5.2.3参照）に参加するなどして過ごす。
表注2：「宗教」を選択した場合，児童はキリスト教の授業にプロテスタントとカトリックの宗派に分かれて参加するか，特定の宗派・信条に依らずに様々な世界観や価値観について学ぶ「生活指導（Lebenskunde）」の授業に参加する。
表注3：「促進授業（Förderunterricht）」は，例えば移民の子供等，言語上の問題を持つ児童・生徒をはじめ，学習上何らかの問題を抱える児童・生徒をフォローするために実施される授業である。
表注4：朝食休憩は，児童が自宅から持参したパンなどを教室で，皆で一緒に食べるという，この基礎学校が食育の観点から実施している取組である。
（出典）Mühlenau Grundschule, Berlin (http://www.muehlenau.de/Site/Startseite.html).

2.3.2 前期中等教育段階

　前期中等教育段階の教科は，必修教科と選択必修教科によって構成されており，その規模やバランスは学校種や教育課程によって異なる。ただし全ての学校種及び教育課程の第5～9学年又は10学年の教科の構成については，各州文部大臣会議（KMK）の「前期中等教育段階の学校種及び教育課程に関する協定」（1993年12月決議，2014年9月25日版）[注12]によって次のような全州に共通する枠組みが与えられており，各州はこれを基にそれぞれ教科を構成し，週の授業時間を設定している。

○全ての学校種の第5～9学年（義務教育が10年である州では第10学年まで）では，ドイツ語，数学，第一外国語，自然科学，社会科を共通の中核教科として必修とする。
○上記以外に，音楽，美術，体育を必修あるいは選択必修教科とする。
○第二外国語は，ギムナジウム第7～10学年において必修教科とし，その他の学校種では，選択必修教科として提供できる。
○職業世界や労働世界への準備教育は全ての学校種において必修とし，「労働（Arbeitslehre）」といった独立した教科あるいはその他の教科あるいは合科のテーマとして扱う。

必修及び選択必修教科の授業時間（1授業時間＝45分間）の配当については，州により若干違いがみられ，8年制ギムナジウムを除く全ての学校種における週当たりの授業時間は，観察指導段階（**1.4.3**参照）の第5〜6学年で通常28〜30時間，第7〜10学年で通常30〜32時間となっている（8年制ギムナジウムでは，週授業時間が通常2〜4時間多く設定されている）。また，教科別にみると，ドイツ語，数学，第一外国語はそれぞれ3〜5時間，自然科学系，社会科学系の教科はそれぞれ2〜3時間となっているほか，第二外国語は遅くとも第7学年から，学校種により必修教科もしくは選択必修教科として3〜5時間となっている。音楽，美術，体育，労働，宗教などの他の必修又は選択必修教科については，教科や学校種により計28〜30時間の枠内で様々に設定されている。

　学校生活や授業の組織編成については，教員と保護者及び生徒の代表から成る学校会議[注10]において決定されているため，学校により違いがみられるが，授業時間は，基礎学校と同様に，学校により通常7時半から8時半ぐらいに始まり，月曜日から金曜日は13時半まで，土曜日に授業を実施している場合は，土曜日は11時半までとなっている。

2.3.2.1　ハウプトシューレ

　ハウプトシューレ修了資格を取得する学校種ないし教育課程では，ドイツ語，外国語（通常は英語），数学，物理／化学，生物，地理，歴史，労働（Arbeitslehre），社会，音楽，美術，体育，宗教が必修教科として設定されている。また，一部の州では，家政や経済といった教科も設けられている。修了後に職業教育訓練の道に進む者が多いことから，労働実践関連の内容が充実しており，他の学校種ないし教育課程よりも教科「労働」への授業時間が多く割り当てられている。選択必修授業では，ドイツ語，数学，英語といった主要教科を補完ないし強化するためのプログラムのほか，情報系や文化系のプログラムや職業準備教育的なプログラムなどが提供されており，生徒は自らの興味や能力などに応じていずれかを選択することとなっている。

　表10は，ヘッセン州のハウプトシューレの教科構成及び週当たりの授業時間数を示したものである。

2.3.2.2　実科学校

　実科学校（中等教育）修了資格を取得する学校種ないし教育課程では，通常，ドイツ語，外国語（通常は英語），数学，物理，化学，生物，地理，歴史，政治学，音楽，美術，体育，宗教学といった教科が必修の授業教科を構成している。このほかに選択必修授業の時間も設定されており，ここでは，ドイツ語，数学，英語といった主要教科を強化するためのプログラム，教科としての「労働」の授業，情報系・文化系のプログラム，第二外国語（通常はフランス語）の授業などが提供されており，生徒は自らの興味や能力などに応じていずれかを選択することとなっている。

　表11は，ヘッセン州の実科学校の教科構成及び週当たりの授業時間数を示したものである。

ドイツ

表10：ヘッセン州のハウプトシューレの教科構成及び週当たり授業時間数

教　科	学　　　年						計	計
	5	6	7	8	9	10	5〜9	5〜10
ドイツ語		14		8		4	22	26
英語		13		6		3	19	22
数学		14		8		4	22	26
体育		9		5		2	14	16
宗教／倫理		6		4		2	10	12
美術／音楽		6		4		2	10	12
生物		5		2		－	7	7
化学		－		4		2	4	6
物理		1		4		2	5	7
地理		4		3		－	7	7
政治・経済		2		2		2	4	6
歴史		3		2		2	5	7
労働		7		6		3	13	16
選択必修授業		2		4		2	6	8
学級担任の時間	1	－		－		－	1	1
合　　計		87		62		30	149	179

表注1：「学級担任の時間」は、教科の授業を行うために追加的に学級担任に割り当てられているもので、通常は、学級担任の課題を片付けるために使われる。
表注2：ヘッセン州では、学校の全教員を構成員とする全体会議（Gesamtkonferenz）の意向により（学校設置者及び学校監督官庁の同意が必要），通常は5年制のハウプトシューレに第10学年を設置することができる。第10学年で所定の成績を収めた者には，実科学校修了相当の中等教育修了資格が与えられる。
(出典) Verordnung über die Stundentafel für die Primarstufe und die Sekundarstufe I, vom 05. September 2011, Hessen.

表11：ヘッセン州の実科学校の教科構成及び週当たり授業時間数

教　科	学　　　年						計
	5	6	7	8	9	10	5〜10
ドイツ語		14			11		25
第一外国語		14			10		24
数学		12			12		24
体育		9			7		16
宗教／倫理		6			6		12
美術		4			2		6
音楽		2			4		6
生物		6			2		8
化学		－			6		6
物理		2			5		7
地理		4			3		7
政治・経済		2			4		6
歴史		2			6		8
労働		4			4		8
選択必修授業／第二外国語		4/5			9/10		13/15
学級担任の時間	1	－			－		1
合　　計		86/87			91/92		177/179

表注：「学級担任の時間」は、教科の授業を行うために追加的に学級担任に割り当てられているもので、通常は、学級担任の課題を片付けるために使われる。
(出典) Verordnung über die Stundentafel für die Primarstufe und die Sekundarstufe I, vom 05. September 2011, Hessen.

表12：ヘッセン州の8年制ギムナジウムの教科構成及び週当たり授業時間数

教科	学年					計
	5	6	7	8	9	5〜9
ドイツ語	11		12			23
第一外国語	9		12			21
第二外国語	5		11			16
数学	10		12			22
体育	6		8			14
宗教／倫理	4		6			10
美術	8		6			7
音楽						7
生物	4		16			7
化学						6
物理						7
地理	2		17			5
政治・経済						7
歴史						7
学級担任の時間	1	−		−		1
合計	60		100			160
選択必修授業／第三外国語			5/6			5/6

表注：「学級担任の時間」は、教科の授業を行うために追加的に学級担任に割り当てられているもので、通常は、学級担任の課題を片付けるために使われる。
（出典）Verordnung über die Stundentafel für die Primarstufe und die Sekundarstufe I, vom 05. September 2011, Hessen.

表13：ヘッセン州の9年制ギムナジウムの教科構成及び週当たり授業時間数

教科	学年						計
	5	6	7	8	9	10	5〜10
ドイツ語	10		15				25
第一外国語	10		14				24
第二外国語	−		15				15
数学	8		16				24
体育	6		6			4	16
宗教／倫理	4		4			4	12
美術	8		8				8
音楽							8
生物	4		17				8
化学	−						6
物理	−						7
地理	6		15				6
政治・経済							7
歴史							8
選択必修授業／第三外国語	−		−		4/6		4/6
学級担任の時間	1		−				1
合計	57		122/124				179/181

表注：「学級担任の時間」は、教科の授業を行うために追加的に学級担任に割り当てられているもので、通常は、学級担任の課題を片付けるために使われる。
（出典）Verordnung über die Stundentafel für die Primarstufe und die Sekundarstufe I, vom 05. September 2011, Hessen.

2.3.2.3　ギムナジウム

　ギムナジウムの第5～9学年又は第5～10学年では，ドイツ語，第一外国語（通常は英語），第二外国語（通常はフランス語），数学，物理，化学，生物，地理，歴史，政治，音楽，美術，体育，宗教が必修教科として設定されている。選択必修授業では，必修教科の授業の補完又は強化を目的とした自然科学分野又は社会科学分野のプログラムのほか，情報系や文化系のプログラムや第三外国語の授業などが提供されており，生徒は自らの興味や能力などに応じていずれかを選択することとなっている。

　表12及び**表13**は，ヘッセン州の8年制及び9年制ギムナジウムの教科構成及び週当たりの授業時間数を示したものである。

2.3.3　後期中等教育段階

2.3.3.1　ギムナジウム上級段階

　普通中等教育を提供するギムナジウム上級段階は，1年間の導入期（Einführungsphase）と2年間の認定期（Qualifikationsphase）で構成されている。後者の認定期が，その修了時に行われるアビトゥア試験に備えるための教育課程であるのに対し，前者の導入期は，生徒たちの様々な条件を認定期に進む前に調整するための教育課程となっている。

2.3.3.1.1　導入期

　導入期では，前期中等教育段階と同様に，ドイツ語，外国語，その他の外国語，数学をはじめ，大半の教科が必修教科として設定されている。芸術系，自然科学系の一部の教科は選択必修教科として提供されており，生徒は例えば，音楽又は美術の代わりに舞台芸術の授業を選択したり，化学，物理のいずれかを情報の授業に置き換えて履修したりできるようになっている。1授業時間は45分で，週授業時間は8年制ギムナジウムの場合は34時間程度，9年制ギムナジウムの場合は30～32時間程度となっている（**表14**）。

2.3.3.1.2　認定期

　認定期では，授業は半年単位で構成されており，各教科は**表15**のように，▽言語・文学・芸術領域，▽社会科学領域，▽数学・自然科学・技術領域の3つの課題領域に分類されており，生徒はこれらの課題領域から，アビトゥア試験での受験科目（州により4科目又は5科目）を意識しつつ，一定の方式に従ってコース／教科を選択する。導入期と同様に1授業時間は45分，週授業時間は8年制ギムナジウムで34時間程度，9年制ギムナジウムで30～32時間程度となっている。

表14：ヘッセン州のギムナジウム上級段階「導入期」の教科構成及び週当たり授業時間数

必 修 教 科	週授業時間
言語・文学・芸術領域	
ドイツ語	3
外国語	6
その他の外国語	
美術／音楽／舞台芸術	2
社会科学領域	
政治・経済	2
歴史	2
宗教／倫理	2
数学・自然科学・技術領域	
数学	4
物理	6
化学	
生物	
体育	2
オリエンテーション等の時間	5

（出典）Hessisches Kultusministerium: Abitur in Hessen - Ein guter Weg, Dezember 2014.

表15：3つの課題領域

言語・文学・芸術領域	社会科学領域	数学・自然科学・技術領域
ドイツ語, 外国語, 造形美術, 音楽	歴史, 地理, 哲学, 社会科／政治, 経済	数学, 物理, 化学, 生物, 情報

表注：各教科は親和性の原理に則って3つの課題領域に分類されているが，州により，分類される教科内容は多少異なる。上記は，KMK「後期中等教育段階におけるギムナジウム上級段階の構成に関する協定」（1972年7月決定，2013年6月6日版）で示された分類である。

（出典）Sekretariat der Ständigen Konferenz der Kultusminister der Länder in der Bundesrepublik Deutschland: Vereinbarung zur Gestaltung der gymnasialen Oberstufe in der Sekundarstufe II, Beschluss der Kultusministerkonferenz vom 07.07.1972 i.d.F. vom 06.06.2013.

　選択すべきコースは，州により，旧方式では重点コース（Leistungskurs）と基礎コース（Grundkurs），新方式では高い要求水準のコースと基礎的な要求水準コースで構成されており，生徒はどの教科を選択するかということだけではなく，どの水準で履修するかということも考えなければならない。

　旧方式の場合，重点コースについては，▽3つの課題領域から州により2～3つの教科を週4時間又は5時間ずつ選択すること，▽1つ目の教科は，継続して履修している外国語，数学，自然科学，ドイツ語のいずれかであること（州により若干異なる），▽2つ目の教科は，生徒が自由に選択することとなっている。また，基礎コースについては，重点コースの教科以外の8～10教科が，通常，教科により週2～4時間扱われることとなっている。旧方式を採用するヘッセン州では，まず，ドイツ語，継続して履修している外国語，歴史，宗教／倫理，数学，自然科学，体育については2年間，政治・経済，芸術／音楽／舞台芸術，その他の外国語／その他の自然科学／情報学については最初の1年間必修となっている。重点コースについては2教科，それぞれ週5時間で構成することとなっており，2教科のうち1教科は，継続して履修している外国語，数学，自然科

学のいずれかから，もう1教科は生徒自身の好みや興味に応じて選択する。基礎コースについては，ドイツ語と数学はそれぞれ週4時間，外国語，自然科学（生物／化学／物理），歴史，政治・経済はそれぞれ週3時間で構成することとなっている（**表16**）[注13]。

表16：ヘッセン州のギムナジウム上級段階「認定期」の教科構成

	第1学期	第2学期	第3学期	第4学期
言語・文学・芸術領域				
ドイツ語	●	●	●	●
継続して履修している外国語	●	●	●	●
その他の外国語	○	○		
美術／音楽／舞台芸術	●	●		
社会科学領域				
政治・経済	●	●		
歴史	●	●	●	●
宗教／倫理	●	●	●	●
数学・自然科学・技術領域				
数学	●	●	●	●
自然科学（生物／化学／物理）	●	●	●	●
その他の自然科学／情報	○	○		
体育	●	●	●	●

表注：「●」は，履修すべき教科。「○」は，どちらかを選択。
（出典）Hessisches Kultusministerium: Abitur in Hessen - Ein guter Weg, Dezember 2014.

　新方式は，旧方式に比べ，よりアビトゥア試験を意識したものとなっている。新方式を採用するニーダーザクセン州の場合，生徒は認定期に進学する前に，アビトゥア試験科目にもなる5つの教科を選択しなければならない。教科の選択では，まず▽言語，▽音楽・芸術，▽自然科学，▽社会科学，▽体育，の5つの専攻から1つを選択すると，自動的に専攻教科が2つ決まる。これがアビトゥア試験科目の1つ目と2つ目になる（**表17**）。次に，▽3つの課題領域（**表18**）それぞれから1教科以上を選択すること，▽ドイツ語，外国語，数学の3教科から2教科を選択すること，▽1つ目と2つ目のアビトゥア試験科目となっている2教科を含め，3教科を高い要求水準で履修すること，とするルールにも鑑みて残る3つの教科を選択するとともに，その中から高い要求水準で履修する教科を1つ決定する。選択した5つの教科のうち，1つ目から3つ目は高い要求水準で週に4時間，4つ目と5つ目は基礎的な要求水準で週に4時間授業を受けることになる。その他の教科については，授業は基礎的な要求水準で週に2時間行われる。なお，アビトゥア試験に際しては，1つ目から4つ目の試験科目は筆記試験，5つ目は口述試験となる[注14]。

表17：ニーダーザクセン州のギムナジウム上級段階「認定期」の授業教科

専攻	言　語	音楽・芸術	自然科学	社会科学	体　育	時間	学期
専攻教科	・継続して履修している外国語 ・その他の外国語	・芸術／音楽 ・ドイツ語	・自然科学 ・その他の自然科学	・歴史 ・政治・経済／地理／宗教／哲学	・体育 ・自然科学	4 4	4 4
主要教科	・ドイツ語 ・数学	・外国語 ・数学	・ドイツ語 ・外国語 ・数学	・ドイツ語 ・外国語 ・数学	・ドイツ語 ・外国語 ・数学	4 4 4	4 4 4
補完教科	・自然科学 ・音楽／芸術／舞台芸術 ・歴史 ・政治・経済 ・宗教／価値・規範／哲学 ・体育 ・ゼミナール教科	・自然科学 ・音楽／芸術／舞台芸術 ・歴史 ・政治・経済 ・宗教／価値・規範／哲学 ・体育 ・ゼミナール教科	・音楽／芸術／舞台芸術 ・歴史 ・政治・経済 ・宗教／価値・規範／哲学 ・体育 ・ゼミナール教科	・自然科学 ・音楽／芸術／舞台芸術 ・歴史 ・政治・経済 ・宗教／価値・規範／哲学 ・その他の外国語／その他の自然科学 ・体育 ・ゼミナール教科	・音楽／芸術／舞台芸術 ・歴史 ・政治・経済 ・宗教／価値・規範／哲学 ・その他の外国語／その他の自然科学 ・体育 ・ゼミナール教科	4 2 2 2 2 4 2 2	4 2 2 2 4 2 4 4
選択教科	・その他の教科	・その他の教科	・その他の教科	・その他の教科	・その他の教科	＋	＋

（出典）Niedersächsisches Kultusministerium: Das gymnasiale Oberstufe und die Abiturprüfung - Information für Eltern, Schülerinnen und Schüler, Juli 2013.

表18：ニーダーザクセン州のギムナジウム上級段階の3つの課題領域

言語・文学・芸術領域	社会科学領域	数学・自然科学・技術領域
ドイツ語，外国語，フランス語，ラテン語，ギリシャ語，その他の外国語，芸術，音楽，舞台芸術	政治・経済，歴史，地理，法学，哲学，教育，心理，経営，宗教，価値・規範	数学，物理，化学，生物，情報，食物

（出典）Niedersächsisches Kultusministerium: Das gymnasiale Oberstufe und die Abiturprüfung - Information für Eltern, Schülerinnen und Schüler, Juli 2013.

2.3.3.2　職業教育学校

職業教育を提供する学校種では，授業時間は共通して45分となっているが，学校種や専攻する職業教育訓練の課程により様々なかたちで教科が構成され，授業が提供されている。

2.3.3.2.1　職業学校

定時制の職業教育課程を提供する職業学校では，職業横断的な普通教育としてドイツ語，社会，経済，宗教，体育の授業が通常週に4時間，職業関連の授業が通常週に8時間行われる。課程の年限は，取得を目指す職業資格の種類により2〜3.5年となっている。**表19**は，課程年限別にみたヘッセン州の職業学校の総授業時間数である。

表19：ヘッセン州の職業学校の教科構成及び課程別総授業時間数

学習領域	課程		
	2年制	3年制	3.5年制
必修授業	560	840	980
職業関連の学習領域			
学習指導要領の基準に則した職業関連の授業			
普通教育関連の学習領域	320	480	560
ドイツ語／外国語	80	120	140
政治・経済	80	120	140
宗教／倫理	80	120	140
体育	80	120	140
選択必修授業	80	120	140
職業関連の学習領域			
サポート授業・促進授業			
追加資格			
普通教育関連の学習領域			
数学			
音楽・芸術系の授業			
自然科学			
外国語			
合計	960	1,440	1,680
選択授業	160	240	280
専門大学入学資格を取得するための追加的な授業	560		

（出典）Hessisches Kultusministerium: Verordnung über die Berufsschule, zuletzt geändert durch Verordnung vom 11. Juli 2011.

2.3.3.2.2　職業専門学校

　全日制の職業教育課程を提供する職業専門学校では，一般的な学習領域ないし職業横断的な学習領域と，専門ないし職業に関連する学習領域において授業が行われる。授業は，教育課程ごとに2つの学習領域において合わせて週30時間以上行われる。年限は，ハウプトシューレ修了資格を持ちつつも実科学校（中等教育）修了資格を持たない者を対象とした職業基礎教育課程の場合は1〜2年，実科学校修了資格を持つ者を対象とした課程の場合は2〜3年となっている。

　表20及び表21は，ヘッセン州の職業専門学校の教科構成及び総授業時間数を示したものである。同州の職業専門学校は，ハウプトシューレ修了資格を入学要件とする2年の課程のみ提供しており，実科学校（中等教育）修了資格を入学要件とする課程は，上級職業専門学校（höhere Berufsfachschule）と呼ばれる職業教育機関が提供している。

表20：ヘッセン州の職業専門学校の教科構成及び総授業時間数

学習領域	職業専門学校 （2年制）
必修授業	
普通教育関連の学習領域	1,240
ドイツ語	240
英語	240
数学	240
自然科学	160
政治・経済	120
宗教／倫理	120
体育	120
職業教育関連の学習領域	1,120
専攻や重点に関する授業	
（専門理論360時間／専門実践760時間）	
選択必修授業	320
普通教育関連の学習領域	160
普通教育関連の教科	
職業関連の学習領域	160
専攻や重点に関する授業	
選択授業	120
必修及び選択必修の総授業時間	2,680
選択の総授業時間	120

（出典）Hessisches Kultusministerium: Verordnung über die Ausbildung und die Prüfung an zweijährigen Berufsfachschulen vom 02. Dezember 2011.

表21：ヘッセン州の上級職業専門学校の教科構成及び総授業時間数

学習領域	上級職業専門学校 （2年制）
必修授業	
普通教育関連の学習領域	320
ドイツ語／外国語	80
政治・経済	80
宗教／倫理	80
体育	80
職業教育関連の学習領域	2,320
学習指導要領に準拠した専攻に関する授業	
（企業実習160時間を含む）	
選択授業（最長240時間）	
専門大学入学資格の取得のための追加的授業	240
又は	
職業訓練を深化・補完するための授業	240

（出典）Hessisches Kultusministerium: Verordnung über die Ausbildung und die Prüfung an den zweijährigen höheren Berufsfachschulen（Assistentenberufe）vom 1. März 2011.

2.3.3.2.3　上級専門学校

　上級専門学校では，ドイツ語，外国語，数学，自然科学，経済・社会学のほか，職業に関連した教科が授業教科として設定されている。職業関連教科の専攻としては，例えば，経済，行政，技術，保健衛生，造形，栄養，家政，農業，バイオテクノロジー，環境技術といった分野があるが，州や学校により提供されている職業分野は異なる。1年目となる第11学年では，職業実践的な教育訓練が企業又は同等の施設での実習というかたちで半年以上実施される。これに対して，第12学年では実習が行われることはなく，専ら授業が学級単位で行われる。

　なお，同学校種では，第12学年を修了すると専門大学入学資格の取得に至るが，専門限定の大学入学資格ないし一般大学入学資格であるアビトゥアが取得可能な第13学年の課程が設けられていることもある。

　表22は，ヘッセン州の上級専門学校の教科構成及び年間授業時間数を示したものである。

表22：ヘッセン州の上級専門学校の教科構成及び年間の授業時間数

	第11学年	第12学年	第13学年
1.必修授業			
普通教育関連の学習領域			
ドイツ語	80	160	160
政治・経済	40	80	80
英語	80	160	160
数学	80	160	160
自然科学[1]		80	80
宗教／倫理		80	80
体育		40	40
職業関連の学習領域			
専攻／重点	160	360	360
ブロック形式での			
専門実践的な職業訓練（最低）	800		
2.選択必修授業			
専攻／重点	40		
専攻／重点又は自然科学 体育又は第二外国語　}[2] （フランス語又はスペイン語）		120	120
3.選択授業			
試験科目における 　サポート授業及び促進授業		40	40
4.特別授業			
専門実践的な職業訓練のフォロー	120		
総授業時間数	1,400	1,280	1,280

表注1：自然科学では，生物，化学，物理のうち2教科をそれぞれ40時間。
表注2：学校や学習集団に拠る。
（出典）Verordnung über die Ausbildung und Abschlussprüfung an Fachoberschulen Vom 02. Mai 2001（ABl. S. 299），zuletzt geändert durch Verordnung vom 19. November 2012.

2.3.3.2.4 職業／技術上級学校

職業／技術上級学校では，ドイツ語，必修の外国語，社会科（歴史，政治，経済を含む），数学及び自然科学のほか，専攻する職業分野関連教科の授業が行われる。職業分野の専攻としては，経済，技術，社会福祉，食物・家政，農業などがあるが，州や学校により提供されている職業分野は異なる。全日制で2年の課程を修了するか，あるいはデュアルシステムにより定時制で相応の年限就学することにより，通常は，専門限定の大学入学資格の取得に至る。第二外国語を履修することで，一般大学入学資格であるアビトゥアも取得することができる。

表23は，ベルリン市（州と同格）の上級職業学校（経済学専攻）の教科構成及び年間授業時間数を示したものである。なお，同学校種は，ベルリン市やバイエルン州やニーダーザクセン州など，一部の州にしか設置されていない。

表23：ベルリン市の上級職業学校（経済学専攻）の教科構成及び年間の授業時間数

	全日制		定時制		
	1年目	2年目	1年目	2年目	3年目
1.言語とコミュニケーション					
ドイツ語	160	160	100	100	120
必修外国語（通常，英語）	200	200	120	140	140
2.数学と自然科学					
数学	200	200	120	140	140
自然科学	80	80	80	40	40
3.経済界と社会					
政治学と歴史	80	80	60	60	40
4.専攻に関連した授業					
経済学	240	240	160	160	160
法学	80	80	60	60	40
5.選択必修授業	240	240	100	100	120
必修授業	1,280	1,280	800	800	800
選択授業					
（第二外国語）	160	160	120	100	100

表注1：自然科学において，生物，化学，物理のいずれを授業するかについては，各学校が決定。ただし，各学校の判断で，統合教科「自然科学」としてこれら3教科を横断的に授業することも可。
表注2：経済学は，国民経済学，経営学，会計学。
表注3：選択必修授業は，ドイツ語，必修外国語，数学，体育／健康増進，専攻に関連した授業の専門教科（学校の決定に従って，例えば専攻に関連した情報学，管理学，専門経営学，会計学）のいずれか。
表注4：選択授業は第二外国語で。一般大学入学資格の取得を希望しながらも，外国語の知識が十分ではない生徒が対象。
（出典）Ausbildungs- und Prüfungsverordnung über für die Berufsoberschule (APO - BOS), vom 6. März 2005, Berlin.

2.3.4 キャリア教育

「一人一人の社会的・職業的自立に向け，必要な基盤となる能力や態度を育てることを通して，キャリア発達を促す」いわゆるキャリア教育（2011年1月31日付け中教審答申）に相当するものは，ドイツでは，いずれの州でも前期中等教育段階から行われている。

キャリア教育は，主に「労働科（Arbeitslehre）」のような独立した教科や「経済・労働・技術」といった合科，あるいは教科横断的に様々な教科の授業の中で行われている。これらの授業で

は，前期中等教育段階の後半（州や学校種により第8～9学年又は第9～10学年）には，地域の労働局や企業，また手工業組合等の職能団体の協力の下，職業オリエンテーションや企業実習も取り入れられている。どちらも，生徒が学校修了後に労働世界や職業世界に関する知識や職業教育訓練を受けられるだけのキャパシティを身に付け，自らの職業選択能力を促進するために実施されているもので，各州の教育省によって学校法や省令やガイドライン等に定められているが，その基準は州や学校種により様々である。

キャリア教育を扱う「労働科」や「経済・労働・技術」等の合科は，通常，修了後に職業教育訓練の道に進む者が主に就学するハウプトシューレでは，必修教科として位置付けられている。また，修了後に上級専門学校に進学する者が主に就学する実科学校では，ギムナジウム上級段階の修了要件となる第二外国語を履修しない場合の代替の選択必修教科として位置付けられている。これに対して，アビトゥアを取得して総合大学に進学する者が主に就学するギムナジウムでは，「労働科」などの教科は設定されておらず，職業オリエンテーションや実習が取り入れられることはあっても，むしろ高等教育進学に向けた学修オリエンテーションに比重が置かれている。

ベルリン市（州と同格）の場合，ハウプトシューレと実科学校を合わせたかたちの統合型中等学校において，第7～10学年を対象に，企業実習や職業オリエンテーション，職場体験などが主に教科「経済・労働・技術」の中で実施されている。第7学年（通常12歳）からは企業実習，職業オリエンテーションが年間数日，第9学年（通常14歳）からは企業，作業所，官公庁，高齢者福祉施設，病院等，校外での職場体験が週に最大3日行われることとなっている。

2.3.5　情報教育

学校における情報教育については，いずれの州でも学校法や省令やガイドラインなどにその目標や任務が定められており，前期中等教育段階から「情報」などの独立した教科の中で行われたり，複数の教科を横断するかたちで行われたりするが，内容，水準，規模等は州や学校種により様々である。

バイエルン州では，教育省の「学校におけるメディア教育と情報技術」（2012年）に関する布告に，情報教育の任務や位置付けなどが示されている[注15]。教科の授業での扱いは，学校種や学年により異なり，ギムナジウムの場合，情報教育は第6学年から始まり，主に第5～7学年を対象とした必修教科「自然と技術」（週に3時間）の中で行われる。第9～10学年では独立した教科「情報」において行われるが，自然科学・技術系のギムナジウムの場合は必修教科として，その他のギムナジウムの場合は選択教科として，いずれも週に2時間の規模で設定されている（**表24**）。また，中間学校では，「情報」が選択教科として第8～9学年で週に2時間，実科学校では，「情報技術」が選択必修教科として第5～10学年の6年間で週6～10時間の規模になるように実施されることとなっている[注16]。

表24：バイエルン州のギムナジウムにおける情報教育

「自然と技術」		「情報」	
第6学年	第7学年	第9学年	第10学年
▽情報とその描写，グラフィックドキュメント，テキストドキュメント，マルチメディアドキュメント，階層的な情報構造 ▽基本コンセプトとしてのオブジェクト指向分析	▽ネットワーク化された情報構造（インターネット），情報交換（Eメール），アルゴリズムによるプロセスの説明 ▽基本コンセプトとしてのオブジェクト指向分析	▽データのモデル化とデータベースシステム －オブジェクト指向データモデル，データベーススキーマ，データベースシステム －データベーススキーマの必要条件 －データ保護とプライバシー －より複雑なアプリケーションの例	▽オブジェクトとプロセス －これまでに学んだオブジェクト指向概念のまとめと強化 －オブジェクトの状態とアルゴリズムによるプロセスの説明 －オブジェクト間の関係 ▽一般化と専門化 ▽応用例

（出典）Staatsinstitut für Schulqualität und Bildungsforschung München（ISB）ウェブサイト（http://www.isb.bayern.de/）より。

　ベルリン市（州と同格）では，「情報技術基礎コース（ITG）」において主に情報教育が行われる。ITGは，必修ないし選択必修のある教科の授業の中で週に1時間程度提供されるか，第8学年以降で独立した教科として提供され，どの学年でどのように実施するかについては，各学校に設置された学校会議[注10]が決定することとなっている[注17]。また，第9学年及び第10学年では，「情報」が選択必修教科として設定されており，週に2～3時間提供される[注18]。

　ヘッセン州やノルトライン・ヴェストファーレン州では，情報教育のための独立した教科は設定されていないものの，コア・カリキュラムに学習内容として盛り込まれている。

2.3.6　教科書

2.3.6.1　検定制度

　学校で使用する教科書は，いずれの州でも民間の教科書会社によって出版されているが，教科書の採用方式は州により異なり，教科書会社が作成した書籍を教科書として認可する手続を行っている州もあれば，行っていない州もある。認可を行っている州では，州の学校法や教育省令に基づき，教科書会社からの申請により認可手続が実施され，認可された教科書は，各学校が教科書を選択するための「教科書リスト」にそのタイトルが掲載される方式となっている。ただし，認可手続を教育省が実施していたり，公的な研究機関が教育省から委任されて実施していたりと，州により実施主体が異なっている。また，認可手続を厳格に実施している州もあれば，簡素化して行っている州もある[注19]。

　教科書の認可手続を教育省が厳格に実施しているバイエルン州では，出版社が申請した教科書を，教育省に任命された複数の経験豊かな教員が相当の時間をかけて検定を行い，教育省に対して認可の可否についての推薦書を提出する。教育省は同推薦書に基づいて検証し，認可の可否を決定するとともに，修正により認可可能と判断した場合には，出版社に修正指示を出す。全ての修正が済むと，教科書は州から認可され，「教科書リスト」にタイトルを掲載される。そして，各学校は教員会議[注20]などを通じ，使用する教科書を「教科書リスト」の中から採択する。

　ブランデンブルク州でも，教科書の認可手続は教育省が実施しているものの，手続自体が全体的に簡略化されており，一部の教科書については認可義務もない。なお，認可は5年の期限付きで，

申請により延長可となっている。

バーデン・ヴュルテンベルク州では，2007年の教科書の認可に関する教育省令により，公法上の機関である州立学校開発センターが認可手続を実施しているが，大半の教科書が検定抜きの簡単な手続によって認可されているほか，特別支援教育学校，職業教育学校，ギムナジウム上級段階の教科書は認可義務から除外されている。

ベルリン市（州と同格），ハンブルク市（州と同格），シュレスヴィヒ・ホルシュタイン州，ザールラント州では，教科書の認可手続は廃止されている。そのため，例えばベルリン市では，学校で使用する教科書については，各学校に設置された教科会議や学校会議[注10]が，同市が定める教科書等の導入基準に基づいて採択している。

2.3.6.2 児童・生徒への供給

大半の州では，教材の無償制（Lernmittelfreiheit）が州の憲法や学校法等に定められており，教科書は完全無償貸与というかたちで児童・生徒に供給されているが，一部の州では，教科書の費用を部分的に家庭に負担してもらったり，家庭から使用料を徴収したりする有償貸与，あるいは家庭による購入といった方式が採られている。ただし，有償貸与の場合，家庭の社会的経済的状況に応じた徴収が行われており，経済的な負担が大きい家庭に対しては費用負担の減免又は免除といった措置がとられている。教科書以外の教材については，多くの州が，継続的に使用することのできる耐久教材を無償で貸与する一方，ワークノートなどの貸与に向かない消費教材は家庭に購入してもらうといった方式を採っている[注21]。

2.4 学年暦

学校年度は，法令上は8月1日から翌年7月31日までとなっているが，実態としては，8～7（6）月，9月～7（6）月等，州や年により異なる。1年2学期制で，1学期は8月又は9月から1月末まで，2学期は2月初めから夏期休暇までとなっている。なお，夏期休暇については何年も先まで各州文部大臣会議（KMK）が取り決めているが，その他の学校休暇については各州が独自に設定している（**表25**）。

表25：2015年度の各州の学校休暇　　　　　　　（2015年1月8日現在）

州	秋季休暇 （2015年）	クリスマス 休　暇 （2015～ 2016年）	冬季休暇 （2016年）	イースター 休　暇 （2016年）	昇天の祝日 ／聖霊降誕 祭 （2016年）	夏季休暇 （2016年）
バーデン・ ヴュルテンベルク州	11/2～11/6	12/23～1/9	－	3/29～4/2	5/17～5/28	7/28～9/10
バイエルン州	11/2～11/7	12/24～1/5	2/8～2/12	3/21～4/1	5/17～5/28	7/30～9/12
ベルリン市	10/19～10/31	12/23～1/2	2/1～2/6	3/21～4/2	5/6及び 5/17～5/18	7/21～9/2
ブランデンブルク州	10/19～10/30	12/23～1/2	2/1～2/6	3/23～4/2	5/6及び 5/17	7/21～9/3
ブレーメン市	10/19～10/31	12/23～1/6	1/28～1/29	3/18～4/2	5/17	6/23～8/3
ハンブルク市	10/19～10/30	12/21～1/1	1/29	3/7～3/18	5/6及び 5/17～5/20	7/21～8/31
ヘッセン州	10/19～10/31	12/23～1/9	－	3/29～4/9	－	7/18～8/26
メクレンブルク・ フォアポンメルン州	10/24～10/30	12/21～1/2	2/1～2/13	3/21～3/30	5/14～5/17	7/25～9/3
ニーダーザクセン州	10/19～10/31	12/23～1/6	1/28～1/29	3/18～4/2	5/6～5/17	6/23～8/3
ノルトライン・ ヴェストファーレン州	10/5～10/17	12/23～1/6	－	3/21～4/2	5/17	7/11～8/23
ラインラント・ プファルツ州	10/19～10/30	12/23～1/8	－	3/18～4/1	－	7/18～8/26
ザールラント州	10/19～10/31	12/21～1/2	2/8～2/13	3/29～4/9	－	7/18～8/27
ザクセン州	10/12～10/24	12/21～1/2	2/8～2/20	3/25～4/2	5/6	6/27～8/5
ザクセン・ アンハルト州	10/17～10/24	12/21～1/5	2/1～2/10	3/24	5/6～5/14	6/27～8/10
シュレスヴィヒ・ ホルシュタイン州	10/19～10/31	12/21～1/6	－	3/24～4/9	5/6	7/25～9/3
チューリンゲン州	10/5～10/17	12/23～1/2	2/1～2/6	3/24～4/2	5/6	6/27～8/10

（出典）Sekretariat der Ständigen Konferenz der Kultusminister der Länder in der Bundesrepublik Deutschland: Ferien im Schuljahr 2015/2016.

2.5　授業形態・組織

2.5.1　初等教育段階

　初等教育段階である基礎学校では，授業は，学年ごとに編制された学級で行われるのが一般的であるが，第1～2学年又は第1～3学年では，異年齢集団によって編制された学級で行われることもある。一般に学級担任制が採用されており，第1～2学年では1人の教員が全教科を受け持つ体制となっているが，第3学年から教科担当教員による授業が徐々に増えていく。低学年の学級や特別支援教育を必要とする児童がいる学級での授業には，教員のほか教育士やスクールヘルパーなど，複数の人材が配置されており，児童一人一人のケアやフォローを行っているのが一般的である。

2.5.2　前期中等教育段階

　中等教育段階の学校種では，生徒は基本的に学級単位で教科担当教員から授業を受け，選択授業では，選択した教科別に教室を移動して担当教員より授業を受ける。ただし，複数の教育課程を併せ持つ学校種の場合，特定の教科及び特定の学年の授業は，通常，修了資格別あるいは習熟度別に行われる。

2.5.3　後期中等教育段階

2.5.3.1　普通教育学校

　ギムナジウム上級段階では，教科担任制が採用されている。最初の1年間を構成する導入期（Einführungsphase）では，前期中等教育段階と同様に，生徒は基本的に学級単位で授業を受け，選択教科の授業のときは教科別に授業を受ける。導入期に続く2年間の認定期（Qualifikationsphase）では，生徒は，アビトゥア試験での受験科目を想定して自らが選択したコースや教科の授業を受ける。各教科の授業は，基礎的な要求水準と高い要求水準の2つのレベルでそれぞれ提供される。このような授業形態は，職業／専門ギムナジウムにも同様に適用されている。

2.5.3.2　職業教育学校

　職業教育学校では，教科担任制が採用されており，生徒は取得を目指す資格に応じて教科を選択し，教科ごとに分かれて授業を受ける。

2.6　評価

2.6.1　成績評価

2.6.1.1　初等教育段階及び前期中等教育段階

　基礎学校の第1～2学年の評価は，評点ではなく，記述式で行われる。第1学年及び2学年の学年末に，児童一人一人の発達状況，各学習領域における得意な箇所と苦手な箇所などについて詳細に記述された報告書が保護者に渡される。

　評点による絶対評価は第3学年（早くても第2学年）から，レポートの作成や筆記試験，授業中の発言，体育や音楽や美術の授業における実技といった，生徒が授業との関連でもたらしたあらゆる成果に基づき，1～6の6段階で行われる。評点の「1」は秀，「2」は優，「3」は良，「4」は可，「5」は不可の上，「6」は不可の下，と評点の数字が小さいほど成績が高いことを表している。

　平常の成績評価は各授業を担当する教科教員によって行われるが，成績証明書に示される評点は，前期終了時と学年末に当たる後期終了時の年2回（1年2学期制），各教科教員によって，あるいは各教科教員の提案で学級担任会議[注8]によって決定される。成績証明書には，教科の評点とともに授業での学習態度や学校での社会的態度に関する所見や評点が付記されることもある。

2.6.1.2　後期中等教育段階

後期中等教育段階であるギムナジウム上級段階の最後の2年間（第11・12学年又は第12・13学年）に構成される認定期では，平常の成績が一般大学入学資格（アビトゥア）の取得を左右することから，より透明性と公平性をもたらすべく，それまでの1～6の6段階評価がより細分化され，15～0点（15点が最も良い）の16段階評価に置き換えられる。**表26**は，6段階方式の評価と16段階方式の評価を対応させたものである。

表26：6段階方式と16段階方式の評価

評点	1			2			3			4			5			6
評価	秀			優			良			可			不可の上			不可の下
点数	15	14	13	12	11	10	9	8	7	6	5	4	3	2	1	0

職業教育学校の成績評価については，基本的に，前期中等教育段階の評価方法と同様である。なお，デュアルシステムにおける企業での職業訓練では，職業学校の生徒でもある職業訓練生は職業訓練期間を半分終えたところで中間試験（Zwischenprüfung）を受ける。これは，当該職種の所管機関（通常は職能団体）が実施する試験で，実技試験，筆記試験，口述試験で構成されている。

2.6.2　学力調査

2.6.2.1　学習状況調査

児童・生徒の学習状況を全国的な観点で比較可能にし，授業や学校の改善に役立てるため，2007年度から毎年，第3学年の児童と第8学年の生徒を対象とした全国レベルの悉皆学習状況調査「Vergleichsarbeiten：VERA」が実施されている[注22]。

調査の試験科目は，初等教育段階の第3学年ではドイツ語と算数で，前期中等教育段階の第8学年ではドイツ語と数学に加え，第一外国語（英語又はフランス語）で構成され，各州は各学年の試験科目から必ず1科目以上実施することとなっている。また，ドイツ語の試験は，第3学年でも第8学年でも「読解力」「話し方」「言葉の使い方」「書き方」「正書法」の5つのコンピテンシー別に行われ，「読解力」については毎年実施することが義務付けられている一方，その他のコンピテンシーの試験については，参加は各州の任意となっている。なお，それ以外の試験科目も複数のコンピテンシーで構成されている。

試験問題は，教育制度質向上研究所（IQB）[注23]の指揮監督の下，各州の教員ないし教育研究所によって，全国共通の教育スタンダードに基づいて作成されている。

2.6.2.2　州間比較調査

全国レベルの学力調査には，前節のVERAのほか，各教育段階の最終学年に当たる第4学年の児童と第9学年の生徒を対象とした州間比較調査（Ländervergleich）がある。これは，教育制度のパフォーマンスをモニタリングするために，2009年から教育制度質向上研究所（IQB）[注23]が，第4学年のドイツ語と算数については5年ごとに，第9学年のドイツ語，英語，フランス語，数学，自然科学系諸科目については6年ごとに実施している無作為抽出調査で，OECD「生徒の学

習到達度調査（PISA）」やVERAと同様に，各試験科目は複数のコンピテンシーに分けて調査される。2011年には全国の1,349校から2万7,081人の第4学年の児童がドイツ語と算数の試験を，2012年には1,326校から4万4,584人の第9学年の生徒が数学と自然科学系諸科目（生物学，化学，物理学）の試験を受けた。2015年には，第9学年を対象にドイツ語，英語，フランス語の試験が実施されることとなっている[注24]。

3 進級・進学制度

3.1 進級

3.1.1 進級の判定

　上級の学年への進級の判定は，第3学年から行われる。進級させるか否かの判定は，通常，学級担任会議（Klassenkonferenz）[注8]において行われる。学級担任会議は，当該児童・生徒に授業を行った全教員が参加するものである。一部では，こうした決定は教員会議[注20]によっても行われている。上級の学年への進級判定の結果を左右するのが学年末の成績状況である。進級の判定結果は，学年末に渡される成績証明書に記されており，進級を認められなかった児童・生徒は最後に通っていた学年を繰り返さなければならない。逆に，当該学年の要求水準よりもずっと高い成績を収めた児童・生徒は，希望により1学年飛ばして進級することができる。複線型となっている中等教育段階の場合，生徒自身の適性や能力により合う教育課程や学校種に変更して進級することも，原則として可能である。一部の州では，学校は進級が危ぶまれる児童・生徒をフォローする義務を課せられており，個に応じた促進プランや休暇を利用した補習などによって彼らをサポートしている。また，進級できなかった生徒に，後から正式に進級できるように，次の学校年度の開始時に特定の条件で試験的に進級を認めたり，追試を受ける機会を与えたりしている。なお，ギムナジウム上級段階では，一般大学入学資格（アビトゥア）の取得に向けて総合的な判定を行う最後の2年間（認定期）では，進級の判定は行われない。

　職業学校では，原則として，進級しないということは想定されておらず，必要に応じて在学期間が延長できるようになっている。ただし，デュアルシステムの企業での職業訓練では，訓練期間の半分を終えたところで，中間試験が当該訓練職を所管する職能団体によって行われる。同試験は，実技試験，筆記試験，口述試験から成り，職業訓練規定や大綱的学習指導要領[注25]が規定する要求水準に則したものとなっている。

3.1.2 原級留置

　進級判定の結果が芳しくない場合，基礎学校第3学年から原級留置が行われることがある。ただし，近年，原級留置の意義が問い直されるようになり，学校教育段階により廃止している州もあれば，全義務教育段階にわたって廃止している州もある。

　例えば，ハンブルク市（州と同格）では，2010年度から学年進行で原級留置が廃止されており，これを補完すべく，成績の不振な児童・生徒は学校での無償の補習を受けることが義務付けられている。原級留置の廃止は現在第1〜9学年に適用されており，2017年度には全学年に適用される

ことになっている。また，ベルリン市（州と同格）では，3つの教育課程を併せ持つ統合型中等学校ですでに原級留置が廃止されており，基礎学校（同市では6年制）でも第3〜6学年で例外的に，しかも1回に限り原級留置が行われることになっている。ギムナジウムの場合は，学級担任会議[注8]の決定が必要になる。

　2013年度のドイツ全土の原級留置率は，初等中等教育段階の全学校種の平均値が2.3％で，学校種別にみると基礎学校では0.8％，ハウプトシューレでは4.1％，実科学校では3.9％，8年制ギムナジウムでは2.1％，9年制ギムナジウムでは2.4％となっている。また，ギムナジウム上級段階では，アビトゥア試験を受験するために必要な成績がもたらされない場合，生徒は1学年を繰り返すことが認められているが，2012年度にそのために留年した生徒は，9年制ギムナジウムでは3.4％，8年制ギムナジウムでは2.8％となっている[注26]。

3.1.3　飛び級／飛び入学

　早期就学とともに学年を飛び越える，いわゆる飛び級の措置については，いずれの州も学校制度を柔軟化するためのガイドラインを策定し，対応している。通常，児童・生徒に極めて優れた素質や能力が認められれば，児童・生徒及び保護者の希望により1学年を飛ばして進級することができる。一般に，飛び級に関する決定は，学級担任会議[注8]において行われ，その際，メンタル面の診断結果が活用されることもある。

3.2　修了

3.2.1　初等教育段階

　基礎学校修了時には修了試験は行われず，通常，児童には修了証書ではなく，他の学年と同様に，第4学年（州により第6学年）の成績証明書が与えられる。ただし，バーデン・ヴュルテンベルク州のみ，基礎学校の目標に達している児童には修了証書が，達していない児童には第4学年の成績証明書が与えられるようになっている。

3.2.2　前期中等教育段階

　前期中等教育段階では，通常，所定の成績を収めていれば第9学年でハウプトシューレ修了資格を，また第10学年で実科学校（中等教育）修了資格を取得することができるが，一部の州では，修了資格を取得するための統一試験が行われている。

　ハウプトシューレ修了資格は，デュアルシステムにおける職業教育訓練に入るために必要とされる最初の普通教育修了資格である。ただし，一部の州では，平均以上の成績を収めるなど，特定の条件を満たした者には，第10学年の課程に進級して実科学校修了資格や，全日制の職業教育機関である職業専門学校への進学が可能な上級のハウプトシューレ修了資格（Erweiterte Hauptschulabschluss）を取得する機会が与えられる。

　実科学校修了資格は職業専門学校や上級専門学校など，上級の学校の教育課程への入学要件になるほか，デュアルシステムにおける職業教育訓練に入るための要件にもなる。

　ギムナジウムの場合，生徒にギムナジウム上級段階に進学する資格があっても，通常，前期中等教育段階の修了時にこれを証明する修了資格が授与されることはない。

いずれの学校種／教育課程においても，所定の成績を収めることができなかった生徒には，退学証明書（Abgangszeugnis）が与えられる。

3.2.3　後期中等教育段階

3.2.3.1　一般大学入学資格（アビトゥア）

　ギムナジウム上級段階は，アビトゥアの取得をもって修了する。アビトゥアはギムナジウム修了資格でもあるとともに一般大学入学資格でもあり，これを取得した者は，原則として希望する高等教育機関，学部（専攻）に入ることができる。アビトゥアの取得は，認定期と呼ばれる，ギムナジウム上級段階の最後の2年間の平常の成績（600点満点）と，修了時に実施されるアビトゥア試験の成績（300点満点）によって総合的に判定され，それぞれ3分の1以上，すなわち平常の成績が200点以上，アビトゥア試験の成績が100点以上の合計300点以上の成績を収めることでアビトゥアが与えられる。

　アビトゥア試験は，一般に5つの試験科目で構成され，そのうち筆記試験が3科目以上，口述試験が1教科以上となっている（州により筆記試験と口述試験の内訳は異なる）。また，近年は大半の州で，課外の学習活動の成果（besondere Lernleistung）を試験1科目分に置き換える，あるいは試験の一部を補完するといった措置がとられている。課外の学習活動の成果には，例えば，州や連邦が助成するコンクール，半年以上ないし1年以上に従事した課題，教科横断的なプロジェクト，実習などの成果がある。試験科目の選択に当たっては，受験者は3つの課題領域（言語・文学・芸術系，社会科学系，数学・自然科学系）からそれぞれ1科目を，またドイツ語，外国語，数学の3科目のうち2科目を試験科目とすることとなっている。加えて，筆記試験の3科目では，ドイツ語，数学，自然科学から1科目以上選択しなければならないとされている。なお，一部の州では，アビトゥア試験の受験要件として，ギムナジウム修了論文（Facharbeit）の作成が義務付けられている。

　アビトゥア試験の作成や実施については，16州中15州が州レベルで統一的に行っており，こうした方式は一般に「中央アビトゥア（Zentralabitur）」と呼ばれている。また，近年では，問題の一部を複数州に共通する問題プールを使って作成するプロジェクトが各州の任意参加で進められており，これに参加している州では，共通する問題プールを使用した試験科目の試験実施日を統一するなどの措置が講じられている。中央アビトゥア方式を採用していない残る1州，ラインラント・プファルツ州では，学校レベルでアビトゥア試験が作成，実施されている。試験期間は州により様々に設定されており（**表27**），成績証明書は遅くとも7月中には交付される。

　なお，アビトゥアはギムナジウム上級段階以外の，例えば上級専門学校や職業／技術上級学校といった職業教育学校でも，全日制で第13学年の課程を修め，かつ第二外国語を履修し，アビトゥア試験に合格することで取得可能である。

表27：2016年度のアビトゥア試験日程　　　　　（2015年7月15日現在）

州	筆記試験	口述試験	成績証明書の交付
バーデン・ヴュルテンベルク州	4/5-4/15	6/16-6/30	-6/30
バイエルン州	4/30-5/8	5/18-6/19	6/24
ベルリン市	4/12-5/20	5/20-	未定
ブランデンブルク州	4/14-5/11	5/12-	-6/30
ブレーメン市	4/11-4/29	4/22-5/4	-6/22
ハンブルク市	4/21-5/10	6/22-7/1	-7/8
ヘッセン州	3/9-3/23	5/17-	-7/15
メクレンブルク・フォアポンメルン州	4/21-5/24	5/25-6/29	-7/23
ニーダーザクセン州	4/6-4/29	5/9-5/20	6/18
ノルトライン・ヴェストファーレン州	4/5-4/19	4/20-	7/2
ラインラント・プファルツ州	1/13-1/29	3/7-3/15	-3/17
ザールラント州	未定	未定	未定
ザクセン州	4/14-5/25	5/4-5/30	-6/24
ザクセン・アンハルト州	4/18-4/29	6/6-	6/24
シュレスヴィヒ・ホルシュタイン州	3/22及び4/21-4/29	6/27-7/7	-7/22
チューリンゲン州	4/14-5/2	5/9-5/20	6/10-

（出典）Sekretariat der Ständigen Konferenz der Kultusminister der Länder in der Bundesrepublik Deutschland: Übersicht über die Abiturtermine 2016.

3.2.3.2　専門大学入学資格と専門限定の大学入学資格

後期中等教育段階の教育課程を修了して取得できる資格としては、アビトゥアのほかに、専門大学入学資格と専門限定の大学入学資格がある。

3.2.3.2.1　専門大学入学資格

専門大学入学資格は、一般に、2年制の上級専門学校（実科学校を修了した者が多く進学する後期中等教育段階の職業教育学校）を修了することで授与される。上級専門学校の教育課程は、1年目が専門的な実習だけ、2年目が学校での授業だけで構成されており、実習を行っていることが専門大学入学資格の重要な取得要件となっている。2年目の修了時には修了試験が行われる。同試験は、通常、数学、ドイツ語、英語、職業関連分野の専攻科目についての筆記試験（1科目180〜240分程度）と、体育以外の授業科目についての口述試験（1科目20分程度）から成り、これに合格した者には専門大学入学資格が与えられる。合格できなかった者は、そのまま退学するか、もう1年繰り返して修了試験を受け直すかのどちらかを選択する。

なお、専門大学入学資格は、職業専門学校や専門学校といった他の学校種でも、追加的に授業を受けることで取得可能である。また、ギムナジウム上級段階でも、早ければ認定期に1年間通った後に、あるいはアビトゥア試験で不合格であった場合に、専門大学入学資格の取得審査のうち、学校での座学の部分についてのみ審査を申請し、認定してもらうことができる（バイエルン州とザクセン州は除く）。また、一部の州では、専門大学入学資格の取得者に対して、一部の総合大学の学士課程への進学が認められている。

3.2.3.2.2　専門限定の大学入学資格

　専門限定の大学入学資格は，特定の分野や専攻に限定して総合大学への入学を可能とする専門限定のアビトゥアで，ギムナジウム，職業／技術上級学校，職業／専門ギムナジウムなどで取得できる。取得に際しては，第二外国語を修めることが一般大学入学資格（アビトゥア）では求められるのに対し，専門限定の大学入学資格では不要とされている。

3.2.3.3　その他の修了証又は資格

3.2.3.3.1　学校修了資格相当の修了証

　定時制の職業学校の場合，一定の成績を収めれば，修了時に，ハウプトシューレ修了資格を持たない者についてはハウプトシューレ修了資格相当の修了証（Abschlusszeugnis）が，ハウプトシューレ修了資格を既に取得している者については中等教育修了資格相当の修了証が与えられる。ハウプトシューレ修了資格相当の修了証については，企業との職業訓練契約を予定よりも早期に解消された者や，そもそも職業訓練契約を締結できなかった者であっても，職業学校の教育課程で一定の成績を収めることで取得可能となっている。中等教育修了資格相当の修了証は，より高い水準で所定の成績を収め，かつ，企業での職業訓練を修了した場合に与えられる。成績が要求水準に達していなかった場合には，退学証明書（Abgangszeugnis）が与えられる。

　なお，企業での職業訓練は，当該職種の所管機関（通常は職能団体）が主催する修了試験に合格することで，当該職種の職業資格が与えられる。手工業系の職種であれば，手工業会議所が実施する職人試験（Gesellenprüfung）に合格することで，「職人（Geselle）」の職業資格が与えられる。修了試験ないし職人試験は，通常，実技試験，筆記試験，口述試験から成り，企業の代表，全従業員の代表，職業学校の教員などで構成された試験委員会において合否判定が行われる。その際，職業訓練生が通う職業学校の評価が取り入れられることもある。

3.2.3.3.2　州認定の職業資格

　全日制の職業専門学校の課程は，通常，筆記試験と口述試験（場合により実技試験も）から成る修了試験をもって修了するが，選択した課程により，様々な職業資格（Berufsabschluss）や学校修了資格を取得することができる。職業基礎教育を提供する1～2年の課程では，ハウプトシューレ修了証又は中等教育修了証を取得可能であるほか，中等教育修了資格を要件とする2～3年の課程では，専攻により，州認定の技術系，商業系，社会福祉系などの州認定アシスタントの資格が取得可能となっている。なお，同学校種では，定時制の職業学校と同様に，職能団体等が実施する修了試験を受けて，相応の職業資格を取得する機会が設けられていることもある。

3.3　進学制度

3.3.1　初等教育段階から中等教育段階への進学

　初等教育段階から中等教育段階への進学制度は，州により様々に規定されている。初等中等教育一貫型の教育課程を敷く統合型の総合制学校を除き，通常，基礎学校の最終学年に当たる第4学年（州により第6学年）の間に，学校は保護者と面談を行い，児童の基礎学校での成長の状態と中等

教育学校に通うための適性に関する所見の入った推薦書（「進学証明（Übertrittszeugnis）」「促進予測（Förderprognose）」「教育推薦（Bildungsempfehlung）」等，州により名称は様々）を作成する。ただし，保護者との面談のみを行い，こうした推薦書を作成していない州もある。

　多くの州では，保護者がこの推薦書や学校との面談を参考に，我が子をどの学校種に進学させるかを決定するが，推薦書に拘束力がある，すなわち児童の学校選択に関する決定権を出身学校ないし学校監督部局に持たせている州もある。その場合，ハウプトシューレであれば無条件に進学できるが，それ以外の学校種への進学を希望する児童については，推薦書によってその希望が制限されることがある。ただし，保護者の申請により，入学を希望する学校種での「お試し授業」「適性試験」「お試し入学」などを通じて我が子に相応の適性があることが証明されれば，正式に希望する学校種への入学が認められる。なお，保護者に進学先についての決定権が与えられている州であっても，推薦書と異なった進路を選択する保護者は少ないとされる。

　推薦書に拘束力を持たせているバイエルン州では，基礎学校第4学年の児童は，5月初旬に「進学証明」と呼ばれる推薦書を学校から受け取る。「進学証明」には，▽全教科の通年の評点，▽ドイツ語，算数，郷土・事物科（Heimat- und Sachunterricht）の3教科における総合平均点，▽社会的態度や学習態度等の評価，▽上級の学校に進学するための適性を判定した総合評価，が含まれている。このうち，進学先の決定を左右するのが，ドイツ語，算数，郷土・事物教授の3教科における総合平均点である。実科学校に進学を希望するなら2.66点以下，またギムナジウムに進学を希望するなら2.33点以下でなければならない（点数が低いほど成績が高いことを意味する）。ハウプトシューレへの進学に当たっては，こうした要求水準は設定されていない。相応の成績を収められず，進学を希望する学校種への適性が証明されなかった児童については，保護者の希望により，進学を希望する学校種で3日間のお試し授業を受けることができる。そこでは，ドイツ語及び算数において口頭試問と，同州の教育省が作成した筆記試験によって適性が測られ，相応の成績を収めた児童は進学を希望する学校種への適性を証明され，同学校種への進学が認められるが，適性が証明されなかった児童は，基礎学校によって当初薦められた学校種に進学することになる。なお，保護者がこれを不服とする場合には，保護者には法的手段に訴える権利が認められている。

3.3.2　前期中等教育段階から後期中等教育段階への進学

3.3.2.1　ギムナジウム上級段階への進学

　ギムナジウム上級段階への進学資格は，通常，ギムナジウムの第9学年又は第10学年の修了時に，学業成績が特定の要求水準を満たしている場合に与えられる。成績が特定の要求水準を満たしていれば，ハウプトシューレや実科学校等の学校種でもギムナジウム上級段階への進学資格が与えられることがある。

3.3.2.2　全日制の職業教育学校への進学

　全日制の職業教育学校では，企業での職業訓練の基礎要件となるハウプトシューレ修了資格を持たない者に同資格を取らせるための職業準備年と，同資格は持つものの企業と職業訓練契約を結べなかった者の受け皿となる職業基礎教育年を除けば，通常は実科学校（中等教育）修了資格が最低の入学要件となっている。

3.3.2.3 デュアルシステム（定時制の職業教育学校）への進路

デュアルシステムでの職業教育訓練には，全日制の就学義務を果たしてさえいれば，形式的には誰でもアクセスすることができる。デュアルシステムへの進路は，一般に，ハウプトシューレを修了した者の主な進路として知られてきたが，近年は，職業訓練生の大半が実科学校（中等教育）修了資格や一般大学入学資格又は専門大学入学資格の所持者によって占められている。

図3は，定時制の職業学校の2013年度入学者の構成を，所持する学校修了資格別にみたものである。

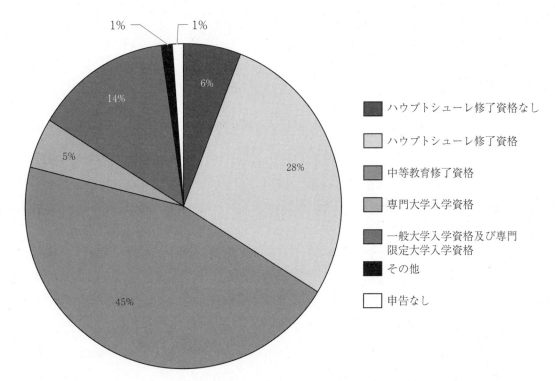

図3：職業学校（定時制）入学者の学校修了資格別構成（2013年）

（出典）Statistisches Bundesamt: Bildung und Kultur, Berufliche Schulen, Schuljahr 2013/2014 (Fachserie 11, Reihe 2), Wiesbaden Oktober 2014.

3.3.3 後期中等教育段階から高等教育段階への進学

3.3.3.1 総合大学への進学

ギムナジウム上級段階の教育課程を修了して一般大学入学資格であるアビトゥアを取得した者は，原則として，希望する大学の学修課程に進学することができる。ただし，志願者が定員を上回ることが予測される学修課程については，大学入学財団（Stiftung für Hochschulzulassung：SfH）がアビトゥアの点数及びアビトゥア取得後経過した期間（待機期間）に基づいてそれぞれ定員の20％（計40％）を選考し，残り60％の入学定員を各高等教育機関がアビトゥア試験の成績や面接等により独自に選考する。

専門限定の大学入学資格を取得した者についても，原則として，希望する総合大学へ進学することができるが，どの学修課程で学修を行うかについては制限を受ける。また，一部の州では，一部の総合大学のへの進学を学士課程に限り，専門大学入学資格の取得者の進学が認められている。

3.3.3.2　専門大学への進学

上級専門学校などにおいて専門大学入学資格を取得した者をはじめ，一般大学入学資格であるアビトゥアや専門限定の大学入学資格を取得した者は，原則として，どこの専門大学にも入学できるが，一部の専門大学の学修課程では，専門的な実習が入学要件として課されている。また，定員の関係上，ほぼ全ての専門大学が入学制限を設けているのが実態で，通常，専門大学が志願者の成績評価値（GPA）と待機期間のほか，専門的な学修能力テストや面接の結果，職業訓練あるいは就業の経験，専門的な適性などに基づいて選抜している。

4　教育条件

4.1　学校規模

学校規模については，各州の学校法やその施行規則等に基準が定められており，その規定ぶりは州により様々である。

ベルリン市（州と同格）の場合，同市学校法第17条第4項に，基礎学校は2学級，ギムナジウムは3学級，統合型中等学校は4学級を下回ってはならないと，1学年当たりの最小編制規模が定められている[注27]。また，学校開発計画施行規則では，教育上及び編制上の理由から基礎学校は3～4学級，ギムナジウムは4～5学級，統合型中等学校は4～6学級の幅で，加えてギムナジウム上級段階については50人以上で編制しなければならないとしている[注28]。

ノルトライン・ヴェストファーレン州では，同州学校法第82条に，秩序ある学校経営に必要な最小限の規模として最小学校規模が，**表28**のとおり，当学校設置時に必要な学級数とそれ以降に必要な学級数とに分けて定められている。1学級当たりの児童・生徒数は，基礎学校，中等学校，総合制学校は25人，それ以外の学校種は28人を標準としている。

表28：ノルトライン・ヴェストファーレン州の最小学校規模

	1学年当たりの最小学級数	
	学校設置時	学校設置以降
基礎学校	2学級	92人
ハウプトシューレ	2学級	2学級
実科学校	2学級	2学級
中等学校	3学級	3学級
ギムナジウム（第10学年まで）	3学級	2学級
総合制学校（第10学年まで）	4学級	4学級
ギムナジウム上級段階（認定期1年）	42人	

（出典）Schulgesetz für das Land Nordrhein-Westfalen (Schulgesetz NRW - SchulG), vom 15. Februar 2005, zuletzt geändert durch Gesetz vom 25. Juni 2015.

4.2　学級編制基準

　学級編制基準は，各州の学校法施行規則に定められており，1学級当たりの児童・生徒数に下限と上限の両方を定めている場合や，どちらか片方のみ定めている場合，平均値を定めている場合など，その規定ぶりは州により様々である。通常，学校設置者である郡及び市町村が，州が定める基準に従って1学級当たりの児童・生徒数及び学級数を決定している[注29]。

　ベルリン市（州と同格）の場合，各学校教育段階ないし各学校種に関する規定に学級編制基準が示されている。基礎学校については，▽原則として，児童が1学級23～26人であること，▽ドイツ語を母語としない児童が全体の40％以上を占める学校や，教材費の負担免除を受ける生徒が全体の40％を占める学校では，原則を逸脱して，児童が21～25人であること，と定められている（同市基礎学校規定第4条第8項）。また，中等教育学校については，▽ギムナジウムの第7学年では1学級当たり生徒32人，統合型中等学校の第7学年及び第8学年では1学級当たり生徒26人が上限となること，▽障害のある生徒がいる学級や，ドイツ語を母語としない児童が全体の40％以上を占める学校など，特別な理由がある場合には，申請により，学校監督官庁において上限を下げてもらうことができること等が規定されている（同市前期中等教育段階学校種及び教育課程規定第5条第7項）[注30]。

　ノルトライン・ヴェストファーレン州では，同州学校法第93条第2項の施行に関する省令に，**表29**のとおり，初等教育段階と中等教育段階についてそれぞれ異なった基準が定められている。

表29：ノルトライン・ヴェストファーレン州の学級編制基準

初等教育段階	児童数	編制すべき学級数	1学級当たり児童数
基礎学校（第1～4学年）	～29人	1学級	～29人
	30～56人	2学級	15～28人
	57～81人	3学級	19～27人
	82～104人	4学級	20/21～26人
	105～125人	5学級	21～25人
	126～150人	6学級	21～25人
前期中等教育段階	標準人数		範　囲
ハウプトシューレ（第5～10学年）	24人		18～30人
実科学校（第5～10学年）			
ギムナジウム（第5～9学年）	28人		26～30人
総合制学校（第5～10学年）			
中等学校（第5～10学年）	25人		20～30人
後期中等教育段階	標準人数		
ギムナジウム上級段階（第5～10学年）	19.5人		

（出典）Verordnung zur Ausführung des § 93 Abs. 2 Schulgesetz (VO zu § 93 Abs. 2 SchulG), vom 18. März 2005, zuletzt geändert durch Gesetz vom 19. Mai 2015.

4.3 教員配置基準

　各州の教員配置に関する法令により，教員1人当たり児童・生徒数の基準又は1学級当たり教員数の基準が定められている。

　ノルトライン・ヴェストファーレン州において基準とされる教員1人当たり児童・生徒数は，**表30**のとおり，同州学校法第93条第2項の施行に関する省令に定められている。同州では，児童・生徒数を教員1人当たり児童・生徒数の基準で除して教員定数を算出し，これに従い教員の配置計画を立てている。

表30：ノルトライン・ヴェストファーレン州の教員1人当たり児童・生徒数

基礎学校	21.95人
ハウプトシューレ	17.86人
実科学校	20.94人
中等学校	16.27人
ギムナジウム（前期）	19.88人
ギムナジウム（後期）	12.70人
総合制学校（前期）	19.32人
総合制学校（後期）	12.70人

（出典）Verordnung zur Ausführung des § 93 Abs. 2 Schulgesetz (VO zu § 93 Abs. 2 SchulG), vom 18. März 2005, zuletzt geändert durch Gesetz vom 19. Mai 2015.

4.4 施設・設備の基準

4.4.1 校地・校舎の基準

　校地・校舎の基準は，一般に，防災の観点から各州の建設所管省によって，あるいは教育環境の整備等の観点から各州の教育省ないし財務省によって，省令やガイドライン等に定められている。防災の観点から定められた省令ないしガイドライン等には，通常，防火壁，避難路，避難階段などの高さや幅の基準が示されているほか，誘導灯や警報装置などの防災設備についても触れられている。教育環境の整備等の観点からは，教室，校長室，体育館，食堂，校庭，用務員室などの基準面積が，省令ないしガイドライン等に示されている。

　ベルリン市（州と同格）では，校舎や設備等の改修をどのように行うかは，70％については各区が児童・生徒数に鑑みて決定し，残り30％については市政府が市内の学校に統一的な最低基準を保障すべく，教室や体育館や食堂等の基準面積を示した行動勧告「モデル空間プログラム（Musterraumprogramm）」に基づいて決定している[注31]。

　バイエルン州では，校舎の大きさや質や設備の観点からも学校経営が問題なく行われるように，校地・校舎の空間的ニーズの最低水準が学校建設令（Schulbauverordnung）に定められており，市町村が公立学校及び私立学校を設置する場合には，学校監督官庁である行政管区が同建設令に基づいて認可している。同建設令には，各学級の教室には児童・生徒1人当たり2㎡の広さ，6㎡の

空間が必要であるとしている。また，校庭には児童・生徒1人当たり3㎡，休憩所には，基礎学校及び生徒数400人までの学校であれば児童・生徒1人当たり0.5㎡，400人を超える学校であれば児童・生徒1人当たり0.4㎡の広さを確保することとしている[注32]。

4.4.2 ICT環境の整備

学校のICT環境の整備については，統一的な基準や数値目標等は設けられていないが，州レベルでその充実化が図られている。2008年に公表された各州文部大臣会議（KMK）の調査によると，2007年度のICT環境の整備状況は，**表31**のとおりである。

表31：各学校種／学校教育段階のICT環境

	基礎学校	中等教育学校	促進学校	職業教育学校	平均
コンピュータ1台当たりの児童・生徒数	9人	10人	5人	8人	9人
授業以外で児童・生徒のコンピュータ利用が可能な学校の割合	52.3%	79.2%	53.1%	76.7%	62.1%
学習ソフトウェアを利用している学校の割合	98.7%	92.5%	97.3%	90.9%	96.1%
インターネットに接続している学校の割合	97.5%	99.0%	96.9%	99.2%	98.1%

（出典）Sekretariat der Ständigen Konferenz der Kultusminister der Länder in der Bundesrepublik Deutschland: Dataset - IT-Ausstattung der Schulen, Schuljahr 2007/2008.

5 学校選択・連携

5.1 学校選択・通学区域

初等教育段階では，多くの州が通学区域（Schulbezirk）を定めているが，いくつかの州は保護者に学校選択の権利を与えている。例えば，ノルトライン・ヴェストファーレン州では，2008年度から通学区域が廃止され，保護者は「従来通学すべきとされていた居住地に最も近い基礎学校」以外の学校に我が子の就学を申請できるようになった。ベルリン市（州と同格）では，基礎学校児童については，短い時間で自分で通えることや通学路における安全を確保することに配慮して「通学区域」が設けられており，原則として児童は通学区域内の，居住地から最も近いところにある基礎学校に通学することとされている。ただし，特別なカリキュラムを持つ基礎学校で学びたいといった教育内容にかかわる理由や，祖母の家から近い基礎学校に通学したいといった地理的・家庭的事情などにより，通学区域内の別の学校や通学区域外の学校へ通学することも，当該学校の定員に余裕がある限りで認められている。

中等教育段階では，州により学校種により異なる。伝統的には，ハウプトシューレと職業学校には通学区域は設定されているのに対し，ギムナジウムや実科学校には通学区域が設定されていないというのが一般的である。近年増えつつある複数の教育課程を併せ持つ学校種（**1.4.2.4**及び

1.4.2.5参照）については，州により通学区域の設定状況は様々である。通学区域が設定されていない場合には，入学志望校の定員に問題がない限り，保護者は子供の能力や適性に鑑みつつも（3.3.1参照）自由に学校を選択できる。

5.2 学校，家庭，地域の連携

5.2.1 保護者会

保護者の学校への協力は，一般に集団を通じて，すなわち保護者会（Elternversammlung）での情報交換や意見交換や保護者代表の選出への参加を通じて間接的に行われる。

学校における保護者会の組織及び協力については，いずれの州の憲法や学校法にも規定されており，その構成や任務内容等の規定ぶりは州により様々であるが，学校内では保護者の協力は，通常，学級保護者会（Klassenelternversammlung）と学校保護者協議会（Schulelternbeirat）の2つのレベルで行われる。学級保護者会は当該学級に所属する児童・生徒の保護者全員が構成員となっているもので，学校保護者協議会は，各学級の保護者会から選出された保護者代表によって組織されたものである。これらの保護者集団は，学級レベルあるいは学校レベルで，保護者の権利を代表してその利益を守り，教育プログラムの充実に役立つような学校行事の企画に協力したり，州により，授業以外の行事を独自の責任で企画したりもしている。

保護者会は学校を超えたレベルでも組織されており，地方レベルには群及び市町村レベルの保護者協議会が，州レベルには州保護者協議会といった組織がある。さらに，連邦レベルには，保護者たちに教育政策における発展について情報を提供し，保護者に学校の諸問題において助言するために各州の保護者協議会が共同で設立した連邦保護者協議会と呼ばれる組織がある。

5.2.2 学校支援協会

各学校には，学校の教育関連設備を支援する組織として学校支援協会（Schulförderverein）が置かれている。これは，通常，学校の設備や児童・生徒の支援を自ら申し出た保護者や教員，児童・生徒，同窓生，地元の住民及び企業等によって組織されるもので，教材，コンピュータなどの調達や，学童保育サービス等の授業外の活動の提供に対して財政支援を保障することを役割としている。加えて，学校祭，遠足，社会見学，国際交流，スポーツクラブ，社会奉仕などに際して，学校と地域のつながりを調整・強化することにも貢献している。なお，近隣の複数の学校を，1つの学校支援協会がまとめて世話をしている場合もある[注33]。

5.2.3 「全日制学校」

「全日制学校（Ganztagsschule）」は，従来昼過ぎに終了していた授業時間を午後にも延長して補習や課外活動などの教育プログラムを提供する学校を指す。2001年にOECD「生徒の学習到達度調査（PISA）」での不振な結果（PISAショック）を受けて以降，学力低下の主な原因として，子供の社会的出自による学習環境の相違，とりわけ移民家庭の不適切な学習環境が指摘されてきた。そこで，従来の「半日制」では子供が家庭で過ごす時間が長くなり，その分，子供に対する家庭の影響も大きくなるとして（特に移民家庭では，その子女への母語の干渉が望ましくないとして），連邦政府がイニシアチブをとるかたちで「全日制学校」の普及策が各州で展開されていった。こう

した，連邦政府及び州政府による積極的な支援により，「全日制学校」は2013年現在，全ての初等中等教育機関の59％に相当する1万6,198校に上り，全児童・生徒の36％が全日制教育プログラムに参加している（連邦政府の支援を特に受けていない学校も含む）[注34]。

「全日制学校」には大別して，▽在校する児童・生徒に参加を義務付ける「義務型の全日制学校」，▽午後の教育プログラムに児童・生徒が任意で参加する「開放型の全日制学校」，▽一部の学級又は学年に参加を義務付ける，あるいは教育プログラムへの参加を部分的に義務としたり任意としたりする「混合型の全日制学校」の3種類がある。原則として，義務型は無償，開放型は有償となっており，開放型の「全日制学校」が最も多く存在する。例えば，ベルリン市（州と同格）の場合，市内全ての基礎学校及び統合型中等学校が「全日制学校」で，全ての市立基礎学校362校のうち8割以上が開放型の「全日制学校」，残る45校が義務型，18校が混合型の「全日制学校」となっている（2013年度）[注35]。

「全日制学校」で提供される全日制教育プログラムは，決まった曜日の午後に提供されることが多いが，義務型の全日制学校であれば，教科の授業の間に提供されることもある。その内容は，ドイツ語やそれ以外の教科の補習をはじめ，ダンスや絵画，瞑想，スポーツといった課外活動等々，学校により極めて多様で，学童保育（Hort）の機能・役割やクラブ活動（Arbeitsgemeinschaft）の概念と融合・連結させて教育プログラムを提供している学校も多くみられる。そのため，個々の教育プログラムは校長の監督と責任の下で編成されているものの，その運営に当たっては，教員，教育士[注36]，社会教育士／社会福祉士[注37]，語学や楽器演奏やダンスや絵画などを指導できる専門家といった人材が動員されているほか，多くのところで，児童・生徒の保護者，地域の青少年福祉及び文化教育の担い手，スポーツクラブといった学校外の様々なパートナーが，早朝から夕方まで有償又は無償で協力している。

【注】

1. 近年，連邦，州，市町村が3歳未満の子供を対象とした子供デイケアの拡充策を取り決め，また2013年8月1日からは，満1歳以上3歳未満の子供については，施設への受入れに対する権利要求が生じたことなどを背景に，3歳児以上を対象とした幼稚園のような施設が減少している一方，異年齢集団を対象としたプログラムを提供する施設が増加している。
2. 以降，実科学校修了資格は，随所で実科学校（中等教育）修了資格と表記する。
3. ドイツでは，大学入学資格であるアビトゥアを取得するまでの年限については，伝統的に13年制が維持されてきたが，EU（欧州連合）の統合・拡大過程において労働市場の国際化が進むにつれ，12年制を主流とする欧州諸国に合わせるべく，ギムナジウムの年限を9年から8年に短縮する州が増え，2014年現在，全州で8年制ギムナジウムが導入されている。しかし，9年制と同じ学習量を提供する8年制ギムナジウムに反対する声も大きく，バイエルン州では2013年度から，ギムナジウム生徒が相応の進路相談を前提に，中等教育段階の第8学年，第9学年，第10学年の間にフレキシブルイヤー（Flexibilisierungsjahr）と呼ばれる，追加的な教育プログラムを提供する付加学年を挟めるようになった。また，ヘッセン州では2013年度から，各ギムナジウムの裁量で前期中等教育段階の部分を1年増やすかたちで8年制を9年制に戻してもよいこととなり，39校のギムナジウムが9年制に戻したほか，ニーダーザクセン州では，2015年度から同州のギムナジウムが8年制から9年制に改められることとなった。
4. ラインラント・プファルツ州では，元々ハウプトシューレと実科学校と併存するかたちで広域実業学校が設けられていたところ，2009年度にハウプトシューレ，実科学校，広域実業学校と2006年度に導入された二元式上級学校（Duale Oberschule）の3学校種が，2009年度に実科学校プラスへと統合された。
5. ドイツ各地に200校余り設置されている私立の自由ヴァルドルフ学校（Freie Waldorfschule），すなわちシュタイナー学校も統一型総合制学校の一形態である。
6. 地区総合学校のコンセプトは，中等教育段階の学校種によりその後の進路が定まってしまうことへの懸念，移民生徒の増加を背景に荒廃するハウプトシューレからのドイツ人生徒離れの加速などを受け，近年，複線型学校制度を見直そう

とする動き活発化する中で登場した。

7. Senatverwaltung für Bildung, Jugend und Wissenschaft, Berlin: Grundschule (http://www.berlin.de/sen/ bildung/ bildungswege/grundschule/) / Ministerium für Kultus, Jugend und Sport, Baden Württemberg: Elterninfo zum Schulanfang 2015 (http://www.kultusportal-bw.de/site/pbs-bw/get/documents/KULTUS. Dachmandant/ KULTUS/ kultusportal-bw/Publikationen%20ab%202013/141117_Elterninfo_2015_Web.pdf).
8. 学級担任会議（Klassenkonferenz）は各学級に設けられる合議機関で，学級担任，当該学級で授業を行っている教員，当該学級で担任や児童・生徒の活動をサポートしている職員，児童・生徒の代表，保護者の代表から成り，学級内の授業活動や教育活動のあらゆる問題について協議するほか，進級・成績・修了，進路，宿題の規模や頻度，授業や行事での保護者やその他の人員の協力の細目などを決定したりする。
9. デュアルシステムにおける職業教育では，所管が連邦と各州に分かれるため，職業教育調整委員会と呼ばれる，企業と職業学校での職業教育の調整に関する原則的な問題を取り扱う組織が設置されている。同委員会では，連邦教育研究省と連邦経済技術省のほか，当該職種を所管する省庁が連邦政府の代表として，また各州文部大臣会議（KMK）の職業教育専門委員会のメンバーが各州の代表として，認定訓練職の見直しや職業教育訓練の大綱的学習指導要領の改訂に恒常的に従事している。
10. 学校会議は，校長が教員，児童・生徒，保護者，場合によっては学校外の協力者と連携を図るため，各州の学校法の定めにより設置されている組織で，教員と保護者，また中等教育段階の学校であれば生徒の代表によって構成されている。その任務や権限範囲は州により様々であるが，主に，学校生活や授業の組織編成，児童・生徒の保護，学校行事などについての決定権を有している。
11. 近年では，児童一人一人に応じた教育を提供する意図から学習指導要領が大綱化されていることに伴い，時間割が学級レベルではなく，個人レベルで編成されていることもある。
12. Sekretariat der Ständigen Konferenz der Kultusminister der Länder in der Bundesrepublik Deutschland: Vereinbarung über die Schularten und Bildungsgänge im Sekundarbereich I (Beschluss der Kultusministerkonferenz vom 03.12.1993 i.d.F. vom 25.09.2014).
13. Hessisches Kultusministerium: Abitur in Hessen - Ein guter Weg, Dezember 2014.
14. Niedersächsisches Kultusministerium: Das gymnasiale Oberstufe und die Abiturprüfung - Information für Eltern, Schülerinnen und Schüler, Juli 2013.
15. Medienbildung. Medienerziehung und informationstechnische Bildung in der Schule, Bekanntmachung des Bayerischen Staatsministeriums für Unterricht und Kultus vom 24. Oktober 2012.
16. Schulordnung für die Gymnasien in Bayern (Gymnasialschulordnung - GSO), vom 23. Januar 2007 (Zuletzt geändert durch Verordnung vom 12. Juni 2013)/ Staatsinstitut für Schulqualität und Bildungsforschung München (ISB) : Lehrplan für das Gymnasium in Bayern: Natur und Technik" (http:// www.isb-gym8-lehrplan.de/content serv/3.1.neu/g8.de/index.php?StoryID=26433).
17. Verordnung uber die Schularten und Bildungsgänge der Sekundarstufe I (Sekundarstufe I-Verordnung - Sek I-VO), vom 31. Marz 2010, Berlin.
18. Verordnung über die gymnasiale Oberstufe (VO-GO), vom 18. April 2007, Berlin.
19. Georg Stöber: Schulbuchzulassung in Deutschland: Grundlagen, Verfahrensweisen und Diskussionen, Eckert. Beiträge 2010/3 (http://www.edumeres.net/uploads/tx_empubdos/Stoeber_Schulbuchzulassung.pdf).
20. 教員会議は，教員が授業や教育における問題を協議し連携を図るための組織として各学校に設置されている全ての教員又は一部の教員で構成される組織である。
21. Tim Hartung: Schulbuchauswahl und Lernmittelfreiheit in den deutschen Bundesländern im Kontext von Schüler-partizipation, Eckert. Beiträge 2014/11 (http://www.pedocs.de/volltexte/2015/11061/pdf/EWP_2014_ 11_Hartung_ Schulbuchauswahl.pdf).
22. 同調査は，一部の州では別様に表現されている。ヘッセン州及びノルトライン・ヴェストファーレン州では「Lernstanderhebungen」，ザクセン州及びチューリンゲン州では「KERMIT - Kompetenzen ermitteln」と表現されている。
23. 教育制度質向上研究所（Institut zur Qualitätsentwicklung im Bildungswesen：IQB）は，2004年6月に，教育スタンダードを評価するため，各州文部大臣会議によってベルリン・フンボルト大学内に創設された研究機関で，全16州を財源としている。
24. Institut zur Qualitätsentwicklung im Bildungswesen (https://www.iqb.hu-berlin.de/ laendervergleich).
25. 学習指導要領の開発は，原則として各州の教育省の所管であるが，職業学校の職業関連の授業については，目標，内容，時間的な規模等に共通性を持たせるべく，各州文部大臣会議（KMK）が企業の職業訓練のあり方を定めた職業訓練規定を参照しつつ大綱の学習指導要領策定し，連邦との調整を前提に決定している。そして，これに基づき，各州が職業学校の学習指導要領を職業分野別に策定している。
26. Statistisches Bundeamt: Bildung und Kultur, Allgemeinbildende Schulen, Schuljahr 2013/2014 (Fachserie 11, Reihe

1), Wiesbaden November 2014.
27. Schulgesetz für das Land Berlin (Schulgesetz - SchulG), vom 26. Januar 2004.
28. Ausführungsvorschriften zur Schulentwicklungsplanung (AVSEP), vom 25. Juni 2012, Berlin.
29. Sekretariat der Ständigen Konferenz der Kultusminister der Länder in der Bundesrepublik Deutschland: Vorgaben für die Klassenbildung, Schuljahr 2011/2012.
30. Verordnung über die Schularten und Bildungsgänge der Sekundarstufe I (Sekundarstufe I-Verordnung - Sek I-VO), vom 31. März 2010.
31. Senatverwaltung für Bildung, Jugend und Wissenschaft, Berlin: Bauen und Sanieren (http://www. berlin.de/sen/bildung/ schulqualitaet/bauen_und_sanieren/).
32. Schulbauverordnung (SchulbauV), vom 30. Dezember 1994, Bayern.
33. 文部科学省『諸外国の教育行財政－7か国と日本の比較』ジアース教育新社，2014年，205頁。
34. Sekretariat der Ständigen Konferenz der Kultusminister der Länder in der Bundesrepublik Deutschland: Datensammlung Allgemein bildende Schulen in Ganztagsform in den Ländern in der Bundesrepublik Deutschland 2009 - 2013.
35. 同上。
36. 教育士（Erzieher）は，就学前保育・教育施設，学童保育施設，障害者支援施設，青少年福祉施設，余暇センターのほか，近年では全日制学校などで，子供や青少年の監督，保育や介護，余暇活動の組織や実施等を任務としており，多くは就学前保育・教育施設で従事している。
37. 社会教育士（Sozialpädagoge）あるいは社会福祉士（Sozialarbeiter）は，学校や就学前保育・教育施設をはじめ，子供・青少年援助施設，障害者や高齢者のケア施設，病院，刑務所など，様々な領域で人々の生活を支援することを任務としている。

【参考文献】

1) Bayerisches Staatsministerium für Bildung und Kultus, Wissenschaft und Kunst (http://www.km.bayern.de/).
2) Hessisches Kultusministerium (https://kultusministerium.hessen.de/).
3) Ministerium für Kultus, Jugend und Sport, Baden Württemberg (http://www.kultusministerium.baden-wuerttemberg.de/).
4) Ministerium für Schule und Weiterbildung des Landes NRW (https://www.schulministerium.nrw.de/docs/bp/ index.html).
5) Niedersächsisches Kultusministerium (http://www.mk.niedersachsen.de/).
6) Sekretariat der Ständigen Konferenz der Kultusminister der Länder in der Bundesrepublik Deutschland (Hrsg.): Das Bildungswesen in der Bundesrepublik Deutschland 2011/2012, Darstellung der Kompetenzen, Strukturen und bildungspolitischen Entwicklungen für den Informationsaustausch in Europa, Juli 2012.
7) Sekretariat der Ständigen Konferenz der Kultusminister der Länder in der Bundesrepublik Deutschland (Hrsg.): Das Bildungswesen in der Bundesrepublik Deutschland 2012/2013, Darstellung der Kompetenzen, Strukturen und bildungspolitischen Entwicklungen für den Informationsaustausch in Europa, September 2013.
8) Senatverwaltung für Bildung, Jugend und Wissenschaft, Berlin (http://www.berlin.de/sen/bjw/).

フィンランド

1 初等中等教育制度の概要 220
2 教育内容・方法 226
3 進級・進学制度 235
4 教育条件 237
5 学校選択・連携 239

学校系統図

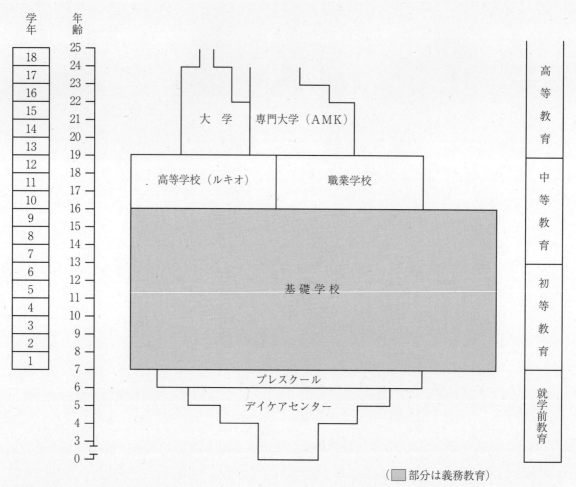

(■部分は義務教育)

就学前教育——保育を行うデイケアセンターもしくは基礎学校に付設されたプレスクールでは，6歳児を対象とした教育が提供されている。

義 務 教 育——義務教育年限は，9年間（7〜16歳）である。

初等・前期中等教育——初等・前期中等教育は，7歳入学で，基礎学校で9年間行われる。

後期中等教育——後期中等教育は，高等学校（ルキオ）と職業学校において2〜4年間（3年が一般的）行われる。いずれも大学，専門大学（AMK）に進学可能である。

高 等 教 育——高等教育は，大学と専門大学（AMK）で行われる。通常，学士相当の学位の取得には3年，修士相当の学位の取得には2年が必要である。専門大学では，修業年限3〜4年で高等教育レベルの職業教育が提供され，修了者にはAMK学士が与えられる。さらに，1〜2年の修士課程があり，学士と合わせて5年の修業年限になるよう設計されている。

学校統計

(2014年度)

教育段階	学校種名	設置者別	修業年限	通常の在学年齢	学校数	児童・生徒・学生数	備考
			年	歳	校	人	
就学前（プレスクール）	デイケアセンター		1	6		47,379	就学前（プレスクール）の児童数はいずれも2012年。
	基礎学校					12,225	
初等・中等	基礎学校		9	7〜15	2,498	522,700	
	高等学校（ルキオ）		2〜4	16〜18	366	113,800	
	基礎学校高等学校併設校		6〜12	7〜18	42	28,000	
	職業学校		2〜4	16〜18	105	173,400	
高等	大学		3〜	19〜	14	162,900	
	専門大学		3〜	19〜	26	143,200	
特別支援	特別支援学校（基礎学校レベル）	国公	9	7〜15	99	5,200	

(注)
特別支援学校（基礎学校レベル）は，修業年限を2年延長することができる。また，児童・生徒数は完全に特別支援学校で教育を受けている児童・生徒の数である。

(資料)
Tilastokeskus，ウェブサイト（http://tilastokeskus.fi/）
Kinos and Palonen (2013), p.18.

1 初等中等教育制度の概要

1.1 就学前教育

　フィンランドにおいて就学前教育は，エシコウル（Esikoulu）若しくはエスカリ（Eskari）と呼ばれ，通常，就学前の1年間提供される。2001年8月から全国規模で制度化された。設置者は基礎自治体であるクンタ（Kunta）であり，就学前教育の提供義務を負うこと，子供たちにこれを受ける機会を保障することが，基礎教育法に規定されている。但し，複数の自治体が共同で提供することや，国や民間等の提供しているサービスを購入して提供すること（アウトソーシング）も可能とされている（基礎教育法第4条）。

　自治体に対し提供義務を課す一方，就学そのものについては「子供の権利」（基礎教育法第26a条）として，任意とされてきた。しかし，就学率が98％にまで達している状況（図1参照），さらに，全ての子供に質の高い就学前教育を保障するという観点から，2015年より義務化されている。

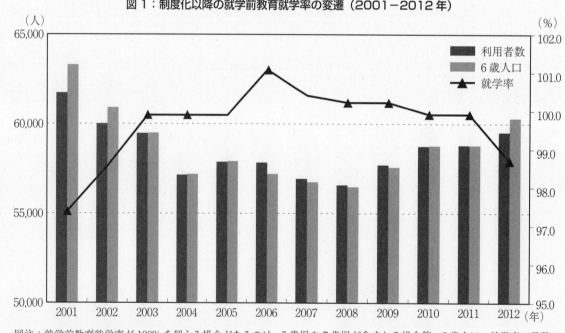

図1：制度化以降の就学前教育就学率の変遷（2001－2012年）

図注：就学前教育就学率が100％を超える場合があるのは，5歳児や7歳児が含まれる場合等，6歳人口＝就学率の母数ではないことによる。
（出典）：Kinos & Palonen（2013）．

　就学前教育を所管するのは教育文化省である。かつては，保育と就学前教育とで所管する省庁が異なっていたが（保育を所管するのは社会保健省），2013年度より，教育文化省に一本化された。

　就学前教育は，通常1日4時間実施される。保育サービスとの併用も可能であり，その場合，就学前教育としての時間は無償で，保育の時間は有償という措置がとられている。なお，就学前教育のサービス時間は，年間では700時間である。「教育」であるが，教科等の設定はなく，教育内容は，「領域」別に定められている。

就学前教育は，デイケア（幼児保育施設），基礎学校，若しくは，その他の適切と思われる場所において提供される。実施場所の決定権を持つのは，自治体である。全国平均でみると，デイケアなど，幼児保育施設で就学前教育を受けている子供の割合が8割近くに達する。しかし，その実情は地域によって異なり，農村自治体においては基礎学校で，都市部では幼児保育施設でそれぞれ実施される傾向にある。当初は，基礎学校で提供される就学前教育が増加する傾向にあったが，近年は，デイケアで提供されるものが増えつつある。

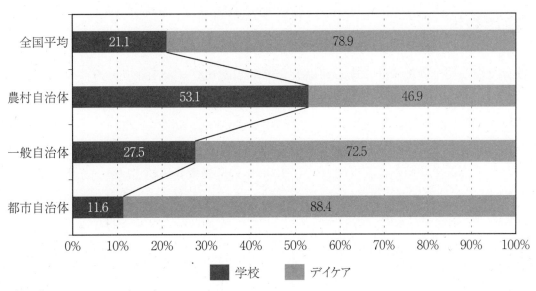

図2：自治体種別就学前教育の実施機関（2010年）

（出典）Kumpulainen（2012）．

　就学前教育を担当する教員の資格要件は「教育職員の資格に関する政令（*Asetus opetustoimen kelpoisuusvaatimuksista*）」（986/1998）に規定されている。これによると，幼稚園教諭（ラステンタルハンオペッタヤ：Lastentarhanopettaja）または初等教育教員である学級担当教諭（ルオカンオペッタヤ：Luokanopettaja）の資格を有す者であることが原則とされている。幼稚園教諭資格は大学の学士課程（3年間）で，学級担当教諭資格は大学の修士課程（5年間）で取得することが可能である。なお，幼稚園教諭の資格は，基礎学校1～2年生まで担当することができる。

1.2 義務教育

　義務教育年限は7歳から16歳までの9年間である。また，9年の義務教育の後，希望の進学先に進むための基準を満たしていなかったり，進路を決めあぐねたりしている生徒のために，「付加教育（lisä opetus）」と呼ばれる10年生のクラスが設定されているが，これも義務教育の範疇とされる。なお，家庭における義務教育（ホームスクーリング）も認められている（HSLDA International）。

　基礎教育法では，自治体に対し，そこに居住する全ての義務教育対象年齢の児童・生徒に基礎教育を施すことを義務付けている（第4条）。また，義務教育年齢の児童・生徒に対しても，基礎教育を受けること，若しくは，「基礎教育教育課程基準」に示された内容を習得することを求めている（第26条）。

近年，義務教育年齢の引上げ（全ての17歳人口に義務教育修了後の学習の場を提供すること）及び引下げ（就学前教育の義務化）という，上下双方への延長が個別に議論されている。前者は，現在の労働市場においては義務教育を通じて獲得するコンピテンスでは不十分であり，また，中退や無業の増加など義務教育後の移行が必ずしも円滑に運んでいない現状を踏まえ，次の一歩を踏み出すまで生徒を支援すべきであるという問題意識に基づくものである。一方，後者は，全ての6歳児に等しく質の高い就学前教育を提供すべきという視点に立つものである。国会等における審議の結果，就学前教育の義務化のみ実施が決定された。これにより，就学前教育（6歳児を対象とするもの）と基礎教育（付加教育を含む）が義務教育となった。

1.3 基礎教育

初等教育及び前期中等教育から成る基礎教育は，基礎学校（Peruskoulu：ペルスコウル）で提供される。誰もが1つ屋根の下で学ぶという「総合制学校」の理念のもと，1970年代に成立した。9年一貫型の形態をとりつつも，当初は，小学校（Alakoulu：アラコウル：「下の学校」の意）と中学校（Yläkoulu：ウラコウル：「上の学校」の意）という形で，別名称が用いられ，法的にも規定されていた（1983年基礎学校法）。しかし，1998年の基礎教育法制定以降，教育段階別の学校名称が廃止され，9年一貫制としての性格が強まっている。実際の学校設置については，今なお，初等教育段階のみ，前期中等教育段階のみの学校が多いが，新設校は9年一貫型とすることが基本方針とされたこともあり（但し，自治体の裁量で旧来型の学校とすることも可能），9年一貫型の学校が徐々に増えている（**図3**参照）。

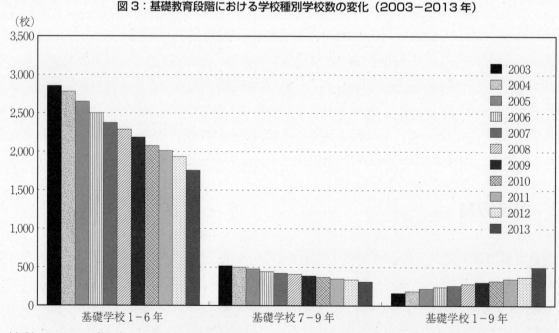

図3：基礎教育段階における学校種別学校数の変化（2003-2013年）

（出典）Kuntaliitto（2014）. *Peruskoulut 2009-2013.*

学校の再編統合が進む中，旧来型の学校が少しずつその数を減らしている一方で，一貫型は数を増やしている。このことについては，同時期に学校統廃合が進められた影響もある。

基礎学校で教える教員のうち，初等教育段階の教員には学級担当教諭（ルオカンオペッタヤ：

Luokanopettaja）の資格が，前期中等教育段階の教員には教科担当教諭（アイネーンオペッタヤ：Aineenopettaja）の資格がそれぞれ求められる。一般に，学級担当教諭の資格は教員養成系の学部・学科で修士号を取得すること，教科担当教諭の資格は教科に関する各専門分野の修士号を取得することと教職課程を履修することを意味する。教職課程は，教育学に関する科目から構成され，教育実習を含んでいる。全部で欧州共通単位（ECTS）60単位であり，これは1年間のフルタイム学習に相当する。

1.4 後期中等教育

後期中等教育段階は，ルキオ（Lukio）と呼ばれる普通教育機関と職業学校（Ammattikoulu）から構成される。いずれも単位制が採られており，2～4年程度で修了する。

ルキオの生徒は，卒業までに「大学入学資格試験（Ylioppilastutkinto）」に合格することを目指す。但し，大学入学資格試験の合格が高校卒業を意味するわけではなく，別途，必要単位の取得によりコースワークを修了する必要がある。

生徒は，卒業のために最低75コースを履修する。1コースは38時間相当（1時間＝45分以上）である。必修は，47単位若しくは51単位である（進路に応じて異なる）。教科の区分として，「母語と文学」（母語と文学），「第二公用語と外国語」（第二公用語，各種外国語），「理数科」（数学，物理，化学，生物，地理），「人文社会」（歴史，現代社会，哲学，心理学），「宗教・倫理」（宗教・倫理），「保健体育・芸術」（体育，音楽，芸術，保健），「進路指導」がある。また，言語系科目や数学には，レベルに応じて，ロングコースと呼ばれる上級科目と，ショートコースと呼ばれる通常科目が設定されており，生徒は志望する進路や関心（理系か文系か）に応じて科目を選択する。なお，ルキオの教育は，前期中等教育段階と同様に，教科担当教員が担当している。

一方，「職業学校」とは，職業教育を提供する機関の総称として用いられているものであり，実際の機関名称は多様である。職業教育全般を担う機関として，後期中等教育段階のプログラムだけでなく，中等後教育段階のプログラムなど，レベルの異なる教育プログラムを1つの機関で提供しているケースも多くみられる。

職業学校の生徒は，各分野において，基礎的な資格となる「初期職業資格」の取得を目指す。提供している分野は，職業資格枠組みに基づき，①文化，②人文科学と教育，③自然資源と環境，④自然科学，⑤社会科学・ビジネス・行政，⑥社会福祉・健康・スポーツ，⑦科学技術・運輸・通信，⑧観光・ケータリング・サービス，という8分野52種の資格を，120のプログラムで提供している。職業学校の教員は，担当する科目についての専門知識（高等教育を受けていること），教育学の知識（教職課程の履修），3年以上の実務経験が求められる。職業学校の教員養成プログラムは，専門大学（AMK）にも置かれている。

かつては，ルキオと職業学校のプログラムはそれぞれ独立していたが，近年は，科目履修などにおいて，相互の交流も増えつつある。また，初期職業資格と大学入学資格の取得を目指す「ダブル・ディグリー」プログラム，これら2つに加え高校修了資格も目指す「トリプル・ディグリー」プログラムなどを設置する学校も出てきている。加えて，1990年代に職業型の高等教育機関であるAMK（専門大学：Ammattikorkeakoulu）が設立され，高等教育進学の道が拡大したことなども追い風となり，近年は，職業学校への進学を希望する生徒が増加している。

1.5 特別支援教育

　特別支援教育については，「特別なニーズ」を広義に捉え，障害のある児童・生徒のみならず，学習上や生活上の支援を必要とする児童・生徒を対象として含んでいる点において，フィンランドは特徴的である。「教育は，子供たちの健全な成長と発達を促進するために，児童・生徒の年齢や能力に応じて提供される」とする基礎教育法第3条に基づき，一人一人のニーズに応えるべく，子供の包括的支援方策の一環として実施している。

　教員についても，障害のある児童・生徒を主に対象とする教員と，学習支援を担当する教員とに大別することができる。前者は，特別支援学校や特別支援学級等で学級を担当する教員（Erityisluokanopettaja）であり，後者は，主として個別指導など，学習支援を担当している。

　特別支援教育については，2007年に改革が行われ大規模な改革が実行されている。新たな制度のもと，児童・生徒に対する支援は，一般支援，強化支援，特別支援の三段階に分けられている。このうち，一般支援は，授業内・教室内の支援や「取り出し指導」，補習，個別指導など，学習支援の範疇と捉えられているものである。強化支援は，児童・生徒のニーズに応じて策定された個別指導計画に即して実施される組織的な支援である。特別支援は，より重度の障害のある子供に対する支援である。一般支援及び強化支援は，通常，一般学級で，特別支援は特別支援学校や特別支援学級で実施されている。1990年代以降，「インクルーシブ教育」の概念が浸透する中で，特別支援教育の場は，特別支援学校から特別支援学級，普通学級へと変化しつつある（図4参照）。

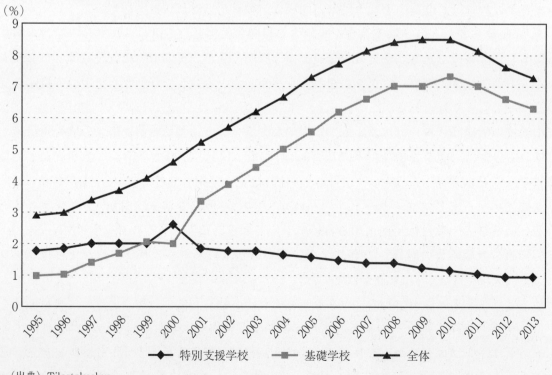

図4：在籍学校別にみた「特別支援」を受けている生徒の割合（児童・生徒数比）

（出典）Tilastokeskus.

表1：特別支援を受けた児童・生徒の数：学習環境（場所）別（2013年）

場所	就学前	1-6年	7-9年	10年	合計
完全に通常学級で学習	163	4,445	2,764	37	7,409 (18.7)
授業の51-99%は通常学級	80	3,038	4,298	5	7,421 (18.7)
授業の21-50%は通常学級	23	1,873	1,679	0	3,575 (9.0)
授業の1-20%は通常学級	30	2,583	1,970	2	4,585 (11.6)
完全に特別支援学級で学習（特別支援学校を除く）	413	7,553	3,543	49	11,558 (29.2)
完全に特別支援学校の特別支援学級で学習	198	2,759	2,021	108	5,086 (12.8)
合計	907	22,251	16,275	201	39,634

（出典）Tilastokeskus.

　特別支援教育を広義に捉えていることもあり，何らかの形の支援を受けた基礎学校の児童・生徒の割合は20%を超える。特に，男子の割合が高く，2012年度には4人に1人が支援を受けている（**表2**参照）。

表2：基礎教育段階において何らかの形で支援を受けた児童・生徒の割合（2001-2012年度）

	01/02	02/03	03/04	04/05	05/06	06/07	07/08	08/09	09/10	10/11	11/12	12/13
男子	25.4	25.7	26.0	26.5	26.2	26.5	26.2	26.9	27.3	25.1	24.7	25.6
女子	14.5	15.6	16.1	17.1	17.3	17.8	17.9	18.5	19.0	18.0	18.1	18.8
平均	20.1	20.8	21.2	21.9	21.9	22.2	22.1	22.8	23.3	21.7	21.5	22.3

（出典）Tilastokeskus.

　右肩上がりに上昇してきたその割合であるが，2010年度，一旦，減少している。その背景として指摘されていることの1つに，教育財政改革の影響がある。教育費は，基本的に児童・生徒数と児童・生徒1人当たりのコストで算出されるが，各地域の実情を反映するために様々な重み付けを行っている。障害のある児童・生徒の割合，特別な支援を受けた児童・生徒の割合など，特別支援教育関連指標は，この重み付けの指標として，居住地（へき地，島嶼部）や言語（二言語都市）などとともに用いられてきていた。しかしながら，これらの指標は，2009年の改革により，2010年以降，重み付けの項目から外されている。教育費は，費目別予算ではなく，総額裁量制が採られている。そのため，特別支援教育関連項目が重み付けから外されたことと，支援を受けた児童・生徒の割合が減少していることには，因果関係はない。しかし，予算を決める際に，これらが1つの目安として用いられることがあったことも事実である。このことについては，自治体から学校への配分の実態などと併せて検討する必要がある。

2 教育内容・方法

2.1 教育目標

基礎教育法第2条は，基礎教育の目標を次のように定めている。

> 基礎教育の目標は，児童・生徒の人として，また，道徳的で責任のある社会の一員としての成長を支援すること，生きるために必要な知識と技能を身に付けさせることにある。（第2条1）
> 教育は，社会と教育の機会均等を推進し，生涯学習の基盤づくりを行う。（第2条2）

これらは，教育課程の編成においても，基本的な理念となる。実際，教育課程基準編成の拠り所となる『基礎教育における国家目標と授業時数配分に関する政令』は，ここで示された3つの枠組みに基づき，目標を設定する。以下は，現行（2004年版）の教育課程基準の前提となっている2001年の政令の記述である。

【第2条】人として，社会の一員としての成長

教育の目標は，子供を，バランスが取れ，健全な自尊心を備えた人間，自らを取り巻く環境を批判的に評価することのできる人間に成長するよう支援することである。基盤となるのは，生命・自然・人権を尊重すること，自己及び他者の学習や仕事を尊重することである。身体的・精神的・社会的な健康と福祉を促進すること，良識あるマナーを身に付けさせることも目的である。

人，文化，集団に対する寛容さと信頼を促進する努力をすることでもって，責任をもち，協力することのできる人を育てる。教育は，社会の一員としての積極的に社会参加できるよう子どもたちを支援する。また，民主的で平等な社会において行動し，持続可能な開発を推進するための知識と技能を身に付けさせる。

【第3条】生きるために必要な知識と技能

教育は，子供に幅広い教養の基盤と素地を与え，その世界観を広げたり，深めたりするための刺激を与える。このことは，人間としての感情と欲求，宗教，多様な人生観，歴史，文化，文学，自然と健康，経済と科学技術についての知識を要求する。教育は，子供に，様々な分野の文化（芸術）に触れたり，ものづくりのスキル，創造性，スポーツスキルを発達させたりする機会をもたらす。

教育は，子供に認知スキルやコミュニケーションスキルを身に付けさせる。目指すところは，母語の多用途な運用能力と，2つの公用語や外国語を相互作用的に用いる能力の習得である。数的思考力の基礎・基本と応用を学ぶこと，情報通信技術（ICT）の運用能力を身に付けることも目標である。

子供は，母語だけでなく他の言語でも授業を受ける機会が与えられている。子供たちに，

教授言語及びその文化に関連する特殊な知識・技能・能力を身に付けさせる。特殊な教育方法や教育哲学に基づく教育の場合，教育の基盤をなす特殊な世界観や教育方法に基づく知識・技能・能力を身に付けさせる。

【第4条】教育の機会均等の推進と生涯学習の基盤づくり

　　子供が必要かつ，発達に即した教育，ガイダンス，支援を受けられるよう，教育は生徒の両親や保護者など家庭と協力しながら提供される。特に，女子生徒と男子生徒の性差によるニーズの違い，成長や発達段階の違いを考慮する必要がある。子供の健康と幸福は社会の健康と幸福の促進に繋がり，ひいては好ましい成長と学習に必要な要件を保証する。

　　学習環境は，子供たちに，個人として，また集団の一員として，成長する機会，学習する機会をもたらすものでなくてはならない。特に，学習上の問題の早期発見と克服，社会的疎外の予防，社会スキルの学習に注意を払わなくてはならない。

　　子供は，自立的かつ批判的な情報収集や，協力のために必要な多様な技能を身に付けるよう導かれる。学習スキルを高めることで，さらなる学習や生涯を通じた学習に意欲や関心を持つようになる。子供の自己肯定感を涵養することを目指す。子供は，学習したことを整理し，活用できるよう支援される。

教育目標は細分化され，教育課程基準がカバーすべき「コンピテンス」として提示されている。

なお，フィンランドでは，2016年の施行を目指し，教育課程基準の改訂を進めている。それに先立って，2012年，新たな政令が制定された。これは，新たな教育課程基準の核となる目標を次のように定めている。

【第2条】人として，社会の一員としての成長

　　教育の目標は，子供を，人として，道徳的で責任感のある社会の一員として成長するよう支援することである。教育は，キリスト教や伝統など，道徳・世界観・宗教に根差した文化・伝統や，西洋における教養主義的伝統を認識し，理解するよう促す。教育は，生命・人間の尊厳・人権・自然・他者を尊重するよう促し，児童・生徒がバランスが取れ健全な自尊心を備えた人間となるよう支援する。児童・生徒が望ましい状態で学習に臨めるよう，健康と福祉を促進することを目標とする。

　　教育は，児童・生徒が，多様な集団・人・信条・宗教・文化間の尊敬と信頼を促すよう，多様性を尊重したり，集団において責任を果たしたり，ともに作業したり，行動したりすることを支援する。教育は，児童・生徒を積極的に行動する社会の一員に育て，民主的で平等な社会において活動するための基盤をつくり，持続可能な開発に貢献するよう支援する。

【第3条】生きるために必要な知識と技能

　　教育の目的は，児童・生徒が幅広い教養を身に付け，世界観を広げ，深めることにある。これは，経済や科学技術だけでなく，人間の欲求や感情，文化，芸術，文学，環境と自然，歴史と伝統，宗教，人生観に関する知識を必要とする。教育は，様々な文化・芸術分野の美的経験と認識をもたらす。

教育は，生徒の思考力や「学び方を学ぶ」力，他者とコミュニケーションをとったり，協力したりする技能と意欲を強化する。教育は，児童・生徒の健康，福祉，安全及び生活管理を促進し，これらに関連する技能を開発する。

　目標は，児童・生徒が様々な形で話したり，書いたりすることができるよう母語を習得すること，及び第二公用語やその他の言語でコミュニケーションをとることができるようになることである。目標は，児童・生徒が数学的・科学的思考力の基礎と活用力や，消費者リテラシー・金融リテラシーを身に付けることにある。教育は，芸術，ものづくり（手工），体育に関する技能と創造性の発達を支援するものではなくてはならない。

　教育の目標は，参加的市民性を支援し，社会について考え，貢献する機会を児童・生徒にもたらし，持続的な開発を促進することにある。加えて，教育は，児童・生徒の道徳的思考と実践，市民性と職業生活で求められるスキルと起業家精神を強化することができる。

　母語以外の言語で教育を受けている児童・生徒は，母語とその文化について，基礎的な知識・技能を学ぶ。

　特殊な世界観に基づく教育を提供するために認可を受けた教育（私学）において，児童・生徒は，そうした世界観に基づく価値・知識・技能・レディネスの強化を基調とする教育を受ける。特定の教育理念に基づく教育は，実施もまたそれに基づいている。

　実際の活動・教育・学習では，基礎教育全般の目標や学習目標に沿いつつも，特殊な世界観に基づく教育や，特殊な価値や教育哲学の視点に基づく教育を実施する。

【第4条】教育の機会均等の推進と生涯学習の基盤づくり

　教育，学習，指導及びその他学校の全ての活動において，教育の平等と公正を積極的に推進する。教育と学習は，発達段階やニーズに合った指導やガイダンスや支援を行い，児童・生徒の健全な成長と発達を促すよう，家庭や保護者と協力して組織される。児童・生徒の成長と発達における性差も考慮する必要がある。児童・生徒の幸福は，身体的・精神的・社会的・健康と幸福に繋がり，ひいては好ましい成長と学習と通学に必要な要件を保証する。

　学校の組織文化と学習環境は，安全かつ健全であり，児童・生徒一人一人のニーズに配慮したものであり，彼らの個人として，集団の一員としての成長・学習・コミュニケーションを支援するものである。活動は，良好な活動環境と安全な学習環境を促進するものである。学習困難や学習障害を早期に発見すること，適切なタイミングで早期に介入すること，社会的疎外を予防することに特別な注意を払う。児童・生徒は，自立的かつ批判的に情報を収集し，情報通信技術を適切に活用するよう導かれる。

　教育において，学習スキルの習得，継続的な学習の展望，生涯学習に対する意欲を強化する。児童・生徒が，学習したことを整理して，活用できるよう支援する。

2.2　教育課程の基準

　フィンランドの教育課程の基準は，『全国教育課程基準』として定められる。学校段階別・学校種別に編成され，『全国就学前教育教育課程基準（*Esiopetuksen opetussuunnitelman perusteet*）』『全国基礎教育教育課程基準（*Perusopetuksen opetussuunnitelman perusteet*）』『全国ルキオ教育

教育課程基準（*Lukiokoulutuksen opetussuunnitelman perusteet*）』『全国職業初期教育基準（*Ammatillisten perustutkintojen perusteet*）』とそれぞれ呼ばれている。

『全国基礎教育教育課程基準』の場合，教育課程基準の編成に先立ち，『基礎教育における国家目標と授業時数配分に関する政令（*Valtioneuvoston asetus perusopetuslaissa tarkoitetun opetuksen valta- kunnallisista tavoitteista ja perusopetuksen tuntijaosta*）』が定められる。これは，教育課程編成の前提となる教育の価値と目標，授業時間数を規定するものである。このうち，教育の価値と目標は，「人として，社会の一員としての成長」「生きるために必要な知識と技能」「教育の機会均等の推進と生涯学習の基盤づくり」という，『基礎教育法（*Perusopetuslaki*）』第2条に示された基礎教育に関する国家目標の3つの枠組に基づいて定められる。ここで定められた目標と授業時間数に基づき，教育課程基準が編成される。

教育課程基準は，概ね10年ごとに改訂される。基礎教育の場合，国レベルの基準が初めて定められたのは1970年であり，その後，1985年，1994年，2004年に改訂されている。就学前教育の場合，2000年に最初のものが策定された。現行のものは2010年版（実施は2011年）である。「教育課程基準」としているが，教科の設定はなく，「領域」別に遊びを通じて学ぶことを主眼とした内容が記されている。後期中等教育段階の教育課程基準のうち，ルキオの教育課程基準の現行版は2003年版である。2014年，『ルキオの教育における国家目標と授業時数配分に関する政令（*Valtioneuvoston asetus lukiokoulutuksen yleisistä valtakunnallisista tavoitteista ja tuntijaosta*）』により，新たな教育課程基準の前提となる教育目標と授業時間が定められている。基礎教育段階の教育課程基準の次期改訂は，2016年に予定されており，2014年現在，改訂案が示されている。就学前教育及びルキオの教育課程基準についても，これと併せて改訂を実施すべく準備が進められている。

なお，国が定めた『全国教育課程基準』に基づき，各自治体は地方教育課程基準を編成する。さらに，学校レベルで教育課程基準（指導計画）を策定しているところもある。

2.3 教科構成・時間配当

義務教育段階（基礎教育段階）の教科構成は，『基礎教育法』第11条に示されている。ここで挙げられているのは，母語と母語文学（フィンランド語若しくはスウェーデン語），第二公用語，外国語，算数／数学，環境と自然，生物地理学，物理・化学，健康教育，宗教または倫理，歴史，現代社会，音楽，美術，手工，体育，家庭科である。また，進路指導も，第7学年以降，時間を設定して実施している（同第3項）。なお，上記以外の科目を実施することも可能である（同第2項）。

教科別の授業時間数は，教育目標と同様に，『基礎教育における国家目標と授業時数配分に関する政令』において示される。また，学年別の授業時間数は，基礎教育法施行規則において週当たりの最低授業時間数が定められている。これによると，1～2年生は19時間，3年生は22時間，4年生は24時間，5～6年生は25時間，7～8年生は29時間，9年生は30時間である（**表3**参照）。

情報教育は，科目としては設定されていない。但し，「メディアスキルとコミュニケーション」が，教科横断的テーマの1つとされており，基礎教育の中でカバーすべき事柄とされている。そのため，自治体や学校の裁量で，科目を設定して実施している場合などもある。なお，2016年改訂予定の教育課程基準では，基礎教育においてプログラミングが必修とされている。

表3：次期教育課程基準（2016年施行予定）における週当たり授業時数配分

教科・領域＼学年	1	2	3	4	5	6	7	8	9	合計（時間）
母語	14		18				10			42
A言語			…………		9		7			16
B言語					……………… 2		4			6
算数・数学	6		15				11			32
環境	4		10							
生物・地理							7			31
物理・化学							7			
健康教育							3			
宗教／倫理	2		5				3			10
歴史・社会			……………… 5				7			12
音楽	2		4				2			
美術	2		5				2			56
手工	4		5				2			
体育	4		9				7			
家庭科							3			3
芸術系選択科目			6				5			11
進路指導（キャリア教育）							2			2
選択科目					9					9
最小授業時数	19	19	22	24	25	25	29	29	30	222
自由選択（A言語）					(12)					(12)
自由選択（B言語）								(4)		(4)

表注：A言語及びB言語は，母語以外の言語教育に関する科目であり，いずれかに第二公用語を含むことが規定されている。

（出典）『基礎教育における国家目標と授業時数配分に関する政令（422／2012）』*Valtioneuvoston asetus perusopetuslaissa tarkoitetun opetuksen valtakunnallisista tavoitteista ja perusopetuksen tuntijaosta 422／2012.*

　教科横断的な内容は，合科的な教育として1985年版の教育課程基準より登場している。1994年版では，「教科横断的テーマ」として，独立したかたちで記載され，2004年版においては，①人間の成長，②文化的アイデンティティと国際主義，③メディアスキルとコミュニケーション，④参加的市民性と起業家精神，⑤環境・福祉・持続可能な未来への責任，⑥安全と交通，⑦科学技術と人間，という7項目が設定されている。各項目の学習内容は，**表4**のとおりである。

　教科横断的テーマについては，学習内容を定めているが，教科を特設して行うことが定められているわけではない。但し，一部の自治体・学校では，自由裁量の授業時間枠を活用するなどして，これらのうちのいずれかを教科のような形で運用している場合もある。

　教育課程の改訂に向けた議論においては，政府が任命したワーキンググループが，教科横断的テーマの教科化を提言している。第7～9学年（前期中等教育段階）において教科として設定し，週1時間をこれに充てるとするものであった。これは，教育の一貫性を確保すること，さらには，現代的課題に応えるべく教科間の連携を促すことを目的とするものであった（OKM, 2012）。しかしながら，次期改訂では，各教科の内容との関係を明確化する方向で編成され，科目横断的テーマとして単独で立てられた項目は削除されている。

表4：各テーマにおいて設定されている学習内容

テーマ	学習内容
人間としての成長	・身体的・精神的・社会的成長に影響を与える要因，感情の認識とコントロール，精神力や創造力に影響する要因 ・公正と平等 ・美しいものを認識すること，美しいことがらを解釈すること ・学習スキルと長期的かつ，目的意識を持った自己開発 ・他者への配慮，集団における権利・義務・責任，様々な協力の方法
文化的アイデンティティと国際主義	・自身の文化，出身地域の文化，フィンランド人・北欧人・ヨーロッパ人であること ・他国の文化と多文化主義 ・人権及び人種間の信頼・相互尊重・協力を成功に導く要件 ・生活の様々な側面における国際性及び国際的に活躍できるスキル ・マナー文化の重要性
メディアスキルとコミュニケーション	・自身の意見や感情の表現，多様な表現方法や様々な場面におけるそれらの活用 ・メッセージの内容や手段の分析と解釈，コミュニケーション環境の変化，マルチメディア・コミュニケーション ・メディアの役割と社会に与える影響，メディアの描く世界と現実の関係 ・メディアとの連携 ・情報源の信頼性，情報の安全性，言論の自由 ・情報通信技術のツール，その多様な活用法，インターネット倫理
参加的市民性と起業家精神	・学校コミュニティや公共セクター，産業界や各種団体の活動や役割についての基礎知識 ・社会や地域社会における民主主義の意義 ・市民として社会に参加し，影響を与える方法 ・自身の福利及び社会の福利を促進するためのネットワーク化 ・学校や地域の活動への参加と影響及び自らの行動のインパクトについての評価 ・起業家精神とそれらの社会にとっての意義，職業としての起業についての基礎知識，働くことについての手ほどき
環境・福祉・持続可能な未来への責任	・学校や地域社会において，環境にやさしく，経済的で，文化的，社会的に持続可能な開発 ・人間の福利や生活環境に対する個人と社会の責任 ・環境的な価値と持続可能な生活習慣 ・製造や社会，日常生活における環境効率及び製品ライフサイクル ・消費行動，世帯ごとの管理，消費者としての影響を与える方法 ・望ましい未来とそのために求められる選択・行動
安全と交通	・日々の生活において事故・薬物・犯罪から身を守ること ・職場と環境における安全性 ・健康・安全・非暴力・平和を促進する行動モデル ・地域や社会における暴力の影響 ・主な交通規則や多様な交通環境 ・交通に関する慎重な行動，交通環境の安全性や安全装備 ・近隣の環境における危険な場所の把握と安全性の向上 ・安全性を高めるサービス ・安全性を高める家庭と学校間の連携
科学技術と人間	・日常生活・社会・地域の生産における技術 ・科学技術の発展，様々な時代・様々な文化・様々な生活の側面において科学技術の発展に影響を与える要因 ・科学技術的なアイディアの発展・形成・評価，製品ライフサイクル ・情報通信技術と情報ネットワークの活用 ・科学技術に関する倫理・道徳・福利・平等性の問題 ・未来の社会と科学技術

(出典)『全国基礎教育教育課程基準（2004年版）』より筆者作成。

2.4 キャリア教育

　キャリア教育は，進路指導の中で実施されている。進路指導のねらいとして，教育課程基準には，「学力と社会性を育み，人生設計のために必要な知識と技能を開発するために，子供の成長と発達を支援すること」と記されている。児童・生徒は，授業としての進路指導のほか，カウンセリングや職場体験学習などを通じて，自らの進路に対する考えを深める。

　進路指導の目標と内容は，教育課程基準に基礎学校1年生から設定されている。但し，進路指導に配当する時間は，基礎教育9年間で週2時間程度である（**表5**参照）。多くの場合，前期中等教育段階（7〜9年生）において配当されており，例えば，エスポー市の場合，7年生と8年生に週当たり0.5時間，9年生に同1時間を配当している（**表6**参照）。

表5：現行（2004年版）の教育課程基準における週当たり授業時数配分

教科・領域＼学年	1	2	3	4	5	6	7	8	9	合計（時間）
母語	14			14			14			42
A言語				8				8		16
B言語							6			6
算数・数学	6			12			14			32
環境	9									31
生物・地理					3		7			
物理・化学					2		7			
健康教育							3			
宗教／倫理			6				5			11
歴史・社会					3		7			10
音楽	26			4-		30	3-			56
美術				4-			4-			
手工				4-			7-			
体育				8-			10-			
家庭科							3			3
進路指導（キャリア教育）							2			2
選択科目				(13)						13
最小授業時数	19	19	23	23	24	24	30	30	30	222
自由選択（A言語）		(6)					(6)			(12)

表注1：数字の横の−はその数字が最小限のものであることを示している。
表注2：A言語及びB言語は母語以外の言語教育に関する科目であり，いずれかに第二公用語を含むことが規定されている。
（出典）『基礎教育における国家目標と授業時数配分に関する政令（422/2012）』*Valtioneuvoston asetus perusopetuslaissa tarkoitetun opetuksen valtakunnallisista tavoitteista ja perusopetuksen tuntijaosta 422/2012.*

表6：現行教育課程基準下での自治体の週当たり授業時数配分の例（エスポー市）

教科・領域 \ 学年	1	2	3	4	5	6	7	8	9	合計（時間）
母語	7	7	5	5	4	5	3	3	3	42
A言語	………	………	2	2	2	2	2	3	3	16
B言語	………	………	………	………	………	………	2	2	2	6
算数・数学	3	3	4	4	4	4	3	3	4	32
環境と自然	2	2	3	2						9
生物・地理					2	1	2	3	2	10
物理・化学					1	1	2	3	2	9
健康教育							0.5	1.5	1	3
宗教／倫理	1	1	1	1	2	2	1	1	1	11
歴史・社会			………	………	1	2	2	2	3	10
音楽	1	1	1	1	1	1	1	0	0	7-
美術	1	1	1	1	1	1	2	0	0	8-
工芸	1	1	1	1	2	2	3	0	0	11-
体育	2	2	2	2	2	2	2	2	2	18-
（選択）	1	1	2	2	3	3	0	0	0	12
芸術・体育小計		12		14		18		12		56
家庭科			………	………	………	………	3	0	0	3
進路指導			………	………	………	………	0.5	0.5	1	2
学校裁量科目	1	1	1	2						5
選択科目							1	6	6	13
最小授業時間数	20	20	23	23/25	25/27	26/28	30/32	30	30	227-235
選択（A言語）		………	………	2	2	2	2	3	3	14

（出典）エスポー市提供資料。

　進路指導には，職場体験学習も含まれる。実施期間や方法については，自治体や学校によっても異なるが，8年生で1週間程度，9年生で2週間程度職場で実習を行うことが一般的である。生徒は，教員の支援を得つつも，職場との交渉を自ら行っている。

　近年，基礎学校から後期中等教育段階への移行において問題を抱える生徒の増加が指摘されている。とりわけ，深刻な問題として認識されているのが，基礎学校修了後，後期中等教育に進学することも，就職することも，社会保障を受けることもなく，統計上消えてしまう若者の存在である。シンクタンクによる報告書において指摘されて以降，義務教育の延長案も含め，様々なかたちでその支援が議論されてきた。現状においては，進路を決めあぐねている生徒や，志望する学校に進学するために成績を上げる必要のある生徒のために設置されている「10年生」のクラスにおいて，進路指導を充実させる方策が採られている。

　各学校には，進路指導担当する教員として，カウンセラー（Opinto-ohjaaja, Oppilaanohjaaja）が置かれており，児童・生徒，教員を支援している。

2.5 学年暦

フィンランドの学年暦は，8月1日に始まり，7月31日に終わる（基礎教育法第23条）。始業は地域によって若干異なるが，概ね8月中旬である。学期中，秋休み（10月頃），クリスマス休暇（12月～1月），スキー休暇（2月～3月），イースター休暇（3月～4月頃）など，比較的長めの休みが入る。夏休みは，5月下旬から始まる。スキー休暇は，地域により時期が異なり，南フィンランド，中央フィンランド，東及び北フィンランドの順に休みに入る。

初等教育段階の場合，2学期制が採られている場合が多いが，前期中等教育段階，後期中等教育段階では5～7学期制など変則的な運用がなされている。最も一般的であるのは，5学期制であり，学期ごとに履修しているコースが修了する編成となっている。初等教育段階は，学期が修了すると休みに入るが（クリスマス休暇，夏休み），前期中等教育段階及び後期中等教育段階では，学期修了と長期休みの時期とは必ずしも一致していない。

2.6 授業形態・組織

就学前教育及び初等教育段階では学級担任制，中等教育段階では教科担任制が採られている。但し，初等教育段階においても，母語以外の言語系科目などについては，専門の教員が担当している場合もある。教科担任制の中等教育段階でも，いわゆる「ホームルーム」担当の教員が置かれており，生徒の日常的な支援を行っている。なお，近年は，合科的学習の定着もあり，コーティーチングなどの取組も広がっている。

2.7 評価

児童・生徒の成績評価は，通常，「4」～「10」の7段階で行われる（基礎教育法第10条）。評点についての定義は，それぞれ，「4」は「不合格（Hylätty）」，「5」は「及第（välttävä）」，「6」は「まあまあ（kohtalaisia）」，「7」は「普通（tyydyttävä）」，「8」は「良い（hyvä）」，「9」は「非常に良い（kiitettävä）」，「10」は「優秀（erinomainen）」である。全国教育課程基準には，学年区分及び義務教育修了時において望ましい基準が示されているが，それは，この7段階評価の「8」相当に置かれている。学年区分は，現行の教育課程基準（2004年版）では，1～2年生，3～5年生，6～9年生の3つの区分である。なお，次期教育課程基準では，1～2年生，3～6年生，7～9年生へと変更される見込みである。

7段階という評価規準は，学期末ごと，あるいは学年末に，保護者に通知される児童・生徒の成績表においても適用される。しかしながら，第1学年から第7学年の成績，選択科目の成績，フィンランド語やスウェーデン語を母語としない児童・生徒のフィンランド語・スウェーデン語の成績（但し，義務教育修了時の評価は除く）などについては，文章による評価でも良いとされており，具体的な運用は，学校に任されている。

評点の付け方と同様に，成績表の様式もまた，原則として学校に任されている。但し，教育課程基準において，設置者（自治体名），学校名，児童・生徒名，児童・生徒の社会保障番号，作成

日，校長の署名，児童・生徒の行動評価，児童・生徒の学習プログラム（履修科目等），評点が，成績表に記載すべき項目として規定されている。また，これらに加え，活動を計画し，管理し，実行し，評価する技能である「活動技能（työskentely）」に関する評価を，各教科の一部として，あるいは，教科の成績評価とは区別して評価することができる。評価の観点として，他に，「進歩（edistyminen）」と「態度（käyttäytyminen）」がある。

　成績評価は，教育課程基準に示された目標に基づいて行われる（目標準拠型評価）。現在の基準は，前述のとおり，「良い」に相当する「8」に設定されているが，次期教育課程基準では，より具体的な形で（3段階）基準が設定される見込みである。

3　進級・進学制度

3.1　進級・修了

　進級や修了の決定は，学校の成績に基づいて行われる。その基盤となるのは，「4」〜「10」の7段階評価である。このうち，「4」は落第を意味する評点であるが，複数科目について落第となった場合や，学校での成績が全般的に振るわないと認められた場合を除いて，原級留置となることはない（基礎教育法施行規則第11条）。ただし，現行の教育課程基準は，当該児童・生徒の学校生活の観点から，原級留置とした方が適切であるとみなされた場合には，そのような措置をとることがある，としている。但し，原級留置の判断がなされた場合にも，最終決定がなされる前に，児童・生徒及び保護者との話し合いの場が持たれる。なお，後期中等教育段階においては，単位制が採られているため，原級留置はない。在学期間についても，2〜4年と緩やかな設定がなされており，3年半から4年で卒業する者が多い。

　原級留置に比べ，一般的であるのは，義務教育修了段階において設けられている「10年生」と呼ばれるプログラムである。基礎学校修了後，進路選択に必要な時間と情報を提供したり，希望する進路に進むための学習機会と支援手段を保障したりするのみならず，基礎学校における学習を補塡する機能も有している。このプログラムを利用する生徒の割合は，近年減少傾向にあったが，移行期支援が注目される中，機能強化が図られている。

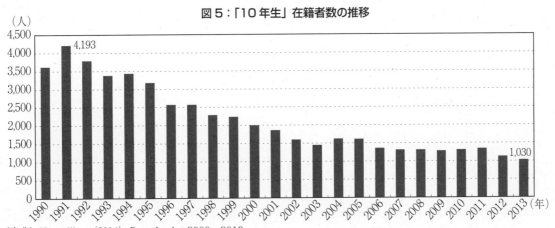

図5：「10年生」在籍者数の推移

（出典）Kuntaliitto (2014). *Peruskoulut 2009–2013.*

一方，飛び級についても，「児童・生徒が基礎教育の学習内容に対応した知識と技能について，既にある程度習得しているとみなされる場合」には，特別な教育上の措置を取り得るという基礎教育法（第18条）の記述に基づき，認められる場合がある。

進級・修了については，修得主義が採られている。そのため，飛び級や原級留置などの措置がとられる場合もあるが，必ずしも，一般的なものではない。

3.2　進学制度

基礎学校から後期中等段階に進学する際，進学を希望する生徒は，進学希望先（第1～第5希望）を記入の上，全国統一の出願システムに申請する。志望校の記入においては，ルキオと職業学校を混在させることも可能である。基本的に入学試験は実施されず，基礎学校の最終成績（評定平均値）などによる書類審査で合否が総合的に判断される。

ルキオへの進学を目指す場合，通常，評定平均値7.0以上が求められる。合否の目安となる評定平均値も学校ごとに予め示されることから，生徒は自らの希望に，それらの情報を加味して進学先を決定する。

後期中等教育段階への進学者のうち，ルキオに進学した生徒は50%，職業学校に就職した生徒は41.5%である（2012年）。近年は，職業学校を志望する生徒が増加している。その背景には，手に職をつけたいとする生徒が増加していることに加え，「**1.4 後期中等教育**」において述べたとおり，職業学校の中に職業資格と大学入学資格双方の取得を目指す「ダブル・ディグリー」と呼ばれるコースや，これに加えルキオ（普通高校）卒業資格の取得も目指す「トリプル・ディグリー」と呼ばれるコースが設置されたこと，1996年に職業系の高等教育機関である専門大学（AMK）が新たに創設されたことなどが影響しているとされる。後期中等教育段階から高等教育段階への進学のうち，ルキオから大学に進学する場合は，まず，大学入学資格試験に合格する必要がある。大学入学資格試験は，春・秋の年2回実施される全国統一試験である。必修科目である母語に加え，その他の科目から3科目を選択し，合計4科目に合格することが求められる。連続して3回以内（18か月以内）の試験の中で条件を満たせば，大学入学候補者として登録される。そのため，複数回に分けて受験する生徒も多い。

大学入学資格試験の成績は，相対評価で行われ，7段階（L: laudatur, E: eximia cum laude approbatur, M: magna cum laude aprobatur, C: cum laude approbatur, B: lubenter approbatur, A: approbatur, I: improbatur）に分けられる。I（下位5%）になると，不合格になる（**表7**参照）。

表7：大学入学資格試験の評価基準

L	E	M	C	B	A	I
7	6	5	4	3	2	0
5%	15%	20%	24%	20%	11%	5%

表注：各段階の割合（上位←→下位）

大学への進学を希望する場合，とりわけ，人気学部・難関学部に合格するためには，上位の成績を収めることが求められる。その後，各大学が実施する個別の入学試験を経て，最終的な合否が決定される。

一方，専門大学（AMK）に入学するためには，①大学入学資格試験に合格していること，②基礎職業資格（初期職業資格：後期中等教育段階の職業学校で取得可能）若しくは同等の資格を持っていること，③職業成人教育法に示された基礎職業資格・継続職業資格・専門職業資格のいずれか，若しくは同等の資格を持っていること，④海外で高等教育に進学する資格を満たす教育を受けていること，以上のうち，いずれかの資格を満たすことが求められる（AMK法第19条）。出願は，全国統一出願システムを用いて行われるが，選抜方法については，各機関に任されている。

1990年代のAMK（専門大学）の創設は，フィンランドの高等教育進学率の飛躍的上昇をもたらしたが，大学への進学は今なお狭き門である。そのため，近年は，大学進学予備校的な民間の教育機関も生まれている。

4 教育条件

4.1 学校規模

フィンランドは，人口密度の低さに加え，「近所の学校（ラヒコウル）」の理念のもと，子供の通学距離及びそれに伴う負担に配慮してきた歴史的背景などもあり，小規模の学校が多い。しかしながら，近年，新設校については小中一貫を原則とする方針が採られていることや，財政面での合理化などを旨として学校統廃合が進められていることから（**表8**），小規模校が減少しつつある（**表9**参照）。

表8：学校統廃合（2007－2010年）

	2007年			2008年			2009年			2010年		
	新設	廃校	統合	新設	廃校	統合	新設	廃校	統合	新設	廃校	統合
基礎学校	5	78	25	9	51	33	11	78	26	8	88	24
基礎学校（特別支援学級有）	1	7	11	0	3	8	1	0	11	2	4	7
合計	6	85	36	9	54	41	12	78	37	10	92	31

（出典）Kumpulainen（2012），p.46.

表9：規模別学校数の変遷

学校規模	2006年	2007年	2008年	2009年	2010年	2006-2009年 学校数の変遷	2006-2009年 %の変遷
50人以下	1,115	1,011	989	914	815	-300	-26.9
50－99人	605	588	547	527	517	-88	-14.5
100－299人	1,030	1,030	1,006	991	995	-35	-3.4
300－499人	530	517	523	518	509	-21	-4.0
500人以上	150	154	150	156	158	8	5.3
合計	3,430	3,300	3,215	3,106	2,994	-436	-12.7

（出典）Kumpulainen（2012）．

4.2 学級編制基準

かつては，基礎学校1～2年生：25名，同3～9年生：28名という学級編成基準が国レベルで設定されていた（**表10**参照）。しかしながら，行政改革により，地方分権化が進められる中で，1999年に撤廃されている。但し，自治体レベルでは，かつてと同水準の基準を設定しているところもある。

表10：1999年以前の学級編成基準

	第1-2学年	第3-6学年	第7-9学年	特別支援
学級編制基準	25人以下	32人以下	32人以下	10人以下

（出典）Opetusministeriö（2008）. *Peruskoulun opetusryhmät 2008*. Helsinki: Opetusministeriö.

しかしながら，2000年代半ば頃から学級規模の拡大による学習環境の悪化を指摘する声が広く聞かれるようになった。実際に，2007年の第二次ヴァンハネン内閣発足時に示された施政方針には，学級規模の問題に対処することが盛り込まれている。

これを受け，実態を把握すべく学級規模に関する全国調査が行われると，全体としては依然として小規模であるものの，大規模学級が増えつつある実態が明らかになった。国レベルの学級編制基準の再導入も検討されたが，地方の自治を尊重する立場から見送られた。代わりに措置されたのが，学級規模縮小のための特別予算である。現状，1学級当たり25人を超える規模の学校に対して，申請に基づき，補助金を付与している。

なお，就学前教育と特別支援教育については，現在もなお，国レベルの学級編制基準が設定されている。特別支援学級については，改革前同様，10人以下であり，就学前教育については，教育文化省が学級規模を13名以下とするよう勧告している。但し，担当教員の他に成人のスタッフがつく場合には20名までこれを拡大することが認められている。

4.3 教員配置基準

学級編制に関する国の基準はない。ゆえに，教職員配置については，学校数や教員給与基準などによる制約はあるものの，自治体が一定の裁量を持っている。通常，正規教員の採用については自治体が，非常勤や臨時の教職員については学校の校長が裁量を持つ。

なお，フィンランドでは，教育費は，国と地方が分担して負担することとなっている。しかしながら，国から地方への財政移転は，一般財源化が図られているため，「教育費」と使途を特定する形では行われていない。

4.4 施設・設備の基準

かつて，学校の施設・設備に関する基準は，基礎学校法（1983年）の中に定められていた。そこでは，基礎学校には校舎と施設がなくてはならないこと，州政府が認可すれば，施設を借りた

り，自治体が所有する施設に併設するかたちで設置したりすることができることなど，基本的な事柄とともに，「休み時間を過ごしたり，運動したりするための場所を確保すること」「必要な設備や教材・教具，図書室，その他，学校が実施する諸活動に必要な備品を備えること」などが規定されていた。

しかしながら，1998年の基礎教育法制定により，学校建築に関する基準は，一般の建築基準に準じたものとなった。現在，法令で規定されているのは，児童・生徒に安全な環境を保証することのみである（同法第29条）。

5　学校選択・連携

5.1　学校選択・通学区域

学校選択については，自治体によって対応が異なる。都市部の場合，提供している言語系科目（外国語）や，教授言語などによる選択を認めている場合が多い。また，理数科，音楽，ダンスなどの特別クラスを設けている学校や，特殊な教育方法により教育を行っている学校（イマージョン教育など）があり，これらの学校については，越境して通学することが可能である。定員を超える申し込みがあった場合には，適性検査などにより選抜が行われる。これらのうち特別クラスについては，1年生から設定しているものはなく，音楽やダンスなど芸術系の特別クラスについては3年生以降，理数科系の特別クラスについては7年生以降からの場合が多い。そのため，低学年段階では自宅近くの学校に通っている。

通学区域については，基礎教育法（1998年公布，1999年施行）の制定により基礎学校法（1983年）が廃止されるまでは，詳細な規定があった。ここでは，通学距離が5キロメートル以上にならないよう学校区を設定すること（同法8条），学校区には必ず1つ以上学校を設置すること（9条），児童・生徒が学校区に所属すること（37条）などを明記した上で，所属する学校区に希望する教授言語の学校がない場合や希望する外国語科目を履修できる学校がない場合，その他特別の自由がある場合には他の学校区の学校に通うことができることを規定していた（38条）。

現行の基礎教育法では，学校区の設定や学校選択に係る規定はない。通学距離についての条文はあるが，5キロメートルを超える場合には何らかの交通手段を用意することを規定するのみである（6条）。

5.2　学校・家庭・地域との連携

フィンランドでは，学校と家庭，あるいは学校と地域の連携が必ずしも十分に図られてきたわけではない。しかしながら，近年，その重要性が認識されており，教育課程基準においても，2004年版以降，こうした項目が盛り込まれるようになっている。これらの記述からは，家庭と学校の連携を図ることで，生徒に対する理解が深まり，学習の計画や実施において有用であると理解されていることが窺える。また，保護者の学校運営参加についても，学校と家庭の連携を強化するものと考えられており，対等な立場で互いに尊重しながら協力関係を築いていくことの重要性が指摘され

ている。特に基礎教育段階においては，家庭と学校との連携がそのプロセスの円滑化に資するものと考えられており，児童・生徒の学習面・心理面での支援体制・協力体制の構築の重要性が，全国教育課程基準の中で指摘されている。

地域との連携については，地域住民の学校運営への参画といったことなどは一般的ではない。但し，図書館やスポーツ施設など，地域にある他の教育文化施設等との連携は盛んであり，授業等においても活用されている。また，自治体の社会福祉や医療保健サービスとの連携も図られており，児童・生徒に問題が生じた際には，関連する機関の専門家がチームを組んで問題解決に当たっている。

5.3 学校段階間の連携

近年，就学前教育と基礎教育の接続，基礎教育段階内でも初等教育段階と前期中等教育段階の接続，さらには，基礎教育と後期中等教育の接続，後期中等教育と高等教育の接続は，それぞれに注目を集めている。

現在，フィンランドの基礎教育は，制度上，9年一貫となり，9年制の基礎学校も増加している。小中一貫化が図られたことについて，フィンランド小中一貫型基礎学校ネットワーク（Suomen yhtenäiskouluverkosto ry）は，初等教育段階から前期中等教育段階への移行において，子供たちが問題を抱えがちであることに鑑みたものであり，義務教育を通じて1つの学校で過ごすことによってこの問題の改善を図ろうとした，としている。

学校段階間の接続や移行の問題のうち，近年，特に注目を集めているのが，基礎教育段階から後期中等教育段階への移行の問題である。ここで躓く生徒が増えつつある状況が指摘されており，進路指導や「10年生」クラスなど，基礎教育段階におけるガイダンス機能の強化が図られている。

【参考文献】
1) Kinos, Jarmo and Tuire Palonen (2013). *Selvitys esiopetuksen velvoittavuudesta*. Helsinki: Opetus- ja kulttuuriministeriö.
2) Kumpulainen, Timo ed. (2012). *Koulutuksen tilastollinen vuosikirja 2011*. Tampere: Juvenes Print.
3) Kumpulainen, Timo ed. (2014). *Opettajat Suomessa 2013*. Tampere: Juvenes Print.
4) Opetus- ja kulttuuriministeriö (2010). *Perusopetus 2020: yleiset valtakunnalliset tavoitteet ja tuntijako*. Helsinki: Yliopistopaino.
5) Opetus- ja kulttuuriministeriö (2012). *Tulevaisuuden perusopetus – valtakunnalliset tavoitteet ja tuntijako*.

【ウェブサイト】
1) Home Schooling Legal Detense Association, HSLDA International (http://www.hslda.org/hs/finland/default.asp).
2) Suomen yhtenäiskouluverkosto ry (http://www.t-tiimi.com/syve/).
3) Tilastokeskus (http://tilastokeskus.fi/).

中 国

1 初等中等教育制度の概要 244
2 教育内容・方法 248
3 進級・進学制度 255
4 教育条件 258
5 学校選択・連携 262
6 その他 264

学校系統図

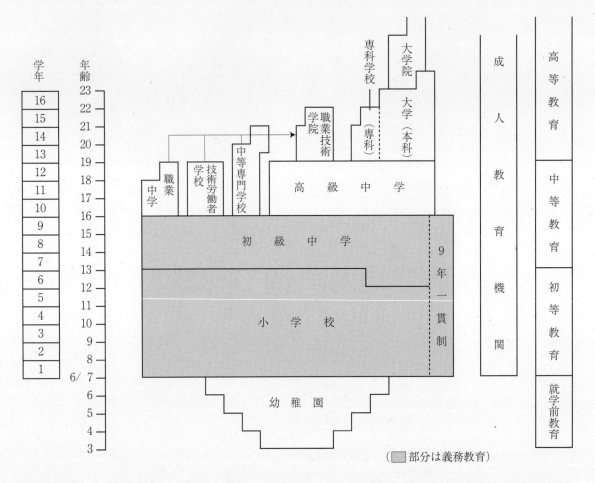

（■部分は義務教育）

就学前教育——就学前教育は，幼稚園（幼児園）又は小学校付設の幼児学級で，通常3～6歳の幼児を対象として行われる。

義 務 教 育——9年制義務教育を定めた義務教育法が1986年に成立（2006年改正）し，施行された。実施に当たっては，各地方の経済的文化的条件を考慮し地域別の段階的実施という方針がとられていたが，2010年までに全国の約100％の地域で9年制義務教育が実施されている。

初 等 教 育——小学校（小学）は，一般に6年制である。5年制，または9年一貫制も少数存在する。義務教育法では入学年齢は6歳と規定されているが，地域によっては7歳までの入学の遅延が許されている。6歳入学の場合，各学校段階の在学年齢は7歳入学の場合よりも1歳ずつ下がる。

中 等 教 育——初級中学（3～4年）卒業後の後期中等教育機関としては，普通教育を行う高級中学（3年）と職業教育を行う中等専門学校（中等専業学校，一般に4年），技術労働者学校（技工学校，一般に3年），職業中学（2～3年）などがある。なお，職業中学は，前期中等段階（3年）と後期中等段階（2～3年）に分かれており，一方の段階の課程しか持たない学校が存在する。図中では前期中等段階の規模が非常に小さいため記述していない。

高 等 教 育——大学（大学・学院）には，学部レベル（4～5年）の本科と短期（2～3年）の専科とがあり，専科には専科学校と職業技術学院が存在する。大学院レベルの学生（研究生）を養成する課程・機関（研究生院）が，大学及び中国科学院，中国社会科学院などの研究所に設けられている。

成 人 教 育——上述の全日制教育機関のほかに，労働者や農民などの成人を対象とする様々な形態の成人教育機関（業余学校，夜間・通信大学，ラジオ・テレビ大学等）が開設され，識字訓練から大学レベルの専門教育まで幅広い教育・訓練が行われている。

中 国

学 校 統 計

(2012年度)

教育段階	学校種名	設置者別	修業年限	通常の在学年齢	学校数	児童・生徒・学生数	本務教員数	備考
			年	歳	校	千人	千人	
就学前	幼稚園	公	-	3～6	56,613	18,330	565	
		私			124,638	18,527	913	
初等	小学校	公	6	7(6)～12	223,372	90,980	5,442	
		私			5,213	5,979	143	
中等	初級中学	公	3	13～15	48,834	43,098	3,265	
		私			4,333	4,514	238	
	高級中学	公	3	16～18	11,138	22,322	1,361	
		私			2,371	2,350	234	
	職業中学	公	2～3	16～18	2,955	6,230	312	
		私			1,562			
	中等専門学校	国公	4	16～19	2,745	8,126	306	
		私			936			
	技術労働者学校		3	16～18	2,901	4,238	197	技術労働者学校の設置者別データは不明。
高等	大学	国公	4～5	19～22	755	10,859	1,014	私立の高等教育機関には独立学院の322校を含む。
		私			390	3,412		
	専科学校	国公	2～3	19～21	国公 981	国公 7,723	423	
		私			私 316	私 1,919		
	職業技術学院	公	2～3	19～21				
		私						
	大学院レベル	国公	2～3	23～	m	1,720	m	
特別支援	特殊教育学校	公	-	-	1853	379	44	教育段階は、初等中等段階。

(注)
1．香港・マカオを含まない。
2．表中の「m」は計数が不明であることを表す。

(資料)
中国国家統計局「中国統計年鑑-2013」
中国教育部発展規劃司「中国教育統計年鑑」2012年版

1 初等中等教育制度の概要

中国の初等中等教育行政は，中央レベル，省（自治区・直轄市）レベル，地区（市）レベル，県・区レベル，学校レベルの5階層に分かれており，各レベルがそれぞれの役割を持ち，上位のレベルが下位のレベルを管理・監督する「分級管理」体制を採っている。就学前・初等・前期中等教育機関については，県・区レベルの政府が，後期中等教育機関については主に省レベルの政府が所管している。制度は，中央政府が全国的な方針・施策，制度，基準を定め，各省・自治区・直轄市がそれぞれの事情に応じて弾力性を持たせてそれらを運用している。特に初等中等教育機関の設置・管理については，地方の責任とされ地域の状況に応じた運営が求められており，入学年齢，修業年限，学制などは地方によってある程度弾力的に設定できるようになっている。

中国の初等中等教育制度は，1922年の学制改革以来，一時的な変動はあったものの，基本的には現在まで6－3－3制が維持されてきた。1966年に始まる文化大革命の中で修業年限が短縮され，地方によって5－2－2制，5－3－2制，6－4制などに変更になったが，1976年に文化大革命が終了すると，もとの制度に復帰することになり，1980年代初めに各地で6－3－3制が復活した。一部に5年制も存在するが，義務教育の標準化が進んでいる現在では少数である[注1]。5年制初等教育については，原則これに続く初級中学を4年とし，5－4制としている。近年では児童・生徒の学習負担の軽減や試験を重視した教育を改めるため，各地で学制改革を進めるための実験が行われており，9年一貫制や12年一貫制の学校が存在する。9年一貫制及び12年一貫制の学校では，例えば5－4－3制などの様々な修業年限が実験的に行われている。

1.1 就学前教育

中国の就学前教育は，0歳から小学校入学までの幼児を対象としている。0～2歳児は衛生部[注2]が管轄する託児所で保育を受け，3～5歳児は，教育部が管轄する幼稚園で教育を受ける。中国では，年齢段階により保育・教育を行う機関の所管が異なるが，幼稚園と託児所は，基本的に保育と教育の両方のサービスを提供している。

幼稚園は一般に3年制であるが，2歳児保育を含めた4年制，2年制又は1年制の幼稚園もある。

幼稚園の形態としては，終日幼児を預かる全日制のほか，一部に半日制，定時制あるいは1週間続けて預かる寄宿制などがあり，また農村では農繁期などの期間に限って開設される季節制幼稚園もある。全日制の場合，朝8時頃までに登園し，終日在園して昼夜2回の食事をし，夕方6時頃に帰宅する，というのが一般的な就園形態である。

政府は，就学前教育の規模を拡大させる政策を2010年から実施しており，公立・私立ともに機関数が急増している。2005年に就学前3年の総就園率は41.4％であったが，2013年は67.5％となっている。

1.2 義務教育

1986年に中華人民共和国になって全国的な義務教育の実施を定めた「義務教育法」が初めて制定，施行された（2006年に改正）。同法によれば，義務教育は6歳から9年間とされ，小学校及びこれに続く初級中学がこれに当たる。義務教育法は，第5条において「就学」の義務を定めており，「適齢児童・少年の父母あるいは法定の保護者は，法に基づき，適切な時期に入学し，義務教育を受け，終わらせなければならない」と規定している。

また，第2条において「義務教育は国家が統一して実施する」，第3条において「義務教育は国家の教育方針を貫徹する」と規定されていることから，原則ホームスクーリング等のオルタナティブな教育は認められていない。

長年，9年制義務教育の完全実施に向けて国や地方の努力が続けられていたが，2010年に義務教育の全国的普及が達成されたと教育部が発表した。

1.3 初等教育

小学校の入学年齢は，義務教育法の規定により，6歳である。かつては農村部を中心に7歳入学の地域が多かったが，2013年現在，第1学年の在学者のうち23％が7歳時点で第1学年に属している。小学校の修業年限は，基本的に6年であり，その他，少数ながらも5年制，9年一貫制，12年一貫制が存在する[注3]。2013年現在の小学校数は，約21万校（後述する「教学点」は含まない）であり，学級数は約250万である。このうち6年制の小学校の学級数は約215万（86％），5年制は約6万（2％），9年一貫制は約19万（8％），12年一貫制は，約2万（1％）存在する。その他，少数民族のための学校等に設置された学級が約9万（4％）存在する。

また，人口がまばらな農村地域には，初等教育機関として第1～4学年までを対象とする「教学点」と，全学年を対象とし，卒業証書を発行する小学校（原語：完全小学）が，周辺地域に居住する児童が通学できる場所に設置され，第1～4学年の児童は居住する村内の「教学点」等で学習をし，体力がついてきた第5～6学年で小学校に通学する等の措置が実施されている。「教学点」は2013年現在，全国に8万2,768校存在し，在学者数は約380万人である。

小学校の在学率は，2013年現在99.7％であるが，経済的その他の理由で途中で学校に来なくなる児童がいるため，義務教育を修了するまで在籍する率は2013年現在92.3％となっている。

1.4 中等教育

小学校に続く初級中学は，3年制又は4年制である。4年制の初級中学は，5年制小学校に接続する形態で存在する。4年制初級中学は，在学者数でみると，2013年現在，全体の約4％と少なく，ほとんどが3年制となっている。また，9年一貫制の学校数は，2013年現在約27％存在し，同制度での初級中学段階の在学者数は全体の約12％である[注4]。

また，この段階で職業中学という職業学校が設置されている地方もあるが，機関数からみると初級中学段階全体の0.1％（2013年）にすぎない。

小学校から初級中学への進学率は，2013年に98.3％となっており，在学率を考慮してもほぼ100％の児童が小学校から初級中学へ進学する。

初級中学卒業後は，3年制の普通教育を行う高級中学と職業技術教育を行う中等専門学校（一般に3～4年，原語：中等専業学校），職業高級中学（2～3年，原語：職業高中），技術労働者学校（一般に3年，原語：技工学校）[注5]とに分かれる。これらの学校の2013年度の入学者の構成は，高級中学55％，中等専門学校18％，職業高級中学12％，技術労働者学校9％となっている。初級中学卒業者のこの段階の学校への進学率は2013年度で91％であり，該当年齢人口に対する総在学率は86％である[注6]。

普通教育を行う高級中学には，初級・高級中学併設型学校である完全中学や小学校から12年一貫制の学校も存在する。2013年現在，その機関数の割合は，前者が44％，後者が7％である。なお，完全中学は，6年一貫制の学校ではなく，初級中学から高級中学に進学する際，入学者選抜が行われる。

1.5 職業教育

中等教育段階の職業技術教育を行う学校として，教育部が所管する中等専門学校（原語：中等専業学校）と職業高級中学，人的資源・社会保障部が所管する技術労働者学校（原語：技工学校）の3種類がある。各学校種において異なる人材育成目標を掲げていたが，2001年から質の高い労働者を育成するという目標に統合されるとともに，学校種間の差異が縮小している[注7]。また，職業中学を除き，従来，これらの職業技術学校から直接高等教育機関に進学することができなかった（卒業後2年経過すれば可）が，2001年から全ての高等教育機関について直接進学することが認められるようになった。

1.5.1 中等専門学校

中等専門学校は，後期中等教育段階の職業教育機関であり，修業年限は3～5年である。後期中等教育機関と位置付けられているが，高級中学卒業者を入学させる学校もあり，この場合の修業年限は一般に2年，医科，工科など一部の専攻が2年半～3年となり，卒業者は短期の高等教育卒業である専科の資格を得る。また，初級中学卒業後に入学する5年制課程の修了者も同様に専科の資格を得る。

中等専門学校には，初級中学卒業者を入学させる普通中等専門学校と成人を主な対象とする成人中等専門学校がある。後者は，1998年に国家教育委員会が教育部に改組された際に，中等職業教育の範疇に組み込まれており，初級中学卒業者も入学させる[注8]。

専攻分野には，旅行・ケータリング，機械加工，電子加工，コンピュータ，幼児教育等がある。

1.5.2 職業高級中学・職業初級中学

職業高級中学は，1980年代に入って経済発展のために職業技術教育の拡大が課題とされる中，普通教育学校である高級中学からの改編などを通じて設置された。そのため，普通教育を行う高級中学と相似であり，高級中学で学習する基本的なカリキュラムを学ぶとともに，専門的な内容を学ぶ。初級中学卒業者を入学させ，3年の修業年限を基本としている。

義務教育段階に属する職業初級中学は，近年数を減少させ，ほとんど存在していない。2013年現在，学校数は40校であり，在学者の比率は職業中学全体の0.2％にすぎない[注9]。

1.5.3 技術労働者学校

人的資源・社会保障部に管理され，国有企業や関連業界によって運営される技術労働者学校は，主に，初級中学卒業者を対象とし，修業年限は3年である。高級中学卒業者も入学させており，この場合の修業年限は1～2年である。主に，機械，電子，航空，電力などの工業に関する分野を取り扱っている[注10]。卒業時には，人的資源・社会保障部門が発行する技術労働者学校卒業証書と，初級あるいは中級の職業資格証を獲得できる。

技術労働者学校には，その他，中級から高級レベルの労働者を養成する機関として高級技術労働者学校と技師学院が存在し，初級中学卒業者を対象とする3～5年制の課程や後期中等教育段階修了者を対象とする3年制の課程がある[注11]。

1.6 特別支援教育

中国では，1990年に制定された「障害者保護法」により，視覚，聴覚，言語，肢体，知能，情緒に障害のある者を障害者と定義しており，視覚，聴覚，言語及び知能に障害のある子供を対象に特別支援教育を行う学校・学級が設置されている。こうした特別支援教育学校（学級）の整備・普及は1980年代まで進んでおらず，1987年では障害のある7～15歳の児童・生徒の全国就学率は，視覚に障害のある者で3％，聴覚に障害のある者で5.5％，知能に障害のある者で0.3％あった。しかし，1986年の義務教育法の施行などをきっかけに，政府は1980年代末から特別支援教育の普及整備に力を入れ始め，1995年には義務教育段階の障害のある児童・生徒の就学率は60％に向上した。特別支援教育学校（学級）は，「特殊教育学校暫定規程」（1998年）によれば，義務教育段階の教育を行う9年一貫制の学校（学級）とされる。近年では，第10次5か年計画（2001～2005年）にて，全国の人口の35％を占める大都市及び経済発展地区で，障害のある児童・生徒の義務教育への就学率を95％以上にする目標が掲げられたことから，都市部の義務教育段階での特別支援学校（学級）は整備されつつある。しかし，都市部と農村部で大きな格差が存在し，非義務教育段階の特別支援教育の水準は一般的に低いままであるため，2014年には後期中等教育段階の特別支援教育を発展させる等の3年計画を発表している。

授業形態としては，障害のある児童・生徒を通常学級に在籍させ，他の児童とともに教育を受ける「随班就読」という制度が全国的に推進されている[注12]。また，近年は，インクルーシブ教育（原語：全納教育）に基づく，統合化が進んでいる[注13]。

2 教育内容・方法

2.1 教育課程の基準

　小学校及び初級・高級中学の教育課程の基準（教科編成，時間配分，内容等）は，中央政府の教育行政機関である教育部が定め，これを基に地方（省・自治区・直轄市）が地域内に適用する教育課程や各校が自身の教育方針に則った教育課程を定める。

　現行の国の教育課程基準は，義務教育段階では2011年に公布されたものが使用されている。この基準の基となるものは，2001年に試案として公表された義務教育課程基準である。同基準は，21世紀の知識基盤社会に対応した創造的な人材を育成し，児童・生徒の応用力や全人格的発達を促すための「資質教育（原語：素質教育）」を推進するために編成された試行版であり，日本の総合的な学習の時間に相当する「総合実践活動」や情報教育の導入等の実社会とより結びついた内容が加わっている。10年間の試行を経て発表された2011年版は，学ぶ内容が多く児童・生徒の負担になっていた教科の学習量を減少させるとともに，学年間の連続性・発展性が一貫していない教科について，児童・生徒の認知的特性に基づいた学習段階を設定し，各段階ごとの達成目標を明確にするなどの修正が行われている。2011年12月に発表された教育課程基準は，「言語・文学」「英語」等の19科目であり，小学校段階での「科学」及び義務教育段階での「総合実践活動」の2011年版の課程基準は2015年3月現在発表されていない。

　後期中等教育段階における課程基準は，2003年に公表された「普通高級中学課程基準（実験）」である。同基準は，試案であり，義務教育段階の新しい課程基準と同様に，「資質教育」を重視したものである。2004年9月の新学期から一部地域で実施され，その後全国に普及した。

2.2 教育目標

　1982年に施行された現行憲法の第46条には，「国家は，青年，少年，児童を育成して，品性・徳性，知力，体育などの面で全面的に発達させる」とあり，2015年（1995年制定）に改正された日本の教育基本法に当たる「教育法」には，教育目標として第5条に「教育は社会主義現代化建設に貢献し，人民に奉仕するとともに，生産労働及び社会実践と結び付き，徳・知・体・美等が全面的に発達した社会主義事業の建設者及び後継者を養成しなければならない」と記載されており，これらは「徳」「知」「体」「美」の全面的な発達を重要視する中華人民共和国の教育理念を示している。このうち「徳」は，単なる「すぐれた人格」や道徳的価値観のある人格だけでなく，社会主義の政治意識・思想を有する人格を示しており，それを育成する徳育が教育の中で最も重視される。

　1990年代半ば以降は，市場経済の進展とそれに伴う社会構造の転換，経済・社会のグローバル化に対応した人材育成が教育目標の重点課題として取り上げられており，「徳育」とともに資質教育の実施による児童・生徒の創造性の育成が目標として重視されている。1999年に中国共産党中央委員会・国務院が公表した「教育改革を深化させ，全面的に資質教育を推進することに関する決定」では，「資質教育を実施し，中国共産党の教育方針を全面的に貫徹し，国民の資質を向上させ

ることを根本的目標とし，児童・生徒・学生の創造的精神と実践的能力の育成を重点とし，『理想を持ち，道徳を持ち，文化を持ち，紀律を持つ』者，徳・智・体・美等 [注14] が全面的に発達した社会主義事業の建設者及びその後継者を育成する」と表明した。これ以降，同決定に則った課程改革が進められ，2001年には義務教育段階の，2003年には高級中学段階の課程基準が改正された。また，2006年に改正された義務教育法（1986年制定）の第3条には，「資質教育を実施し，教育の質を向上させ，適齢の児童・少年に品徳，知力，体質等の全面的な発達を促し，理想を持ち，道徳的価値観を持ち，文化を持ち，紀律を持った社会主義の建設者及び後継者を育成するための基礎を定める」と記載されており，法的に資質教育の重要性が定まった。

　さらに義務教育が完全に普及した2010年以降では，上海市のOECD「生徒の学習到達度調査（PISA）」の参加に影響されて，児童・生徒一人一人の学力や心身の健全な発達，生涯にわたって自ら学習し，発展する基礎となる能力の獲得等が，教育先進地域において教育目標として現れている。

2.3　教科構成・時間配当

　2001年に公表された「初等中等教育課程改革要綱（試行）」によれば，初等中等教育の教科は，国・地方（省）・学校の3つのレベルで構成されている。

　以前の基準も，国と地方の2つのレベルで教育課程が構成されていたが，国レベルでの集中的な管理を弱め，地域の状況に合わせた児童・生徒の学びを促進するため，2001年以降は，地方と学校の課程管理の裁量権を拡大させた。

2.3.1　小学校・初級中学

　現行の課程基準は，2011年に公表された「義務教育課程基準（2011年版）」である。2015年11月現在，小学校段階の「科学」及び「総合実践活動」の基準は公表されておらず，細部は不明であるが，学年ごとの教科構成や時間配分などの基準において2011年版と2001年版に違いはない（**表1**参照）。

　2001年の基準は，1993年に改訂された教育課程が，児童・生徒の受け身学習，丸暗記，機械的訓練を中心に構成された点を反省し，1990年代後半から推進されている資質教育の実施に向け，児童・生徒の主体性や創造性を育成する課程を目指している。その内容は主に▽均等のとれた科目配分及び義務教育9年一貫を見据えた課程の設置，▽知識の習得と社会生活等の経験との融合をもたらす総合的な科目の設置，▽「地方及び学校が定める課程」の導入による各地・各校の課程の弾力的運営の拡大，▽小学校段階での「外国語科目」の設置，の4点であった。このうち，総合的な科目としての第1～2学年の「品徳と生活」，第3～6学年の「品徳と社会」は家庭から学校，社会へと生活範囲が広がる児童の発達を促すことを目的とし，第3～9学年までの「科学」では児童・生徒の体験から科学的知識を習得する内容となっている。また，新たに創設された「総合実践活動」は，情報技術教育，研究型の学習，コミュニティでのボランティア活動，職業体験等を通じて，児童・生徒の問題解決能力，コミュニケーション能力，社会的責任感，実践的能力等を養うことを目的としている。「外国語」は，第3～6学年までは英語を学習し，初級中学段階では，英語以外に日本語やロシア語を選択できる。なお，教育課程の時間配分が，数値に幅のあるパーセントで表されている理由は，各地各校が児童・生徒の多様性に配慮して，独自の時間配分を作成できる

ようにしたためである。

　2011年の基準は，2001年の基準を更新した正規版であり，学ぶ内容が多く児童・生徒の負担になっていた教科や学年間の連続性・発展性が一貫していない教科を修正している。さらに，2010年7月に公表された「国家中長期教育改革・発展計画綱要（2010〜2020年）」で示された義務教育段階での教育改革に対応した内容となっており，その内容は主に▽児童・生徒の年齢特性に合わせた学習量の導入，▽児童・生徒が自主的に学習して理解する学習方法の導入，▽一部学科における選択方式の導入による難易度の調整，▽児童・生徒の認知的特性に基づく学習段階の設定，▽児童・生徒の創造的で実践的な「能力」を育成する内容の設定，▽道徳教育や伝統文化の重視，の6点であった。その他，小学校低・中学年の児童の負担を軽減させるため書くことのできる学習漢字数を減少させるとともに，現実の社会問題への児童・生徒の判断力を養うため，実際の生活と関連した項目を課程に含めるなどの調整が行われた。

表1：現行の義務教育段階の教育課程基準

科目	学年 1	2	3	4	5	6	7	8	9	時間配分
	品徳と生活	品徳と生活	品徳と社会	品徳と社会	品徳と社会	品徳と社会	思想品徳	思想品徳	思想品徳	7〜9%
							歴史と社会（又は歴史，地理を選択）			3〜4%
			科学	科学	科学	科学	科学（又は生物，物理，化学を選択）			7〜9%
	言語・文学	言語・文学	言語・文学	言語・文学	言語・文学	言語・文学	言語・文学	言語・文学	言語・文学	20〜22%
	算数	算数	算数	算数	算数	算数	数学	数学	数学	13〜15%
			外国語	外国語	外国語	外国語	外国語	外国語	外国語	6〜8%
	体育	体育	体育	体育	体育	体育	体育・健康	体育・健康	体育・健康	10〜11%
	芸術 （又は音楽，美術を選択）									9〜11%
			総合実践活動	総合実践活動	総合実践活動	総合実践活動	総合実践活動	総合実践活動	総合実践活動	7〜8%
	地方及び学校が定める課程									10〜12%
週時間	26	26	30	30	30	30	34	34	34	274
年時間	910	910	1,050	1,050	1,050	1,050	1,190	1,190	1,122	9,522

表注：時間数は単位時間。1単位時間は，第1〜6学年（小学校）40分，第7〜9学年（初級中学）は45分。第1〜2学年の「品徳と生活」は「歴史と社会」や「科学」の内容を含み，第3〜6学年の「品徳と社会」は「歴史と社会」の内容を含む。
（出典）教育部「義務教育課程設置実験方案」，2001年。

2.3.2　高級中学

　2003年に公表された「普通高級中学課程基準（実験）」によれば，高級中学の課程は学習領域，科目，モジュールの3つのレベルから構成されており，言語・文学，数学，人文・社会，科学，技術，芸術，体育・健康，総合実践活動の8つの学習領域から成り立っている。各学習領域は，その領域の内容に関連した，言語・文学，数学，外国語（英語，日本語，ロシア語等），思想政治，歴史，地理，物理，化学，生物，芸術（あるいは音楽，美術から選択），体育・健康，技術などの12〜13科目から成る。このうち，技術と芸術は2003年の基準で増設された新たな科目である。各

科目は，教育目標を持つ特定の内容から成る学習単元であるモジュールから構成されている。モジュール設置の目的は，各学校による特色ある課程の編成や生徒による自主的な学習内容の選択を推進し，学習現場に対応した課程の調整等により，高級中学段階で多様な課程を提供することにある。

高級中学の学制は一般に3年であり，課程は必修と選択の2つの部分から成る。課程の設置は**表2**のとおりである。

表2：高級中学の課程設置

学習領域	科目	必修単位	選択単位	
			Ⅰ	Ⅱ
言語・文学	言語	10	社会の多様な人材の需要，生徒の潜在的能力や生徒の個性の発達に応じて，必修科目を踏まえ，各課程の標準分類ごとに，学習段階別に若干のモジュールを設置，生徒に選択履修させる。	学校は，地域の社会，経済，科学技術，文化及び生徒の興味関心に基づき若干のモジュールを設置，生徒に選択履修させる（6単位以上履修）。
言語・文学	外国語	10		
数学	数学	10		
人文・社会	思想政治	8		
人文・社会	歴史	6		
	地理	6		
科学	物理	6		
科学	化学	6		
科学	生物	6		
技術	技術（情報技術及び一般技術）	8		
芸術	芸術，音楽又は美術	6		
体育・健康	体育・健康	11		
総合実践活動	研究型学習活動	15		
総合実践活動	地域奉仕	2		
総合実践活動	社会実践	6		
小計		116	28以上	
合計		144以上		

表注1：卒業要件：3年間で144単位以上（うち必修を116単位，選択Ⅱを6単位以上履修すること）。
表注2：学期週配分：年間授業時数は40週（別に「社会実践」が1週ある）。年2学期制で，各学期を10週ごとの2つの周期に分け，1周期10週のうち9週を授業，残り1週を復習試験に当てる。
表注3：モジュール制：各学期の周期を単位とし，1モジュールの学習は週当たり4時数（1単位時間45分），9週で計36時数，1つの学期内で終了する。生徒は，試験の結果に基づき，1モジュールにつき2単位を取得。「芸術」「音楽」「美術」「体育・健康」のモジュールは，原則上，18時数で1単位分に相当。「技術」は8必修単位のうち，「情報技術」と「一般技術」をそれぞれ4単位とする。
表注4：「総合実践活動」：「研究型学習活動」（個人又はグループで特定の研究テーマを選定し，学習を展開する活動のこと）は各学年の必修で，生徒は各学年ごとに必ず1週間の「社会実践」に参加して2単位を取得，3年間で少なくとも10日間の「地域奉仕」活動を行い，2単位を取得することとされている。総合実践活動は，必修単位の2割を占める。なお，2000年の基準案で「総合実践活動」に組み込まれていた「労働技術教育」は，今回，「技術」として学習領域の1つとなった。
表注5：「芸術」領域内の「芸術」「音楽」「美術」は，いずれか1つを各学校が選択して設置。条件が整っている学校は，2種類あるいはそれ以上の外国語科目を設置してもよい。
（出典）教育部「普通高中課程方案（実験）」及び中国教育報2004年4月2日より作成。

生徒は，1つのモジュールを学習し，試験に合格すれば2単位を取得する（体育・健康，芸術，音楽，美術の各モジュールは18授業時間（1授業時間は45分）で1単位に相当）。技術の必修単位8のうち，情報技術と一般技術は4単位である。

総合実践活動の領域にある研究型学習活動は，3年間合計で15単位である。研究型学習活動は，生徒が関心を持っている社会・経済・科学・生活等の諸問題を通して，既に身に付いている知識や

経験を総合的に活用し，自ら課題を探求・実践する学び方を学ぶ学習である。

このほか，生徒は毎年1週間の社会実践に参加して2単位を獲得する。また3年間で10日以上の地域奉仕活動に参加しなければならず，それは2単位となる。

生徒が卒業するには144単位の取得が必要で，そのうち，必修科目は116単位，選択科目Ⅱからは6単位以上取得しなければならない。

2.4 キャリア教育

キャリア教育は，中国では「職業生涯教育」と表記され，目的や計画を持ち，組織的に個人の職業キャリアの意識と総合的な職業能力を高めることや，キャリアプランニングの進行や実行を主体とする総合的な教育活動として認識されている。しかし，中国では，長年，教育機関卒業者を計画的に職場配置する政策を採用していたため，1980年代までキャリア教育は考慮されなかった。キャリア教育が重要視されるようになったのは，改革開放政策が開始され，市場主義経済に社会体制が移行し始めた後の1985年に中国共産党中央委員会が発表した「教育体制改革に関する決定」からである。その後，1990年代末に始まる高等教育の規模拡大と2001年のWTO（世界貿易機関）加盟による産業構造の転換は，労働市場に大きな影響を及ぼし，2003年以降，大学卒業者が大量に就職できない状況が発生してしまったことから，早期からのキャリア教育の重要性が再度認識され，2006年には教育部のキャリア教育プロジェクトチームが研究会を開き，現状と各地の実践に関して情報交換するなど，キャリア教育の推進に関心が近年，高まりつつある。しかし，中国のキャリア教育は2014年現在，未だ法制化されておらず，初等中等教育段階では個別の学校が選択科目でキャリア教育を実施するなど普及していない。また，キャリア教育を専門にする教員の不足などの様々な課題がある[注15]。

2.5 教科書

教科書は，1980年代半ばまで教育部の直属機関である人民教育出版社が1種類の全国共通教科書を執筆・編集し，審査もその過程で行われていたが，1980年代後半からは執筆・編集と審査が分離され，審査は国が検定を行うこととなったため，執筆と編集は自由にできるようになり，1993年から全国で数種類の教科書が使用されるようになった。2001年に課程改革が行われた際には，課程基準に則って各地の出版社が多様な教科書を出版するようになったため，2005年と2006年に教育部は，義務教育と高級中学の教科書選定・採択の規則を公表し，教科書の選定・採択作業は「省レベルの教育行政機関の指導の下，地区レベルを単位として行う」などを決定した。2011年の課程基準の再度改正においても，教育部は新たな選定・採択規則の策定を決定した。2014年に公表された教科書の選定・採択の規則では，教育部が検定した教育用書籍目録から，省レベルの教育行政機関によって決定された組織である教科書選定・採択委員会が選定・採択するとされており，省レベルでの教科書の選定・採択が決められている。また，教科書選定・採択委員会には，そのメンバーに現職教員を2分の1以上含めることが決められており，現場の教員の意見を反映させる配慮がなされている。

2.6 学年暦

　学年度は9月に始まり，7月に終了する。2学期制を採り，第1学期は9月から翌年の1月末ないし2月初めまでで，旧正月をはさんで冬休みの後，2月末頃から7月中旬までが第2学期である。
　義務教育の課程基準によれば，年間の週配分は35週であり，その他，学校行事（文化祭，運動会，遠足など）2週，復習・期末試験2週，冬休み・夏休み・祝祭日あわせて13週となっている。
　高級中学段階では，各学年の年間授業時間数は40週，社会実践1週，冬休み・夏休み・祝祭日・農繁期の休みは11週である。各学期は2期に分かれており，各期は10週であり，そのうち，授業時間は9週，復習と試験は1週である。各モジュールは36授業時間に分かれており，一般的に週4授業時間を配分し，各期ごとに完結する。
　1995年9月の新学年から，それまでの週6日制を改め，毎週土・日曜日を休日とする完全週5日制が導入された。

2.7 授業形態・組織

　授業は，小学校，初級・高級中学のいずれにおいても教科担任制が採られ，各教科担当の教員が授業を行っている。しかし，小学校段階では，言語・文学や算数などの主要科目の教員資格を持つ教員が，学級担任的役割を担いつつ，複数の教科を担当する場合がある。
　小学校・初級・高級中学の授業集団については，各学年ごとに固定的な学級が編制され，これを単位として各教科の授業が行われている。小学校では，児童と教員の関係性を重視して主要科目の教員が学級担任として特定の学級の教育活動に当たるが，初級・高級中学では，教科担任教員の中から校長が任命する学級担任が固定的な学級に配置される。学級担任は，教科担任や保護者と密接に連絡をとって児童・生徒の思想，品性，行為，学業などの状況を把握し，評価を行うとともに，社会実践活動や団体旅行などの学校事業を指導し，児童・生徒に総合的な教育環境を提供することが求められている。また，教科担任の教員よりも業務量が増加することに対応して諸手当が支給される。

2.8 評価

　小学校，初級中学及び高級中学における各教科の学習についての評価方法は，一般に絶対評価法による100点法，あるいは「優，良，中，不良，劣」「優，良，可，不可」のような5段階ないし4段階の段階評価が採られている。100点法と段階評価の基準については，全国統一的な規定はなく，地域や学校により，また教科によりまちまちである。教科によっては記述式の評価も行われている。
　従来は，試験に対応した教育が歓迎されていた点から，100点法が多く採用されてきた模様であるが，1990年代半ば以降，受験偏重教育を克服し，創造性の育成などの児童・生徒の全面的な資質の発達を目指す資質教育が推進されるようになってからは，児童・生徒の学業負担を軽減するため4ないし5段階の段階評価を主に用いるようになった。2002年に教育部は「初等中等教育段階

の評価と試験制度改革を積極的に推進することに関する通知」を公布し，小学校段階では，段階評価を用いなければならず，成績に基づくランク付けや成績の公表を禁止することを決定している。また，同通知では，成績以外にも自己評価や社会実践活動等の児童・生徒の成長の記録をつけることを求めている。また，定期試験は，学期末及び学年末に行われており，各学期に2回以上定期試験を行わないよう教育部は指導している。さらに，中等教育段階では，卒業に必要な学力を修得しているか測定する方法として，卒業時に1度だけ行う卒業試験ではなく，課程が修了した後すぐに試験ができるように各科目の試験を各学年で分散し，2回まで受験することのできる「学力試験」を2000年代半ばから導入している。

2.8.1 総合資質評価

総合資質評価は，受験偏重教育を克服し，児童・生徒の全面的な発達状況を評価する手段として導入された評価方法であり，思想品徳，学力，心身の健康，芸術的素養，社会的実践の5つの項目について評価を行う（**表3**参照）。

表3：総合資質評価の評価項目と主な評価方法

評価項目	主な評価方法
思想品徳	中国共産党や社会活動・公益的労働・ボランティアへの参加の回数，時間数
学力	学力試験の成績，選択科目の内容と成績，研究型学習と創造的成果
心身の健康	「運動能力・健康測定基準」の試験結果や体育・運動の特定の活動，困難や挫折への対応
芸術的素養	音楽，美術，舞踏，演劇，伝統劇，映画，書道などの面での表現や興味，芸術活動への参加
社会的実践	技術家庭の実習や生産労働，軍事訓練，校外学習，社会調査等の実践活動への参加回数，時間数，成果物

表注：「運動能力・健康測定基準（原語：「国家学生体質健康標準」）」は，児童・生徒及び学生の体力や健康状況の評価基準として，教育部が国家体育総局と共同で2002年に作成した。同基準では，身長，体重，肺活量のほか，短・長距離走，握力などを測定し，それらを合計120点満点（基準点100点及び追加点20点）に換算し，60点以上を合格としている。なお，同基準は，2014年7月に改正されBMI等の肥満に関する項目が追加されるとともに，高級中学及び高等教育段階の基準が引き上げられた。

各評価の結果は教員の指導の下，生徒によって記録され，毎学期末もしくは学年末に整理され，プロファイリング化される。同資料は，その後の進学の際に生徒の総合的な発達状況を示す根拠として使用される。

総合資質評価は，教育部が2002年に公表した「初等中等教育段階の評価と試験制度の改革を積極的に推進することに関する通知」に基づいて実施されていたが，評価作業が地域によって異なり，実用的でないという観点から2014年に教育部は「高級中学の生徒に対する「総合資質評価」を強化・改善することに関する意見」を公表し，全国統一に評価を行う方針を示した。同意見は，高級中学段階を対象としたものであるが，同意見に基づいて各省・自治区・直轄市は義務教育段階の総合資質評価の規則を制定している。

2.8.2 初等教育段階の評価

初等教育段階における評価は，主に，授業中の応答による内容の理解度や宿題等の各種課題の遂行状況，授業中の小テスト等の日常の授業内で行われる査定と，学期末，学年末，卒業時に実施さ

れる試験によってなされる。児童の評価は，100点法及び段階評価が併存していたが，2000年代以降は段階評価が主流となってきている。試験は毎学期末に行われる試験による評価とともに平常の授業や宿題の取組を基にした評価が行われている。教育部は第1～3学年において全校一斉の試験の実施を禁止し，第4学年以降から主要科目のみに対して試験を実施するように求めるなど，初等教育段階では試験に基づく評価を減少させ，児童の学習習慣や社会実践活動，文章活動等から総合的に評価を行う形式に評価方法が変化してきている。

2.8.3 中等教育段階の評価

中等教育段階の評価は主に各科目の学習到達度を測定する学力試験と既述した総合資質評価の双方を合わせた形で行われる。評価結果は初級中学から高級中学へ進学する際及び高級中学から高等教育に進学する際の入学者選抜において合格者を選抜するための資料として使用される。

2.8.3.1 学力試験

学力試験（原語：学業水平考試）は，生徒が課程基準に則った学力を身に付けているかを測ると同時に，卒業及び進学の可否を判定する根拠となる試験である。高級中学及び初級中学段階で行われ，中央政府レベルで実施規則が定められている高級中学段階では，14科目が課せられており，そのうち，言語・文学，数学，外国語，思想政治，歴史，地理，物理，化学，生物の9科目については省政府が定める統一の試験を行い，芸術（あるいは音楽，美術），体育・健康，一般技術，情報技術の5科目は，省政府の統一の試験基準に基づいて学校で実施される。試験は学期末に，高級中学第1学年で2科目，第2学年で6科目，第3学年で6科目程度実施し，必要な場合は，同一科目を2回受験したり，選択科目の選び直し等が行われる。試験成績は，言語・文学，数学，外国語については等級で表され，それ以外は合格・不合格で表される。等級は一般的にA（15%），B（30%），C（30%），D・E（25%）の5等級で，Eは不合格である。初級中学段階の学力試験は省レベルの政府によって実施規則が定められ，例えば，山東省の例では，言語・文学，数学，外国語，物理，化学，生物，思想品徳，歴史，地理，体育と健康，情報技術が筆記による試験科目となり，音楽，美術，総合実践活動は，実技や成果物等による審査科目となっている。試験は，一般に学年度末に実施され，生徒は学習が終了した科目の試験に参加できる。また，条件が整った地域では，生徒に2回試験を受ける機会を与え，良い方の成績を最終成績として採用できる。筆記試験の成績は，高級中学段階と同様にA，B，C，D，Eの5段階で表され，実技等の試験の成績は，「合格」「不合格」の2つで表される。

3 進級・進学制度

3.1 進級・修了

小学校，初級・高級中学では学年制が採られ，通常，毎年1学年ずつ進級する。進級・留年・飛び級の具体的要件については全国的な規定はなく，各地域ごとに定めている。

留年は，義務教育段階では原則禁止されているが，特定の場合に実施されている。初等中等教育

は地方の所管となっているため，各地の規則に留年の実施の可否が規定されている。留年が実施されている上海市でも，小学校第1，2学年の留年及び小学校，初級・高級中学の卒業学年に属する児童・生徒の留年は禁止されており[注16]，義務教育段階の留年は順次廃止されていく方向にある[注17]。

飛び級は，総合的資質や成績が特段優れている児童・生徒に対して許可されているが，義務教育段階では一般的に1学年上の段階に飛び級を行う。飛び級を禁止している地域も存在する。

なお，卒業に際しては，卒業要件を満たしていない場合，留年させず，「終業証書」が交付される。

3.1.1 小学校

小学校の進級及び留年の具体的規定は各地域ごとに定められているが，上海市を例に取ると[注18]各教科の学年成績が合格であるか，言語・文学と算数の教科が合格し，その他1つの教科が不合格の場合は進級し，5教科以上で不合格か，不合格が4教科以内で追試の後，言語・文学，算数の2教科のうち1教科以上の成績が不合格か，言語・文学，算数が合格しても他の2教科以上で不合格であった場合，留年としている。

卒業に当たっては，各教科の合格，あるいは言語・文学，算数で合格し，不合格が2教科以内で，かつ思想品徳や行動・規範に関する総合的な評価が合格の場合，卒業を認めるとしている。卒業要件に満たない場合は，「終業証書」が与えられる。

3.1.2 初級中学・高級中学

初級中学及び高級中学の進級及び留年についても各地域ごとに要件を定めているが，上海市の場合[注19]，1教科が不合格以上の成績の場合は進級し，4教科以上不合格の場合，あるいは，不合格が4教科以内で，追試を受けた後，言語・文学，数学，外国語のうち2教科が不合格，もしくは，言語・文学，数学，外国語のうち1教科が不合格で，その他2教科が不合格の場合，留年となる。また，高級中学の場合，選択教科で規定の単位を取得していない場合，もしくは社会実践活動を1学年のうちで理由なく3分の1欠席した場合も留年となる。

卒業に当たっては，初級中学では，各教科の学力試験での合格か，言語・文学，数学，外国語の教科の合格とその他不合格が2教科以内であること，かつ思想品徳，行動・規範の総合評価が合格していることとされており，高級中学では，各教科の合格もしくは，言語・文学，数学，外国語の教科の合格とその他不合格が1教科以内であること，かつ思想品徳，行動・規範の総合評価が合格していることとされている。単位制の学校では，規定の単位を修了し，かつ思想品徳，行動・規範の総合評価が合格の場合，卒業とされている。

3.2 進学制度

3.2.1 小学校から初級中学への進学

小学校から初級中学への進学に当たっては，一般に進学する初級中学が通学区域ごとに指定され，原則，選抜は行われていない。例えば，北京市西城区の2013年の義務教育段階の入学事業実施意見によると，小学校から初級中学に進学する際の方法は基本的に，①コンピュータによる割り振り，②そのほかの入学方法の2種類である。コンピュータによる割り振りでは，小学校卒業者が

学区内で進学したい初級中学を順番に書いた登録票を申請し，そこからコンピュータで進学先を割り振る場合と推薦入学の際に応募者数が募集者数を上回ったときに行われる場合がある。そのほかの入学方法は，芸術や体育に優れた能力を示す児童に対して特定の試験を行って選抜する方式や，寄宿学校，国有・公有企業や事業単位が運営する学校における独自の定員管理に基づく進学方式等である。

義務教育段階では，原則入学者選抜は禁止されているが，優秀な人材の集中的早期育成や実験的なカリキュラムを導入しているいわゆる「重点中学」に進学する際には，各学校個別の選抜試験が実施される。なお，2006年改正の義務教育法では，学校間格差を是正するため，重点的に予算が配分され教育レベルの高い「重点学校」とそれ以外の「非重点学校」に区分することを禁じているが，実際には大学附属の実験校や地域のモデル校といった形で「重点中学」が存在し，学区外から優秀な児童を募集するため選抜試験を実施している。大学進学を見据え，自分の子供をそれら「重点学校」に入学させようとする保護者によって児童が重い学業負担を強いられ，健全な発達が阻害されているという批判が長年提起されており，政府は，義務教育段階での入学者選抜の廃止を目指して，2013年11月の中国共産党第18期中央委員会第3回全体会議（通称，「三中全会」）において，小中一貫制である9年一貫制の実施を表明した。これに伴い2014年度から，北京市等では学区を再編し9年一貫制の学校を設置する事業が拡大している。

3.2.2　初級中学から高級中学への進学

初級中学から高級中学への進学については，一般に省・自治区・直轄市ごとに統一入試である「初級中学学力試験・高級中学段階学校生徒募集試験」を行い，その成績により各高級中学が入学者を選抜している。

試験科目は地方によって異なるが，おおむね6～7科目で，主な試験は6月中旬から下旬に行われる。上海市では，「初級中学卒業統一学力試験」として言語・文学，数学，外国語，物理，化学，体育，思想品徳，物理・化学の実験操作技能の8科目が行われており，各科目の試験時間は100分，配点は，言語・文学，数学，外国語が150点，物理は90点，化学は60点である。体育の試験は，4月下旬に行われ，実技15点，授業成績及び体力測定の結果15点の30点満点で評価される。その他，思想品徳は，5月下旬に70分間の筆記試験が行われ，「優秀，良好，合格，不合格」の4段階で評価される。物理・化学の実験操作技能は，5月下旬に行われ「合格，不合格」の2つで評価される。選抜では，生徒の「総合資質評価」も加味され，少年先鋒隊（中国共産党の少年組織）での活動が優秀であった者には加点措置が加えられる。また，危険な任務に従事している軍人の子女や華僑の子女，少数民族等に対しては合格点の引下げが行われる。

高級中学段階においても，実験的教育を行う学校では，統一的な入学者選抜前の自薦・他薦による生徒募集や区域外からの生徒募集等の特別措置が行われている。

出題，採点，受験者の名簿作成などの作業は，主に，省・自治区・直轄市の教育行政機関に設けられた生徒募集委員会や教育試験院が行う。入学者選抜は，受験者の志望に従い，成績順に各校が行う。

4 教育条件

4.1 学校規模

　国は，都市部及び農村部において学校を設置，建設する際の校舎及び敷地面積基準を定めている。都市部の基準は「都市部の普通初等中等教育機関校舎建設基準」（教育部2002年4月）[注20]で，農村部の基準は「農村部の普通初等中等教育機関建設基準」（住宅・都市建設部，国家発展・改革委員会2008年9月）で定められている（**表4**参照）。

表4：学校規模と学級人数

学校種別	学級数	1学級当たりの児童・生徒数(人)	学校規模(人)
小学校（都市部）	12/18/24/30	45	540～1,350
（農村部）	4(教学点等)/12/18/24 6(完全小学)	現行：45 今後：40	160～1,080
9年制学校	18/27/36/45	小学校：45 初級中学：50	810～2,025 900～2,250
初級中学（都市部）	12/18/24/30	50	600～1,500
（農村部）	12/18/24	現行：50 今後：45	540～1,200
完全中学	18/24/30/36	50	900～1,800
高級中学	18/24/30/36	50	900～1,800

表注：「農村部の普通初等中等機関建設標準」によると，農村部の小学校と初級中学の学級人数は今後減少させる予定であり，現行と今後の2種類の学級人数を記述した。
（出典）教育部「城市普通中小学校校舎標準」2002年／住宅・都市建設部＆国家発展・改革委員会「農村普通中小学建設標準」2008年。

　幼稚園に関しては，2014年現在，「幼稚園建設基準」の草案が策定されており，幼稚園の規模は，6クラスがある幼稚園で180人，9クラスで270人，12クラスで360人と規定されており，学級規模は年少組（3～4歳）で20～25人，年中組（4～5歳）で26～30人，年長組（5～6歳）で31～35人となっている。

　中等職業学校の建設基準は，2014年12月現在，制定過程にあるが，2010年に住宅・都市農村建設部と国家改革・発展委員会が公表した「中等職業学校建設基準」（意見募集稿）によると，中等職業学校の規模は，1,000～5,000人となっており，教育・生活用地，実験・実習・訓練用地，体育活動用地，緑地などの生徒1人当たりの使用面積が規定されている。

　特別支援教育学校に関しては，『特殊学校建設基準』（住宅・都市建設部，国家発展・改革委員会2011年）が公布されており，同基準による学校の規模は，**表5**のとおりである。なお，「特殊教育学校暫定規程」（1998年）によれば，特別支援教育学校は9年一貫制とされる。

表5：特別支援教育学校の規模

	学級数	1学級当たりの児童・生徒数（人）	学校規模（人）
視覚・聴覚の障害	9/18/27	12	108〜324
知的障害	9/18/27	8	72〜216

4.2　学級編制基準

　教育部が，2002年6月に公表した「『国務院弁公庁が中央機構編成弁公室，教育部，財政部に転送する初等中等教職員の編成基準を制定することに関する意見の通知』を貫徹することに関する実施意見」（以下「実施意見」という）によると，1学級当たりの児童・生徒数は，高級中学・初級中学では45〜50人，小学校では都市部と県・鎮部で40〜45人，農村部で各地の状況に応じて決定される（**表6**参照）。しかし，実際には，地域間格差，学校間格差が激しいため1学級当たりの児童・生徒数は，努力目標であり，農村地域や都市部の地域のモデルとなる学校等では，教育部の参考数値を超えた，もしくは数値より少ない学級編制がなされることがある。「実施意見」では1学級当たり55人を超える学級を編制しないことを求めているが，実際には，55人以上の児童・生徒を有する学級が各地に存在する。そのため，教職員1人当たりの児童・生徒数の基準もまた参考値であり，実際の数値は県ごとに異なっている。

表6：初等中等教育機関の学級編制基準と1学級当たりの教職員配置参考表

学校種別	地域別	1学級当たりの児童・生徒数（人）	1学級当たりの教職員数（人）	1学級当たりの教員数（人）	1学級当たりの職員数（人）
高級中学	都市	45〜50	3.6〜4	3	0.6〜1
	県・鎮		3.5〜3.8		0.5〜0.8
	農村		3.3〜3.7		0.3〜0.7
初級中学	都市	45〜50	3.3〜3.7	2.7	0.6〜1
	県・鎮		2.8〜3.1		0.1〜0.4
	農村		2.5〜2.8		0.1
小学校	都市	40〜45	2.1〜2.4	1.8	0.3〜0.6
	県・鎮		1.9〜2.1		0.1〜0.3
	農村	各地の状況に合わせて決定			

表注1：都市は省直轄市以上の大中都市を指す。
表注2：「県・鎮」は県（市）政府所在地の市街地域を指す。
（出典）教育部「「国務院弁公庁が中央機構編成弁公室，教育部，財政部に転送する初等中等教職員編成基準を制定することに関する意見の通知」を貫徹することに関する実施意見」(2002年6月26日)。

4.3　教職員配置基準

　教職員の数は，国務院が2001年に公表した「初等中等教育機関の教職員編成基準の制定に関する意見」（**表7**参照）に基づいており，1学級当たりの児童・生徒数を基準となる1教職員当たりの児童・生徒数で除して求められる。なお，2014年12月に教育部は，都市部と農村部の教職員編成基準を統一化する方針を示しており，それによると小学校では1教職員当たりの児童数を19人

とし，初級中学では，1教職員当たりの生徒数を13.5人，高級中学では12.5人と定めている。

表7：初等中等教育機関の教職員編成基準

学校種別	地域別	教職員と児童・生徒の比
高級中学	都市	1：12.5
	県・鎮	1：13
	農村	1：13.5
初級中学	都市	1：13.5
	県・鎮	1：16
	農村	1：18
小学校	都市	1：19
	県・鎮	1：21
	農村	1：23

表注1：都市は省直轄市以上の大中都市を指す。
表注2：「県・鎮」は県（市）政府所在地の市街地域を指す。
（出典）中央機構編成委員会弁公室・教育部・財政部「初等中等教育機関の教職員編成基準の制定に関する意見」（2001年10月8日）。

　また，教育部が，2002年6月に公表した「『国務院弁公庁が中央機構編成弁公室，教育部，財政部に転送する初等中等教職員の編成基準を制定することに関する意見の通知』を貫徹することに関する実施意見」（以下「実施意見」という）によると，教職員配置[注21]は，県レベルの教育行政機関によって財政部門との協議の上で決定される。まず県レベルの教育行政機関は，現地の教育発展計画等と関連させて，教職員の編成総数を決定し，その中で初等中等教育機関の1学級当たりの児童・生徒数及び学級数を調整する。さらに教職員の仕事量を勘案して，在学者数，標準学級人数，学級数，1学級当たりの教員定員などの指標を採用する。この指標に基づいて，学校の教育段階，教育のレベルや地域における学校の分布等を考慮して，初等中等教育機関の編成人数を計算・分配するとされている。したがって，県レベルで教職員の編成人数及び配置は様々である。

　また，教職員配置の原則は，①学校の管理機構の設置と管理職数の決定，②教職員の編成と分配の決定の2つから成る。

　①では，管理機構の設置は，学校の規模と連動しており，24以上の学級を持つ学校が1～2か所の機構を設置し，初等教育の全ての学年を担当する「完全小学」は，教務処（室）や総務室を設置する。12学級以下の小学校では，管理機構を設置せず，教務主任，総務主任を1名ずつ配置する。管理職については，普通教育を行う中学校と「完全小学」で12学級以下のものは，校長級の管理職を1～2名，13～23学級を持つ学校では，2～3名，24～36学級を持つ学校では3名配置する。農村地域で規模の小さな初等教育機関では，教員の1人が管理職を代行する。

　②については，まず，教員数が決定されてから，職員の配置が決定される。教員数は，1学級当たりの児童・生徒数を国務院（内閣）が2001年に提出した1教職員当たりの児童・生徒数の基準で除すことで決定される。1学級当たりの児童・生徒数は，各地の状況に応じて弾力的に決定される。特に，農村地域の小学校の教職員について，状況が多様であるため，具体的な原則は存在しない。職員の配置は，教職員総数の比率に基づいて計算され，県レベルで編成基準が決定する。

4.4 施設・設備の基準

初等中等教育機関の施設・設備の基準は,「都市部の初等中等教育機関建設基準（原語：城市普通中小学校建設標準）」[注22]及び「農村部の初等中等教育機関建設基準（原語：農村普通中小学建設標準」（2008年）」[注23]によって定められている。都市部の初等中等教育機関の建設基準に関しては，2008年の四川大地震を受けて，校舎の安全性を高めるため，2015年3月現在改正作業中であるが，2011年に意見募集版が公表されている。

4.4.1 校舎床面積・敷地面積

「都市部の初等中等教育機関建設基準」の意見募集版及び「農村部の初等中等教育機関建設基準」によれば，都市部及び農村部の校舎床面積及び敷地面積の基準は，**表8**及び**表9**のように定められている。なお，「都市部の初等中等教育機関建設基準」の意見募集版には，学校全体の敷地面積の基準が記載されておらず，運動場の面積が記載されているため，参考として同内容を**表8**に記載する。

表8　都市部の校舎床面積の基準

規模		小学校			初級中学			高級中学		
	学級数	24	30	36	24	30	36	24	36	48
	在学者数（人）	1,080	1,350	1,620	1,200	1,500	1,800	1,200	1,800	2,400
校舎床面積（㎡）		8,345	9,753	11,387	11,087	12,600	14,937	11,578	15,683	19,742
児童・生徒1人当たりの床面積（㎡）		7.73	7.22	7.03	9.24	8.40	8.30	9.65	8.71	8.23
運動場面積（㎡）		7,630	11,999	12,657	11,191	11,849	21,352	11,191	21,352	22,420

（出典）教育部「都市部の初等中等教育機関建設基準（意見募集版）」（2011年6月）。

上記基準及び2002年公布の「都市部の普通初等中等学校校舎建設基準」[注24]には，その他校内の各施設・設備の基準が示されており，主な項目は，以下のとおりである。

○建設用地（トラック，バスケットボールコート，プール等の運動場設備，緑化用地，教職員用駐車・駐輪場等）
○教室の面積（一般の教室[注25]，理科室，音楽室，書道室，コンピュータ室，多機能教室，図書室，学生活動室，心理カウンセリング室，体育活動室等）
○事務室（校長室，職員室，ネットワーク管理室，会議室，保健室，放送室等）
○教職員福利厚生施設の面積（教職員食堂，児童・生徒用食堂，トイレ，配電室，温水室，倉庫，維持管理室，単身者用宿舎等）
○校舎建設の各規格（教室数，1教室当たりの面積，児童・生徒1人当たりの宿舎・食堂等の面積，蔵書数，設備数，階数，天井の高さ，防火設備，建築構造，階段，窓，床材，壁材，採光，照明，換気等）
○机の規格
○教室平面図

表9 農村部の校舎床面積・敷地面積の基準

	学校種	教学点等	小学校				初級中学		
規模	学級数	4	6	12	18	24	12	18	24
	在学者数（人）	120	270	540	810	1,080	600	900	12,00
校舎床面積（㎡）		670	2,228	4,215	5,470	7,065	6,000	8,030	10,275
児童・生徒1人当たりの床面積（㎡）		5.58	8.25	7.81	6.75	6.54	10.00	8.92	8.56
敷地面積（㎡）		2,973	9,131	15,699	18,688	21,895	17,824	25,676	29,982
児童・生徒1人当たりの敷地面積（㎡）		25	34	29	23	20	30	29	25

表注1：同基準は，2008年12月以降に建設された学校に適用される。
表注2：教学点は，農村地域の人口がまばらな地域に設置される第1～4学年を対象とする教育機関。

4.4.2 ICTの環境整備状況

2000年10月に開催された全国の初等中等教育における情報教育に関する会議で，全国のおよそ90％の初等中等教育機関をインターネットに接続させ，教育の質の向上を図る学校内外のネットワークである「校校通」プロジェクトの開始と情報技術の課程の必修化が決定され，教育の情報化が本格的に開始された。また，2001年に行われた義務教育段階の課程改革で，総合的な学習の時間である「総合実践活動」で情報教育の実施やICTの各科目での応用が導入された。2012年9月29日付けの教育部所管の新聞である『中国教育報』によると，同年現在，小学校の16％，初級中学の46％，高級中学の77％で校内ネットワークが構築されている。その内，100Mbps以上のブロードバンドが敷設されている機関は約2万校（2011年度の小学校，初級中学，高級中学の総数は，30万8,988校）である。また，衛星通信とインターネットを相互利用することで，基本的に全国の教育機関をカバーするネットワークは完成している。2013年には，児童100人当たりのコンピュータ数は7.82台，初級中学では生徒100人当たり12.26台，高級中学では16.93台となっており，その他，2011年末現在，4,129単位時間（1単位時間は40～45分）の教材，2,869時間の授業を補助する教材，1万2,507のマルチメディア素材，教員研修用のビデオ，義務教育段階の各種デジタル教科書等の教材が存在している。

5 学校選択・連携

5.1 学校選択・通学区域

義務教育段階の公立学校については，学校ごとに主管の地方教育行政機関が通学区域を定めており，原則として同区域に住む児童生徒は無選抜で通学区域の学校に就学する。しかし，大学進学を重視する保護者は，大学附属の実験校や地域のモデル校といった地域の名門校（「重点学校」）に子供を入学させたいと考え，高額な授業料を払っての越境入学やそれら名門校が実施する入学者選抜に参加させる行為が行われている。政府は，義務教育段階における入学者選抜は児童の学業負担を増加させるとしてそれら行為の抑制を図っており，2014年1月に教育部は学区の再編や学校間の連携を強化する意見[注26]を発表し，特定の小学校から特定の初級中学への進学や9年一貫制の実

施等の方針を示している。同時に同一学区内での教員及び校長の異動や学校施設の共同使用，学区単位での教員研修を行うなど，同一学区内の教育資源の格差是正にむけた取組を行っている。

なお，2006年に改正された義務教育法は，第22条において学校間及び学校内の格差を是正するために「重点学校」と「非重点学校」や「重点クラス」と「非重点クラス」の区分を設けることを禁止しているが，「実験学校」や「実験クラス」として教育資源の質や学習内容が異なる学校・学級の設置は継続して行われている。

5.1.1 越境入学

越境入学には，学区外の名門校へ入学する場合と都市流入労働者子女が戸籍所在地以外で入学する場合の2種類がある。前者は，大学入試に有利になるように教育資源が充実した学区外の「重点学校」に児童・生徒が入学する場合であり，高額な授業料や教材費・教員サービス費等の様々な費用が徴収されることがある。後者は，政府が戸籍の移動を厳しく管理している中で，義務教育は戸籍所在地で行うことが義務教育法第12条において定められており，これを逸脱して都市部に出稼ぎに出た保護者に随伴して都市に流入した児童・生徒が，居住地で入学する場合であり，越境入学費を払って入学を許可される。越境入学に関しては，教育の機会均等をゆがめるものとして政府は，学区の再編や学校間の連携により抑制を図っている。特に後者の都市流入労働者子女に対しては，就学の機会均等の観点から北京市や上海市などの大都市部で越境入学費の徴収を禁止し，当該地域の公財政に基づく就学保障が行われている。

5.2　学校・家庭・地域との連携

住民や住民組織，あるいは地元企業，軍隊などが学校の教育や施設・設備の充実のために協力・支援することが奨励されており，寄付や施設・設備の提供などの物的支援を行っている。このほか，特定の地方または学校では，諮問機関的な性格を持つ組織が管理運営に関して提言することが行われている。

5.2.1　学校と家庭の連携

「未成年者保護法」第12条において保護者が家庭教育について学ぶこと，「教育法」第49条において学校や教員が保護者に対して家庭教育に関する指導を提供することが決められており，家庭教育の分野で学校と家庭が関わることが奨励されている。そのため，日本のPTAに相当する保護者委員会や日本の家庭教育学級に相当する「保護者学校」が各学校に設置されている。また，教員が主体となって保護者と児童・生徒，教員間の交流や学校内の紹介を行う会議である保護者会などが開催されている。これら活動には，各地の教育行政機関が関与するとともに，中国共産党指導下の女性全国組織である中華全国女性連合会や全国の教育関連機関から退職した専門家や教員等で構成されている次世代育成事業委員会等が，家庭教育の実施を支援している。

5.2.2　地域の人材の活用

2001年に改正された義務教育段階の課程基準で導入された「総合実践活動」は，情報技術教育，研究型の学習，コミュニティでのボランティア，職業体験等の実践的な内容を含んでおり，各

学校が独自のカリキュラムを作成して環境教育や伝統的スポーツなど，様々な特色ある内容を実施している。これら多様な教育活動を実施するため，学校は地域の専門家を任用し，指導に当たらせており，例えば，北京市豊台区第8小学校では，囲碁教育を推進しており，その指導者に同区の棋院を退職した人材を充てている。

また，放課後の課外活動においても，地域人材の活用が行われており，例えば北京市では，市の科学技術協会から派遣される科学者や，芸術家，文化・スポーツ関連の専門家などが指導に当たっている。

5.2.3 地域への学校の開放

生涯学習推進の観点から，学校の教育資源を有効に活用するため，学校を地域の人々に開放する活動が各地で行われている。例えば，長期休暇の際のスポーツ施設の開放や，学習活動を支援するため会議室や図書館の開放，文化祭等の学校行事に地域の人々を招待するなどの交流事業が行われている[注27]。

5.3　学校段階間の連携

2001年に改正された課程基準において義務教育段階の小中一貫制を見据えた課程の設置が始まり，2011年に公表された課程基準では，より学年段階間の連携を重視する形で改正が行われており，政府は，課程内容の上で小中一貫制を実施しやすい環境を整えている。近年では，小学校から初級中学への進学の際に発生する学校選択を抑制し，いわゆる重点学校での入学試験による学業負担を解消するため，義務教育の学区制を整備し，9年間の小中一貫制を試行することが2014年度から本格化している,。例えば，北京市では2014年度から9年間の小中一貫制の導入を大幅拡大し，児童の学習負担の軽減とともに，学区内の進学方法を再編することで学校間格差の減少を達成しようとしている。小中一貫制は，特定の小学校から特定の中学校に進学するもの，単に小学校と中学校が合併した形式のもの，中学校が新たに小学部を新設したものや，大学の支援のもとに新たに小中一貫校を創設したものまで，様々な形式がある。

6　その他

6.1　私教育

私教育には，高等教育を頂点とする各教育段階における入学者選抜の対策を主な目的とする塾等による教育と，受験競争と距離を置き山間部で伝統的な教育を行う「私塾」と呼ばれるオルタナティブ・スクールの2種類の私教育が主に存在している。

前者は，義務教育の普及（2010年に全国100％の地域に普及）により多くの家庭がより高度で多様な教育を求めるようになったことと，2008年に達成された義務教育の完全無償化により，各家庭が正規の教育で必要な支出を学校外の教育サービスに振り分けられるようになったことから，「補習教育」と呼ばれる学校外で行われる教育サービスは産業として急成長した。例えば，1993年

に創業した新東方教育科技集団は2015年現在，50の都市で60の学校，31軒の書店，及び800か所の学習センターを運営しており，累計で2,000万人に教育を提供している[注28]。そのほかにも，学大教育科技有限公司や新航道国際教育集団，環球天下教育科技有限公司，海文教育集団等が存在する。

「私塾」は，もともと近代的な教育制度が導入される以前に，個人，コミュニティ，宗族及び民間の機関等によって設立され，経典の暗唱等の学習方法により読み書きを教育し，科挙の合格につながる教育機関であった。しかし，1905年に科挙制度が廃止されると，地方教育行政機関が「私塾」を管理するようになり，多くが小学校へ転換した。中華人民共和国の成立後も同様の状況は続き，1950年代後半には，「私塾」は一時消滅したが，1990年代後半に経典や古典の学習を重視するブームが起こると，一部地域で「私塾」が復活していた。さらに，青少年に対して経典の学習を提供することが一種の運動となっていた台湾でその活動を指導していた台中師範大学の王財貴副教授（当時）が，2001年に非常に簡易な経典学習法を北京師範大学で講演したことから，経典の学習や近代以前の教育方法に保護者の関心が高まり，上海市等の東部沿海地域の都市部を中心に「私塾」が開設されるようになった。2013年現在，推計で全国におよそ3,000の「私塾」が開設され，1万人の子供が学んでいる[注29]。同機関に所属する子供の6〜7割は就学前の幼児であるが，学齢に達しても公的な学校に進学せず，「私塾」で教育を受ける児童・生徒も存在する。これら1990年代以降に開設された「私塾」は，行政機関から設置認可を受けた教育機関ではなく，また教育課程基準に則っていない独自の教育を教員資格を持っていない者が子供に教育を提供するなど，教育法上は違法であるが，高等教育機関入学者選抜を頂点とした受験に対応する教育が主である正規の教育が，子供の個性を抑圧し，過度な競争を招いているとみる一部の保護者にオルタナティブな教育として歓迎されている。

6.2 課外活動

義務教育法第37条に「学校は児童・生徒の課外活動時間を保障し，文化・娯楽等の課外活動を組織的に展開する」と記されており，放課後には各種スポーツ，音楽，美術，書道，理科などの活動が行われている。北京市[注30]では，毎週月曜日から金曜日までの間で3日以上，15:30〜17:30の間で1時間以上行うとされており，指導者は，大学及び民間の教育機関の教員や，スポーツクラブ，科学技術館，少年宮[注31]等の社会教育施設の指導者，スポーツ選手，芸術家，科学者等の学校外の人材を活用している。活動内容については「総合実践活動」や政府の推進する児童・生徒・学生のための体力増進運動[注32]と連携した形式で行うことや，学校間で連携した活動や学区内での競技活動などの実施も推奨されている。北京市は，課外活動実施に当たって，教員や指導員への給与や消耗品の購入等のため，義務教育段階の児童・生徒1人につき市内で400元，郊外で500元の予算を配分している。北京市は，予算を配分して課外活動のため学校外部の教員・指導員を活用しているが，これは，教員の通常の労働時間が7:30〜15:30であり，教員が課外活動に参加した場合，「労働法」の定める1日8時間労働の基準を超えてしまうからである。しかし，長春市等の他の都市では，音楽，体育，美術，理科の教員が課外活動を指導しており，各地域によって様々な形式で活動が行われている[注33]。

6.3 いじめの問題

　学校の内外におけるいじめ（原語で「校園欺凌」もしくは「校園暴力」[注34]）は，2015年11月現在全国的な統計データがないが，近年，ネット上に携帯電話で撮影した複数の現場映像が投稿されるなどしてから社会的に注目が集まっており，北京市，上海市などの大都市だけでなく，広西チワン族自治区，雲南省，遼寧省，海南省等の経済発展が遅れた地域でも発生しており，全国的な問題となっている。近年のいじめの特徴は，低年齢化，女子間の暴力，集団暴行，インターネットによるいじめやネットへの動画投稿等であり，専門家は，政策で生み出された一人っ子の社会性の欠如をいじめの要因として指摘し，道徳教育や法律に関する教育の強化によるいじめの予防を提案している。しかし，政府がいじめの全国的状況をつかんでいないだけでなく，教員及び学校がいじめの加害者を叱るだけで，その存在を認識することに積極的でないことなどから，いじめへの具体的な対策は採られていない。また，2015年現在，いじめや校内暴力に対処できる法制は整っておらず，刑法が適用されるが，16歳未満の者の場合，殺人等の重大犯罪以外は軽微な処罰で済まされる。一方，民間レベルでは，いじめ予防・解決に向けた動きが始まっており，国際NGOや中国共産主義青年団の下部組織等が一部地域でいじめ対策プロジェクトを学校とともに実施している。

【注】
1. 『中国教育統計年鑑2013』によると，2013年度の5年制小学生の在学者が最も多い省は山東省の90万人であり，次が上海市の75万人である。なお，上海市の同年の小学校在学者数は79万人である。これは，上海市独自のカリキュラムにより学制が5－4制になっているからである。また，同年のデータでは，5年制の小学校は存在せず，学級数のみが掲載されている。（出典：『中国教育統計年鑑2013』, pp.148, 528-529, 540-541）
2. 衛生部は国務院（内閣）に属し，保健衛生・医薬・食品安全等を所管している。
3. 5年制，9年一貫制，12年一貫制の学校は統計上，初等教育機関数としてみなされていない。9年一貫制，12年一貫制の学校は中等教育機関として計上されている。
4. 12年一貫制学校における初級中学の在学者数は，約2％である（2013年）。
5. 技術労働者学校は，教育部ではなく，人的資源・社会保障部が所管している。
6. 出典：教育部ウェブサイト2014年7月4日（http://www.moe.gov.cn/）（2014年7月8日閲覧）。
7. 出典：陸素菊「中等職業教育の発展段階と改革動向」科学技術振興機構『中国の初等中等教育の発展と変革』, 2013年, p.214／藍欣「中国職業教育教員の養成と訓練に関して」職業能力開発総合大学校『諸外国における職業教育訓練を担う教員・指導員の養成に関する研究』, 2011年, p.298。
8. 陸，前掲書，p.214。なお，『中国教育統計年鑑2013』によると成人中等専門学校の2013年の入学者の約41％が初級中学を当年に卒業した者である。『中国教育統計年鑑2013』p.84。
9. 『中国教育統計年鑑2011』, pp.2-3。
10. 陸，前掲書，p.297。
11. 参考：人的資源・社会保障部ウェブサイト「関於印発技工院校設置標準（試行）的通知」（http://www.mohrss.gov.cn/），2012年2月7日／アモイ技師学院・アモイ市高級技術労働者学校ウェブサイト（http://www.mohrss.gov.cn/）／深圳技師学院ウェブサイト（http://www.ssti.net.cn/）。
12. 2013年度の特別支援教育入学者数は6.6万人，在学者は36.81万人。そのうち，小学校や初級中学の「随班就読」クラスや学校付設の特別支援教育クラスに入学した児童・生徒数は，3.5万人，在学者は19.08万人であり，それぞれ総数の53.12％, 51.84％を占めている（出典：教育部ウェブサイト，「2013年全国教育事業発展統計公報」, 2014年7月（http://www.moe.gov.cn/）。
13. 政府は2008年のユネスコ第48回国際教育会議報告書で『中国のインクルーシブ教育（全納教育）』として，①特別支援教育，②経済発展の遅れた地域や少数民族地区の教育，④都市流入労働者子女に対する教育，⑤HIV予防教育とHIV患者及びその子女に対する教育，⑥自然災害に対応する教育を挙げている。
14. 徳，智，体，美，労の5つの要素からなる「五育」を重視している。これらのうち，「智育」は，児童・生徒・学生に

系統だった科学と文化の知識，技能を提供し，智力とそれ以外の要素を発展させる教育，「体育」は健康に関する知識，技能を与え，体力の発展，体質と意志の増強を図る教育，「美育」は，審美観を育成し，美の鑑賞力，想像力を発展させ，高尚な情操と文明的資質を養う教育，「労育」は，労働観念と労働技能を育成する教育と定義される。

15. 出典：中国青少年研究センター，『中国・アメリカ・日本・韓国の後期中等教育卒業生の進路とキャリア教育研究報告』，2013年（日本では，日本青少年研究所が2013年『高校生の進路と職業意識に関する調査報告書』という題名で同一の調査報告書を発表している）／新浪教育「職業生涯教育応該成為中国学制的必修課」2013年3月28日（http://edu.sina.com.cn）／中国教育・科学研究ネットワーク「教育観察：" 職業人 " 教育応従中学開始？」2013年4月10日（http://www.edu.cn）。

    なお，中国青少年研究センター（英語名：China Youth & Children Research Centre）は，1991年に中国共産主義青年団中央委員会の直属の機関として設立され，青少年の現状や動向，青少年の活動に関連する歴史，国外の青少年研究，青少年に関する政策，法律制定のための諮問等を行う国の機関である。

16. 上海市教育委員会「上海市中小学学籍管理弁法」2006年2月。
17. 例えば，広東省では，初等中等教育における留年を禁止している。参考：広東省教育庁「関於中小学生学籍管理的実施細則（試行）」2014年7月。
18. 前掲「弁法」2006年2月。
19. 前掲「弁法」2006年2月。
20. 「都市部の普通初等中等教育機関校舎建設基準」に関しては，2008年に四川省で発生した大地震の際に倒壊する教育施設があったことから，教育部は安全基準を強化した基準を策定中であり，2011年にその意見募集を行っている。意見募集を行った基準では，小学校の学級数は，24，30，36で，学級人数は45人，初級中学の学級数は，24，30，36で，学級人数は50人，高級中学の学級数は24，36，48で，学級人数は50人である。（出典：学校建設基準国家研究センター「城市普通中小学校建設標準」2011年6月（http://jzsj.jsjyt.edu.cn/）；学校建設基準国家研究センター（原語：学校建設標準国家研究中心）は，2010年に公表された2020年までの教育中長期計画において決定された学校の基準か政策を推進するため，教育部が2011年に江蘇省教育庁に委託して設立した国立の研究機関であり，各種学校の建設基準の研究・制定を行う。
21. 「教職員」とは，2001年に教育部等が発表した「初等中等教育機関の教職員編制基準の制定に関する意見」に基づくと，（専任）教員，教員補助員，事務職員，労働勤務員の4者であり，それらは，公財政が適用される事業単位が使用する人員の編制を定めた基準である「事業編制」に含まれている人員である（出典：国立教育政策研究所『諸外国の教員数の算定方式に関する調査報告書』，2015年）。
22. 参考：教育部「城市普通中小学校建設標準（征求意見稿）」2011年6月，学校建設標準国家研究中心ウェブサイト（http://jzsj.jsjyt.edu.cn）（2014年8月14日閲覧）。
23. 住居・都市農村建設部＆国家発展・改革委員会「農村普通中小学建設標準」2008年，北京。
24. 中華人民共和国建設部，中華人民共和国国家発展・計画委員会，中華人民共和国教育部「城市普通中小学校校舎建設標準」2002年7月1日。
25. 小学校段階では1教室当たり66㎡，初級高級中学段階では，1教室当たり73㎡。
26. 教育部「関於進一歩做好小学昇入初中免試就近入学工作的実施意見」2014年1月14日。
27. 中国教育報「学校向社区公民開放的可能性」2015年5月14日／成都市塩道街中学ウェブサイト「学校教育資源向社区開放的情況」（http://www.ydjzx.net/）2006年11月13日。
28. 新東方教育科技集団ウェブサイト「関於新東方」（http://www.neworiental.org/）（2015年10月13日閲覧）。
29. 銭江晩報ウェブサイト「全国私塾超3,000家，学生万余人」2013年12月8日（http://gjwb.zjol.com.cn/）。「銭江晩報」によると，最大規模の「私塾」は北京市にあり，所属する子供は約160人である。広東省にも100人以上の子供が学ぶ「私塾」が2箇所存在する。
30. 北京市教育委員会「関於在義務教育階段推行中小学課外活動計画的通知」2014年1月14日。
31. 少年宮は，子供を対象とした社会教育施設であり，中国共産主義青年団によって管理されている。子供に各種スポーツ活動や芸術・文化に関連した講座，外国語教育等のサービスを提供している。
32. 2007年5月中国共産党中央委員会及び国務院は「青少年の体育を強化し，青少年の体力を増強させることに関する意見（関於加強青少年体育増強青少年体質的意見）」を公表し，その中で児童・生徒・学生に毎日1時間以上運動をすることを求めている。
33. 中国教育新聞網「北京市推行中小学生課外活動計画遭遇諸多困難」（http://www.jyb.cn）2014年5月5日。
34. 「校園暴力」は「いじめ」の意味のほか，児童・生徒・学生による学内での犯罪行為，学外の者による学校への犯罪行為，教員による児童・生徒・学生への暴力やハラスメント等，「校園欺凌」より幅広い意味を持つ。

【参考文献】
1)（教育部機関紙）『中国教育報』（日刊紙）関連記事。
2)（中国共産党機関紙）『人民日報』（日刊紙）関連記事。
3)（民主諸党派連合紙）『光明日報』（日刊紙）関連記事。
4)「中国教育年鑑」編集部編『中国教育年鑑』各年版，人民教育出版社。

韓　国

1　初等中等教育制度の概要 272
2　教育内容・方法 279
3　進級・進学制度 292
4　教育条件 293
5　学校選択・連携 298
6　その他 300

学校系統図

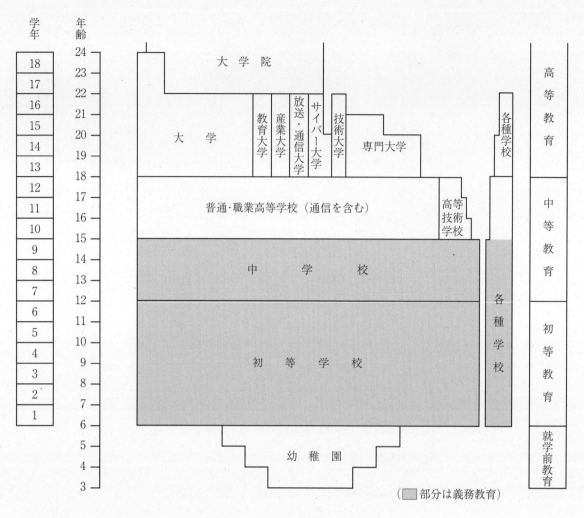

（■部分は義務教育）

就学前教育——就学前教育は，3～5歳児を対象として幼稚園で実施されている。
義 務 教 育——義務教育は6～15歳の9年である。
初 等 教 育——初等教育は，6歳入学で6年間，初等学校で行われる。
中 等 教 育——前期中等教育は，3年間，中学校で行われる。後期中等教育は，3年間，普通高等学校と職業高等学校で行われる。普通高等学校は，普通教育を中心とする教育課程を提供するもので，各分野の才能の秀でた者を対象とした高等学校（芸術高等学校，体育高等学校，科学高等学校，外国語高等学校等）も含まれる。職業高等学校は，職業教育を提供するもので，農業高等学校，工業高等学校，商業高等学校，水産・海洋高等学校などがある。
高 等 教 育——高等教育は，4年制大学（医学部など一部専攻は6年），4年制教育大学（初等教育担当教員の養成），及び2年制あるいは3年制の専門大学で行われる。大学院には，学士号取得を対象に，2～2.5年の修士課程と3年の博士課程が置かれている。
成 人 教 育——成人や在職者のための継続・成人教育機関として，放送・通信大学，産業大学，技術大学（夜間大学），高等技術学校，放送・通信高等学校が設けられている。

韓 国

学校統計

(2013年度)

教育段階	学校種名	設置者別	修業年限	通常の在学年齢	学校数	児童・生徒・学生数	本務教員数	備考
			年	歳	校	千人	人	
就学前	幼稚園	国公	-	3～5	4,577	142.1	10,997	保育所の教員数は,非常勤を含む保育士の数。
		私			4,101	516.1	35,129	
	保育所	国公	-	3～5	2,332	95.8	21,094	
		私			41,438	506.3	234,788	
初等・中等	初等学校	国公	6	6～11	5,837	2,743.1	179,824	
		私			76	41.0	1,761	
	中学校	国公	3	12～14	2,529	1,485.4	93,397	
		私			644	318.8	19,293	
	普通高等学校	国公	3	15～17	1,070	884.7	62,130	
		私			748	675.4	42,874	
	職業高等学校	国公	3	15～17	304	183.1	16,753	
		私			200	150.1	11,657	
	放送・通信高等学校	公	3	15～	40	13.3	m	
高等	大学	国公	4	18～21	33	471.4	15,418	
		私			155	1,649.0	47,624	
	教育大学	国	4	18～21	10	17.5	835	
	産業大学	私	4	18～21	2	76.4	316	
	専門大学	国公	2～3	18～20	9	16.0	316	
		私			131	741.7	12,699	
	技術大学	私	4	18～21	1	0.2	m	
	大学院	国公	2～	22～	239	107.1	2,613	
		私			961	222.8	4,823	
	放送・通信大学	国	4	18～	1	245.3	145	
	サイバー大学	私	2～4	18～	19	114.9	579	
特別支援	特別支援学校	国公	-	3～	71	13.2	4,357	
		私			91	12.0	3,655	
その他	各種学校	国公	初等中等	6～	13	1.4	358	
		私			21	6.4	394	
		国	高等	18～	2	3.9	150	
		私			3	0.6	28	
	高等技術学校	私	1～3	15～	8	1.0	90	

(注)
1. 産業大学のうち,「大学」へ転換したものは学校数に含まれていない。ただし,旧産業大学の在学生は「産業大学」の学生数に含まれている。
2. 表中の「m」は計数が不明であることを表す。

(資料)
教育省・韓国教育開発院「教育統計年報2013年」2013年。
保健福祉省「保育統計2013年」2014年。

1 初等中等教育制度の概要

韓国の初等中等教育は，初等教育6年間，前期中等教育3年間，後期中等教育3年間から成る6－3－3制を全国一律に採用している。初等教育に接続する就学前教育は，幼稚園で3年間行われる。

初等中等教育を実施する教育機関の種類について，「初等中等教育法」第2条は，「1. 初等学校・公民学校」「2. 中学校・高等公民学校」「3. 高等学校・高等技術学校」「4. 特別支援学校」「5. 各種学校」と定めている。6－3－3制の学校制度は，初等学校（6年）と中学校（3年），高等学校（3年）が主流となっている。公民学校と高等公民学校，高等技術学校は，学齢期に必要な教育を受けることができなかった成人を主な対象としている。また各種学校は，上記1～4の教育機関に類似する機関とされる。

各教育機関の目的は，「初等中等教育法」によると，初等学校は「国民生活に必要な基礎的な初等教育を行うこと」（第38条），中学校は「初等学校で受けた教育を基礎として中等教育を行うこと」（第41条），高校は「中学校で受けた教育を基礎として中等教育及び基礎的な専門教育を行うこと」（第45条）と，それぞれ定められている。

学校の設置類型をみると，国公立学校のほか，私立学校がある。学校法人制度が整備されており，国や地方自治体以外で学校を設置できるのは，学校法人のみである（幼稚園の設置は，他の種類の法人あるいは個人でも可能）。

1.1 就学前教育

1.1.1 就学前教育の普及状況

就学前教育は，「幼児教育法」に基づき設置される幼稚園で行われる。通常，3～5歳児を対象とする。幼稚園数は公立が多いものの，全体の園児数は私立が国公立の3倍以上であり（**表1**参照），国公立と比べて大規模なものが多い。公立幼稚園のほとんどは，初等学校に併設される形態で設置されている。

表1：幼稚園及び保育所の設置状況（2013年）

機関	園数（園）			園児数（千人）			教員・保育士数（人）		
	国公	私	合計	国公	私	合計	国公	私	合計
幼稚園	4,577	4,101	8,678	142.1	516.1	658.2	10,997	35,129	46,126
保育所	2,332	41,438	43,770	95.8	506.3	602.2	21,094	234,788	255,882

表注1：保育所数には，国から認証を受けていない保育所も含まれる。
表注2：幼稚園の園児数には，若干の3歳未満児及び6歳以上の児童数が含まれる。保育所の園児数は，3～5歳児のみ。
表注3：幼稚園の教員数には，パートタイムの非正規職は含まれない。保育士数には，パートタイム保育士や補助員など，非正規職を含む。
（出典）教育省・韓国教育開発院『教育統計年報2013年』2013年及び保健福祉省『保育統計2013年』2014年。

また，保健福祉省が所管する福祉施設として，「乳幼児保育法」に基づき設置される保育所（韓国語では「オリニチプ」。「子供の家」の意味）がある。通常，0～5歳児を対象とする。私立機関

の場合，保育所数が幼稚園数の10倍に達するが，これは，0～2歳の乳幼児を預かる小規模保育所である「家庭保育所」が多数含まれているからである（保育所全体の53.4％を占める）。また，『保育統計』の保育所数には，国から認証を受けていない保育所（全体の約27％）も含まれている。

就園率は，年齢によってばらつきがあるが，4歳及び5歳児の90％以上が幼稚園か保育所のどちらかに就園している（**表2**参照）。

2013年度より，幼稚園と保育所（3～5歳児のみ）の教育課程は統一されている（詳細は「**2.1 教育課程の基準**」を参照）。

表2：幼稚園と保育所の年齢別園児数と就園率（2013年）

機 関	3歳	4歳	5歳
幼稚園	143,069人（30.3％）	233,926人（52.3％）	277,826人（59.4％）
保育所	255,786人（54.2％）	184,513人（41.3％）	161,877人（34.6％）

表注：（　）内は就園率。就園率の算出に必要な各年齢人口は，行政安全省発表の住民登録数を使用した。
（出典）教育省・韓国教育開発院『教育統計年報2013年』2013年及び保健福祉省『保育統計2013年』2014年。

1.1.2　就学前教育の無償化

李明博(イ ミョンバク)政権（2008～2013年）は，家庭の教育費負担の軽減や就学前教育の充実などを目的に，2013年度から国公立幼稚園に通う3～5歳児教育の無償化を家庭の所得に関係なく実施した。私立幼稚園や保育所についても，段階的に実質無償化する方針を打ち出し，2014年現在は就園児1人当たり合計月額29万ウォン（正規課程22万ウォン＋「放課後課程」7万ウォン，約2万9,000円）を給付している。

無償化政策により，国公立幼稚園の入学金と授業料は無償となった。正規課程だけでなく，「放課後課程」と呼ばれる課外活動（預かり保育に類似）の授業料も無償である。その結果，国公立幼稚園に通う園児の保護者の経済的負担は，おやつ代や園外学習活動（社会見学など）にかかるものに限られるとされる（**表3**参照）。

表3：保護者が負担する園児1人当たりの平均月額（2013年9月現在）

（単位：ウォン）

年　齢	国公立			私立		
	正規課程	放課後課程	合計	正規課程	放課後課程	合計
3歳	3,709	4,123	7,832	144,736	46,616	191,352
4歳	5,375	6,731	12,106	145,232	48,062	193,294
5歳	6,078	7,207	13,285	143,867	47,870	191,737

（出典）教育省報道資料2013年9月2日。

一方，私立幼稚園の場合は，正規課程や放課後学校の授業料についても公的支援で賄えない額を保護者が負担しなければならない。計画が策定された2012年時点では，就園支援金の額を段階的に引き上げることで2018年に無償化を達成することが目標に定められていたが，国・地方の経済状況の悪化もあって，無償化実現のプロセスは不透明となっている。

1.2 義務教育

義務教育は，初等学校6年間と中学校3年間の9年間（6～15歳）である（「教育基本法」第8条など）。

1948年の大韓民国成立以降，義務教育は初等学校（当時は国民学校）の6年間と定められたが，1984年8月の「教育法」（当時）改正により，中学校の3年間を加えた9年間に延長された。ただ，国の慢性的な財政難のため，義務教育であっても中学校の無償化は島しょ・へき地など一部地域に限られ，多くの中学校は長い間有償のままであった。国の経済成長に伴い，中学校の無償化地域は漸次拡大され，2004年にようやく全ての中学校で無償化が達成された。

義務教育制度に関連し，「初等中等教育法」第13条は，「就学義務」について定めている。これに基づき，全ての韓国国民は，保護する子供を初等学校と中学校に通わせなければならない。家庭での義務教育は認められない。学校長や教育長などの督促や警告にもかかわらずこれに違反する場合は，100万ウォン（約10万円）以下の過怠料が科せられる（「初等中等教育法」第68条）。

1.3 初等教育

初等教育は，6歳からの6年間で，初等学校で行われる。「**3.2 進学制度**」で詳述するように，制度上は5歳や7歳で初等学校に入学することも可能であるが，実例は少ない。初等学校への就学率は，教育省によると，96.4％（2014年）である[注1]。

初等学校のほとんどは公立学校で，国立は0.3％，私立は1.3％に過ぎない（**表4**参照）。

表4：初等学校の設置状況（2014年）

学校数（校）			児童数（千人）			教員数（人）		
国公立	私立	合計	国公立	私立	合計	国公立	私立	合計
5,858	76	5,934	2,688.3	40.2	2,728.5	180,880	1,792	182,672

（出典）教育省・韓国教育開発院『教育統計年報2014年』2014年。

1.4 中等教育

1.4.1 前期中等教育

前期中等教育は，12歳からの3年間で，中学校で行われる。中学校への就学率は，教育省によると，97.7％（2014年）である[注2]。

中学校の20.3％は私立であり（**表5**参照），同じく義務教育を提供する初等学校と比べ，私立の割合が高い。1970年当時は私立中学校がさらに多く，中学校全体に占めるその割合は43.4％に達していたが[注3]，その後国の教育財政の安定化とともに公立中学校が整備され，現在に至っている。このように，私立中学校は，国の発展途上期に量的に不足していた公立中学校を代替する役割も果たしてきた。今日においても私立中学校は，地方教育行政機関により入学者が割り振られるため，公立中学校と同様に入学者を選抜できず（「私立中学校の準公立化」[注4]），また授業料等を徴収することはできない（詳細は「**5.1 学校選択・通学区域**」を参照）。

表5：中学校の設置状況（2014年）

学校数(校)			生徒数(千人)			教員数(人)		
国公立	私立	合計	国公立	私立	合計	国公立	私立	合計
2,545	641	3,186	1,416.6	301.3	1,717.9	94,283	19,066	113,349

（出典）教育省・韓国教育開発院『教育統計年報2014年』2014年。

表5の中学校には，ごくわずかであるが，体育や芸術の分野で優れた才能を持つ生徒を対象とする特殊な中学校が含まれている（**表6**参照）。体育中学校や芸術中学校と呼ばれるこれらの中学校は，一般の中学校とは異なり，入学者選抜を行う。体育中学校は全て公立で，芸術中学校は全て私立である。

表6：体育中学校と芸術中学校の設置状況（2014年）

	学校数(校)			生徒数(人)			教員数(人)		
	公立	私立	合計	公立	私立	合計	公立	私立	合計
体育中学校	11	−	11	1,174	−	1,174	118	−	118
芸術中学校	−	3	3	−	721	721	−	46	46

（出典）教育省・韓国教育開発院『教育統計年報2014年』2014年。

1.4.2　後期中等教育

後期中等教育は，15歳からの3年間で，高等学校（以下「高校」という）で行われる。高校への就学率は，教育省によると，93.7％（2014年）である[注5]。

高校は，普通教育を主に行う普通高校と，職業教育を主に行う職業高校の2類型に大別される。ただ，高校の多様化を進めた李明博政権下で，高校はより詳細な条件に基づいて分類されるようになり，2011年から「一般高校」「特殊目的高校」「自律高校」「特性化高校」の4類型で区分されるようになった。

一般高校は，最も普及している普通高校で，高校全体の65.3％を占める（**表7**参照）。特殊目的高校は，特定分野に秀でた生徒を対象に，より水準の高い教育を提供する普通高校である。自律高校は，運営などにおいて他の普通高校よりも学校の裁量の幅が広い普通高校である。特性化高校は，オルタナティブ教育（韓国語で「代案教育」と呼ばれる）を行う普通高校と，職業教育を行う職業高校に区分される。特性化高校のほとんどは職業高校である。

表7：高校の類型別設置状況（2014年）

高校種			学校数（校）	うち私立	生徒数（人）	うち私立	教員数（人）	うち私立
普通高校			1,815	745	1,513,059	650,047	105,805	42,606
	一般高校		1,520	640	1,314,073	572,505	90,174	37,475
	特殊目的高校	科学高校	26	-	6,062	-	1,162	-
		外国語高校	31	17	20,863	13,840	1,708	950
		国際高校	7	1	3,078	299	388	24
		体育高校	15	-	3,689	-	444	-
		芸術高校	28	17	17,522	12,921	1,047	619
	自律高校		164	49	144,922	47,993	10,442	3,172
特性化高校（オルタナティブ）			24	21	2,850	2,489	440	366
職業高校			511	204	326,313	146,617	28,683	11,806
	特性化高校（職業）	農業高校	38	2	16,973	461	26,498	11,527
		工業高校	198	72	140,991	50,801		
		商業高校	187	108	127,795	83,211		
		水産・海洋高校	8	-	2,563	-		
		家政・実業高校	44	18	22,277	10,028		
	特殊目的高校	マイスター高校	36	4	15,714	2,116	2,185	279
合　計			2,326	949	1,839,372	796,664	134,488	54,412

表注：表中の科学高校には，6校の科学英才学校が含まれている。
（出典）教育省・韓国教育開発院『教育統計年報2014年』2014年。

1.4.3　その他の初等中等教育機関

　学校の種類について定める「初等中等教育法」第2条は，初等学校や中学校，高校，特別支援学校のほかに，初等中等教育を実施する機関として，公民学校，高等公民学校，高等技術学校，各種学校を定めている。ただし，これらの学校のうち公民学校は，2012年に最後の1校が廃校となり，2014年現在は設置・運営されていない。

1.4.3.1　公民学校

　公民学校は，初等教育を受けることができなかった者で，初等学校の学齢期（6〜12歳）を過ぎた者を対象に，国民生活に必要な教育を提供することを目的とする3年制の教育機関である（「初等中等教育法」第40条）。1970年代前半までは全国に69校設置され，7,000名を超える生徒が在学していたが，その後の経済発展と教育環境の整備の進展により公民学校に対する需要は急減した。1980年代以降はキリスト教系団体が全国でただ1校運営してきたが，これも2012年2月に廃校となった。

1.4.3.2　高等公民学校

　高等公民学校は，中学校の教育課程を受けることができなかった者で，中学校の学齢期（13〜15歳）を過ぎた者あるいは成人を対象に，国民生活に必要な中等教育と職業教育を提供することを目的とする1〜3年制の教育機関である（「初等中等教育法」第44条）。2014年現在，全国に4校（公立1校，私立3校）設置され，合計117人が在学している。

1.4.3.3 高等技術学校

　高等技術学校は，中学校卒業あるいはそれと同等以上の学力が認められた者を対象に，国民生活に必要な職業技術教育を提供することを目的とする1～3年制の教育機関である（「初等中等教育法」第54条）。2014年現在，全国に7校（全て私立）設置され，合計1,026名が在学している。

1.4.3.4 各種学校

　各種学校は，初等学校や中学校，高校，特別支援学校，公民学校，高等公民学校，高等技術学校に類似する教育機関と定義される（「初等中等教育法」第60条）。2014年現在，全国に43校（国立2校，公立15校，私立26校）設置されているが，1つの学校で複数の教育段階の課程が設置されている場合が多く，初等教育課程は74学級，前期中等教育課程は160学級，後期中等教育課程は124学級が設置されている。児童・生徒数は，初等教育課程が1,000名，前期中等教育課程は5,278名，後期中等教育課程は3,524名である。

　なお「初等中等教育法」は，各種学校として分類されるもののうち，特に「外国人学校」と「代案学校」についての条項を設けている。外国人学校とは，「国内に滞在中の外国人の子女や，外国で一定期間居住し帰国した韓国人のうち大統領令で定める者を教育するために設立された学校」（「初等中等教育法」第60条の2）で，2013年10月現在，51校が設置されている。代案学校は，「学業を中断した児童・生徒や，個人的な特性に合った教育を受けようとする児童・生徒を対象に，現場学習などの体験学習，人格教育又は個人の素質や適性の開発など，多様な教育を実施する学校」（「初等中等教育法」第60条の3）と定義され，いわゆるオルタナティブ・スクールを指す。2014年現在，全国に24校（公立6校，私立18校）設置されている。

1.4.3.5 英才学校

　さらに，「初等中等教育法」以外の法律に基づいて設置・運営される，初等中等教育レベルの教育機関がわずかながら存在する。「英才学校」は，「英才教育振興法」を法的根拠とする教育機関である。2015年現在，高校水準の教育機関として韓国科学英才学校，ソウル科学英才学校，京畿科学英才学校，大邱科学英才学校，大田科学英才学校，光州科学英才学校の6校が設置されている。国が定める教育課程基準に従う必要がなく，大学レベルの授業など，高い水準の教育が可能である。科学技術系の大学と協定を結び，APプログラム（大学入学後に単位として認定される）を運営する学校もある。教員任用も弾力化されており，大学教員など，初等中等教育機関の教員資格がない者も任用できる。

1.4.3.6 外国教育機関

　「外国教育機関」は，上述の「外国人学校」（各種学校）に類似するが，法的には「経済自由区域及び済州国際自由都市の外国教育機関の設立・運営に関する特別法」などに基づいて設置・運営される教育機関で，高等教育機関も含まれる。外国人学校と異なる点は，外国人学校が全国どこでも設置可能なのに対し，外国教育機関は「経済自由区域」（いわゆる経済特区）など，特定の地域にしか設置できない。また，外国人学校は韓国内の学校法人も設置することができるが，外国教育機関は海外の学校法人のみが設置できる。そして最も大きな違いは，外国人学校に入学できる韓国籍の児童・生徒は「海外居住経験が3年以上」などの条件が付されるのに対し，外国教育機関への入

学にはそうした条件がない。そのため，外国教育機関には，優れた英語教育を求めて全国から韓国人児童・生徒が集まってくる。2015年現在，チャドウィック松島国際学校，大邱国際学校，ノース・ロンドン・カレッジエイト・スクール済州，韓国国際学校，ブランクサム・ホール・アジアの5校が設置されている。

1.5　職業教育

初等中等教育段階で職業教育機関が設置・運営されるのは，後期中等教育においてであり，「1.4.2 後期中等教育」で言及した職業高校（特性化高校やマイスター高校）が該当する。

前期中等教育以下の段階においては，技術系教科の単元の一部として扱われている。初等教育では，第5～6学年の教科である「実科」に「生活と技術」の単元がある。また中学校では，教科の「技術・家庭」において，「技術と発明」「建設技術と環境」など，各分野の技術世界について学ぶ単元が設けられている。

1.6　特別支援教育

特別支援教育は，主に特別支援学校（学級）で行われる。障害の内容に応じて学校が設置されており，幼稚園から高校までの各教育段階の課程に準ずる教育が提供される。特別支援学校のうち，知的障害教育を行う学校が全体の約7割を占めている（**表8**，**表9**参照）。

表8：特別支援学校の設置状況（2014年）　　　　　　　　　　　（単位：校）

課程別機関	視覚障害	聴覚障害	知的障害	肢体不自由	情緒障害
幼稚園課程設置校	−	1 (1)	8 (7)	−	−
幼・初・中学校課程設置校	−	−	2 (2)	−	−
幼・初・中・高課程設置校	3 (3)	7 (4)	14 (13)	10 (8)	−
幼・初・中・高・専攻科課程設置校	9 (6)	7 (5)	87 (34)	11 (4)	7 (5)
合計	12 (9)	15 (10)	111 (56)	21 (12)	7 (5)

表注：（　）内は私立学校数。
(出典) 教育省・韓国教育開発院『教育統計年報2014年』2014年。

表9：特別支援教育対象の児童・生徒数（2014年）　　　　　　　（単位：人）

課程	視覚障害	聴覚障害	知的障害	肢体不自由	情緒障害
幼稚園課程	67	266	528	109	68
初等学校課程	280	298	4,582	954	434
中学校課程	250	278	4,661	771	395
高校課程	601	349	5,324	760	407
専攻科課程	189	124	3,212	149	261
合計	1,387	1,315	18,307	2,743	1,565

(出典) 教育省・韓国教育開発院『教育統計年報2014年』2014年。

また，一般の学校には，特別支援学級が設置されている（**表10**参照）。

表10：特別支援学級の設置状況（2014年）

学校段階	初等学校	中学校	高　校	合　計
学級数	4,950学級	2,270学級	1,660学級	8,880学級
児童・生徒数	21,387人	12,406人	12,118人	45,911人

（出典）教育省ウェブサイト（http://www.moe.go.kr/）。

特別支援教育の対象者の義務教育年限は，従来は健常児と同様に初等学校と中学校の合計9年間であったが，2012年度から，幼稚園課程から高校課程までの15年間（3～17歳）に延長された（「障害のある者等に対する特別支援教育法」第3条）。この措置では，障害の程度の悪化予防や保護者の負担の軽減，社会進出のための十分な準備などが意図されているという[注6]。15年間の義務教育は無償であるが，3歳未満の乳幼児に対する教育や専攻科（高校課程の卒業者を対象とする1年間の職業教育課程）の教育についても無償で提供される。

2　教育内容・方法

2.1　教育課程の基準

幼稚園では，教育長官が定める「3～5歳児共通課程（韓国語では「ヌリ課程」と称される）」が基準として用いられる（「幼児教育法」第13条）。保育所でも，3～5歳児については，保健福祉省長官が定める「3～5歳児共通課程」が適用される（「乳幼児保育法」第29条）。それぞれの所管庁の長が定める形式が採られるが，内容は同一である。

初等中等教育段階の各学校は，全国的な基準である「教育課程」に基づき，カリキュラムを編成，運営しなければならず（「初等中等教育法」第23条第1項），その内容は教育長官が定める（「初等中等教育法」第23条第2項）。1954年に「第1次教育課程」が公示されて以来，9回の改訂が重ねられており，最新の教育課程は，2009年12月に公示された「2009年改訂教育課程」である。なお，教育省は，2017年度から導入する新しい教育課程を2015年9月に発表した。

教育課程の策定や改訂に当たっては，関連する事項を審議し，またそのための調査・研究を行うために，「教育課程審議会」が教育省に設置される（「教育課程審議会規定」）。教育課程審議会は，「教科別委員会」「学校別委員会」「運営委員会」の3委員会から成る。教科別委員会は，各教科に関する事項を調査，審議する委員会で，教科別の小委員会に分かれている。各小委員会は，30人以下の委員から構成される。学校別委員会は，各学校段階の教育課程に関する事項を調査，審議する委員会で，学校種別の小委員会に分かれている。各小委員会の委員数は，教科別委員会と同様，30人以下である。運営委員会は，教育課程の全体的な原則や目的などに関する事項について調査，審議する委員会で，30人以下の委員から構成される。上述の各委員会の委員は，現職の教員や教育専門家，教育行政官，当該分野に関して豊富な知識と経験がある保護者，各界の有識者などに委嘱される。

また，国が定める「教育課程」の範囲内という条件下であるが，広域自治体の教育庁の長である教育監は，国が策定する「教育課程」の範囲内で，「地域の実情に合った基準と内容」を定めることができる（「初等中等教育法」第23条第2項）。これは，「教育課程の編成・運営指針」というかたちで，各広域自治体で毎年度策定されている。なお，教育監とは，地方教育の事務を執行する独任制の地方教育行政機関である。日本の教育長に相当するが，自治体の首長からは完全に独立しており，住民の直接選挙によって選出される。

2.2　教育目標

2.2.1　就学前教育の目標

「3～5歳児共通課程」は，「3～5歳児の心身の健康と調和のとれた発達を助け，民主的市民の基礎を形成すること」を教育課程の目的として掲げ，次の5つの目標を定めている。

　○基本的な運動能力と健康で安全な生活習慣を育む。
　○日常生活に必要なコミュニケーション能力と，正しい言語使用習慣を育む。
　○自己を尊重し，他人と共に生活する能力と態度を養う。
　○美しいものに関心を抱いて芸術体験を楽しみ，創造的に表現する能力を養う。
　○好奇心を持って身のまわりの世界を探究し，日常生活において数学的・科学的に考える能力と態度を養う。

2.2.2　初等中等教育の目標

2011年から段階的に導入された「2009年改訂教育課程」は，初等中等教育の各段階の目標について，次のように定めている。

　○初等学校
　　・豊富な学習経験を通して，心身が健康的に，バランスよく成長することができるようにし，多様な職業世界に対する基礎的な理解を促す。
　　・学習と生活における問題を認識して解決する基礎的な能力を養い，これを新たに経験することができる想像力を伸ばす。
　　・韓国文化を理解し，文化を享有する正しい態度を養う。
　　・自身の経験と考えを多様な方法で表現し，他人に共感して協同する態度，また配慮する心を育む。
　○中学校
　　・健康的で調和のとれた心身の発達を土台に，正しい人格を養い，多様な分野の経験と知識を身に付け，積極的に進路を探索する。
　　・学習と生活に必要な基礎的能力と問題解決能力に基づき，創造的な思考力を養う。
　　・周囲の世界に対する経験を土台に，多様な文化と価値に対する理解を広める。
　　・他人に共感して心通わせる能力，配慮する心，民主市民としての資質と態度を備える。

○高校
- 成熟した自我意識を土台に，多様な分野の知識と技能を身に付けて進路を開拓し，生涯学習の基本的能力と態度を備える。
- 学習と生活において新しい理解と価値を創出することができる，批判的・創造的な思考力と態度を身に付ける。
- 韓国文化を享有し，多様な文化と価値を受容することができる資質と態度を備える。
- 国家共同体の発展のために努力し，共に生きて協同する世界市民としての資質と態度を養う。

2.3 教科構成・時間配当

2.3.1 就学前教育の内容

「3～5歳児共通課程」が定める教育領域は，「身体運動・健康」「意思疎通」「社会関係」「芸術経験」「自然探究」の5つで，全ての年齢に共通している（**表11**参照）。これら5領域に関するより具体的な教育活動の内容は，年齢別に定められている。領域別の配分時間などは特に明示されていないが，カリキュラムの編成に当たっては，1日3～5時間を基準に，5領域の内容をバランスよく，統合的に編成するよう求められている。

表11：「3～5歳児共通課程」の5領域

領域	主要内容
身体運動・健康	身体を認識すること，身体の調節と基本的な運動をすること，身体活動に参加すること，健康に生活すること，安全に生活すること
意思疎通	聞くこと，話すこと，読むこと，書くこと
社会関係	自分を知り尊重すること，自分と他人の感情を知り尊重すること，家族を大切に思うこと，他人と共に生活すること，社会に関心を持つこと
芸術経験	美しいものを探すこと，芸術的に表現すること，芸術を鑑賞すること
自然探究	探究する態度を養うこと，数学的に探究すること，科学的に探究すること

2.3.2 初等中等教育の教科と時間

2.3.2.1 初等教育と前期中等教育（「共通教育課程」）

初等学校の教科は，「韓国語」「社会」「道徳」「数学」「科学」「体育」「音楽」「美術」「英語」と「実科」（第5～6学年のみ）である。第1～2学年では，「正しい生活」と「楽しい生活」（体育と音楽，美術の合科教科），「賢い生活」（社会と科学の合科教科）が設けられている。

中学校の教科は，「韓国語」「社会（歴史を含む）」「道徳」「数学」「科学」「技術・家庭」「体育」「音楽」「美術」「英語」，そして選択科目から成る。選択科目には，「漢文」「情報」「環境とグリーン成長」「保健」「進路と職業」「生活外国語」（ドイツ語，フランス語，スペイン語，中国語，日本語，ロシア語，アラビア語，ベトナム語）があり，各学校は2つ以上の科目を開設・運営しなければならない。

表12:「2009年改訂教育課程」における教科と授業時数(初等学校・中学校)

学校		初等学校			中学校
学年群		第1〜2学年	第3〜4学年	第5〜6学年	第1〜3学年
教科群	韓国語	448	408	408	442
	社会/道徳	「正しい生活」128	272	272	510（歴史を含む）
	科学/実科（技術・家庭）	「賢い生活」192	204	340	646
	数学	256	272	272	374
	体育	「楽しい生活」384	204	204	272
	芸術（音楽/美術）		272	272	272
	英語	−	136	204	340
	選択科目	−	−	−	204
創造的な体験活動		272	204	204	306
学年群別授業時数		1,680	1,972	2,176	3,366

表注1:各学年群の授業時数は,年間34週を基準として,2年間（中学校は3年間）の基準授業時数である。年間授業時数は,最低授業時数である。
表注2:1回の授業時間は,初等学校40分,中学校45分が原則である。

2009年12月に公示された「2009年改訂教育課程」(**表12**参照)には,いくつか大きな特徴がある。第1に,従来の教育課程で10年間(初等学校第1学年〜高校第1学年)と定められてきた「国民共通基本教育課程」が,9年間(初等学校第1学年〜中学校第3学年)に改められ,呼称も「共通教育課程」に変更された。従前の国民共通基本教育課程とは,10年間を一貫した教育理念の下で編成された課程で,現行より2つ前の教育課程「第7次教育課程」(1997年公示)で導入された概念である。「2009年改訂教育課程」で9年間に短縮されたのは,高校の第1学年から選択中心のカリキュラムが導入されることになったためだが,これは生徒の能力水準や進路希望などを考慮することに重点が置かれたことによる[注7]。

第2に,「教科群」と「学年群」の導入により,カリキュラム編成に関する地方や学校の裁量の幅が広がった。すなわち,ある教科を特定の学期又は学年で集中的に履修することが可能となった。例えば,従来の教育課程で初等学校第5学年と第6年学年の「道徳」はそれぞれ年間34時間(週1時間)と定められていたが,「2009年改訂教育課程」では,第5学年に「道徳」を週2回履修し,第6学年では「社会」だけを履修するということも可能である。

第3に,従来の「特別活動」と「裁量活動」が統合され,「創造的な体験活動」が導入された。教科外活動に位置付けられる創造的な体験活動の理念は,日本の「総合的な学習の時間」にも通じる(詳細は「**2.3.2.5 横断的・総合的学習**」を参照)。

第4に,各学校の裁量で,教科群別の基準授業時数を20%の範囲内で増減することが可能となった。

以上のような「2009年改訂教育課程」の基本的方向性は,2015年9月に公示された「2015年改訂教育課程」(**表14**参照)にも引き継がれている。新課程は,旧課程の教科群や学年群といった枠組みはそのまま残されており,授業時数や教科目にもそれほど大きな変化はない。しかし,新課程の大きな特徴として,キー・コンピテンシー(韓国語では「核心力量」)が初めて策定され,教育課程に反映されることとなった。新課程は,2017年度に初等学校第1,2学年にのみ導入される。2018年度以降も段階的に導入が進み,2020年に完全に新課程に移行する(**表13**参照)。

表13：教育課程の学年別導入時期

学年 \ 年度	2017年度	2018年度	2019年度	2020年度
初等第1, 2学年	2015年課程	2015年課程	2015年課程	2015年課程
初等第3, 4学年, 中学第1学年, 高校第1学年	2009年課程	2015年課程	2015年課程	2015年課程
初等第5, 6学年, 中学第2学年, 高校第2学年	2009年課程	2009年課程	2015年課程	2015年課程
中学第3学年, 高校第3学年	2009年課程	2009年課程	2009年課程	2015年課程

表14：「2015年改訂教育課程」における教科と授業時数（初等学校・中学校）

学校		初等学校			中学校
	学年群	第1～2学年	第3～4学年	第5～6学年	第1～3学年
教科群	韓国語	448	408	408	442
	社会／道徳	「正しい生活」128	272	272	510（歴史を含む）
	科学／実科／情報（中学校のみ）	「賢い生活」192	204	340	**680**
	数学	256	272	272	374
	体育	「楽しい生活」384	204	204	272
	芸術（音楽／美術）		272	272	272
	英語	−	136	204	340
	選択	−	−	−	**170**
創造的な体験活動		**336（安全な生活(64)）**	204	204	306
年間授業時数		**1,744**	1,972	2,176	3,366

表注1：表中の**太字下線**は，旧課程から変更された箇所を示している。
表注2：各学年群の授業時数は，年間34週を基準として，2年間（中学校は3年間）の基準授業時数である。年間授業時数は，最少授業時数である。
表注3：1回の授業時間は，初等学校40分，中学校45分が原則である。

「2015年改訂教育課程」の主な特徴は，次のようにまとめられる。

○キー・コンピテンシーの導入
　教育課程が追求する人間像が備えるべきキー・コンピテンシーとして，「自己管理力」「知識・情報の処理能力」「創造的な思考力」「審美的な感性」「コミュニケーション力」「共同体への貢献」の6つが挙げられている。

○情報教育（ソフトウェア教育）の強化
　中学校では「情報」を必修化し，プログラミング教育などを充実させる。「情報」の新設により，中学校の教科群「科学／実科／情報（新設）」の3年間の授業時数は，現行課程の646時間から680時間に増加した。その代わり，選択教科の授業時数が204時間から170時間に減らされたため，中学校3年間全体の授業時数に変化はない。

○初等学校第1, 2学年に「安全な生活」を新設
　安全教育の強化の1つとして，「安全な生活」の時間を導入する。独立した教科としてではなく，「創造的な体験活動」の一部として運営される。週当たり1時間で編成されるため，初等学校第1, 2学年の総授業時数は1,680時間から1,744時間に増加する。

2.3.2.2 後期中等教育（高校）

　旧課程まで，高校の第1学年は「国民共通基本教育課程」の最終学年に当たり，全ての生徒を対象に必修科目が定められていたが，「2009年改訂教育課程」では共通教育課程から外れることとなった（**表15**参照）。これにより，従来は第2，3学年のみに適用されていた選択制のカリキュラムが，全学年に拡大されることとなった。

表15：「2009年改訂教育課程」における修得単位数（高校）

教科領域	教科群	必修修得単位		選択修得単位
		普通高校	職業高校	
基礎	韓国語	10	25	生徒の適性と進路を考慮して編成
	数学	10		
	英語	10		
探求	社会（歴史／道徳を含む）	10	15	
	科学	10		
体育・芸術	体育	10	10	
	芸術（音楽／美術）	10 (5)	5	
生活・教養	技術・家庭／第二外国語／漢文／教養	16 (12)	10	
	専門教科（職業関連教科）	−	86	
	小計	86 (77)	151	普通高校：94 (103) 職業高校：29
	創造的な体験活動	24		
	総修得単位数	204		

表注1：1単位は50分を基準とし，17回履修する。
表注2：1回の授業時間は50分が原則である。
表注3：必修修得単位の教科群及び教科領域の単位数は，最低修得単位数である。
表注4：必修修得単位数の（　）内の数字は，特殊目的高校など，教育課程編成・運営の裁量権が認められた高校で修得することが勧奨される単位数である。
表注5：教科群「社会（歴史／道徳を含む）」の科目である「韓国史」については必修とし，6単位以上を修得しなければならない。

　また，「韓国史」を除き必修科目がなくなり（ただし，各「教科群」ごとに修得単位数が定められている），生徒の習熟度や進路希望に応じたカリキュラム編成が目指されている。「2009年改訂教育課程」の公示当初は，全て選択科目として定められていたが，歴史教育の弱化を懸念する報道などが繰り広げられる中[注8]，2011年4月に教育省は，「韓国史」を必修化する改訂を発表した。

　教科は，普通教科（**表16**参照）と，職業高校で履修される専門教科の2種類に大別される。専門教科は，「農生命産業」「工業」「産業情報」「水産・海運」「家事・実業」の5教科に区分され，合計250科目が設けられている。

　普通教科において，各教科群で定められている科目は，内容の水準に応じて「基本」「一般」「深化」に区分され，深化科目の水準が最も高い。全ての教科でこれら3種類の科目が設けられているわけではなく，基本から深化まで全て揃っている教科は「数学」と「英語」のみである。各教科においてどの水準の科目を開設・運営するかは各学校の裁量に委ねられているが，各分野で高度な内容の教育を提供する特殊目的高校は，総修得単位のうち80単位以上を深化科目で編成しなければならない（「2009年改訂教育課程（総論）」）。

表16:「2009年改訂教育課程」の高校普通教科

教科領域	教科群	科目		
		基本	一般	深化
基礎	韓国語	-	韓国語Ⅰ・Ⅱ, 話法と作文, 読書と文法, 文学, 古典	-
	数学	基礎数学	数学Ⅰ・Ⅱ, 確率と統計, 微積分Ⅰ・Ⅱ, 幾何とベクトル	高級数学Ⅰ・Ⅱ
	英語	基礎英語	英語Ⅰ・Ⅱ, 英会話, 英語読解と作文, 実用英語Ⅰ・Ⅱ, 実用英会話, 実用英語読解と作文	深化英語, 深化英会話Ⅰ・Ⅱ, 深化英語読解Ⅰ・Ⅱ, 深化英作文
探究	社会(歴史/道徳を含む)	-	社会, 韓国地理, 世界地理, 韓国史, 東アジア史, 世界史, 経済, 法と政治, 社会・文化, 生活と倫理, 倫理と思想	国際政治, 国際経済, 国際関係と国際機構, 世界問題, 比較文化, 社会科学方法論, 韓国の社会と文化, 国際法, 地域理解, 人類の未来と社会, 課題研究
	科学	-	科学, 物理Ⅰ・Ⅱ, 化学Ⅰ・Ⅱ, 生命科学Ⅰ・Ⅱ, 地球科学Ⅰ・Ⅱ	高級物理, 物理実験, 高級化学, 化学実験, 高級生命科学, 生命科学実験, 高級地球科学, 地球科学実験, 環境科学, 科学史及び科学哲学, 情報科学, 課題研究
体育・芸術	体育	-	運動と健康生活, スポーツ文化, スポーツ科学	スポーツ概論, 体育と進路探究, 陸上運動, 体操運動, 水上運動, など18科目
	音楽/美術	-	音楽と生活, 音楽と進路, 美術創作, 美術文化	音楽理論, 音楽史, 美術理論, 美術史, など16科目
	芸術	-	-	舞踊の理解, 演劇の理解, 映画の理解, 写真の理解, など26科目
生活・教養	技術・家庭/第二外国語/漢文/教養	-	技術・家庭, ドイツ語Ⅰ・Ⅱ(そのほか, フランス語, スペイン語, 中国語, 日本語, ロシア語, アラビア語, ベトナム語がある), 漢文Ⅰ・Ⅱ, 哲学, 論理学, 心理学, 教育学, 宗教学, 進路と職業, 保健, 環境とグリーン成長, 実用経済, 論述	農業生命科学, 工学技術, 経営一般, 海洋科学, 情報, ドイツ語会話Ⅰ・Ⅱ, ドイツ語読解Ⅰ・Ⅱ, ドイツ語作文, ドイツ語圏文化(そのほか, フランス語, スペイン語, 中国語, 日本語, ロシア語, アラビア語, ベトナム語がある)

表注:一般科目の単位数は5単位。ただし,3単位の範囲内で増減して運営することが可能である。

既述の「2015年改訂教育課程」の導入は,高校の場合,2018年度から段階的に始まる(**表13**参照)。高校の新課程における大きな変化は,必修教科の拡大と文理融合教育の強化である。新課程では,文系理系を問わず学習の基礎的な素養を養うことを目的に,必修教科として「韓国語」「数学」「英語」「韓国史」「統合社会」「統合科学」「科学探究実験」の7教科が導入される(**表17**参照)。特に「統合社会」は,文理融合科目として位置付けられている。

教科は,従来どおり普通教科(**表18**参照)と専門教科に分類されるが,専門教科が「専門教科Ⅰ」と「専門教科Ⅱ」に分けられた。「専門教科Ⅰ」は,主に特殊目的高校での履修を想定しており,科学と外国語,体育,芸術,国際の5分野から成る。旧課程の普通教科の「深化科目」に分類されていた上級科目(例えば,「高級数学」など)の多くは,新課程においては「専門教科Ⅰ」に分類されている。そのため,新課程の普通教科の数は大きく減少にしたようにみえるが,実際には「専門教科Ⅰ」が普通教科の上級科目に位置付けられる。「専門教科Ⅱ」は,従来と同様に,職業教育科目から成っている。

表17：「2015年改訂教育課程」における単位数（高校）

教科領域	教科群	必修及び選択必修		選択履修単位
		必修科目	修得単位合計数	
基　礎	韓国語	「韓国語」(8)	10	生徒の適性と進路を考慮して編成
	数　学	「数学」(8)	10	
	英　語	「英語」(8)	10	
	韓国史	「韓国史」(6)	6	
探　究	社会（歴史／道徳を含む）	「統合社会」(8)	10	
	科　学	「統合科学」(8)「科学探究実験」(2)	12	
体育・芸術	体　育	−	10	
	芸　術	−	10	
生活・教養	技術・家庭／第二外国語／漢文／教養	−	16	
小　計			94	86
創造的な体験活動			24	
総修得単位数			204	

表注1：1単位は50分を基準とし，17回履修する。
表注2：1回の授業時間は50分が原則である。
表注3：教科群の単位数は，最少修得単位数である。
表注4：必修科目の（　）内は単位数を示す。

表18：「2015年改訂教育課程」の高校普通教科

教科領域	教科群	科　目		
		必　修	一般選択	進路選択
基　礎	韓国語	韓国語	話法と作文, 読書, 言語と媒体, 文学	実用韓国語, 深化韓国語, 古典読解
	数　学	数　学	数学Ⅰ・Ⅱ, 確率と統計, 微積分	実用数学, 幾何, 経済数学, 数学課題の探究
	英　語	英　語	英語Ⅰ・Ⅱ, 英会話, 英語読解と作文	実用英語, 英語圏の文化, 進路英語, 英米文学読解
	韓国史	韓国史	−	−
探　究	社会（歴史／道徳を含む）	統合社会	韓国地理, 世界地理, 世界史, 東アジア史, 経済, 政治と法, 社会・文化, 生活と倫理, 倫理と思想	旅行地理, 社会問題の探究, 古典と倫理
	科　学	統合科学, 科学探究実験	物理学Ⅰ, 化学Ⅰ, 生命科学Ⅰ, 地球科学Ⅰ	物理学Ⅱ, 化学Ⅱ, 生命科学Ⅱ, 地球科学Ⅱ, 科学史, 生活と科学, 融合科学
体育・芸術	体　育	−	体育, 運動と健康	スポーツ生活, 体育探究
	芸　術	−	音楽, 美術, 演劇	音楽演奏, 音楽鑑賞と批評, 美術創作, 美術鑑賞と批評
生活・教養	技術・家庭	−	技術・家庭, 情報	農業生命科学, 工学一般, 創造経済, 海洋文化と技術, 家庭科学, 知識財産一般
	第二外国語	−	ドイツ語Ⅰ, フランス語Ⅰ, スペイン語Ⅰ, 中国語Ⅰ, 日本語Ⅰ, ロシア語Ⅰ, アラビア語Ⅰ, ベトナム語Ⅰ	ドイツ語Ⅱ, フランス語Ⅱ, スペイン語Ⅱ, 中国語Ⅱ, 日本語Ⅱ, ロシア語Ⅱ, アラビア語Ⅱ, ベトナム語Ⅱ
	漢　文	−	漢文Ⅰ	漢文Ⅱ
	教　養	−	哲学, 論理学, 心理学, 教育学, 宗教学, 進路と職業, 保健, 環境, 実用経済, 論述	−

表注：選択科目の基本的な単位数は5単位である。

2.3.2.3　キャリア教育

　日本の「キャリア教育」の概念に近い用語として，韓国では「進路教育」が用いられている。2015年6月に制定された「進路教育法」によると，進路教育とは，「国及び地方自治体等が児童・生徒や学生に対し，自身の素質と適性に基づいて職業世界を理解して，自身の進路を探索及び設計することができるよう，学校と地域社会の協力を通して進路授業や職業適性検査，進路相談，進路情報の提供，キャリア体験，就職支援等を提供する活動」を指す。

　進路教育関連の教科あるいは単元として，初等学校では第5～6学年の「実科」に「私の進路」の単元が，中学校では「技術・家庭」に「進路と生涯設計」の単元がそれぞれ設けられている。また中学校と高校では，「進路と職業」が選択科目として設けられている。

　大卒者の就職率の低下や中堅技術者の不足が問題視される近年，政府は，初等中等教育における進路教育を重視する政策を打ち出している。2011年から導入された「進路・進学相談教諭」もその1つで，進路教育を担当する新たな教員資格である。教育省は，現職の教員に研修を行うことで資格を付与し，中学校と高校への配置を進めている。

　前述の「進路教育法」（制定2015年6月22日，施行2015年12月23日）は，進路教育に対する国や地方の責任や基本的方向性，各教育段階における進路教育の運営などについて定めている。進路・進学相談教諭に関する規定も盛り込まれた。

2.3.2.4　情報教育

　情報関連の内容を主題とする必修の教科目は，「2009年改訂教育課程」においては，いずれの学校段階においても設けられていないが，中学校の選択科目，また高校の「生活・教養」領域の選択科目として「情報」がある。

　初等学校では，情報関連の独立した科目はないが，「実科」に「生活と情報」という単元が設けられており，情報機器やインターネットについて学習する。同様に，中学校の「技術・家庭」にも「情報と通信技術」の単元が設けられている。「実科」及び「技術・家庭」は必修科目である。

　2017年度から段階的に導入される「2015年改訂教育課程」においては，旧来の教育課程で選択科目であった中学校の「情報」が，必修科目となる。また，旧来は「深化」選択科目であった高校の「情報」が，「一般」選択科目となる。初等学校においては，従来と同様に独立した情報関連の教科はないが，第5，6学年の「実科」にソフトウェア教育を盛り込んだ単元が導入され，遊び中心のアルゴリズムやプログラミングの体験時間などが設けられている。

　こうした新教育課程の内容に影響を与えているのが，2014年7月に発表された「ソフトウェア中心社会の実現戦略」で，「ソフトウェアが革新と成長，そして価値の創出の中心となる社会」[注9]に必要とされる人材の育成が重要課題として設定されている。同戦略の発表を受け，2015年7月21日には，教育省と未来創造科学省が共同で「ソフトウェア中心社会のための人材養成推進計画」を発表した。同推進計画には，初等学校から大学まで，各学校教育段階に応じた「ソフトウェア教育」の目標と課題が設定されている。

2.3.2.5　横断的・総合的学習

　初等学校から高校まで全ての学校段階において，様々な体験活動を中心に運営する「創造的な体験活動」が設けられている。

活動内容は,「自律活動」「サークル活動」「ボランティア活動」「進路活動」の4つに分類される。「教育課程」では各分類に対応する目標が掲げられており,「各種行事,創造的な特色ある活動に自発的に参加し,変化する環境に積極的に対処する能力を育み,共同体の構成員としての役割を遂行する」(自律活動),「サークル活動に自律的・持続的に参加し,各人の趣味と特技を創造的に開発し,協同的な学習能力と創造的な態度を育む」(サークル活動),「隣人や地域社会との分かち合いや配慮の活動を実践し,また自然環境を保護する生活習慣を形成して,共に生きる人生の価値を理解する」(ボランティア活動),「興味と素質,適性を把握して自身の本性を確立し,学業と職業に対する多様な情報を探索して自身の進路を設計,準備する」(進路活動)と定められている。

　具体的な活動内容は,各分類ごとに大まかな内容が「教育課程」に示されており(**表19**参照),児童・生徒や学級・学年,学校,地域の特性に合わせた自律的な運営が求められている。

表19:「創造的な体験活動」の内容

分類	活動内容
自律活動	適応活動,自治活動,行事活動,創造的な特色ある活動など
サークル活動	学術活動,文化・芸術活動,スポーツ活動,実習活動,青少年団体活動など
ボランティア活動	校内奉仕活動,地域社会奉仕活動,自然環境保護活動,キャンペーン活動など
進路活動	自己理解活動,進路情報収集活動,進路計画活動,進路体験活動など

2.3.2.6　教科書の種類

　「初等中等教育法」第29条は,「学校では,国が著作権を持っていたり,教育長官が検定したり認定したりした教科用図書を使用しなければならない」と定めている。これに基づき,全ての学校では教科書の使用が義務付けられており,その種類は国定教科書と検定教科書,認定教科書の3種である。各教科書の著作や検定,認定,発行などに係る事項は「教科用図書に関する規定」で定められ,またその使用区分は教育省が公示する「初等中等学校教科用図書の国・検・認定の区分」によって学校段階別,また教科別に定められている。以前は多くの教科書が国定であったが,現行制度下においては国定から検定へ,あるいは検定から認定へと転換が進んでいる(**表20**参照)。

表20:科目別教科書の区分

学校段階	国定教科書	検定教科書	認定教科書
初等学校	「正しい生活」「賢い生活」「楽しい生活」「韓国語」「社会」「道徳」「数学」「科学」	「実科」「体育」「音楽」「美術」「英語」	−
中学校	−	「韓国語」「社会」「歴史」「道徳」	「数学」「科学」「技術・家庭」「体育」「音楽」「美術」「英語」,その他選択科目
高校	−	韓国語関連の6科目,「社会」「韓国地理」「世界地理」「韓国史」「東アジア史」「世界史」「経済」「法と政治」「社会・文化」「生活と倫理」「倫理と思想」	数学関連の9科目,英語関連の15科目,社会関連の10科目,科学関連の20科目,体育関連の科目,芸術関連の42科目,生活・教養分野の82科目,専門教科の213科目

現行の「2009年改訂教育課程」においては，初等学校ではいまだ国定教科書が主要教科で用いられているが，中学校と高校では既に国定教科書は使われておらず，検定教科書も韓国語と社会関連の科目のみで，他は全て認定教科書である。しかし，歴史教科書を巡っては歴史認識の問題などが生じ，教育省と教科書会社，執筆者間の訴訟に発展するなど，混乱が続いている。こうした背景から教育省は，2015年10月，中学校と高校の歴史教科書を再び国定教科書とし，2017年度から適用する方針を固めた。

2.4　学年暦

幼稚園を含む全ての初等中等教育機関において，学年度は3月1日に始まり，2学期制が採られている。第1学期は3月1日から各学校長が定める日まで，第2学期は1学期終了日の翌日から2月末日までである（「初等中等教育法施行令」第44条第1項）。従来，第1学期は3月1日から8月31日まで，と全国一律に定められていたが，地方教育自治の理念の下，2004年2月に現行制度に改正された。

長期休暇には夏季休暇と冬季休暇，学年末休暇がある。夏季休暇はおおむね7月下旬から8月下旬にかけてで，冬季休暇は12月末から2月初旬にかけてである。冬季休暇終了後，1週間ぐらいの登校日があり，その後2月末日まで学年末休暇となる。

授業日数は，幼稚園は年間180日以上を基準とする（「幼児教育法施行令」第12条）。初等学校や中学校，高校は，週5日制を実施している場合，年間190日以上を基準とする（「初等中等教育法施行令」第45条）。週5日制を実施していない場合は220日以上，週5日制を月2回だけ実施している場合は205日以上とそれぞれ定められているが，2013年3月現在，99.8％の学校が完全な週5日制を実施している[注10]。

2.5　授業形態・組織

2.5.1　就学前教育

幼稚園のクラス編制は，年齢別を原則とする。ただし，カリキュラム運営のために特に必要な場合には，園長の判断で異年齢混合クラスを編制することができる（「幼児教育法施行令」第13条）。

幼稚園での教育・学習活動について，「3～5歳児共通課程」は，「遊びを中心」にカリキュラムを編成し，幼児の興味・関心に基づいた活動を選択するよう求めている。

2.5.2　初等中等教育

初等学校では学級担任制，中学校と高校では教科担任制が原則である。ただし，初等学校でも，体育や音楽，美術，英語などの専科教員を置くことができる。授業は，基本的に，教員1人による主導型一斉授業で行われる。

学級編制は，学年別及び学科別を原則とする。ただし，カリキュラム運営のために特に必要な場合には，校長の判断により，異なる学年の児童・生徒で1つの学級を編制することができる（「初等中等教育法施行令」第46条）。

2.5.3 遠隔教育

遠隔教育は，主に通信制中学や通信制高校で行われているが，一般の初等中等教育機関でも各種のメディアを利用した遠隔教育が可能である。「初等中等教育法」第24条第2項は，「授業は昼間・全日制を原則とする。ただし，法令や学則の定めにしたがって夜間授業や季節授業，パートタイム授業又は放送通信授業などを行うことができる」と定め，同施行令第48条第4項は，「学校の長は，教育上必要な場合には，遠隔教育など，情報通信媒体を利用して授業を運営することができる。この場合，教育の対象や授業の運営方法などに関して必要な事項は，教育監が定める」としている。

上述の法的根拠に基づき，各地域ではインターネットを利用した遠隔授業が取り組まれている。最も整備が進んでいる制度の1つで，政府も普及を促しているのが[注11]，インターネットを通じて配信される高校選択科目の履修である。「2009年改訂教育課程」の導入に伴い，高校はより選択中心型のカリキュラムとなったが，農漁村など人的資源が限られる地域では，運営が困難な科目も少なくない。こうした科目について，各教育庁の管理の下でオンライン授業が実施されている。生徒は，原則的に各学校の授業時間中に校内のコンピュータ室で配信される授業を視聴する。学校の指導の下，各家庭で履修（視聴）することを可能とする地域もある。

そのほか，中学校段階では，転校などの理由で履修していない科目をオンライン授業で履修する制度もある。

2.6 評価

2.6.1 学校における評価

初等学校や中学校，高校で行われる評価について，「初等中等教育法」第25条第1項は，次のように定めている。「学校の長は，児童・生徒の学業達成度と人格などを総合的に観察・評価し，生徒指導及び上級学校での選抜に活用することができる次の各事項に関する資料を，教育省令が定める基準にしたがって作成・管理しなければならない」。同法が定める各事項とは，「人的事項」「学籍事項」「出欠状況」「資格及び認証の取得状況」「教科学習の発達状況」「行動特性及び総合意見」「そのほか教育目的に必要な範囲で教育省令が定める事項」の7点である。これらの事項は，「学校生活記録簿」（日本の指導要録に相当）として記録・保管され，特に大学入試では重要な参考資料として活用される。

学校生活記録簿は，教育省が毎年公表する記載要領に基づいて作成される。したがって，評価内容や記載方法などは全国の学校で統一されている。2014年度記載要領によると，上述の7事項に加えて「受賞歴」「進路希望の状況」「創造的な体験活動の状況」の各事項について記載されなければならない（初等学校では「資格及び認証の取得状況」は記載しない）。さらに，中学校と高校では「読書活動の状況」の項目も設けられている。

大学入試で最も重要な参考資料となる「教科学習の発達状況」は，初等学校や中学校，高校で評価方法が異なる。初等学校では，各科目の達成水準の特徴などについて，文章で記載する（数値化，等級化しない）。中学校では，科目ごとに「点数／平均点（標準偏差）」と，絶対評価による「達成度」を記載する。高校は中学校とほぼ同じであるが，相対評価による「席次等級」が加わる。

「点数」は，100点満点に換算して算出する。中学校では，従来は「席次」が記載されていたが，

2014年度から廃止され，代わりに「点数」が記載されるようになった。「達成度」は，科目別に定められた到達基準に対する生徒の知識や技能，態度の特性を評価したものである。従来は「秀・優・美・良・可」で表記されていたが，2014年度から「A・B・C・D・E」に変更された。5段階評価であることに変わりはない。高校で記載される「席次等級」は，相対評価により算定される席次を「1～9等級」の9段階で評価したものである。当初は，中学校の「席次」と同様に2014年度から廃止される計画であったが，大学入試の際に学校生活記録簿の信頼性が低下するなどの懸念から，絶対評価方式が定着するまで，少なくとも2019年度までは記載されることとなった[注12]。

2.6.2　全国学習到達度調査

　全国規模で実施される学力調査として，全国学習到達度調査が実施されている。同調査の概要は，次のとおりである。

　〇**調査目的**[注13]
　　・教科別の学習到達度の推移を把握することで，教育課程に示された教育目標の達成度を測るとともに，教育課程の改善のための基礎資料とする。
　　・学習到達度と教育を左右する要因との関連性を分析して，学習到達度に影響を与える原因を探り，生徒や教員などの関係を把握する。
　　・学習到達度を把握することで，教育的支援に繋げる。
　　・質の高い評価方法を開発することで，学校現場の教授・学習方法を改善する。
　〇**調査方法**
　　悉皆調査で行われる。2007年度までは抽出調査であったが，より正確な資料に基づく適切な支援の実施，また地域間あるいは学校間の競争を通した学力向上への期待を理由に[注14]，2008年度から悉皆調査に切り替えられた。
　〇**調査対象学年**
　　中学校第3学年及び高校第2学年。ただし，職業高校は対象から除外される[注15]。2012年度調査までは初等学校第6学年も対象であったが，児童の負担軽減などを理由に[注16]，2013年度調査から対象から外された。
　〇**調査対象教科**
　　韓国語と数学，英語の3教科。中学校第3学年では，3教科に加え，社会と科学についても抽出調査で行われる。
　〇**調査結果**
　　教科別に「優秀」「普通」「基礎」「基礎未達」の4段階で評価され，生徒に通知される。また，学校別の結果が，政府の外郭団体が運営する学校情報サイト（http://www.schoolinfo.go.kr/）で公開される。公開される内容は，受験者数のほか，教科別の3段階評価（「普通以上」「基礎」「基礎未達」）の各段階に占める生徒の割合と，教科別の「向上度」である。「向上度」とは，各学校の学力向上力を測定するために算定されるもので，「実際の点数」から「期待される点数」を引いた数を「期待される点数」で除し，100を乗じた数値である。「期待される点数」は，評価対象生徒の入学時の学力を基に算出される。

3 進級・進学制度

3.1 進級・修了

初等中等教育機関においては，全ての教育段階において，学年制が採られている（「初等中等教育法」第26条）。各学年の修了，あるいは当該教育機関の卒業は，学校長が児童・生徒の教育課程の履修程度などを評価することで認定する。各学年の修了に必要な出席日数は，授業日数の3分の2と定められている（「初等中等教育法施行令」第50条）。

「初等中等教育法施行令」第27条第1項は，「才能が優秀な児童・生徒」の早期進級あるいは早期卒業，早期入学を可能としている。この規定に基づき上級学校に早期入学する場合，下級学校は卒業したとみなされる（「初等中等教育法施行令」第27条第2項）。早期進級などの対象となる児童・生徒は，各地方の教育監が定める「学習到達度に関する事項」「知能検査の結果など修学能力に関する事項」「国内外の各種コンクールでの受賞歴に関する事項」の各基準にしたがって，各学校の長が選定する（「早期進級等に関する規定」第2条）。対象に選定された児童・生徒は，「飛び級」する学年の内容を早期履修する必要があり，各学校に設置される「早期進級・卒業・進学評価委員会」の評価を経て各学校の長が履修を認定する。

3.2 進学制度

3.2.1 義務教育機関への進学

初等学校に入学するのは，入学する年の前年1月1日から12月31日までに6歳に達した児童である。ただし，入学年を1年前倒しして5歳に達した翌年，あるいは1年先送りして7歳に達した翌年に入学することも可能である。「初等中等教育法」第13条第2項は，6歳での就学を定めた同条第1項にかかわらず，「子女又は児童の保護者は，満5歳になる日を含む年の翌年，又は満7歳になる日を含む年の翌年に，その子女又は児童を入学させることができる」と定めている。いわゆる早生まれなど，児童の発育状況に柔軟に対応した就学の促進が目的とされているが（教育科学技術省報道資料2008年5月7日），実際の制度利用者は少なく，大きな混乱は報告されていない。これについて教育省は，保護者は「同じ年齢，同じ学年」集団を好む傾向があると分析している。教育省の2014年度統計によると，初等学校の早期入学者は1,848人（全入学者の0.4％），7歳以上の入学者は1,254人（0.3％）である。

中学校の入学資格は，初等学校を卒業した者，初等学校卒業と同等の学力を認定する試験に合格した者，そのほか法令の定めに基づき同等学力を認定された者，である（「初等中等教育法」第43条第1項）。同等学力を認定された者とは，例えば「中学校入学資格検定試験」に合格した者などである。同検定試験は，12歳以上の者で初等学校の課程を履修していない者（初等学校在学者を除く）を対象に実施される試験で，韓国語，社会，数学，科学の4科目と，道徳，実科，体育，音楽，美術，英語の中から選択した2科目の合計6科目を受験する。

3.2.2 高校への進学

高校の入学資格は，中学校を卒業した者，中学校卒業と同等の学力を認定する試験に合格した者，そのほか法令の定めに基づき同等学力を認定された者，である（「初等中等教育法」第47条第1項）。同等学力を認定された者とは，例えば「高校入学資格検定試験」に合格した者などである。同検定試験は，初等学校卒業者あるいはそれと同等以上の学力がある者を対象に実施される試験で，韓国語，数学，英語，社会，科学の5科目と，道徳，技術・家庭，体育，音楽，美術の中から選択した1科目の合計6科目を受験する。

高校の入学者選抜の有無は，地域や高校種によって異なる。「平準化」が実施されている地域の普通高校は，各学校独自の入学者選抜を行わない。しかし，非「平準化」地域の普通高校及び全ての地域の特殊目的高校や自律型私立高校，職業高校などは，各学校が選抜を行う。「平準化」については，「**5.1 学校選択・通学区域**」を参照。

まず，「平準化」地域における普通高校の入学者選抜では，中学校の学校生活記録簿や共通の選抜試験の結果などが参考資料となる。「平準化」地域の多くは学校生活記録簿による書類選考のみを実施しているが，一部では筆記試験も行われている。例えば蔚山広域市は，書類選考に加え，韓国教育課程評価院（政府の外郭団体）が作成する「高校入学選抜試験」を実施し，選考に反映させている。こうした方法で当該地域の高校の入学定員と等しい数の合格者が選抜され，抽選で進学先が振り分けられる。ただ，近年は，「**5.1 学校選択・通学区域**」で後述するように，志願者に一定の選択権を付与する地域も増えている。

独自に選抜を行う非「平準化」地域の普通高校，また特殊目的高校や自律型私立高校，職業高校などでは，中学校の学校生活記録簿や面接，実技のほか，中学校の推薦書や自己推薦書などを参考資料とする場合もある。ただ，入学者の選抜権は学校の長にあるが，選抜方法の基本的枠組みは，当該地域の教育監が定める「入学選考基本計画」の規定に沿うものでなければならない（「初等中等教育法施行令」第78条）。したがって，「独自に選抜を行う」といっても，各学校の裁量には一定の制限がかけられている。

高校卒業者及び同等学力を認定された者は，大学入学者選抜の受験資格を得る。同等学力を認定された者とは，例えば「高卒学力検定試験」に合格した者などである。同検定試験は，中学校卒業者や中卒と同等以上の学力がある者などを対象に実施される試験で，韓国語，数学，英語，社会，科学，韓国史の6科目と，道徳，技術・家庭，体育，音楽，美術の中から選択した1科目，情報社会とコンピュータ，農業科学，工業技術，海洋科学，家庭科学，各第2外国語，漢文など14科目の中から選択した1科目の合計8科目を受験する。

4 教育条件

4.1 学校規模

学校規模について定める法令はない。幼稚園は，公立が小規模で私立は大規模という傾向がある（**表21**参照）。特に，公立幼稚園の約20％は9人以下であり，幼児が少ない農村部地域などの就学前教育は公立幼稚園によって担われている。

表21：規模別の幼稚園数（2014年）

	9人以下	10～29人	30～69人	70～99人	100～139人	140～199人	200人以上
園数	1,067園	2,133園	2,041園	1,041園	1,077園	918園	549園
国公立	969園	1,960園	1,204園	255園	170園	55園	6園
私立	98園	173園	837園	786園	907園	863園	543園

(出典) 教育省・韓国教育開発院『教育統計年報2014年』2014年。

初等学校や中学校，高校の規模は，**表22**，**表23**のとおりである。全国的な少子化及び地方の過疎化により，農漁村地域には小規模校が多い。初等学校の約3割は，児童数100人以下である。

表22：規模別の初等学校数（2014年）

	30人以下	31～100人	101～300人	301～600人	601～1,000人	1,001人以上
初等学校数	387校	1,432校	792校	1,238校	1,437校	648校
国公立	387校	1,432校	779校	1,207校	1,405校	648校
私立	–	–	13校	31校	32校	–

(出典) 教育省・韓国教育開発院『教育統計年報2014年』2014年。

表23：規模別の中学校及び高校数（2014年）

	100人以下	101～300人	301～600人	601～1,200人	1,201人以上
中学校数	650校	407校	681校	1,312校	136校
国公立	560校	280校	480校	1,091校	134校
私立	90校	127校	201校	221校	2校
高校数	103校	271校	415校	1,145校	392校
国公立	90校	199校	239校	615校	234校
私立	13校	72校	176校	530校	158校

(出典) 教育省・韓国教育開発院『教育統計年報2014年』2014年。

4.2　学級編制基準

　初等中等教育段階の各学校の学級編制基準は，「学校の学級数及び1学級当たりの児童・生徒数は教育監が定める」（「初等中等教育法施行令」第51条）とされており，法的根拠を持つ全国統一の基準は定められていない。ただ，教育科学技術省が2011年6月に発出した指針「適正規模の学校育成及び新設需要の管理」においては，新設する初等学校や中学校及び高校について「1学級当たりの児童・生徒数は35名」という基準が示されており，指針などの形で国が何らかの基準を示すことはありうる。

　なお，実際の1学級当たりの児童・生徒数の全国平均は，初等学校で23.2人，中学校で31.7人，高校で31.9人である[注17]。

4.3 教職員配置基準

　国公立学校の教員は国家公務員であり，教員の定数は法律で定められている（「地方教育行政機関及び公立の各級学校に置く国家公務員の定員に関する規定」）。各学校における教員配置基準は，児童・生徒数を基準とし，学校段階ごと（中学校と高校は同基準）に法令により定められている（「地方教育行政機関及び公立の各級学校に置く国家公務員の定員に関する規定施行規則」）。

　「地方教育行政機関及び公立の各級学校に置く国家公務員の定員に関する規定」により定められた教員定数は，同規定の施行規則が定める配置基準に基づき，各広域市・道へ配分される。その内容は，次のとおりである。

○初等学校（一般教諭の場合）
　「地域群別教員1人当たりの生徒数」を考慮した計算式に基づき，各広域市・道の教員定数を決定。
　（参考1）広域市・道別の教員定員の計算式
　　　　　広域市・道別の公立初等学校生徒数÷地域群別教員1人当たりの生徒数
　（参考2）地域群別教員1人当たりの生徒数の計算式
　　　　　教員1人当たりの全国平均生徒数＋当該広域市・道が属する地域群の補正指数
　（参考3）教員1人当たりの全国平均生徒数の計算式
　　　　　前年度4月1日基準の全公立初等学校生徒数÷公立初等学校教員の全定員
　（参考4）地域群別の補正指数

区分	第1地域群	第2地域群	第3地域群	第4地域群	第5地域群
広域市・道	京畿道	ソウル，釜山，大邱，仁川，光州，大田，蔚山	慶南道，済州道	忠北道，忠南道，全北道	江原道，全南道，慶北道
補正指数	+2.7人	+0.7人	−1.0人	−2.0人	−3.0人

表注：地域群及び補正指数は，教員1人当たりの児童数，学級規模などを考慮し，3年ごとに改訂。

○中学・高校（一般教諭の場合）
　進路・進学相談教諭の定員を優先的に確保し（年度別配置計画に基づき配置），残りの定員は「地域群別教員1人当たりの生徒数」を考慮した計算式に基づき，各広域市・道の教員定数を決定。
　（参考1）広域市・道別の教員定員の計算式
　　　　　広域市・道別の公立中学・高校生徒数÷地域群別教員1人当たりの生徒数
　（参考2）地域群別教員1人当たりの生徒数の計算式
　　　　　教員1人当たりの全国平均生徒数＋当該広域市・道が属する地域群の補正指数
　（参考3）教員1人当たりの全国平均生徒数の計算式
　　　　　前年度4月1日基準の全公立中学・高校生徒数÷公立中学・高校教員の全定員
　（参考4）地域群別の補正指数

区分	第1地域群	第2地域群	第3地域群	第4地域群	第5地域群
広域市・道	京畿道	ソウル, 釜山, 大邱, 仁川, 光州, 大田, 蔚山	慶南道, 済州道	忠北道, 忠南道, 全北道	江原道, 全南道, 慶北道
補正指数	+2.2人	+0.7人	−0.3人	−1.0人	−3.5人

表注：地域群及び補正指数は，教員1人当たりの児童数，学級規模などを考慮し，3年ごとに改訂。

なお，実際の教員1人当たりの児童・生徒数の全国平均は，初等学校で15.3人，中学校16.0人，高校で14.2人である[注18]。

4.4 施設・設備の基準

4.4.1 施設等の法定基準

学校の施設・設備の基準は，「高等学校以下各級学校の設立・運営規程」（以下「設立・運営規程」という）に定められている。校舎面積と体育場の面積の基準は，学校段階別に規定されている（**表24**，**表25**参照）。

表24：学校段階別の校舎面積基準

学校段階		基準面積		
幼稚園		園児数：～40人		園児数：41人～
		5×全学年定員数（㎡）		80+3×全学年定員数（㎡）
初等学校		児童数：～240人	児童数：241～960人	児童数：961人～
		7×全学年定員数（㎡）	720+4×全学年定員数（㎡）	1,680+3×全学年定員数（㎡）
中学校		生徒数：～120人	生徒数：121～720人	生徒数：721人～
		14×全学年定員数（㎡）	1,080+5×全学年定員数（㎡）	1,800+4×全学年定員数（㎡）
高校	系列	生徒数：～120人	生徒数：121～720人	生徒数：721人～
	普通	14×全学年定員数（㎡）	960+6×全学年定員数（㎡）	1,680+5×全学年定員数（㎡）
	職業		720+8×全学年定員数（㎡）	2,160+6×全学年定員数（㎡）
	芸術・体育		480+10×全学年定員数（㎡）	1,920+8×全学年定員数（㎡）

表25：学校段階別の体育場面積基準

学校段階	基準面積		
幼稚園	園児数：～40人		園児数：41人～
	160㎡		120+全学年定員数（㎡）
初等学校	児童数：～600人	児童数：601～1,800人	児童数：1,801人～
	3,000㎡	1,800+2×全学年定員数（㎡）	3,600+全学年定員数（㎡）
中学校	生徒数：～600人	生徒数：601～1,800人	生徒数：1,801人～
	4,200㎡	3,000+2×全学年定員数（㎡）	4,800+全学年定員数（㎡）
高校	生徒数：～600人	生徒数：601～1,800人	生徒数：1,801人～
	4,800㎡	3,600+2×全学年定員数（㎡）	5,400+全学年定員数（㎡）

校舎敷地面積は，建築関連法に定められる建ぺい率や容積率の規定に基づき，算出される。「設立・運営規程」第6条は，学校の敷地について，校舎の安全，防音，換気，採光，消防，排水，児

童・生徒の通学に支障のない場所でなければならないと定めている。教具に関しては，必要な図書や機器などを備えなければならないと定められているが，詳細な項目や基準については地方が定める（「設立・運営規程」第8条）。そのほか，給水施設と温水供給施設の設置が義務付けられている。

4.4.2 ICT環境の整備

政府関連機関が発行する『教育情報化白書』によると，教育の情報化は1996年から本格的な推進が始まった[注19]。以後，各学校段階におけるコンピュータの設置拡大，高速インターネット網の構築，教育行財政システムの構築などが積極的に進められてきた。2014年現在のコンピュータ1台当たりの児童・生徒数や情報端末の種類，インターネットの速度の現況は，**表26**，**表27**，**表28**のとおりである。

表26：学校段階別のコンピュータ1台当たりの児童・生徒数（2014年）

	初等学校	中学校	高校
児童・生徒数	3.7人	4.1人	3.3人

（出典）韓国教育学術情報院『2014教育情報化白書』2014年。

表27：学校が保有する情報端末の種類比（2014年）

端末の種類	初等学校	中学校	高校
デスクトップ	90.0%	70.3%	75.2%
ノートブック	4.7%	23.2%	22.1%
タブレット	5.3%	6.5%	2.7%

（出典）韓国教育学術情報院『2014教育情報化白書』2014年。

表28：学校段階別のインターネット速度の現況（2014年）

学校段階	10～25Mbps	25～50Mbps	50～100Mbps	100Mbps以上
全体	4.8%	5.7%	19.2%	69.2%
初等学校	6.5%	7.1%	19.9%	65.2%
中学校	4.1%	5.7%	19.8%	69.6%
高校	1.5%	2.1%	16.7%	79.1%

（出典）韓国教育学術情報院『2014教育情報化白書』2014年。

また，教育の情報化の一環として，政府はデジタル教科書の開発を進めている。李明博政権期の2011年6月に発表された「スマート教育推進戦略」では，2015年までに全ての教科についてデジタル教科書を開発，適用する計画が示された。しかし，朴槿恵政権が発足すると，デジタル教科書の効果に関する検証が不十分という理由から計画が見直され，デジタル教科書の運営は一部の研究校にとどまっている。

2014年現在，初等学校163校（初等学校81校，中学校82校）がデジタル教科書研究校に指定されている。

5 学校選択・連携

5.1 学校選択・通学区域

5.1.1 初等学校

全ての地域において，進学者は学校を選択することができない。就学年齢に達した児童が進学する初等学校は，当該地域を管轄する教育長（広域市・道教育庁の出先機関である教育支援庁の長）が決定する。

5.1.2 中学校

全ての地域において，進学者は学校を選択することができない。市・郡レベルの教育を管理する教育長が，地域別・学校群別の抽選により，中学校進学予定者の進学先を決定する。ただし，交通の不便な地域などにおいては，通学の困難を回避するため，教育監の定めに基づき進学先が指定される。なお，当該地域の教育監の定めにより，中学校進学予定者は2校以上の進学希望を出すことが可能である（「初等中等教育法施行令」第68条）。

こうした入学者の決定方法は，公立中学校にのみではなく，国立はもちろん，全ての私立中学校にも適用される。すなわち，私立中学校は入学者を選抜することはできず，また志願者は居住する学区内であれば進学希望を提出することができるが，それ以外の地域の私立中学校を選択することはできない。私立中学校の授業料は，公立と同様に無償である（私立中学校の運営に対して公的支援が行われる）。

中学校の選択方法の例外として，「初等中等教育法施行令」第76条が定める「特性化中学校」がある。特性化中学校は，カリキュラム運営などに特性を持たせた中学校で，学区にかかわらず志願が可能であり，学校は入学者を選抜することができる（ただし，筆記試験は禁じられている）。特性化中学校には，国際教育に重点を置く国際中学校と，オルタナティブ教育を提供する中学校がある。

5.1.3 高校

志願者が高校（普通高校に限る）を選択できる地域と，できない地域がある。できない地域とは，高校「平準化」地域で，進学先は抽選で決定される。志願者が学校を選択できないのと同様に，高校側も入学者を選抜することができない。「平準化」地域の普通高校の入学者の選抜及び抽選による配分は，当該地域の教育監が行う。ただし，「平準化」地域であっても，特殊目的高校や自律型高校，職業系高校，オルタナティブ高校（「代案学校」）といった高校は受験者が学校を選択，志願することができ，高校も入学者を選抜することができる。

「平準化」とは，学校間の序列がなくなっていることを意味するが，法令上は「教育監が高等学校の入学選考を実施する地域」のことである。高校受験競争の過熱化に起因する諸問題の解決策として，1974年から実施されている。「平準化」地域に指定される条件として，「学校間の距離や交通の発達度などと照らし合わせ，生徒の通学が不便ではない地域」「中学校卒業者数と高校入学定

員が適切なバランスを保っている地域」などの事項が定められているが（「初等中等教育法施行令」第77条），概していえば，都市部地域がこうした条件にあてはまる。2014年現在，大都市である7つの特別市及び広域市のほか，20の中規模の都市が「平準化」地域に指定されている（「教育監が高等学校の入学選考を実施する地域に関する規則」第2条）。

従来「平準化」地域では，普通高校志願者が学校を選択する余地はなかったが，近年は志願者の希望をある程度反映させる仕組みを導入する地域が増えている。例えばソウル市で2010年から実施されている高校選択制では，3段階にわたって抽選による振り分けが行われる。第1段階では，志願者は希望校をソウル市内全域から2校選択し，出願する。この希望に基づき抽選が行われ，各高校の入学定員20％が決定する。第2段階では，第1段階で入学先が決まらなかった志願者が，居住地が属する学区の高校から2校選択し，出願する。抽選で各高校の入学定員40％が決定する。第2段階を経ても入学先が決まらない志願者については，第3段階として周辺の高校が抽選で割り当てられる。このように，たとえ高校選択制を実施している「平準化」地域であっても，希望通りの進学先は必ずしも保障されていない。

5.2　学校・家庭・地域との連携

学事に関する審議機関として，各学校に設置が義務付けられている学校運営委員会には，当該校の教員のほか，保護者や地域住民の代表が参加する[注20]。学校運営委員会の設置目的の1つは，地域の特性に合った多様で創造的な学校教育の実施であり（「初等中等教育法」第31条），地域の実情を知る保護者あるいは地域住民が学校運営に参画する重要な機会となっている。

学校運営委員会を構成する保護者委員は，保護者の中から民主的な手続に基づき「全体会議で直接選出する」と定められている（「初等中等教育法施行令」第59条第2項）。同法施行令は「全体会議」について明確に定義していないが，地域によっては条例を定め，保護者会の「総会」として規定している場合もある（「京畿道教育庁学校保護者会の設置・運営に関する条例」など）。

保護者会は，例えば京畿道の条例によると「全保護者を構成員とする組織」と定められているとおり，在学する児童・生徒の保護者を構成員として各学校に設置される組織である。教育省は，保護者会の活発な活動を奨励しており，その一環として「保護者の学校教育参加支援事業」を実施している。公募を通して各学校の保護者会の活動計画書を評価し，優れた活動には財政支援を行っている。例えば，学校運営に対する保護者の観察や意見の集約，学校への提言など行う「学校教育モニタリング」や保護者教育，保護者による各種ボランティア活動などが対象となる。2014年度事業では，全国1,000校の保護者会に対し，1校当たり200万ウォン（約20万円）程度の財政支援が実施されている。

5.3　学校段階間の連携

小中一貫校あるいは中高一貫校といった学校体系の試みは行われておらず，学校段階間における連携が盛んであるとは言えない。ただ，各児童・生徒の学校生活記録簿は，全国教育行政情報システム（National Educational Information System：NEIS）を通じて進学先の学校でも共有されるため，学校生活記録簿を参考資料とすることで学校段階を超えた継続的な指導は可能である。

6 その他

6.1 学校外学習活動（私教育）

　有名大学入学を目指して厳しい受験競争が繰り広げられる中，教育産業は常に活況を呈している。韓国では，学習塾や予備校，家庭教師のほか，スポーツや楽器，絵画などのいわゆる「習い事・お稽古事」も含めた学習活動を「私教育」と呼ぶ。

　いつの時代の教育改革においても，私教育は必ず改革の背景の1つに挙げられる。高額な私教育を受けることができる富裕層と，そうでない貧困層との教育格差や，家計への経済的圧迫に起因する少子化傾向，児童・生徒の心身への過度な負担などが主な理由である。重要な政策課題に位置付けられる私教育費の削減対策は，近年では，学校が塾や習い事の代替となるプログラムを廉価で提供する「放課後学校」や，大学入試の方法や内容の規制が中心となっている。

　私教育の実態を探るため，政府は毎年「私教育費調査」を実施している。2014年2月に発表された2013年度調査の結果によると，私教育費全体の規模は18兆6,000億ウォン（約1兆8,600億円，1ウォン＝0.1円で換算）で，児童・生徒1人が私教育に使う月額平均は23万9,000ウォン（約2万3,900円）である。科目別にみると，入試における最重要科目である英語と数学の学習に使われる私教育費が群を抜いて多い（**図1**参照）。私教育の利用率は68.8％（初等学校81.8％，中学校69.5％，高校49.2％）で，1週間当たり平均5.9時間利用している。

図1：塾などに使う費用の科目別内訳（2013年）

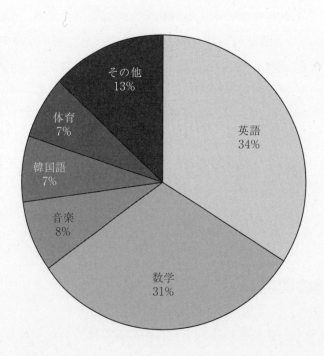

（出典）統計庁「2013年私教育費調査結果」から作成。

6.2 放課後学校

　放課後学校は，初等学校や中学校，高校の放課後の時間に学校で，塾などよりも廉価な料金で提供される課程外の各種教育・学習プログラムである。「学校教育機能補完」「私教育費の削減」「教育福祉の実現」「学校の地域社会化」などの目的が謳われているが[注21]，家計に対する塾や家庭教師などの負担増大を背景に，政府の期待は特に「私教育費の削減」に向けられている。

　放課後の教育・学習活動の活性化は，1995年に公表された「世界化・情報化時代を主導する新教育体制樹立のための教育改革プラン（通称「5・31教育改革プラン」）」における「個人の多様性が発揮される教育機会を提供することにより，児童・生徒の人格及び創造性を養うための教育プログラムが必要」という提言に基づく。いくつかの類似事業を経た後，2005年に放課後学校としてモデル事業が開始され，2006年から本格的な運営が始まった。

　提供されるプログラムの内容には，教科学習に関する「教科プログラム」や，芸術・スポーツなどの「特技・適性プログラム」，学童保育に類似する「初等保育プログラム」がある。当該校の教員や外部講師がプログラムを運営するが，中学校や高校の教科プログラムは教員が実施する場合が多い。教員には，本務給与とは別に報酬が支払われる。2013年現在，全国の99.9%の学校で放課後学校が運営されており，児童・生徒の参加率も70%を超える。低所得層に対してはバウチャーも給付され，家庭の経済的事情で塾に通えない児童・生徒の学力支援機能も担っている。

　初等学校では特技・適性プログラムが多く運営されるが，中学校と高校では教科プログラム中心の運営となる傾向がある。放課後学校の内容別運営状況をみると，英語や数学など，入試における重要科目に人気が集まっていることがわかる（**表29**参照）。

表29：放課後学校の内容別運営状況（2013年現在）

韓国語	数学	社会	科学	英語	第二外国語	音楽
10.2%	14.5%	7.0%	9.2%	14.7%	1.0%	8.2%

美術	体育	コンピュータ	読書・論述	その他	合計
5.5%	11.1%	5.0%	2.8%	10.7%	100.0%

表注：表中の数値は，開設されたプログラム全体に占める割合。
（出典）教育省資料「2013年放課後学校運営状況」2013年。

6.3 早期留学

　英語習得などを目的に，母親とともに海外留学する小中学生の姿が日本でも時折報道される。こうした「早期留学」と呼ばれる児童・生徒の留学は，韓国社会の教育熱あるいは英語学習熱の象徴的な現象として取り上げられることもしばしばだが，義務教育段階にある児童・生徒の私的な留学は違法である。

　韓国国民の海外留学について規定する「海外留学に関する規定」は，留学について「外国の教育機関や研究機関，研修機関で6か月以上就学したり，学問・技術を研究又は研修したりすること」（第2条）と定めるとともに，その第5条第1項において，自費留学を行うことができる者を次の

ように定めている。

1. 中学校卒業以上の学力があるか，これと同等以上の学力があると認定された者。
2. 次の各号の１つに該当する者で，教育長が認可した者。
   - イ．芸術・体育系の中学校の在学生で，専攻分野の実技が優れていると認定され，当該校の長から推薦を受けた者
   - ロ．中学校の在学生や中学校の学籍を持っていた者，又はこれと同等以上の学力があると認定された者で，自然科学・技術及び芸術・体育分野に関して広域自治体以上の規模の大会で入賞した者
   - ハ．中学校の在学生や中学校の学籍を持っていた者，又はこれと同等以上の学力があると認定された者で，「国家技術資格法」第９条第１項第１号に基づく技術者や技能者，技師又は産業技師の技術資格を取得した者
   - ニ．「障害者等に対する特別支援教育法」第２条第３号に基づく特別支援教育の対象者

　同条の定めによると，原則として初等学校の児童は留学することはできず，中学生も科学や芸術，体育などで優れた才能がある者だけが例外的に留学が許される，ということになる。これを踏まえ，金洪遠は，「早期留学」について，「初等中等教育段階の児童・生徒が韓国内の学校に入学あるいは在学せず，国の認定を受けない状態で自費をもって外国へ渡り，現地の教育機関で６か月以上にわたって就学する行為」[注22]と定義付けている。

　上述のとおり，早期留学には違法状態のものが多く含まれる。しかし，早期留学そのものに対する罰則規定はなく（ただし，就学義務の規定に対する違反の罰則はある。「**1.2 義務教育**」を参照），実際に摘発された事例もないという（聯合ニュース2007年2月13日）。

　実際の早期留学者数をみると，2000年代に入って早期留学者数は大きく伸びたが，2009年以降は減少傾向にある（**表30**参照）。その理由については，経済危機（「リーマン・ショック」）や少子化のほか，李明博政権による韓国内の英語教育環境の整備が指摘されている[注23]。

表30：早期留学生数の推移（2000〜2013年）

	2000年	2005年	2008年	2009年	2010年	2011年	2012年	2013年
初等学校	705人	8,148人	12,531人	8,369人	8,794人	7,477人	6,061人	5,154人
中学校	1,799人	6,670人	8,888人	5,723人	5,870人	5,468人	4,977人	4,377人
高　校	1,893人	5,582人	5,930人	4,026人	4,077人	3,570人	3,302人	2,843人
合　計	4,397人	20,400人	27,349人	18,118人	18,696人	16,515人	14,340人	12,374人

表注：保護者の海外駐在の同行者及び海外移住者は含まれない。
（出典）統計庁ウェブサイト（http://kostat.go.kr/）。

6.4　いじめ対策

　日本語の「いじめ」に相当する言葉は韓国語にもあるが，教育行政においては，もっぱら「学校暴力」が用いられる。学校暴力とは，「学校暴力予防及び対策に関する法律」によると，「学校内外で児童・生徒を対象に発生した傷害，暴行，監禁，脅迫，略取，名誉毀損・侮辱，恐喝，強要・強

制的な使い走り，性的暴力，仲間はずれ，インターネット上での仲間はずれ，情報通信網を利用したわいせつ・暴力的な情報などにより身体及び精神又は財産の被害を伴う行為」と定義される。これに基づくと，「学校暴力」は「いじめ」よりもやや広い概念と言える。

学校でのいじめ問題は1990年代に顕在化したといわれ[注24]，大きな事件が起きるたびに政府も対応に迫られてきた。2004年には，いじめへの対処を含む「学校暴力予防及び対策に関する法律」が制定され，国や地方の責任や対策基本計画の策定，対策委員会の設置，被害児童・生徒の保護，加害児童・生徒への措置などが定められた。しかし，根本的な解決にはいたっておらず，いじめ根絶へ向けた取組が行われている。

近年では，2011年12月にいじめを原因とする自殺事件が相次いだことを受け，2012年2月に発表された「学校暴力根絶総合対策」が主要なものとして知られる。当時の李明博大統領の指示の下，省庁横断的な計画として策定され，主に次のような内容が盛り込まれた。

○**校長と教員の役割及び責任の強化**
　・校長及び担任教員の役割強化，生活指導の環境整備。
　・教員養成，任用，研修の各段階における生活指導力の向上。
○**学校暴力相談及び調査体制の改善や，被害あるいは加害児童・生徒に対する措置の強化**
　・「117」番学校暴力相談センターの設置及び調査機能の強化。
　・被害児童・生徒に対する優先的な保護とケア。
　・加害児童・生徒に対する厳格な措置及び立ち直りの支援。
○**仲間との活動など，学校暴力予防教育の拡大**
　　健全な学校文化を形成する仲間活動の支援。
○**保護者教育の拡大及び保護者の責任の強化**
　・子供に対する理解を促す保護者教育及び教育情報提供の大幅な拡大。
　・教員と保護者間の意思疎通の強化及び保護者の責任の向上。
　・保護者の学校参加の活性化。
○**教育全般にわたる人格教育の実践**
　・正しい人格の基礎を形成する「3～5歳児共通課程」の運営。
　・中学校における体育活動の大幅な拡大。
　・学校生活記録簿における性格・性質に関する記載の強化及び入学選考への反映。
○**家庭と社会の役割の強化**
　　家庭と社会の教育的機能の回復。
○**ゲーム・インターネット中毒など，健全な発達を阻害する要因への対策**
　・ゲーム・インターネット中毒予防のための制度改善の推進。
　・ゲーム・インターネット中毒予防教育の強化及びケア活動の拡大。

【注】
1. 教育省ウェブサイト（http://www.mest.go.kr）2014年8月14日閲覧。
2. 同上。
3. 韓国教育開発院『2008教育統計分析資料集』2008年，176頁をもとに筆者算出。

4. 馬越徹『現代韓国教育研究』高麗書林，1981年，63頁。
5. 教育省ウェブサイト（http://www.mest.go.kr）2014年8月14日閲覧。
6. 教育科学技術省報道資料2009年10月13日
7. 教育科学技術省報道資料2009年12月17日。
8. 中央日報2011年1月10日。
9. 政府関係部署共同「ソフトウェア中心社会の実現戦略」2014年7月23日。
10. 教育科学技術省報道資料2013年3月8日。
11. 教育科学技術省「スマート教育推進戦略」2011年6月。
12. 教育省「生徒と保護者の負担緩和と学校教育正常化のための大入選考簡素化及び大入制度発展プラン（試案）」2013年8月。
13. 韓国教育課程評価院ウェブサイト（http://www.kice.re.kr/）2014年9月1日閲覧。
14. 教育科学技術省報道資料2009年2月17日。
15. 職業高校においては，全国学習到達度調査の代わりに，職業基礎能力評価テストが2013年度から導入されている。
16. 教育省報道資料2013年4月24日。
17. 教育省ウェブサイト（http://www.mest.go.kr/）。
18. 同上。
19. 韓国教育学術情報院「2013 教育情報化白書」2013年，72頁。
20. 文部科学省『諸外国の教育行財政－7か国と日本の比較－』ジアース教育新社，2014年，307頁。
21. 教育人的資源部「2007年度 放課後学校運営基本計画」2007年2月。
22. 金洪遠「早期留学に関する国民の意識と実態」『早期留学：国民の意識と実態』韓国教育開発院，2005年，4頁。
23. 田中光晴「韓国の初中等教育とグローバル化－早期留学をめぐる葛藤－」『東亜』第577号，2015年7月，100～101頁。
24. 韓国教育開発院『学校暴力対処のための支援体制構築の研究』2006年12月，3頁。

【参考文献】
1）石川裕之『韓国の才能教育制度－その構造と機能－』東信堂，2011年。
2）馬越徹『現代韓国教育研究』高麗書林，1981年。
3）韓国教育学術情報院『2014 教育情報化白書』2014年。
4）教育改革委員会『世界化・情報化時代を主導する新教育体制樹立のための教育改革プラン』1995年。
5）教育省・韓国教育開発院『教育統計年報2014年』2014年。
6）教育科学技術省「2009年改訂教育課程（総論）」2009年。
7）教育科学技術省「3～5歳児共通教育課程」2012年。
8）諸外国の教科書に関する調査研究委員会『韓国の教科書制度と教育課程－第7次教育課程（「社会科：国史領域」）を中心に－』（平成14年度文部科学省調査研究委嘱「教科書改善のための実践的調査研究），2003年。
9）保健福祉省『保育統計2013年』2014年。

日 本

1　初等中等教育制度の概要 308
2　教育内容・方法 315
3　進級・進学制度 324
4　教育条件 326
5　学校選択・連携 329

学校系統図

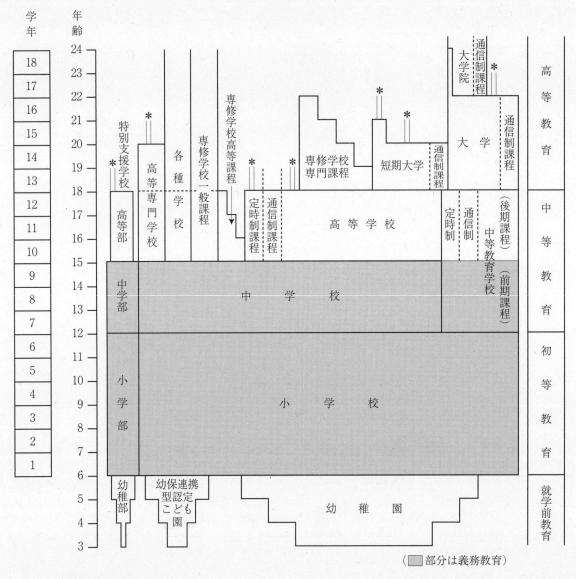

（■部分は義務教育）

(注) (1) ■部分は義務教育を示す。
(2) ＊印は専攻科を示す。
(3) 高等学校，中等教育学校後期課程，大学，短期大学，特別支援学校高等部には修業年限1年以上の別科を置くことができる。
(4) 幼保連携型認定こども園は，学校かつ児童福祉施設であり，0～2歳児も入園することができる。
(5) 平成28年4月1日から義務教育学校の設置が予定される。

学校統計

(2014年度)

教育段階	学校種名	設置者別	修業年限	通常の在学年齢	学校数	児童・生徒・学生数	本務教員数	備考
			年	歳	校	千人	人	
就学前	幼稚園	国公	－	3～5	4,763	270.2	23,704	
		私			8,142	1,287.3	87,355	(1) 平成24年10月1日現在。教員数は常勤保育士の数。
	(保育所)(1)	公(営)	－	0～5	9,814	833.2	120,571	
		私(営)			13,926	1,354.4	196,575	
初等	小学校	国公	6	6～11	20,630	6,522.5	411,586	
		私			222	77.5	4,889	
中等	中学校	国公	3	12～14	9,780	3,258.5	238,710	
		私			777	245.8	15,122	
	高等学校	国公	3～4	15～17	3,643	2,295.0	174,938	
		私			1,320	1,039.0	60,368	
	中等教育学校	国公	6	12～17	34	23.6	1,734	
		私			17	7.9	698	
高等	大学 (2)	国公	4～6	18～21	178	576.2	77,265	(2) 学生数は学部学生のみ。
		私			603	1,975.8	103,614	(3) 学生数は本科学生のみ。
	短期大学 (3)	国公	2～3	18～19	18	7.1	517	
		私			334	124.2	7,921	(4) このほかの表では第4, 5学年は高等教育, 第1～3学年は中等教育とした。学生数は専攻科を除く。学校数は大学院を設置している大学の数。
	高等専門学校 (4)	国公	5	15～19	54	52.3	4,192	
		私			3	2.1	152	
	大学院 (5)	国公	2～5	22～	163	166.4	61,504	
		私			460	84.6	43,760	(5) 教員数は大学本務教員のうち大学院担当者を再掲したものである。
特別支援	特別支援教育学校	国公	小学部 6年 中学部 3年 高等部 3年	3～17	1,082	134.8	78,981	
		私			14	0.8	299	
その他	専修学校	国公	1～	専門課程 18～ 高等課程 15～ 一般課程 制限なし	205	26.7	2,955	
		私			3,001	632.7	37,819	
	各種学校	国公	原則1年以上,ただし3か月以上1年未満も可	制限なし	8	0.6	47	
		私			1,268	121.2	8,776	

(注)
1. 2006年10月に導入された認定こども園の認定件数は平成25年4月1日現在で1,099件, 在籍者数は180千人, うち3歳以上の在籍者数は140.7千人であり, 大半が幼稚園又は保育所の在籍者である。

(資料)
「学校基本調査報告書」平成26年度版 (平成26年5月1日現在), 保育所については厚生労働省「社会福祉施設等調査報告」平成24年度版 (「社会福祉施設等調査」は平成21年度より回収率が100％ではない)。

1　初等中等教育制度の概要

日本の初等中等教育は，就学前教育（修学年限は定められていない），初等教育6年間，前期中等教育3年間，後期中等教育3年から成る6－3－3制を原則として採用している。このほかに，9年間小中一貫教育を行う義務教育学校や6年間中高一貫教育を行う中等教育学校がある。

日本の初等中等教育機関には，幼稚園，小学校，中学校，義務教育学校，高等学校，中等教育学校及び特別支援学校がある。なお，このほかに，学校であると同時に児童福祉施設としての性質も有する「幼保連携型認定こども園」がある。「幼保連携型認定こども園」については，「**1.1.2　幼保連携型認定こども園**」の箇所で後述する。

これらの学校は，学校教育法第1条に規定されており，一般的に「1条校」と言われる。これらの学校は，教育基本法第6条に言う「法律に定める学校」を具体的に定義したものであり，日本の学校教育制度の根幹を構成するものである。この「1条校」の学校に当たるものとして，ほかに大学（短期大学及び大学院は大学の範疇に含まれる）及び高等専門学校がある。

設置者により「1条校」の学校を分類すれば，国公立学校のほか，私立学校がある。学校法人制度が整備されており，国や地方自治体以外で学校を設置できるのは，原則として，学校法人のみである（幼稚園の場合には，他の法人あるいは個人でも可能である）。なお，学校設置者の例外として，構造改革特別区域法による学校設置会社と学校設置非営利法人は学校を設置することができる。

1.1　就学前教育

日本においては，就学前教育は幼稚園と特別支援学校幼稚部（特別支援学校については「**1.7 特別支援教育**」の箇所で後述する）で行われる。このほかに就学前の子供を対象とした保育が，保育所で行われる。

1.1.1　幼稚園

幼稚園は3～5歳児を対象とする学校であり，4時間を標準教育時間とする。修学年限は決められていない。小学校第1学年児童数に対する幼稚園修了者の比率は54.2%である。幼稚園では，小学校以降の教育と異なり，教科書を使わず，遊び中心の活動を行い，小学校以降の学習の基盤を育成している。

表1：幼稚園の園数，園児数，教員数

	国立	公立	私立	合計
園　数（園）	49	4,714	8,142	12,905
園児数（人）	5,614	264,563	1,287,284	1,557,461
教員数（人）	111,059　（内，女性103,648（93.3%））			

（出典）文部科学省『平成26年度学校基本調査』。

1.1.2 幼保連携型認定こども園

平成18年に教育・保育・子育て支援を一体的に提供する施設として，認定こども園制度が創設された。平成27年4月から，就学前の子供に関する教育，保育等の総合的な提供の推進に関する法律（認定こども園法）の改正により，学校及び児童福祉施設としての法的位置付けを持つ単一の施設として，新たな幼保連携型認定こども園が設けられた。

幼保連携型認定こども園は，学校であると同時に児童福祉施設としての性質も有するため，学校教育法とは別に認定こども園法を根拠とし，学校教育と保育双方の水準を保障する規定を整備しているが，教育基本法上の「法律に定める学校」（第6条）という性格を有している。

認定こども園法第2条第7項は，幼保連携型認定こども園を「義務教育及びその後の教育の基礎を培うものとしての満三歳以上の子どもに対する教育並びに保育を必要とする子どもに対する保育を一体的に行い，これらの子どもの健やかな成長が図られるよう適当な環境を与えて，その心身の発達を助長するとともに，保護者に対する子育ての支援を行うことを目的として，この法律の定めるところにより設置される施設をいう」と定めている。

設置主体は，国，自治体，学校法人，社会福祉法人である。幼保連携型認定こども園に入園することができる子供は，満3歳以上の子供及び満3歳未満の保育を必要とする子供とされている。

平成27年5月1日現在で幼保連携型認定こども園数は1,943園（公立374園，私立1,569園）である。

この幼保連携型認定こども園は，認定こども園の一種であり，ほかには幼稚園型認定こども園（学校としての性格を有する），保育所型認定こども園（児童福祉施設としての性格を有する），地方裁量型認定こども園（教育・保育機能を果たす）がある。

1.1.3 保育所

保育所は，例えば，保護者が共働きの場合のように「保育に欠ける」乳幼児を，日々保護者の委託を受けて，保育することを目的とする児童福祉法に基づく児童福祉施設である。0歳から小学校入学前の乳幼児を対象とする。保育所における保育時間は，1日につき8時間を原則とする。保育所は，子供が1日の大半の時間を生活する所であり，養護と教育が一体となって子供を育成する。

厚生労働省の「保育所関連状況取りまとめ」によれば，平成26年4月1日時点で保育所数は2万4,425所であり，保育所利用児童数は，226万6,813人である。

1.2 義務教育

日本においては，保護者に保護する子を就学させる義務を課しており，義務教育を家庭において行うことは認められていない。義務教育年限は6～15歳の9年間である。

憲法第26条は第1項で「すべて国民は，法律の定めるところにより，その能力に応じて，ひとしく教育を受ける権利を有する」と規定し，第2項で「すべて国民は，法律の定めるところにより，その保護する子女に普通教育を受けさせる義務を負ふ。義務教育は，これを無償とする」と定めている。これを受けて，教育基本法第5条第1項は「国民は，その保護する子に，別に法律で定めるところにより，普通教育を受けさせる義務を負う」と定め，これを受けて学校教育法第17条第1項は，「保護者は，子の満6歳に達した日の翌日以後における最初の学年の初めから，満12歳

に達した日の属する学年の終わりまで，これを小学校，義務教育学校の前期課程又は特別支援学校の小学部に就学させる義務を負う」と定め，同条第2項は「保護者は，子が小学校の課程，義務教育学校の前期課程又は特別支援学校の小学部の課程を修了した日の翌日以後における最初の学年の初めから，満15歳に達した日の属する学年の終わりまで，これを中学校，義務教育学校の後期課程，中等教育学校の前期課程又は特別支援学校の中学部に就学させる義務を負う」と定めている。

また，教育基本法第5条第3項は，「国及び地方公共団体は，義務教育の機会を保障し，その水準を確保するため，適切な役割分担及び相互の協力の下，その実施に責任を負う」こと，第4項は「国又は地方公共団体の設置する学校における義務教育については，授業料を徴収しない」ことを定め，国及び地方公共団体の責任を規定している。

学齢期（6歳から15歳）の子の保護者のうち，病弱，発育不完全その他やむを得ない事由のために就学困難と認められる子女の保護者に対しては教育委員会がその子を学校に就学させる義務を猶予又は免除する制度が設けられている。就学猶予者は1,207人，就学免除者は2,397人である（出典：『平成26年度学校基本調査』）。

義務教育の目的について，教育基本法第5条第2項は，「義務教育として行われる普通教育は，各個人の有する能力を伸ばしつつ社会において自立的に生きる基礎を培い，また，国家及び社会の形成者として必要とされる基本的な資質を養うことを目的として行われるものとする」と定めている。これを受けて，学校教育法第21条は，義務教育として行われる普通教育の目標を定めている。

表2：義務教育として行われる普通教育の目標

1	学校内外における社会的活動を促進し，自主，自律及び協同の精神，規範意識，公正な判断力並びに公共の精神に基づき主体的に社会の形成に参画し，その発展に寄与する態度を養うこと。
2	学校内外における自然体験活動を促進し，生命及び自然を尊重する精神並びに環境の保全に寄与する態度を養うこと。
3	我が国と郷土の現状と歴史について，正しい理解に導き，伝統と文化を尊重し，それらをはぐくんできた我が国と郷土を愛する態度を養うとともに，進んで外国の文化の理解を通じて，他国を尊重し，国際社会の平和と発展に寄与する態度を養うこと。
4	家族と家庭の役割，生活に必要な衣，食，住，情報，産業その他の事項について基礎的な理解と技能を養うこと。
5	読書に親しませ，生活に必要な国語を正しく理解し，使用する基礎的な能力を養うこと。
6	生活に必要な数量的な関係を正しく理解し，処理する基礎的な能力を養うこと。
7	生活にかかわる自然現象について，観察及び実験を通じて，科学的に理解し，処理する基礎的な能力を養うこと。
8	健康，安全で幸福な生活のために必要な習慣を養うとともに，運動を通じて体力を養い，心身の調和的発達を図ること。
9	生活を明るく豊かにする音楽，美術，文芸その他の芸術について基礎的な理解と技能を養うこと。
10	職業についての基礎的な知識と技能，勤労を重んずる態度及び個性に応じて将来の進路を選択する能力を養うこと。

1.3 初等教育

1.3.1 小学校

初等教育は小学校，義務教育学校前期課程及び特別支援学校小学部で行われる。小学校の修業年限は6年であり，卒業後は，ほとんどの児童が中学校に，そのほかの者は中等教育学校などに進学する（特別支援学校については「**1.7 特別支援教育**」の箇所で後述する）。

表3：小学校の学校数，在学者数，教員数

	国立	公立	私立	合計
校　数（校）	72	20,558	222	20,852
児童数（人）	41,067	6,481,396	77,543	6,600,006
教員数（人）	416,475（内，女性259,875（62.4％））			

（出典）文部科学省『平成26年度学校基本調査』。

1.4　小中一貫教育

1.4.1　義務教育学校

　義務教育学校は，心身の発達に応じて，義務教育として行われる普通教育を基礎的なものから一貫して施すことを目的とする学校である。9年の課程を前期6年，後期3年に区分することとしているが，1年生から9年生までの児童・生徒が1つの学校に通うという特質を生かして，9年間の教育課程において「4－3－2」や「5－4」などの柔軟な学年段階の区切りを設定することも可能となっている。平成28年4月1日からの設置が予定されている。

1.5　中等教育

1.5.1　中学校

　前期中等教育は中学校，義務教育学校後期課程，中等教育学校前期課程，特別支援学校中学部で行われる。中学校は，小学校に接続する前期中等教育段階の学校である。中学校の修業年限は3年であり，卒業後は，高等学校などに進学する。

表4：中学校の学校数，在学者数，教員数

	国立	公立	私立	合計
校　数（校）	73	9,707	777	10,557
生徒数（人）	31,220	3,227,314	245,800	3,504,334
教員数（人）	253,832（内，女性108,148（42.6％））			

（出典）文部科学省『平成26年度学校基本調査』。

1.5.2　高等学校

　後期中等教育は高等学校，中等教育学校後期課程，特別支援学校高等部で行われる。平成26年3月の中学校卒業者のうち高等学校等進学者（高等学校・中等教育学校後期課程・特別支援学校高等部の本科・別科及び高等専門学校へ進んだ者である。また，進学しかつ就職した者を含む）は117万3,998人であり，全体の98.4％を占める。

　高等学校には，全日制の課程，定時制の課程及び通信制の課程がある。

　また，高等学校には，本科，専攻科，別科の区別がある。生徒数のうち本科の生徒数は332万4,615人，専攻科の生徒数は9,250人，別科の生徒数は154人であり，本科の生徒が大部分を占めている。本科は，全日制の場合には，修業年限が3年の課程である。定時制の課程及び通信制の課程については，3年以上である。専攻科は，高等学校若しくはこれに準ずる学校若しくは中等教育

学校を卒業した者又は文部科学大臣の定めるところにより，これと同等以上の学力があると認められた者に対して，精深な程度において，特別の事項を教授し，その研究を指導することを目的とするものである。その修業年限は，1年以上である。別科は，高等学校の入学資格を有する者に対して，簡易な程度において，特別の技能教育を施すことを目的とし，その修業年限は，1年以上である。

学科には，普通教育を主とする学科（普通科），専門教育を主とする学科（専門学科），普通教育及び専門教育を選択履修を旨として総合的に施す学科（総合学科）がある。

表5：高等学校の学校数，在学者数，教員数

	国立	公立	私立	合計
校　数（校）	15	3,628	1,320	4,963
生徒数（人）	8,613	2,286,385	1,039,021	3,334,019
教員数（人）	235,306（内，女性72,830（31.0%））			

（出典）文部科学省『平成26年度学校基本調査』。

1.5.3　中等教育学校

中等教育学校は，平成10年に新しい学校制度として創設された前期中等教育と後期中等教育を一貫して施す学校である。

この中等教育学校以外に，中高一貫教育の実施形態として，併設型の中学校・高等学校（高等学校入学者選抜を行わずに，同一の設置者による中学校と高等学校を接続するもの），連携型の中学校・高等学校（市町村立中学校と都道府県立高等学校など，異なる設置者間でも実施可能な形態であり，中学校と高等学校が，教育課程の編成や教員・生徒間交流等の連携を深めるかたちで中高一貫教育を実施するもの）がある。

表6：中等教育学校の学校数，在学者数，教員数

	国立	公立	私立	合計
校　数（校）	4	30	17	51
生徒数（人）	3,160	20,424	7,915	31,499
教員数（人）	2,432（内，女性797（32.8%））			

（出典）文部科学省『平成26年度学校基本調査』。

1.5.4　後期中等教育段階と同年齢の生徒が通う学校

これまで述べてきた学校教育法上の「1条校」である後期中等教育段階の学校ではないものの，同年齢の生徒が通う学校として，高等専門学校（「1条校」である高等教育機関），専修学校，各種学校などがある。

1.5.4.1　高等専門学校

高等専門学校は，昭和36年に新しい学校制度として創設された後期中等教育段階を包含する5年制（商船に関する学科は5年6か月）の「1条校」であり，高等教育機関の範疇に属する。高等専門学校について，学校教育法第115条は「深く専門の学芸を教授し，職業に必要な能力を育成することを目的と」し，「その目的を実現するための教育を行い，その成果を広く社会に提供するこ

とにより，社会の発展に寄与するものとする」と定めている。

学校数は，57校（国立51校，公立3校，私立3校）である。多くの高等専門学校には専攻科があり，専攻科は本科を卒業後更に2年間，より高度な技術教育を行う。専攻科を修了すると独立行政法人大学評価・学位授与機構の審査を経て学士の学位（大学学部と同じ）を得ることができる。また，専攻科への進学のほか，大学に編入学することができる。

1.5.4.2 専修学校

専修学校は，昭和51年に新しい学校制度として創設された実践的な職業教育，専門的な技術教育を行う教育機関である。専修学校について，学校教育法第124条は，「第1条に掲げるもの以外の教育施設で，職業若しくは実際生活に必要な能力を育成し，又は教養の向上を図ることを目的として次の各号に該当する組織的な教育を行うもの」と定め，その組織的な教育の条件は「1　修業年限が1年以上であること。2　授業時数が文部科学大臣の定める授業時数以上であること。3　教育を受ける者が常時40人以上であること」と定めている。

専修学校には，中学校卒業者を対象とした3年間の課程である高等課程（高等専修学校と称する），高等学校卒業者を対象に2年間の職業実務教育を施す専門課程（専門学校と称する）と一般課程の3種類の課程がある。学校数は，3,206校（国立10校，公立195校，私立3,001校）である。

1.5.4.3 各種学校

各種学校について，学校教育法第134条は「第1条に掲げるもの以外のもので，学校教育に類する教育を行うもの（当該教育を行うにつき他の法律に特別の規定があるもの及び第124条に規定する専修学校の教育を行うものを除く）」と定めている。

学校数は，1,276校（国立0校，公立8校，私立1,268校）である。

1.6　職業教育

1.6.1　職業教育

職業教育とは「一定又は特定の職業に従事するために必要な知識，技能，能力や態度を育てる教育」である（中央教育審議会『今後の学校におけるキャリア教育・職業教育の在り方について』平成23年1月）。

初等中等教育において，主に職業教育を担っているのは工業，商業，農業，家庭，看護，福祉，水産，情報等の専門高校である。

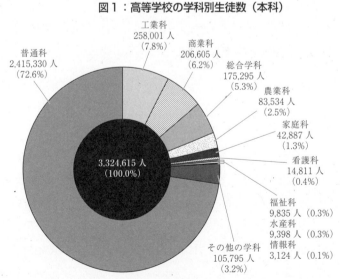

図1：高等学校の学科別生徒数（本科）

（出典）文部科学省『平成26年度学校基本調査』。

職業教育を振興するために，産業教育振興法がある。その目的について，同法第1条は，「産業教育がわが国の産業経済の発展及び国民生活の向上の基礎であることにかんがみ，教育基本法（平成十八年法律第百二十号）の精神にのつとり，産業教育を通じて，勤労に対する正しい信念を確立し，産業技術を習得させるとともに工夫創造の能力を養い，もつて経済自立に貢献する有為な国民を育成するため，産業教育の振興を図ることを目的とする」と定めている。この専門高校のほかに，後期中等教育段階と同年齢の生徒は，高等専門学校，専修学校，各種学校などで職業教育を受けることができる。

1.6.2　職業訓練

職業教育に類するものとして職業訓練がある。これは，労働者の能力を開発し，向上させるための訓練を指すが，職業能力開発促進法においては，「職業訓練は，学校教育法による学校教育との重複を避け，かつ，これとの密接な関連の下に行わなければならない」と定めている。

初等中等教育段階の生徒が通う施設に公共職業能力開発施設がある。公共職業能力開発施設とは，職業能力開発促進法に基づき，国，都道府県，市町村が職業訓練を行うために設置する施設である。また，事業主等の行う職業訓練のうち，教科，訓練期間，設備等について厚生労働省令で定める基準に適合して行われているものは，申請により訓練基準に適合している旨の都道府県知事の認定を受けることができる。この認定を受けた職業訓練を認定職業訓練という。

平成26年3月の中学校卒業者数は119万2,990人であるが，そのうち，494人が公共職業能力開発施設等に入学している。また，平成26年3月の高等学校（全日制課程・定時制課程）卒業者は104万7,392人であるが，そのうち，6,408人が公共職業能力開発施設等に入学している。

1.6.3　技能連携制度

高等学校の定時制または通信制の課程に在学する生徒が，都道府県教育委員会の指定する技能教育のための施設で教育を受ける場合，その施設で受けた学習を高等学校の教科の一部の履修とみなすことができる技能連携制度がある。技能教育のための施設には，高等専修学校や企業内職業訓練所があり，前者の場合には高等専修学校と高等学校を同時に卒業することができ，後者の場合には企業内職業訓練所で学びつつ高等学校を卒業することができる。

1.7　特別支援教育

特別支援教育とは，障害のある幼児・児童・生徒の自立や社会参加に向けた主体的な取組を支援するという視点に立ち，幼児・児童・生徒一人一人の教育的ニーズを把握し，その持てる力を高め，生活や学習上の困難を改善又は克服するため，適切な指導及び必要な支援を行うものである。平成19年度から，全ての学校において，障害のある幼児・児童・生徒の支援を更に充実していくため，「特別支援教育」が学校教育法に位置付けられた。

幼稚園・小学校・中学校・義務教育学校・高等学校・中等教育学校では，通常の学級に在籍している障害のある子供に対して障害に配慮し，指導内容・方法を工夫した学習活動を行うほか，特別支援学級や通級による指導を行う制度がある。

特別支援学級は，現在は小学校・中学校に置かれており，障害の種別ごとに置かれる少人数の学

級であり，知的障害，肢体不自由，身体虚弱，弱視，難聴等の学級がある。

通級による指導は，平成5年の学校教育法施行規則一部改正により制度化された。これは，小・中学校の通常の学級に在籍し，言語障害，自閉症，情緒障害，弱視，難聴，学習障害（LD），注意欠陥多動性障害（ADHD）などのある児童・生徒を対象として，主として各教科などの指導を通常の学級で行いながら，障害に基づく学習上又は生活上の困難の改善・克服に必要な特別の指導を特別の場で行う教育形態である。

特別支援学校は，障害の程度が比較的重い子供を対象として専門性の高い教育を行う学校であり，視覚障害者，聴覚障害者，知的障害者，肢体不自由者又は病弱者（身体虚弱者を含む。以下同じ）に対して，幼稚園，小学校，中学校又は高等学校に準ずる教育を施すとともに，障害による学習上又は生活上の困難を克服し自立を図るために必要な知識技能を授けることを目的とする。

また，特別支援学校は，幼稚園，小学校，中学校，高等学校又は中等教育学校の要請に応じて，特別な支援の必要な幼児，児童又は生徒の教育に関し必要な助言又は援助を行うよう努めることとされている。つまり，特別支援学校には特別支援教育の中核的な役割を果たす機関として，特別支援教育のセンター的機能を発揮することが期待されている。

表7：特別支援学校の学校数，在学者数，教員数

	国立	公立	私立	合計
校　　　数（校）	45	1,037	14	1,096
児童・生徒数（人）	3,033	131,781	803	135,617
教　員　数（人）	79,280人（内，女性48,066（60.6％））			

（出典）文部科学省『平成26年度学校基本調査』。

また，一人一人に応じた指導や支援（特別支援教育）に加え，「障害者の権利に関する条約」（日本は平成19年署名，平成26年1月批准）が提唱した障害のある者と障害のない者が可能な限り共に学ぶ仕組み（インクルーシブ教育システム）の構築が進められている。さらに平成28年4月からは障害者差別解消法の施行が予定されている。

2　教育内容・方法

2.1　教育課程の基準

教育課程は，法令に基き，各学校の校長が責任者となって編成することとなっている。学校教育法の規定により，教育課程に関する事項は，それぞれの学校の目的・目標の規定に従い，文部科学大臣が定めることになっている。

この規定を受け，学校教育法施行規則は教育課程に関する規定を定めるとともに，教育課程については，教育課程の基準として文部科学大臣が別に公示する幼稚園教育要領及び学習指導要領によるものとすると定めている。

2.2 教育目標

学校教育の目的や目標は教育基本法及び学校教育法に定められている。まず，教育の目的について，教育基本法第1条は，「教育は，人格の完成を目指し，平和で民主的な国家及び社会の形成者として必要な資質を備えた心身ともに健康な国民の育成を期して行われなければならない」と定め，第2条は「教育は，その目的を実現するため，学問の自由を尊重しつつ，次に掲げる目標を達成するよう行われるものとする」と定めている。

表8：教育基本法第2条に規定された教育の目標

1	幅広い知識と教養を身に付け，真理を求める態度を養い，豊かな情操と道徳心を培うとともに，健やかな身体を養うこと。
2	個人の価値を尊重して，その能力を伸ばし，創造性を培い，自主及び自律の精神を養うとともに，職業及び生活との関連を重視し，勤労を重んずる態度を養うこと。
3	正義と責任，男女の平等，自他の敬愛と協力を重んずるとともに，公共の精神に基づき，主体的に社会の形成に参画し，その発展に寄与する態度を養うこと。
4	生命を尊び，自然を大切にし，環境の保全に寄与する態度を養うこと。
5	伝統と文化を尊重し，それらをはぐくんできた我が国と郷土を愛するとともに，他国を尊重し，国際社会の平和と発展に寄与する態度を養うこと。

これらの規定を踏まえ，学校教育法は，幼稚園，小学校，中学校，義務教育学校，高等学校，中等教育学校及び特別支援学校の目的，目標を定めている。

また，同法第30条2項は，小学校に関して，「生涯にわたり学習する基盤が培われるよう，基礎的な知識及び技能を習得させるとともに，これらを活用して課題を解決するために必要な思考力，判断力，表現力その他の能力をはぐくみ，主体的に学習に取り組む態度を養うことに，特に意を用いなければならない」と定めている（中学校，義務教育学校，高等学校，中等教育学校に準用）。

表9：学校教育法に規定された幼稚園，小学校，中学校，義務教育学校，高等学校，中等教育学校，特別支援学校の目的

学校名	目的
幼稚園	幼稚園は，義務教育及びその後の教育の基礎を培うものとして，幼児を保育し，幼児の健やかな成長のために適当な環境を与えて，その心身の発達を助長することを目的とする。（第22条）
小学校	小学校は，心身の発達に応じて，義務教育として行われる普通教育のうち基礎的なものを施すことを目的とする。（第29条）
中学校	中学校は，小学校における教育の基礎の上に，心身の発達に応じて，義務教育として行われる普通教育を施すことを目的とする。（第45条）
義務教育学校	義務教育学校は，心身の発達に応じて，義務教育として行われる普通教育を基礎的なものから一貫して施すことを目的とする。（第49条の2）
高等学校	高等学校は，中学校における教育の基礎の上に，心身の発達及び進路に応じて，高度な普通教育及び専門教育を施すことを目的とする。（第50条）
中等教育学校	中等教育学校は，小学校における教育の基礎の上に，心身の発達及び進路に応じて，義務教育として行われる普通教育並びに高度な普通教育及び専門教育を一貫して施すことを目的とする。（第63条）
特別支援学校	特別支援学校は，視覚障害者，聴覚障害者，知的障害者，肢体不自由者又は病弱者（身体虚弱者を含む。以下同じ。）に対して，幼稚園，小学校，中学校又は高等学校に準ずる教育を施すとともに，障害による学習上又は生活上の困難を克服し自立を図るために必要な知識技能を授けることを目的とする。（第72条）

2.3 教科構成・時間配当

2.3.1 幼稚園

　教育基本法第11条は,「幼児期の教育は,生涯にわたる人格形成の基礎を培う重要なものであることにかんがみ,国及び地方公共団体は,幼児の健やかな成長に資する良好な環境の整備その他適当な方法によって,その振興に努めなければならない」と定めている。

　幼稚園の教育課程について,学校教育法施行規則第37条は,「毎学年の教育週数は,特別の事情のある場合を除き,39週を下つてはならない」と定めているほか,第38条は「幼稚園の教育課程その他の保育内容については,この章に定めるもののほか,教育課程その他の保育内容の基準として文部科学大臣が別に公示する幼稚園教育要領によるものとする」と定めている。

　幼稚園教育要領は「幼稚園教育は,学校教育法第22条に規定する目的を達成するため,幼児期の特性を踏まえ,環境を通して行うものであることを基本とする」と基本を示し,「健康」「人間関係」「環境」「言葉」「表現」の5領域ごとにねらいと内容を定めている。ねらいは,幼稚園修了までに育つことが期待される生きる力の基礎となる心情,意欲,態度などであり,内容は,ねらいを達成するために指導する事項である。

2.3.2 小学校

　小学校の教育課程について,学校教育法施行規則第50条は「国語,社会,算数,理科,生活,音楽,図画工作,家庭及び体育の各教科,道徳,外国語活動,総合的な学習の時間並びに特別活動によつて編成するものとする。2 私立の小学校の教育課程を編成する場合は,前項の規定にかかわらず,宗教を加えることができる。この場合においては,宗教をもつて前項の道徳に代えることができる」と定めている。

　同規則第51条は,小学校の各学年における各教科,道徳,外国語活動,総合的な学習の時間及び特別活動のそれぞれの授業時数並びに各学年におけるこれらの総授業時数(1年度間)は,次頁の表に定める授業時数を標準とすることを定め,また,第52条は教育課程の基準として文部科学大臣が別に公示する小学校学習指導要領によるものとすることを定めている。学習指導要領では,各教科,道徳,総合的な学習の時間及び特別活動の授業は,年間35週以上にわたって行うよう計画し,週当たりの授業時数が生徒の負担過重にならないようにするものとすると定めている。

　なお,平成27年3月に学校教育法施行規則の一部が改正され,「道徳」は「特別の教科である道徳」に変更され,平成30年度から施行される。

表10：小学校の標準授業時数（1年度間）

区分		第1学年	第2学年	第3学年	第4学年	第5学年	第6学年
各教科の授業時数	国語	306	315	245	245	175	175
	社会			70	90	100	105
	算数	136	175	175	175	175	175
	理科			90	105	105	105
	生活	102	105				
	音楽	68	70	60	60	50	50
	図画工作	68	70	60	60	50	50
	家庭					60	55
	体育	102	105	105	105	90	90
道徳の授業時数		34	35	35	35	35	35
外国語活動の授業時数						35	35
総合的な学習の時間の授業時数				70	70	70	70
特別活動の授業時数		34	35	35	35	35	35
総授業時数		850	910	945	980	980	980

備考
1. この表の授業時数の1単位時間は，45分とする。
2. 特別活動の授業時数は，小学校学習指導要領で定める学級活動（学校給食に係るものを除く）に充てるものとする。
3. 第50条第2項の場合において，道徳のほかに宗教を加えるときは，宗教の授業時数をもつてこの表の道徳の授業時数の一部に代えることができる。

2.3.3 中学校

中学校の教育課程について，学校教育法施行規則第72条は，「国語，社会，数学，理科，音楽，美術，保健体育，技術・家庭及び外国語の各教科，道徳，総合的な学習の時間並びに特別活動によつて編成するものとする」と定めている。

同規則第73条は，中学校の各学年における各教科，道徳，総合的な学習の時間及び特別活動のそれぞれの授業時数並びに各学年におけるこれらの総授業時数（1年度間）は，下記の表に定める授業時数を標準とすることと定め，また，第74条は教育課程の基準として文部科学大臣が別に公示する中学校学習指導要領によるものとすると定めている。学習指導要領においては，各教科，道徳，総合的な学習の時間及び特別活動の授業は，年間35週以上にわたって行うよう計画し，週当たりの授業時数が生徒の負担過重にならないようにするものとすると定められている。

なお，平成27年3月に学校教育法施行規則の一部が改正され，「道徳」は「特別の教科である道徳」に変更され，平成31年度から施行される。

表11：中学校の標準授業時数（1年度間）

区分		第1学年	第2学年	第3学年
各教科の授業時数	国語	140	140	105
	社会	105	105	140
	数学	140	105	140
	理科	105	140	140
	音楽	45	35	35
	美術	45	35	35
	保健体育	105	105	105
	技術・家庭	70	70	35
	外国語	140	140	140
道徳の授業時数		35	35	35
総合的な学習の時間の授業時数		50	70	70
特別活動の授業時数		35	35	35
総授業時数		1,015	1,015	1,015

備考
1．この表の授業時数の1単位時間は，50分とする。
2．特別活動の授業時数は，中学校学習指導要領で定める学級活動（学校給食に係るものを除く）に充てるものとする。

2.3.4 義務教育学校

学校教育法第49条の7は義務教育学校の前期課程及び後期課程の教育課程に関する事項は，同法に規定された義務教育学校の目的，目標等の規定に従い，文部科学大臣が定めることを規定している。

2.3.5 高等学校

高等学校の教育課程について，学校教育法施行規則第83条は次頁の表に定める各教科に属する科目，総合的な学習の時間及び特別活動によつて編成することを定めている。ただし，学校においては，地域，学校及び生徒の実態，学科の特色等に応じ，特色ある教育課程の編成に資するよう，以下の表に掲げる教科について，これらに属する科目以外の科目（学校設定科目）や以下の表に掲げる教科以外の教科（学校設定教科）や学校設定教科に関する科目として「産業社会と人間」を設けることができる。高等学校における教育課程編成は小学校・中学校よりも裁量が大きい。

また，同規則第84条は教育課程の基準として文部科学大臣が別に公示する高等学校学習指導要領によるものとすると定めている。また，同規則第96条は，「校長は，生徒の高等学校の全課程の修了を認めるに当たつては，高等学校学習指導要領の定めるところにより，74単位以上を修得した者について行わなければならない」ことを定めている。

学習指導要領では，単位については，1単位時間を50分とし，35単位時間の授業を1単位として計算することを標準としている。

これらの教科・科目を組み合わせて教育課程を編成するが，全ての学科に共通して次頁の教科・科目及び総合的な学習の時間を履修させることとなっている。

表12：学校教育法施行規則で定める各教科に属する科目

(1) 各学科に共通する各教科

各教科	各教科に属する科目
国　語	国語総合, 国語表現, 現代文A, 現代文B, 古典A, 古典B
地理歴史	世界史A, 世界史B, 日本史A, 日本史B, 地理A, 地理B
公　民	現代社会, 倫理, 政治・経済
数　学	数学Ⅰ, 数学Ⅱ, 数学Ⅲ, 数学A, 数学B, 数学活用
理　科	科学と人間生活, 物理基礎, 物理, 化学基礎, 化学, 生物基礎, 生物, 地学基礎, 地学, 理科課題研究
保　健	体育, 保健
芸　術	音楽Ⅰ, 音楽Ⅱ, 音楽Ⅲ, 美術Ⅰ, 美術Ⅱ, 美術Ⅲ, 工芸Ⅰ, 工芸Ⅱ, 工芸Ⅲ, 書道Ⅰ, 書道Ⅱ, 書道Ⅲ
外国語	コミュニケーション英語基礎, コミュニケーション英語Ⅰ, コミュニケーション英語Ⅱ, コミュニケーション英語Ⅲ, 英語表現Ⅰ, 英語表現Ⅱ, 英語会話
家　庭	家庭基礎, 家庭総合, 生活デザイン
情　報	社会と情報, 情報の科学

(2) 主として専門学科において開設される各教科

各教科	各教科に属する科目
農　業	農業と環境, 課題研究, 総合実習, 農業情報処理, 作物, 野菜, 果樹, 草花, 畜産, 農業経営, 農業機械, 食品製造, 食品化学, 微生物利用, 植物バイオテクノロジー, 動物バイオテクノロジー, 農業経済, 食品流通, 森林科学, 森林経営, 林産物利用, 農業土木設計, 農業土木施工, 水循環, 造園計画, 造園技術, 環境 緑化材料, 測量, 生物活用, グリーンライフ
工　業	工業技術基礎, 課題研究, 実習, 製図, 工業数理基礎, 情報技術基礎, 材料技術基礎, 生産システム技術, 工業技術英語, 工業管理技術, 環境工学基礎, 機械工作, 機械設計, 原動機, 電子機械, 電子機械応用, 自動車工学, 自動車整備, 電気基礎, 電気機器, 電力技術, 電子技術, 電子回路, 電子計測制御, 通信技術, 電子情報技術, プログラミング技術, ハードウェア技術, ソフトウェア技術, コンピュータシステム技術, 建築構造, 建築計画, 建築構造設計, 建築施工, 建築法規, 設備計画, 空気調和設備, 衛生・防災設備, 測量, 土木基礎力学, 土木構造設計, 土木施工, 社会基盤工学, 工業化学, 化学工学, 地球環境化学, 材料製 造技術, 工業材料, 材料加工, セラミック化学, セラミック技術, セラミック工業, 繊維製品, 繊維・染色技術, 染織デザイン, インテリア計画, インテリア装備, インテリアエレメント生産, デザイン技術, デザイン材料, デザイン史
商　業	ビジネス基礎, 課題研究, 総合実践, ビジネス実務, マーケティング, 商品開発, 広告と販売促進, ビジネス経済, ビジネス経済応用, 経済活動と法, 簿記, 財務会計Ⅰ, 財務会計Ⅱ, 原価計算, 管理会計, 情報処理, ビジネス情報, 電子商取引, プログラミング, ビジネス情報管理
水　産	水産海洋基礎, 課題研究, 総合実習, 海洋情報技術, 水産海洋科学, 漁業, 航海・計器, 船舶運用, 船用機関, 機械設計工作, 電気理論, 移動体通信工学, 海洋通信技術, 資源増殖, 海洋生物, 海洋環境, 小型船舶, 食品製造, 食品管理, 水産流通, ダイビング, マリンスポーツ
家　庭	生活産業基礎, 課題研究, 生活産業情報, 消費生活, 子どもの発達と保育, 子ども文化, 生活と福祉, リビングデザイン, 服飾文化, ファッション造形基礎, ファッション造形, ファッションデザイン, 服飾手芸, フードデザイン, 食文化, 調理, 栄養, 食品, 食品衛生, 公衆衛生
看　護	基礎看護, 人体と看護, 疾病と看護, 生活と看護, 成人看護, 老年看護, 精神看護, 在宅看護, 母性看護, 小児看護, 看護の統合と実践, 看護臨地実習, 看護情報活用
情　報	情報産業と社会, 課題研究, 情報の表現と管理, 情報と問題解決, 情報テクノロジー, アルゴリズムとプログラム, ネットワークシステム, データベース, 情報システム実習, 情報メディア, 情報デザイン, 表現メディアの編集と表現, 情報コンテンツ実習
福　祉	社会福祉基礎, 介護福祉基礎, コミュニケーション技術, 生活支援技術, 介護過程, 介護総合演習, 介護実習, こころとからだの理解, 福祉情報活用
理　数	理数数学Ⅰ, 理数数学Ⅱ, 理数数学特論, 理数物理, 理数化学, 理数生物, 理数地学, 課題研究
体　育	スポーツ概論, スポーツⅠ, スポーツⅡ, スポーツⅢ, スポーツⅣ, スポーツⅤ, スポーツⅥ, スポーツ総合演習
音　楽	音楽理論, 音楽史, 演奏研究, ソルフェージュ, 声楽, 器楽, 作曲, 鑑賞研究
美　術	美術概論, 美術史, 素描, 構成, 絵画, 版画, 彫刻, ビジュアルデザイン, クラフトデザイン, 情報メディアデザイン, 映像表現, 環境造形, 鑑賞研究
英　語	総合英語, 英語理解, 英語表現, 異文化理解, 時事英語

1. (1) 及び (2) の表の上欄に掲げる各教科について, それぞれの表の下欄に掲げる各教科に属する科目以外の科目を設けることができる。
2. (1) 及び (2) の表の上欄に掲げる各教科以外の教科及び当該教科に関する科目を設けることができる。

表13：各学科に共通する必履修教科・科目

> ア　国語のうち「国語総合」
> イ　地理歴史のうち「世界史A」及び「世界史B」のうちから1科目並びに「日本史A」,「日本史B」,「地理A」及び「地理B」のうちから1科目
> ウ　公民のうち「現代社会」又は「倫理」・「政治・経済」
> エ　数学のうち「数学Ⅰ」
> オ　理科のうち「科学と人間生活」,「物理基礎」,「化学基礎」,「生物基礎」及び「地学基礎」のうちから2科目（うち1科目は「科学と人間生活」とする。）又は「物理基礎」,「化学基礎」,「生物基礎」及び「地学基礎」のうちから3科目
> カ　保健体育のうち「体育」及び「保健」
> キ　芸術のうち「音楽Ⅰ」,「美術Ⅰ」,「工芸Ⅰ」及び「書道Ⅰ」のうちから1科目
> ク　外国語のうち「コミュニケーション英語Ⅰ」（英語以外の外国語を履修する場合は,学校設定科目として設ける1科目とし,その標準単位数は3単位とする。）
> ケ　家庭のうち「家庭基礎」,「家庭総合」及び「生活デザイン」のうちから1科目
> コ　情報のうち「社会と情報」及び「情報の科学」のうちから1科目

　専門学科では，専門教科・科目について，全ての生徒に履修させる単位数は，25単位を下らないこと，総合学科においては，「産業社会と人間」を全ての生徒に原則として入学年次に履修させるものとし，標準単位数は2〜4単位とし，学年による教育課程の区分を設けない課程（以下「単位制による課程」という）とすることを原則とするとともに，「産業社会と人間」及び専門教科・科目を合わせて25単位以上設け，生徒が多様な各教科・科目から主体的に選択履修できるようにすること，などが定められている。

2.3.6　特別支援学校

　特別支援学校の小学部の教育課程について，学校教育法施行規則第126条は，「国語，社会，算数，理科，生活，音楽，図画工作，家庭及び体育の各教科，道徳，外国語活動，総合的な学習の時間，特別活動並びに自立活動によつて編成するものとする」こと，同規則127条は，特別支援学校の中学部の教育課程は，「国語，社会，数学，理科，音楽，美術，保健体育，技術・家庭及び外国語の各教科，道徳，総合的な学習の時間，特別活動並びに自立活動によつて編成するものとする」こと，同規則128条は，特別支援学校の高等部の教育課程は，「各教科に属する科目，総合的な学習の時間，特別活動並びに自立活動によつて編成するものとする」ことを定めている。

　同規則第129条は，特別支援学校の幼稚部の教育課程その他の保育内容並びに小学部，中学部及び高等部の教育課程については，教育課程その他の保育内容又は教育課程の基準として文部科学大臣が別に公示する特別支援学校幼稚部教育要領，特別支援学校小学部・中学部学習指導要領及び特別支援学校高等部学習指導要領によるものとすると定めている。

　なお，知的障害者を教育する場合には，知的障害の特徴や学習上の特性などを踏まえた独自の教科及びその目標や内容が示されている。

　小学校・中学校における特別支援学級は，基本的には，小学校・中学校の学習指導要領に沿って教育が行われるが，子供の実態に応じて，特別支援学校の学習指導要領を参考として特別の教育課程も編成できるようになっている。

　小学校・中学校における通級による指導は，障害の状態に応じた特別の指導（自立活動の指導等）を特別の指導の場（通級指導教室）で行うことから，通常の学級の教育課程に加え，又はその一部に替えた特別の教育課程を編成することができるようになっている。

通常の学級に在籍する障害のある子供については，その実態に応じ，指導内容や指導方法を工夫することとされている。

2.3.7 キャリア教育

キャリア教育とは「一人一人の社会的・職業的自立に向け，必要な基盤となる能力や態度を育てることを通して，キャリア発達を促す教育」（中央教育審議会『今後の学校におけるキャリア教育・職業教育の在り方について』平成23年1月）である。

キャリア教育に関連して，2006年に改正された教育基本法第2条第2号は，教育の目標の1つとして「個人の価値を尊重して，その能力を伸ばし，創造性を培い，自主及び自律の精神を養うとともに，職業及び生活との関連を重視し，勤労を重んずる態度を養うこと」を掲げている。

また，学校教育法第21条（義務教育の目標）は，第1号「学校内外における社会的活動を促進し，自主，自律及び協同の精神，規範意識，公正な判断力並びに公共の精神に基づき主体的に社会の形成に参画し，その発展に寄与する態度を養うこと」，第4号「家族と家庭の役割，生活に必要な衣，食，住，情報，産業その他の事項について基礎的な理解と技能を養うこと」，第10号「職業についての基礎的な知識と技能，勤労を重んずる態度及び個性に応じて将来の進路を選択する能力を養うこと」と定めており，これらが，今日，キャリア教育を推進する上での法的根拠となっている。

2.3.8 情報教育

現在，小学校における情報教育については，情報教育を専門に担う教科・科目が設けられておらず，各教科及び総合的な学習の時間等の指導を通じて行うこととなっている。

中学校では，技術・家庭科の技術分野において，情報の科学的な理解に関する学習として，「情報に関する技術」が必修となっている。

また，高等学校においては，全ての学科に共通して教科「情報」のうち「社会と情報」及び「情報の科学」のうちから1科目履修することとなっている。

2.3.9 横断的・総合的学習

横断的・総合的な学習や探究的な学習を通して，自ら課題を見つけ，自ら学び，自ら考え，主体的に判断し，よりよく問題を解決する資質や能力を育成するとともに，学び方やものの考え方を身に付け，問題の解決や探究活動に主体的，創造的，協同的に取り組む態度を育て，自己の生き方（高等学校の場合には「自己の在り方生き方」）を考えることができるようにすることを目標とした総合的な学習の時間が設けられ，必修となっている。

2.4 学年暦

幼稚園，小学校，中学校，義務教育学校，中等教育学校，高等学校，特別支援学校の場合には，国立，公立，私立学校を問わず，学年は，4月1日に始まり，翌年3月31日に終わることが学校教育法施行規則で定められている。

公立学校の学期及び夏季，冬季，学年末，農繁期等における休業日は，設置者の教育委員会が決

めることになっている。これらの休業日とともに，国民の祝日に関する法律に規定する日，日曜日及び土曜日が休業日とされている。しかし，当該学校を設置する地方公共団体の教育委員会等が必要と認める場合は，土曜日等に授業を実施することが可能である。

国立学校における学期及び休業日は当該大学の規則で，私立学校における学期及び休業日は，当該学校の学則で定める。

2.5 授業形態・組織

高等学校には通信制の課程（231校，生徒数は18万3,754人）があり，自宅などでの学習，添削指導，スクーリングを通じて学んでいる。これらを除けば，児童・生徒が教室での対面指導で学んでいる。対面での授業は，主に1人の教師が多数の生徒に対して同時に指導する一斉指導であるが，TT（ティーム・ティーチング）などの工夫も取り入れられている。

小学校は基本的に学級担任制であり，中学校・高等学校は教科担任制である。

2.6 評価

2.6.1 学習評価

学校教育法施行規則第24条は，校長にその学校に在学する児童等の学習及び健康の状況を記録した指導要録を作成することを義務付けている。この指導要録は，学籍に関する記録と指導に関する記録からなり，学籍に関するものは20年間，指導に関するものは5年間保存することになっている。文部科学省の示す参考案に照らしてその様式等は各教育委員会が決定することとなっている。文部科学省の示す参考案は，教育課程の在り方と関わりを持つことから，様式等については学習指導要領の改訂と軌を一にして改訂される。

指導要録の目的は，学籍並びに指導の過程や結果の要約を記録してその後の指導に生かすことと，当該児童・生徒の受けた教育を外部に証明するための記録として活用することである。学習評価は小・中学校については，①絶対評価による観点別学習状況の評価，②絶対評価による各教科の評定がなされており，高等学校については，絶対評価による各教科・科目等の評定がなされている。

この指導要録とは別に，学習状況を記載するものとして通知表があるが，これについて法的義務はなく，作成するか否かの決定や様式については各学校に任されている。

2.6.2 学校評価

学校教育法第42条では，文部科学大臣の定めるところにより当該小学校の教育活動その他の学校運営の状況について評価を行い，その結果に基づき学校運営の改善を図るため必要な措置を講ずることにより，その教育水準の向上に努めなければならないと定めている（幼稚園・中学校・義務教育学校・高等学校・中等教育学校・特別支援学校に準用）。

また，学校教育法第43条では，当該小学校に関する保護者及び地域住民その他の関係者の理解を深めるとともに，これらの者との連携及び協力の推進に資するため，当該小学校の教育活動その他の学校運営の状況に関する情報を積極的に提供するものとすると定めている（幼稚園・中学校・義務教育学校・高等学校・中等教育学校・特別支援学校に準用）。

3 進級・進学制度

3.1 進級・修了

　学校教育法施行規則は，各学年の課程の修了又は卒業を認めるに当たっては，児童の平素の成績を評価して，これを定めなければならないとしている。義務教育段階においても，児童・生徒の平素の成績の評価により，校長の判断で原級留置させることも可能であるが，公立小学校・中学校においては，原級留置が行われることはまれである。これに対して，高等学校の場合には義務教育と異なり，原級留置が行われている。

3.2 進学制度

3.2.1 中学校卒業者の進学制度と卒業後の状況

　中学校卒業者のほとんどが，高等学校に進学する。高等学校の入学は，原則として，調査書その他必要な書類，選抜のための学力検査の成績等を資料として行う入学者の選抜に基づいて，校長が許可することになっている。平成26年3月の中学校卒業者数は119万2,990人（男子60万9,847人，女子58万3,143人）であり，その卒業後の状況は以下のとおりである。

表14：状況別卒業者数（中学校）

卒業者	1,192,990人
A　高等学校等進学者（うち通信制課程を除く）	1,173,998 (1,151,166) 人
B　専修学校（高等課程）進学者	2,952人
C　専修学校（一般課程）等進学者	1,047人
D　公共職業能力開発施設等入学者	494人
就職者（上記A～Dを除く）	4,341人
上記以外の者	10,016人
不詳・死亡の者	142人
上記「A」，「B」，「C」，「D」のうち就職している者	282人
高等学校等進学率（うち通信制課程を除く）	98.4 (96.5%)
専修学校（高等課程）進学率	0.2%
卒業者に占める就職者の割合	0.4%

表注1：「高等学校等進学者」とは，高等学校・中等教育学校後期課程・特別支援学校高等部の本科・別科及び高等専門学校へ進んだ者である。また，進学しかつ就職した者を含む。
表注2：「専修学校（一般課程）等入学者」とは，専修学校（一般課程）及び各種学校へ入学した者である。
表注3：「卒業者に占める就職者の割合」とは，卒業者のうち「就職者（上記A～Dを除く）」及び「上記A，B，C，Dのうち就職している者（再掲）」の占める割合である。
表注4：「上記以外の者」とは，進学も就職もしていない者である（外国の高等学校等に入学した者，家事手伝いなど）。
（出典）文部科学省『平成26年度学校基本調査』。

3.2.2 高等学校（全日制課程・定時制課程）卒業者の卒業後の状況

高等学校卒業者の大学等進学率は，53.8％である。大学においては，学生の入学，退学，転学，留学，休学及び卒業は，教授会の議を経て，学長が定めることになっている。平成26年3月の高等学校（全日制課程・定時制課程）卒業者数は104万7,392人（男子52万6,467人，女子52万925人）であり，その卒業後の状況は以下のとおりである。

表15：状況別卒業者数（高等学校［全日制課程・定時制課程］）

卒業者	1,047,392人
A 大学等進学者（うち通信教育部を除く）（うち大学（学部））	563,268（562,892）（502,279）人
B 専修学校（専門課程）進学者	178,530人
C 専修学校（一般課程）等進学者	56,638人
D 公共職業能力開発施設等入学者	6,408人
就職者（上記A～Dを除く）	182,706人
一時的な仕事に就いた者	11,956人
上記以外の者	47,661人
不詳・死亡の者	225人
上記「A」，「B」，「C」，「D」のうち就職している者	878人
大学等進学率（うち通信教育部を除く）（うち大学（学部））	53.8％（53.7％）（48.0％）
専修学校（専門課程）進学率	17.0％
卒業者に占める就職者の割合	17.5％

表注1：「大学等進学者」とは，大学の学部・通信教育部・別科，短期大学の本科・通信教育部・別科，高等学校・特別支援学校高等部の専攻科への進学者である。また，進学しかつ就職した者を含む。
表注2：「専修学校（一般課程）等入学者」とは，専修学校（一般課程）及び各種学校へ入学した者である。
表注3：「卒業者に占める就職者の割合」とは，卒業者のうち「就職者（上記A～Dを除く）」及び「上記A，B，C，Dのうち就職している者（再掲）」の占める割合である。
表注4：「上記以外の者」とは，進学も就職もしていない者である（外国の大学等に入学した者，家事手伝いなど）。
（出典）文部科学省『平成26年度学校基本調査』。

3.2.3 特別支援学校卒業者の卒業後の状況

3.2.3.1 特別支援学校（中学部）卒業者の卒業後の状況

平成26年3月の特別支援学校の中学部卒業者数は9,648人（男子6,285人，女子3,363）である。高等学校等進学者数（高等学校の通信制課程（本科）への進学者数を含む）は9,494人（全卒業者数に占める比率98.4％）である。これらの進学者の大部分は，特別支援学校の高等部へ進学している。

3.2.3.2 特別支援学校（高等部）卒業者の卒業後の状況

平成26年3月の特別支援学校の高等部卒業者数は1万9,576人（男子1万2,706人，女子6,870人）である。大学等進学者数（大学・短期大学の通信教育部への進学者数を含む）は，418人（全卒業者数に占める比率2.1％）である。専修学校（専門課程）進学者数は50人（全卒業者数に占める比率0.3％）である。就職者総数（「大学等進学者」「専修学校（専門課程）進学者」「専修学校（一般課程）等入学者」「公共職業能力開発施設等入学者」のうち就職している者を加えた全就職者数）は，5,557人（全卒業者数に占める比率28.4％）である。

4 教育条件

4.1 学校規模

学校育法施行規則第41条は「小学校・中学校の学級数は，12学級以上18学級以下を標準とする。ただし，地域の実態その他により特別の事情のあるときは，この限りでない」と定めている。また，第42条で，「分校の学級数は，特別の事情のある場合を除き，5学級以下」とされている（中学校に準用，第42条中「五学級」とあるのは「二学級」と読み替え）。

公立の高等学校について，公立高等学校の適正配置及び教職員定数の標準等に関する法律第4条は，「都道府県は，高等学校の教育の普及及び機会均等を図るため，その区域内の公立の高等学校の配置及び規模の適正化に努めなければならない」と定めている。

表16：児童・生徒数別学校数

児童・生徒数	小学校 数	小学校 割合	中学校 数	中学校 割合
0人	309	1.5%	125	1.2%
1～49人	2,479	11.9%	1,026	9.7%
50～99人	2,336	11.2%	907	8.6%
100～149人	1,804	8.7%	796	7.5%
150～199人	1,486	7.1%	763	7.2%
200～249人	1,352	6.5%	757	7.2%
250～299人	1,380	6.6%	741	7.0%
300～399人	2,627	12.6%	1,611	15.3%
400～499人	2,249	10.8%	1,306	12.4%
500～599人	1,770	8.5%	1,060	10.0%
600～699人	1,309	6.3%	689	6.5%
700～799人	833	4.0%	401	3.8%
800～899人	478	2.3%	216	2.0%
900～999人	257	1.2%	108	1.0%
1,000～1,099人	119	0.6%	38	0.4%
1,100～1,199人	37	0.2%	10	0.1%
1,200～1,299人	18	0.1%	2	0.0%
1,300～1,399人	7	0.0%	-	0.0%
1,400～1,499人	2	0.0%	1	0.0%
計	20,852	100.0%	10,557	100%

※「0人」とは休校中等の学校である。
(出典) 文部科学省『平成26年度学校基本調査』。

4.2 学級編制基準

4.2.1 幼稚園

国立，公立，私立を問わず，幼稚園設置基準第3条は「1学級の幼児数は，35人以下を原則とする」と定めている。また，同法施行規則第4条では「学級は，学年の初めの日の前日において同じ年齢にある幼児で編制することを原則とする」と定められている。

4.2.2 小学校・中学校

国立，公立，私立を問わず，小学校設置基準第4条は「1学級の児童数は，法令に特別の定めがある場合を除き，40人以下とする。ただし，特別の事情があり，かつ，教育上支障がない場合は，この限りでない」と定めている。また，同法施行規則第5条では「小学校の学級は，同学年の児童で編制するものとする。ただし，特別の事情があるときは，数学年の児童を1学級に編制することができる」と定めている。中学校に関しても，中学校設置基準に同等の規定が設けられている。

都道府県ごとの公立の小学校又は中学校の1学級の児童又は生徒の数の基準は，公立義務教育諸学校の学級編制及び教職員定数の標準に関する法律で示されている数を標準として，都道府県の教育委員会が定める。ただし，都道府県教育委員会は児童・生徒の実態等を考慮して，国の標準を下回る学級編制基準を設定することが可能である。公立の小学校・中学校の学級編制は，都道府県の教育委員会が定めた基準を標準として，当該学校を設置する地方公共団体の教育委員会が，当該学校の児童又は生徒の実態を考慮して行う。

表17：公立小学校・中学校の学級編制の標準

	小学校		中学校
	（第1学年）	（第2～6学年）	（中等教育学校の前期課程を含む）
単式学級	35人		40人
複式学級	16人（第1学年を含む場合は，8人）		8人
特別支援学級	8人		

4.2.3 高等学校

国立，公立，私立を問わず，高等学校設置基準第7条は，「同時に授業を受ける1学級の生徒数は，40人以下とする，ただし，特別の事情があり，かつ，教育上支障がない場合は，この限りでない」と定めている。この基準を基に，高等学校を設置する都道府県又は市町村の教育委員会が学級編制を行う。

4.2.4 特別支援学校

4.2.4.1 幼稚部

幼稚部について，学校教育法施行規則第120条第1項は「主幹教諭，指導教諭又は教諭一人の保育する幼児数は，8人以下を標準とする」と定めている。

4.2.4.2　小学部・中学部

　学校教育法施行規則第120条第2項は,「視覚障害者又は聴覚障害者である児童又は生徒に対する教育を行う学級にあつては10人以下を,知的障害者,肢体不自由者又は病弱者(身体虚弱者を含む。以下同じ)である児童又は生徒に対する教育を行う学級にあつては15人以下を標準とする」と定めている。

　都道府県ごとの公立の特別支援学校の小学部又は中学部の1学級の児童又は生徒の数の基準は,公立義務教育諸学校の学級編制及び教職員定数の標準に関する法律で示されている数を標準として,都道府県の教育委員会が定める。小・中学部では6人で学級が編制されるのが標準となっている。また,障害が重複しており,更に個別の配慮を必要とする児童・生徒(重複障害者)については,3人で学級を編制することが標準となっている。

　ただし,都道府県教育委員会は児童・生徒の実態等を考慮して,国の標準を下回る学級編制基準を設定することが可能である。公立の特別支援学校の小学部又は中学部の学級編制は,都道府県の教育委員会が定めた基準を標準として,当該学校を設置する地方公共団体の教育委員会が,当該学校の児童又は生徒の実態を考慮して行う。

4.2.4.3　高等部

　学校教育法施行規則第120条第2項は,「高等部の同時に授業を受ける1学級の生徒数は,15人以下を標準とする」と規定している。

　公立の学校については,公立高等学校の適正配置及び教職員定数の標準等に関する法律により,高等部では8人で学級が編制されるのが標準となっている。重複障害者については,高等部でも小・中学部と同様,3人で学級が編制されることが標準となっている。この標準を基に,高等部を置く特別支援学校を設置する都道府県又は市町村の教育委員会が学級編制を行う。

4.3　教職員配置基準

　国立・公立・私立を通じて適用される基準としては,学校設置基準があり,学校種ごとに以下のように定められている。なお,特別支援学校を対象とした設置基準は設けられていない。

表18：学校設置基準における教諭の数等に関する規定

幼稚園	園長のほか,各学級ごとに少なくとも専任の主幹教諭,指導教諭又は教諭を1人置かなければならない。
小学校	小学校に置く主幹教諭,指導教諭及び教諭の数は,1学級当たり1人以上とする。
中学校	中学校に置く主幹教諭,指導教諭及び教諭の数は,1学級当たり1人以上とする。
高等学校	主幹教諭,指導教諭及び教諭の数は当該高等学校の収容定員を40で除して得た数以上で,かつ,教育上支障がないものとする。

　公立学校の教職員定数は基本的にその学校を設置する地方公共団体の条例で定められる。しかし,市町村立の小学校,中学校,中等教育学校の前期課程,特別支援学校及び定時制の課程の高等学校の教職員は都道府県が負担する(県費負担教職員制度)こととなっており,県費負担教職員の定数については都道府県の条例で定める。さらに,都道府県が負担した義務教育諸学校の教職員給

与費の3分の1を国が負担する（義務教育費国庫負担制度）こととなっている。国が給与費を負担する各都道府県の標準的な教職員の数は公立義務教育諸学校の学級編制及び教職員定数の標準に関する法律等で定められる。それを標準として，都道府県は，県費負担教職員の定数を条例で定める。

公立高等学校の場合には，公立高等学校の適正配置及び教職員定数の標準等に関する法律に基づき，公立高等学校に置くべき都道府県又は市町村ごとの総数が算定され，都道府県又は市町村は，これを標準として，教職員の定数を条例で定める仕組みとなっている。

4.4　施設・設備の基準

幼稚園，小学校，中学校，高等学校に関しては，それぞれ，幼稚園設置基準，小学校設置基準，中学校設置基準及び高等学校設置基準が，学校を設置するのに必要な最低の基準として定められている。設置者は，学校の編制，施設，設備等がこの省令で定める設置基準より低下した状態にならないようにすることはもとより，これらの水準の向上を図ることに努めなければならないことと定められている。それらの設置基準は，一般的基準，校舎及び運動場の面積等，校舎に備えるべき施設，その他の施設，校具及び教具などについて定めている。

また，文部科学省では，幼稚園，小学校，中学校，高等学校，特別支援学校に関して，学校種ごとに学校施設の計画・設計上の留意事項を示した「学校施設整備指針」を出している。

5　学校選択・連携

5.1　学校選択・通学区域

5.1.1　幼稚園

幼稚園に通わせることを決めた保護者が，幼稚園に入園申込みを行い，幼稚園が面接，試験，抽選などの方法により入学者を決定する。

5.1.2　小学校・中学校

国立・私立の小学校・中学校の場合には，学校に入学申込みを行い，学校が面接，試験，抽選などの方法により入学者を決定する。

公立学校について，学校教育法施行令第5条は，市町村教育委員会は，市町村内に小学校・中学校が2校以上ある場合，就学予定者が就学すべき小学校・中学校を指定することと定めている。この際，多くの市町村教育委員会は，就学校の指定に当たり，あらかじめ通学区域を設定し，それに基づいて指定を行っている。また，学校教育法施行規則32条第1項は，市町村教育委員会の判断により，この指定に先立ちあらかじめ保護者の意見を聴取することもできることとしている。

学校教育法施行令第8条は指定された就学校について，保護者の意向や子供の状況に合致しない場合等において，市町村教育委員会が相当と認めるときには，保護者の申立てにより，市町村内の他の学校に変更することができると定め，学校教育法施行規則第32条第2項は，市町村教育委員

会は，就学校を指定する通知において，この保護者の申立ができる旨を示すこととしている。

さらに，学校教育法施行令第9条は，保護者は，住所を有する市町村以外の市町村の学校に就学させることも，両市町村間の協議を経て，受入れ校を設置する市町村教育委員会が承認した場合には可能であることを定めている。

5.1.3 高等学校

高等学校をはじめとする後期中等教育課程に入学するには通例，前期中等教育課程（すなわち，中学校の課程，義務教育学校の後期課程，中等教育学校前期課程，特別支援学校中学部の課程のいずれか）を修了しなければならない。ただし，前期中等教育の課程を修了していない者でも，年初に15歳以上であれば，中学校卒業程度認定試験に合格することで一般の中学校卒業者と同等とされ，同様に後期中等教育の課程に入学できる。

高等学校の入学は，調査書その他必要な書類，選抜のための学力検査の成績等を資料として行う入学者の選抜に基づいて，校長が許可する。

5.1.4 特別支援学校

学校教育法施行令により，障害のある児童・生徒の就学先決定の仕組みについて規定しているが，平成14年以前の同令においては，一定の障害のある者については例外なく特別支援学校に就学することとされていた。その後，平成14年の改正により，認定就学制度が創設され，小中学校の施設設備も整っている等の特別の事情がある場合には，例外的に特別支援学校ではなく認定就学者として小中学校へ就学することが可能となった。さらに，インクルーシブ教育システム構築の必要性から，平成25年の改正により，これまでの仕組みを改め，市町村教育委員会が，個々の障害の状態等を踏まえ，総合的な観点から就学先を決定する仕組みとし，その際，本人・保護者の意向を可能な限り尊重することとなった。

5.2 学校・家庭・地域との連携

教育基本法は，家庭教育について，第10条で「父母その他の保護者は，子の教育について第一義的責任を有するものであって，生活のために必要な習慣を身に付けさせるとともに，自立心を育成し，心身の調和のとれた発達を図るよう努めるものとする」と定めるとともに，社会教育について，第12条で「個人の要望や社会の要請にこたえ，社会において行われる教育は，国及び地方公共団体によって奨励されなければならない」と定めている。

また，同法第13条は，このような家庭教育と社会教育の重要性を踏まえて，「学校，家庭及び地域住民その他の関係者は，教育におけるそれぞれの役割と責任を自覚するとともに，相互の連携及び協力に努めるものとする」と定めている。

5.2.1 学校評議員制度

平成12年1月の学校教育法施行規則の改正により，地域住民の学校運営への参画の仕組みを制度的に位置付けるものとして学校評議員制度が導入され，平成12年4月から実施されている。設置者の定めるところにより，学校評議員を置くことができ，学校評議員は，当該学校の職員以外の

者で教育に関する理解及び識見を有するもののうちから，校長の推薦により，当該学校の設置者が委嘱する。この学校評議員は，校長の求めに応じ，学校運営に関し意見を述べることができる。

5.2.2 学校運営協議会制度（コミュニティ・スクール）

学校と保護者や地域住民が共に知恵を出し合い，学校運営に意見を反映させることで，一緒に協働しながら子供たちの豊かな成長を支え「地域とともにある学校づくり」を進める仕組みとして平成16年に導入された学校運営協議会制度（コミュニティ・スクール）がある。学校運営協議会は，地方教育行政の組織及び運営に関する法律に基づいて設置され，教育委員会は，教育委員会規則で定めるところにより，その所管に属する学校のうちその指定する学校の運営に関して協議する機関として，当該指定学校ごとに，学校運営協議会を置くことができる。学校運営協議会の委員は，当該指定学校の所在する地域の住民，当該指定学校に在籍する生徒，児童又は幼児の保護者その他教育委員会が必要と認める者について，教育委員会が任命する。この学校運営協議会の主な役割は，校長の作成する学校運営の基本方針を承認する，学校運営に関する意見を教育委員会又は校長に述べる，教職員の任用に関して教育委員会に意見が述べられるというものである。

また，学校と地域の効果的な連携・協働のために地域学校協働本部の設置や地域コーディネーターの配置等が検討されている。

5.3 学校段階間の連携

学校段階間の連携については，中高一貫教育及び小中一貫教育が制度化されている。

【参考文献】
1) 文部科学省『平成26年度　文部科学白書』2014年。
2) 文部科学省『諸外国の初等中等教育』2002年。
3) 文部科学省『諸外国の教育行財政－7か国と日本の比較』2015年。

資 料

1 授業日数・休業日数 334
2 徳育 336
3 外国語教育 338
4 教科書制度 342
5 学校における国旗・国歌の取扱い 344
6 個の成長・能力に応じた教育 346
7 公立高校（後期中等教育）授業料の徴収状況 350
8 幼児教育無償化の状況 352

1　授業日数・休業日数（1/2）

	学校段階	授業日数	週当たり授業日数
アメリカ合衆国	初等	・州によって異なる（160〜190日）が，180日とする州が最も多い。	5日
	前期中等		
	後期中等		
イギリス	初等	最低190日	5日
	前期中等		
	後期中等		
フランス	初等	36週（約180日）	5日（水曜日は半日）
	前期中等		5日又は6日（学校により異なる）
	後期中等		
ドイツ	初等	約188日	5日 （一部の州では隔週で6日）
	前期中等		
	後期中等		
フィンランド	初等	190日	5日
	前期中等		
	後期中等		
中国	初等	35週 （その他，学校行事2週，復習・期末試験2週）	5日
	前期中等		
	後期中等	40週（その他，社会実践1週）	
韓国	初等	190日以上	5日
	前期中等		
	後期中等		
日本	小学校	35週以上（約200日）	5日
	中学校		
	高校		

1　授業日数・休業日数 (2/2)

	学校段階	週定例休業日	長期休業日	祝祭日	休業日数合計
アメリカ合衆国	初等	土・日	夏　約11〜12週間 冬　約1〜2週間 春　約1〜2週間 （州や学区によって異なる）	・連邦法が定める祝祭日：10日 ・州が定める祝祭日：州により多様	約185日
	前期中等				
	後期中等				
イギリス	初等	土・日	夏季休暇　約6週間 クリスマス　約2週間 イースター　約2週間 中間休み　1週間（年3回）	国民の祝日	約175日
	前期中等				
	後期中等				
フランス	初等	土・日	約17週間 　夏　約9週間 　クリスマス　約2週間 　冬　約2週間 　春　約2週間 　その他　約2週間	11日	約185日
	前期中等	日曜日は定休。他は学校により異なる。			
	後期中等				
ドイツ	初等	土・日 （一部の州では土曜日は隔週で休業日）	約75日	約10日	約177日
	前期中等				
	後期中等				
フィンランド	初等	土・日	夏休み 秋休み クリスマス休暇 スキー休暇 イースター休暇 　　　　　など	15日	約175日
	前期中等				
	後期中等				
中国	初等	土・日	13週		169日
	前期中等				
	後期中等		11週		159日
韓国	初等	土・日	約12週間 　夏　約4週間 　冬　約7週間 　春　約1週間	15日	約175日
	前期中等				
	後期中等				
日本	小学校	土・日	夏休み 冬休み 春休み 　など	16日	約165日
	中学校				
	高校				

2 徳育（1/2）

	アメリカ合衆国	イギリス	フランス	ドイツ
徳育の概要・教育課程上の位置付け	・人格形成を支援する人格教育，市民としての責任・義務等を学ぶ公民教育，学校での学習を地域活動に結び付けるサービスラーニングなどが行われている。	・徳育に含まれるものとしては，宗教教育，公民教育，人格形成・社会性，健康及び経済教育（PSHE）などがある。	・義務教育段階で全ての児童・生徒に習得させるべき「共通基礎知識技能教養」の1つとして「社会的公民的技能」が定められている。 ・初等中等教育の全段階を通じて道徳・公民教育が実施されている。	・徳育は，第1学年より宗教の授業において行われるほか，政治教育の概念の下，歴史や社会などの授業においても幅広く行われる。
特定宗教宗派に基づく教育	・公立学校においては認められていない。	・認められている。ただし，伝統的宗教は主としてキリスト教であるという事実を反映し，かつ，キリスト教以外の主要な宗教の教え及び実践に配慮する。	・実施されていない。公立学校では「非宗教性（laïcité）」が原則となっている。	・公立学校での宗教の授業は，ドイツ連邦共和国の憲法である基本法第7条「学校制度」第3項において「正規の教科」として位置付け（通常，初等教育段階で週当たり2〜3時間，中等教育段階で2時間程度実施）。ただし，同法は一部の州には適用されない。
公民教育	・小学校からハイスクールまでの全ての学校段階で必修となっている（「社会科」あるいは「歴史・社会科」の授業で学習）。	・中等学校で公民（citizenship）が必修となっている。		・教科としては設定されていないが，歴史や社会などの授業において公民教育関連の内容が扱われる。
道徳教育	・人格形成を支援することを目的とする人格教育が小学校からハイスクールまでの全段階を通じて行われている。 ・人格教育は，教科横断的な指導を含めて学校全体で実施する場合と，個別の授業・活動として実施される場合がある。	・道徳教育に含まれるものとしては，宗教教育，公民教育，人格形成・社会性，健康及び経済教育（PSHE）などがある。	・初等中等教育の全段階を通じて道徳・公民教育が行われている。	・教科としては設定されていないが，一般に，宗教の授業や，その代替教科ないし選択必修教科として位置付けられている倫理などの授業において道徳教育関連の内容が扱われる。
その他	・地域でのボランティア活動等と学校での事前・事後学習から社会貢献や習得した知識・技能の適用等について学ぶサービスラーニングがミドルスクールやハイスクールにおいて広く行われている。 ・メリーランド州とワシントンD.C.ではハイスクールの修了要件として一定時間のサービスラーニングの実施を求めている。	・宗教教育が，義務教育において必修となっている。集団礼拝（collective worship）が行われる。		

2 徳育 (2/2)

	フィンランド	中 国	韓 国	日 本
徳育の概要・教育課程上の位置付け	・公立学校では教科として「宗教」が設定されている。かつては徳育的要素が強かったが，近年は，知識としての宗教を教える方向へと転換している。	・学校教育では，しつけ，人格形成のための教育，思想・政治面の教育を「徳育」と総称し，重要な教育活動として力が入れられている。	・「弘益人間」の理念の下，「全人的な成長に基づく個性の発達と進路を開拓する人」「基礎的能力に基づき新しい発想と挑戦で創造性を発揮できる人」「文化的素養と多元的な価値に対する理解に基づき，品格のある人生を営む人」「世界と通じる市民としての配慮と分かち合いの精神で共同体の発展に寄与する人」が追求される。	・学校における道徳教育は，「道徳の時間」を要に学校の教育活動全体を通じて実施されている。
特定宗教宗派に基づく教育	・認められている。同一宗教の信者が3名以上在籍した場合，保護者はその宗教の授業の設定を要請できる。また，代替科目として倫理を選ぶことができる。	・認められていない（「中華人民共和国教育法」第8条）。	・国公立学校においては，実施されない（「教育基本法」第6条第2項）。	・国公立学校においては，実施されない（「教育基本法」第15条第2項）。
公民教育	・前期中等教育段階において現代社会が設定されており，この中で，公民的な内容が扱われている。 ・また，教科横断的テーマとして，参加の市民性など公民教育関連の内容が扱われる。	・「公民道徳向上のための実施要綱」に基づいて，小学校から高級中学で，道徳教育の一環として実施される。	・初等学校・中学校では，教科「社会」において学習する。高校では，教科「法と政治」（選択科目）などで学習する。	・小学校・中学校では，教科「社会」において学習する。高等学校では教科「公民」において学習する。
道徳教育	・教科としては設定されていない。初等・前期中等教育段階を通じて設置されている「宗教」及びその代替科目である「倫理」等において，道徳教育にかかわる事柄が扱われる。 ・教科横断的テーマのうち，「人間としての成長」などにおいて道徳教育に関連する内容が扱われる。	・小学校第1～2学年で「品徳と生活」，第3～6学年で「品徳と社会」，初級中学第1～3学年で「思想品徳」，高級中学第1～3学年で「思想政治」が必修教科となっている。 ・日常遵守すべき行動規範や身に付けるべき態度・徳目を記した「守則」による生活指導が実施されている。	・初等学校，中学校，高校において，「道徳」が教科として位置付けられている。初等学校と中学校では必修，高校では選択となっている。	・2015年（平成27年）3月27日の学習指導要領の一部改正により，小・中学校の道徳の時間はこれまで教科外の活動という位置付けから「特別の教科」に変更された。移行期間を経て，小学校では2018年度（平成30年度）から，中学校では2019年度（平成31年度）から完全実施される。
その他		・中国共産党の少年組織である少年先鋒隊による活動（小学校入学から15歳までの子供で構成されており，学内の政治活動や徳育，総合実践活動などで中心的役割を果たすとともに，課外や休暇に様々な文化・娯楽・体育活動を展開）。 ・地域の革命経験者や「労働模範」の表彰を受けた人物，革命や国家建設で自分を捨てて働いた人物について学ぶ運動が実施されている。	・2011年12月に起きたいじめ自殺事件などを背景に，教科横断的な取組として「人格教育」の強化が謳われている。	・平成18年には，日本の教育の根本的な理念や原則を定める教育基本法が，戦後初めて改正された。改正された教育基本法では，これまでの教育基本法が掲げてきた普遍的な理念は継承しつつ，公共の精神など規範意識を大切にすることや，それらを醸成してきた伝統と文化を尊重することなどを明確化している。

3 外国語教育（1/4）

		アメリカ合衆国	イギリス	フランス	ドイツ
外国語教育開始時期		・実施や開始時期は多くの州で学区の裁量に委ねられている。 ・外国語の授業を実施している学校（公立及び私立）の比率（2008年度） －小学校　　　　：25% －ミドルスクール：58% －ハイスクール　：91%	初等学校第3学年から（2014年導入）。	小学校第1学年（2013年学校基本計画法により導入）。	州により第1学年又は第3学年。
週当たりの授業時数	初等教育段階	（ウィスコンシン州の例）第5学年及び第6学年において，週当たり100分（州が示す時間配当モデル）。	規定なし。	年間54時間。	州により異なるが，多くが週2時間。
	前期中等教育段階	（ウィスコンシン州の例）規定なし（第7学年及び第8学年において外国語教育は選択科目）。	規定なし。	【第一外国語】 第1学年：週4時間，第2～4学年：週3時間。 【第二外国語】 第3～4学年：週3時間。	（ヘッセン州の例） 【ハウプトシューレ】 英語（必修）：第5～9学年で計684時間，第5～10学年で計792時間。 【実科学校】 第一外国語（必修）：第5～10学年で計864時間。 第二外国語（選択必修）：第5～10学年で計540時間。 【8年制ギムナジウム】 第一外国語（必修）：第5～9学年で計756時間。 第二外国語（必修）：第5～9学年で計576時間。 第三外国語（選択）：第5～9学年で計216時間。
	後期中等教育段階	（ウィスコンシン州の例）規定なし（外国語教育は選択科目）（州行政規則第PI 18.03条）。	規定なし。	【普通課程の必修時間】 第1学年：第一外国語・第二外国語を総合して週5.5時間。 第2学年：第一外国語・第二外国語を総合して週4.5時間。 第3学年：第一外国語・第二外国語を総合して週4時間。	【ギムナジウム上級段階（導入期）】 外国語と別の外国語：第11学年で計216時間。

3 外国語教育（2/4）

		フィンランド	中　　国	韓　　国	日　　本
外国語教育開始時期		基礎学校第3学年。学校裁量・地域裁量でより早期から開始している場合もある（2012年度に，外国語学習を第1学年から開始している児童は6.9％，第2学年からは12.5％）。	小学校第3学年。	初等学校第3学年。	小学校第5学年。
週当たりの授業時数	初等教育段階	A1言語（必修）として週8時間を第3～6学年で配分（平均週2時間）。A2言語（選択）として週6時間相当を第3～6学年で配分（平均週2時間）。A2言語を履修している児童の割合は26.6％（2012年度）。	週30単位時間の6～8％（毎週3～4回，1単位時間は40分，総時間80～90分に相当）。	第3,4学年：週2時間（年間68時間）。 第5,6学年：週3時間（年間102時間）。	【外国語活動】第5・第6学年で年間35単位時間。
	前期中等教育段階	必修はA1言語とB1言語。A1言語として週8時間を第7～9学年で配分（平均週2.67時間）。B1言語として週6時間相当を第7～9学年で配分（平均週2時間）。上記2言語以外の言語を，選択科目として設定することができる（第7～9学年で週6時間，平均週2時間）。2012年度の統計では，2言語を履修している生徒が78.6％で最も多く，3言語がこれに続く（19.4％）。	週34単位時間の6～8％（1単位時間は45分）。	【英語】 3年間で340時間。 【生活外国語】（選択科目） 3年間で204時間（選択科目全体の履修時数）。	【外国語】 各学年とも年間140単位時間。
	後期中等教育段階	A言語6コース，B言語5コースが必修。A言語及びB言語各2コース，その他の言語16コースを選択コースとして設定。1コースは38時間（1時間は45分）。	3年間で10単位（5モジュール）が必修。各モジュールは2単位で1学期36単位時間（毎週4単位時間，1単位時間は45分）。その他選択課程で1～6モジュールを追加で選択できる。	【英語】 3年間で10単位（必修）＋選択。 【第二外国語】（選択科目） 3年間で16単位（選択科目全体の履修時数）。	【必履修教科・科目】 外国語のうち「コミュニケーション英語Ⅰ（3単位）」（英語以外の外国語を履修する場合は，学校設定科目として設ける1科目とし，その標準単位数は3単位とする）。

3 外国語教育（3/4）

	アメリカ合衆国	イギリス	フランス	ドイツ
到達目標	（ウィスコンシン州の例）言語学習の基礎であるコミュニケーションと文化を通じて，全ての児童・生徒が，誰に，何を，何故，何時，どのように述べるのかを学ぶこと。（ウィスコンシン州外国語教育モデルスタンダード）	全段階の共通目標として， ・話の内容及び文書の内容を理解し，応答できること。 ・自信を持って，流ちょうかつ自然に話すこと。 ・様々な文書を書くこと。 ・当該言語の著作を知り，鑑賞を深めること。	・小学校修了時：欧州言語共通参照枠組み（CEFR）のA1レベル。 ・「共通基礎知識技能教養」取得時：CEFRのA2レベル。 ・バカロレア取得時：CEFRのB2レベル。	（各州文部大臣会議の推奨レベル） 【初等】第4学年で欧州言語共通参照枠組み（CEFR）A1レベル。 【前期中等】第1外国語：第10学年でCEFRのB1レベル。 【後期中等】継続して履修していた外国語：CEFRのB2レベル，新規に履修した外国語：CEFRのB1レベル。
主な履修言語	外国語教育実施校において教えられる言語の比率（2008年）は次のとおり。 －小学校：スペイン語（88%），フランス語（11%），ラテン語（6%），中国語（3%），ドイツ語（2%）など。 －ミドルスクール，ハイスクール：スペイン語（93%），フランス語（46%），ドイツ語（14%），ラテン語（13%），中国語（4%）など。	指導する言語は各学校が決める。	・小学校：英語（91.4%），ドイツ語（6.0%），スペイン語（1.2%），イタリア語（0.8%）（公立学校（第1学年を除く）。2014年度）。 ・中等教育段階：【第一外国語】英語（95.8%），ドイツ語（6.4%），スペイン語（2.5%）【第二外国語】スペイン語（73.3%），ドイツ語（14.6%），英語（5.4%），イタリア語（5.3%）（2014年度）。	英語，イタリア語，オランダ語，ギリシャ語，スペイン語，中国語，チェコ語，デンマーク語，トルコ語，日本語，フランス語，ポーランド語，ラテン語，ロシア語など。
備考		第10・11学年は選択履修。		いずれの州でも，一部の教科の授業言語に外国語を導入したり，学校生活で日常的に外国語に触れるような機会を提供したりする，バイリンガル教育が推進されている。

3 外国語教育（4/4）

	フィンランド	中 国	韓 国	日 本
到達目標	A言語の到達目標：欧州言語共通参照枠組み（CEFR）に基づく記述。 【第6学年終了時】 〈英語〉 聞くことA2.1, 話すことA1.3, 読むことA2.1, 書くことA1.3。 〈その他の言語〉 聞くことA1.3, 話すことA1.2, 読むことA1.3, 書くことA1.2。 【第9学年終了時】 〈英語〉 聞くことB1.1, 話すことA2.2, 読むことB1.1, 書くことA2.2。 〈その他の言語〉 聞くことA2.2, 話すことA2.1, 読むことA2.2, 書くことA2.1。 【後期中等段階】 〈英語〉 聞くことB2.1, 話すことB2.1, 読むことB2.1, 書くことB2.1。 〈その他の言語〉 聞くことB1.1-1.2, 話すことB1.1, 読むことB1.1, 書くことB1.1-B1.2。	小学校から後期中等教育段階修了までに国の定めた9段階のうち7級までの習得を基本とする。 ・第6学年終了時：英語で簡単なコミュニケーションができる。簡単な物語を読める。簡単な歌を歌え，演劇ができる。簡単な記述ができる（2級）。 ・第9学年終了時：熟知している話題を理解し，討論できる。日常生活の話題を他人と話すことができる。新聞，雑誌等をある程度理解できる。自ら作文を書いて修文できる（5級）。 ・後期中等教育終了時：課題を提起して自分の意見を述べることができる。簡単な原文の本や新聞雑誌を読める。事務的通知等の文書を作成できる（7級）。	・初等学校第3, 4学年：英語の簡単な音を識別し，単純な課題を遂行できる，など。 ・初等学校第5, 6学年：簡単な会話を聞いて内容を理解でき，課題を遂行できる，など。 ・中学校：日常生活や身近なテーマについて自身の意見を語ることができる，など。	【小学校】 外国語を通じて，言語や文化について体験的に理解を深め，積極的にコミュニケーションを図ろうとする態度の育成を図り，外国語の音声や基本的な表現に慣れ親しませながら，コミュニケーション能力の素地を養う。 【中学校】 外国語を通じて，言語や文化に対する理解を深め，積極的にコミュニケーションを図ろうとする態度の育成を図り，聞くこと，話すこと，読むこと，書くことなどのコミュニケーション能力の基礎を養う。 【高等学校】 外国語を通じて，言語や文化に対する理解を深め，積極的にコミュニケーションを図ろうとする態度の育成を図り，情報や考えなどを的確に理解したり適切に伝えたりするコミュニケーション能力を養う。
主な履修言語	初等教育段階から学習を開始するA1言語として最も一般的なのは英語（90.5%），次いでフィンランド語（5.3%），ドイツ語（1.2%），スウェーデン語（1.0%）。初等教育段階の選択科目であるA2言語としては，英語（7.9%），スウェーデン語（7.4%），ドイツ語（6.2%）。そのほかに，フランス語，ロシア語などが一般的。（フィンランド語とスウェーデン語は，第二公用語としての履修が主）	英語，ロシア語，日本語（ロシア語と日本語は初級中学段階から履修）。	・英語は全教育課程において必修。 ・中学校及び高校の選択科目として，ドイツ語，フランス語，スペイン語，中国語，日本語，ロシア語，アラビア語，ベトナム語が設けられている。	・主な履修言語は英語。 ・平成26年度に英語以外の外国語の科目を開設している高等学校は708校。
備考		高等教育機関の全国統一入学試験では，外国語の試験として英語，ロシア語，日本語，ドイツ語，フランス語，スペイン語の6か国の言語から選ぶことができる。	従来，高校の第二外国語は選択必修科目であったが，2010年から選択科目となった。	

4　教科書制度（1/2）

	アメリカ合衆国	イギリス	フランス	ドイツ
概要・使用義務	・教科書の検定制度はなく，民間の出版社が発行したものを州あるいは学区が教科書として認定し，この中から学校が実際に授業で使用する教科書を決定。 ・教科書の使用義務はない。ただし，実際の授業ではほとんどの教員が教科書を使用している。	・教員は教科書の選択，使用について自由である。 ・教科書の使用義務はない。	・教員は教科書の選択，使用について自由である。 ・教科書の使用義務はない。	・教科書の使用義務はない。 ・州により，教科書検定の制度がある。 ・教科書検定を実施している州の場合，州が認可した教科書のみ授業で使用可能となっている。
著作・編集・発行	民間の出版社による自由発行。	民間の出版社による自由発行。	民間の出版社により編集・発行される。	・民間の教科書会社が編集・発行している。
検定制度	検定はない。	検定はない。	検定はない。	・教科書検定を実施している州では，教科書会社は作成した教科書の検定を州の教育省（州により公的な研究機関）に申請し，検定の結果，修正指示があった場合には，修正箇所を修正することで州の教育省（州により公的な研究機関）の認可を受けなければならない。 ・認可された教科書は，各学校が教科書を選択するための「教科書リスト」に掲載される。
採択	・州や学区が認定した教科書のリストの中から，学校が必要な教科書を購入。 ・州が教科書を認定するのはフロリダやテキサスなど20州，学区が認定するのはニューヨークやマサチューセッツなど30州（2013年度）。	各学校において行われる自由採択。	教科書の採択は各学校において行われる。	・教科書検定を実施している州では，教育省（州により公的な研究機関）の認可を受けた，教科のタイトルが掲載された「教科書リスト」から各学校が教科書を採択する。 ・いずれの州でも，どの教科書を採択するかについては，各学校に組織されている「教科会議」「教員会議」「学校会議」などにおいて検討，決定される。
無償措置	小学校からハイスクールまで無償貸与が一般的。	教科書は学校により提供，または備品として無償貸与。	小学校及びコレージュは無償貸与。リセは原則有償。	・通常は貸与制。ただし，州により，無償で貸与している場合と，保護者から一部負担金を徴収して貸与している場合がある。 ・貸与される教科書は一般に3〜5年程度使用され続け，これを超えた場合や汚損した場合には新調される。

4 教科書制度 (2/2)

	フィンランド	中　国	韓　国	日　本
概要・使用義務	・教員は教科書の選択，使用について自由である。 ・教科書の使用義務はない。	教科書は，国の教育方針，課程基準を基に編集され，内容はできるだけ簡潔に必要な基礎知識，基本技能を精選し，経済的で実用的で，質が保証されたものでなければならない（義務教育法第38条）。	・教科書には，国定・検定・認定の3種類がある。 ・学校では，教科書を使用しなければならない（「初等中等教育法」第29条）。	教科書は，学校において教育課程の構成に応じて組織・排列された教科の主たる教材として教授の用に供せられる児童・生徒用の図書であり，学校教育法により，学校においては，文部科学大臣の検定を経た教科書，又は文部科学省が著作の名義を有する教科書を使用しなければならないこととなっている。
著作・編集・発行	・民間の出版社による自由発行。 ・なお，出版業界の再編統合もあり，現在は主要な教科書会社は2社（オタワ社，サノマプロ社）のみ。	1980年代は人民教育出版社のみが著作・編集・発行を行っていたが，1990年代から各地の出版社が，著作・編集・発行を行うようになった。	・国定教科書は，教育省が編纂する。ただし，教育長官が必要だと認める場合，研究機関や大学などに編纂を委託できる。 ・検定教科書は，民間の出版社により編集・発行されるが，執筆者と発行者には一定の要件がある（代表執筆者の国籍要件，出版社の発行実績など）。	民間の教科書発行者による教科書の著作・編集が基本。各発行者は，学習指導要領，教科用図書検定基準等を基に，創意工夫を加えた図書を作成。
検定制度	検定制度はない（1992年廃止）。	・国が検定を行い，「全国初等中等教育機関の教育用書籍目録」を各省政府に提供。 ・同目録を基に，省政府の検定委員会が検定を行い，当該省向けの教育用書籍目録を作成。	検定制度がある。	図書は，文部科学大臣の検定を経てはじめて，学校で教科書として使用される資格が与えられる。
採択	教科書採択については，各教員が決定することもできるが，学校単位，あるいは自治体単位で購入している場合が多い。	・省作成の教育用書籍目録を基に，地区レベルの教科書選定・採択委員会が教科書を選定・採択。採択された教科書は当該地区内で一斉に使用される。 ・省レベルの教育行政機関の同意を得た場合は，地区レベルよりも下位の県・区レベルの教育行政機関もしくは学校が自主的に教科書を選定・採択できる。	教科書の採択は，各学校において行われる。	採択の権限は，公立学校については，所管の教育委員会に，国・私立学校については，校長にある。
無償措置	無償貸与制。ルキオ（後期中等段階）については有償。	・各レベルの政府は経済的に困難な家庭の子供に対して教科書を無償供与する（義務教育法第44条）。 ・義務教育法第41条「国は教科書の循環使用を奨励する」の規定により学校が貸与し，無償化としている場合もある。 ・上記以外の義務教育段階の児童・生徒及び後期中等教育段階は有償。	初等学校及び中学校は無償給付。高校は有償。	国・公・私立の義務教育諸学校（小・中学校，中等教育学校の前期課程及び特別支援学校の小・中学部）で使用される教科書については，全児童・生徒に対し，国の負担によって無償で給与されている。

5 学校における国旗・国歌の取扱い（1/2）

	国歌	
	国歌の演奏・斉唱	国歌の歌詞・歌唱の指導
アメリカ合衆国	連邦法により，国旗掲揚中の国歌演奏に際しては，国旗に向かって起立することが規定されている（学校での義務付け規定は特にない）。 なお，入学式は通常行われていない。卒業式は学区あるいは学校により行われているところがある（国歌斉唱については学校により異なる）。	国歌の指導については，連邦レベルでは特段の規定はなく，州が取り扱う。国歌の斉唱は，学校生活の中で，随時行われている。
イギリス	学校行事において演奏されることはない。 なお，通常，入学式・卒業式は行われていない。	学校教育における国歌の指導について定めた法令はなく，国の教育課程基準である「全国共通カリキュラム」においても特に触れられていない。国歌の指導は学校や教員の判断により，音楽等の授業で指導される。
フランス	記念行事では可能な限り演奏・斉唱することとされている。 なお，通常，入学式・卒業式は行われていない。	教育法典により，小学校において「道徳・公民教育」として国歌の指導を行うことが規定されている。
ドイツ	連邦に規定はなく各州に扱いは任されているため，州により状況は異なるが，通常，学校行事等で演奏・斉唱されることはない。 なお，通常，入学式・卒業式は行われていない。	連邦に規定はなく各州に扱いが任されているため，州により状況は異なるが，複数の州では規定に基づき，歴史や音楽の授業で旋律や歴史的背景などが指導されている。
フィンランド	これを規定する法律はない。	これを規定する法律はない。
中国	教育部の通達により，学校は，国旗掲揚の儀式及び慶賀の式典，スポーツ大会等において，国歌の斉唱を求められている。 入学式・卒業式は通常，行われる（国歌斉唱が行われる）。	思想政治教育関連の教科を通じて小学校3年生以上が，国歌を正確に歌えるよう指導している。
韓国	「大韓民国国旗法施行令」により，国旗掲揚式及び降納式の際は国歌が演奏されると定められている。 大統領訓令により，「国民儀礼」（国旗に対する敬礼，国歌斉唱などを含む一連の儀礼）の実施等に関して，教育長官は学校での適用に努力すると定められている。 入学式・卒業式は，通常，行われている（国歌斉唱が行われる）。	教育課程基準は，初等学校第1,2学年の「正しい生活」，初等学校第3,4学年の「道徳」において，国歌に対する理解，礼節などについて定めている。
日本	学習指導要領により，入学式や卒業式などにおいては，その意義を踏まえ，国旗を掲揚するとともに，国歌を斉唱するよう指導するものとされている。	学習指導要領により，音楽において，国歌「君が代」を歌えるよう指導することとされている。

5 学校における国旗・国歌の取扱い（2/2）

	国旗	
	国旗の掲揚	国旗の意義等の指導
アメリカ合衆国	連邦法により，学校の校舎を含む公的機関の主要建物等に国旗を掲揚することが規定されている。 なお，入学式は通常行われていない。卒業式は学区あるいは学校により行われているところがある（通常，国旗が掲揚される）。	国旗の指導については，連邦レベルでは特段の規定はなく，州が取り扱う。公立学校では，始業時に国旗に対して忠誠を誓うことが広く行われている。
イギリス	学校内に国旗が掲げられたり，学校行事において国旗が掲揚されることはない。 なお，通常，入学式・卒業式は行われていない。	学校教育における国旗の指導について定めた法令はなく，国の教育課程基準である「全国共通カリキュラム」においても特に触れられていない。国旗の指導は学校や教員の判断により，歴史等の授業で指導される。
フランス	教育法典により，公立学校及び契約私立学校に国旗を掲揚することが規定されている。 なお，通常，入学式・卒業式は行われていない。	国旗は国の象徴の1つとして，学習指導要領により，「道徳・公民教育」の授業の中で教授される。
ドイツ	連邦に規定はなく各州に扱いが任されているため，州により状況は異なるが，特定の記念日などに，官公庁等の公的機関とともに公立学校に掲揚を義務付けている州もある。 なお，通常，入学式・卒業式は行われていない。	連邦にも州にも規定はなく，学校により状況は異なるが，一般に，歴史や地理などの授業において，他国の国旗とともに歴史的背景や意味が指導されている。
フィンランド	これを規定する法律はない。フィンランドでは，祝日とともに，国旗を掲げる「旗日」が設けられており，この日には，国旗が掲げられている。	これを規定する法律はない。
中国	「中華人民共和国国旗法」などにより，学校は，毎日国旗を掲揚し，また毎週1度及び重要な祝日・記念日に国旗掲揚の儀式を行わなければならない。 入学式・卒業式は通常，行われる（国旗が掲揚される）。	教育内容の国の基準や党の指導文書等により，各教科その他の活動を通じ国旗の意義，尊重の義務について教育することとされている。
韓国	「大韓民国国旗法」により，学校は，主たる掲揚台に国旗を毎日（昼間のみ）掲揚すると定められている。 入学式・卒業式は通常，行われる（国旗が掲揚される）。	「大韓民国国旗法施行令」により，教育長官は学校で国旗に対する教育活動などを推進すると定められている。 教育課程基準は，初等学校第1，2学年の「正しい生活」，初等学校第3，4学年の「道徳」において，国旗に対する理解，礼節などについて定めている。
日本	学習指導要領により，入学式や卒業式において国旗を掲揚することが定められている。	学習指導要領により，教科「社会」において国旗と国歌の意義を理解させ，これを尊重する態度を育てるとともに，諸外国の国旗と国歌も同様に尊重する態度を育てるよう配慮するものとされている。

6　個の成長・能力に応じた教育（1/4）

	アメリカ合衆国	イギリス	フランス	ドイツ
国の方針	○ 州及び学区が主体となって実施。2012年度に，少なくとも32州では優れた能力を持つ児童・生徒の認定，プログラム提供等を学区に義務付けている。 ○ 連邦は州や学区に対して補助金を支出しているほか，コネチカット大学（州立）に調査研究拠点を設けて，活動を財政的に支援している。	○ 個に応じた教育は，初中等教育政策の方針の1つとなっている。	○ 個に応じた教育，個別指導の充実。	○ 公正な教育の機会の保障。 ・個に応じた教育。 ・インクルーシブ教育。
飛び級・早期卒業制度	○ 小学校から高校まで制度上は可能。 ・州や学区の基準に基づき，校長が判断。 ・現状は不明。	○ 初等中等教育において制度上は可能。 ・進級・進学について特に法令上の年齢制限なし。 ・学校が判断。 ・ただし，飛び級，早期の進学等は一般的ではない。	○ 小学校からリセまで制度上は可能。 ・飛び級は小学校では原則1回。 ・学校が判断。	○ 初等教育段階から前期中等教育段階にかけて制度上は可能。 ・州により，親又は学校が判断。 ・同制度の利用は少ない。
留年制度	○ 小学校から高校まで制度上は可能。 ・校長（あるいは校長を含む判定会議）が決定。 ・高校段階では，進級要件として各学年における取得単位数が決められている場合が少なくなく，要件を満たさない場合は留年となる。 ・近年は小学校第3学年の英語等の成績に基づいて進級を判定する制度を導入する州が増えている。 （参考） 4年間で高校を卒業しない者はドロップアウト等を含めて約20％。	○ 初等中等教育において制度上は可能。 ・学校が決定。 ・自動進級が一般的で，遅進児に対しては，原級留置よりも追加指導の措置がとられる。	○ 小学校から高校まで制度上は可能。 ・学校が判断。 ・小学校では原則1回。 ・コレージュ及びリセにおいては毎年度進級・留年を決定。ただし学習期の途中の留年は保護者の同意による。	○ 州により，初等教育段階から後期中等教育段階にかけて制度上は可能。 ・子供の成績や適性に配慮しながら，学校と親が相談して決定。最終決定権は，州により学校又は親にある。 ・2013年は，初等中等教育段階の普通教育学校に就学する児童・生徒の2.3％が留年（全学年の平均）。

6 個の成長・能力に応じた教育（2/4）

	フィンランド	中　国	韓　国	日　本
国の方針	○ 伝統的に学習において問題を抱える児童・生徒への学習支援を行っている。	○ 知識基盤社会に対応した創造的な人材を育成し，児童・生徒の応用力や全人格的発達を促す「資質教育」の推進。	○ 全国学習到達度調査の結果が悪い学校に対し，補助教員配置等。 ○ 特定分野・水準に応じた教育機関の整備（特殊目的高校，英才学校など）。	○ 文部科学省では，将来の国際的な科学技術関係人材を育成するため，先進的な理数教育を実施する高等学校等を「スーパーサイエンスハイスクール」として指定し，学習指導要領によらないカリキュラムの開発・実践や課題研究の推進，観察・実験等を通じた体験的・問題解決的な学習等を平成14年度より支援している。
飛び級・早期卒業制度	○ 初等・前期中等教育段階において制度上は可能。 ○ 後期中等教育段階では在学期間が柔軟に設定されている。	○ 飛び級は総合的資質や成績が特段優れている児童・生徒に対して許可されている。 ・義務教育段階では一般的に1学年上の段階に飛び級を行う。 ・飛び級を禁止している地域も存在する。	○ 5歳児早期就学制度1,800名（2008年）。 ○ 小中高早期進級・卒業制度。早期進級12名，早期卒業1,322名（うち，高校が1,288名）。いずれも2008年。	○ 飛び入学制度。 ・高校2年生から大学進学を可能とする制度であり，大学が受入れを判断。 ・H14年の制度開始以来約100名。
留年制度	○ 初等・前期中等教育段階において制度上は可能。 ・学業が全般的に不振である場合，学校側と保護者・児童・生徒とが協議する。 ・基礎学校の課程は修了しているものの，希望する進路の条件を満たすことができていない生徒や進路を決定することができていない生徒のために「第10学年学級」を設置。 ・2011年度の第10学年の在学者数1,332人（同年齢人口約6万人の2％相当）。	○ 義務教育段階では原則禁止。 ・各地方政府が留年の実施の可否を規定。 ・上海市の例：小学校第1，2学年の留年及び小学校，初級・高級中学の卒業学年に属する児童・生徒の留年は禁止。	○ 小学校から高校まで制度上は可能。 ・教育課程の履修状況に基づき，校長が決定。 ・現状（2011年） ・小学校：63名（0.0％） ・中学校：109名（0.0％） ・高　校：129名（0.0％）	○ 小学校から高校まで制度上は可能。 ・校長が決定。

6 個の成長・能力に応じた教育（3/4）

	アメリカ合衆国	イギリス	フランス	ドイツ
習熟度別授業の制度と仕組み	○ 小学校から高校まで多様な仕組みで実施。（例） ・取り出し授業（上級学年の普通授業に部分的に参加させたり，英語・数学など基礎基本ができない児童・生徒を個別・小グループで指導）。 ・APプログラム，オナーズ・プログラム（大学学部前半レベルの授業を高校で提供）。 ・二重在籍制度（高校生が大学やコミュニティ・カレッジで履修した科目を高校卒業単位に振り替える）。	○ 初等学校では混合能力編成が，中等学校では教科による習熟度別指導が普及している。後者には，次の3つの形態がある。 ①ストリーミング（streaming）：全般的な習熟度（general ability）に従って学級を編制し，全ての教科の学習指導をその学級において行う。 ②セッティング（setting）：特定の教科について習熟度別にグループ又は学級（set）を編制する。この方式は，数学・理科・英語などの基礎的教科で多く採用されている。 ③バンディング（banding）：習熟度に従って学年の全生徒を2～4の集団（band）に分けた後，各バンド内で生徒を更にセッティングや混合能力の方式により学級編制する。	○ 小学校，中学校第1学年及び高校で個別指導の時間が設けられている。 ・小学校では主に学習に困難のある児童の補習，コレージュ第1学年及びリセでは全生徒に週2時間の個別指導時間を設け，生徒の進度に応じ，補習やより進んだ内容の学習が行われる。	○ 初等教育段階から前期中等教育段階にかけて実施。 ・各学校の判断で導入・実施。 ・子供一人一人の能力や適性を尊重し，例えば教科により習熟度別のグループや学級を編成して指導を行ったり，逆に，様々な能力の子供がいるグループを編成し，子供同士で教え合い，学び合わせることで認識を促進するなどの取組が行われている。
その他（才能教育等特別な教育を行う機関等）		・1998年教育水準・新学校法により，第1～2学年を対象に30人学級を規定。その他の学年は基準なし。 ・個に応じた教育は，初中教育政策の方針の1つとなっている。		

6 個の成長・能力に応じた教育（4／4）

	フィンランド	中　国	韓　国	日　本
習熟度別授業の制度と仕組み	○ 初等・前期中等教育段階において学校の裁量で導入・実施を認めている場合もある。 ・主に，個別の支援を必要としている児童・生徒を対象として取り出し授業を実施。ただし，必ずしも一般的ではない。	○ 初等教育段階から後期中等教育段階まで，上級学校への入学者選抜試験に合格する上で有利な学習内容を提供する「実験クラス」等，水準別に編制された学級を各学校の判断で設置可能。	○ 小学校から高校まで，水準別のカリキュラム編成・運営が可能。ただし，導入は各学校の判断。	○ 小学校から高校まで各学校の判断で導入。
その他（才能教育等特別な教育を行う機関等）	伝統的に才能児に対する教育には大きな関心は払われてこなかったが，近年は，個に応じた指導の必要性が認識される中で，一部の学校では「個別の配慮が必要な児童・生徒」として才能児を捉え，個別の支援を行っているところもある。	一般よりも多くの予算が投入され，優れた教育資源と資質ある教員を備えた大学附属の実験校や地域のモデル校といった地域の名門校（「重点学校」）が各地に存在しており，一般よりも高いレベルの教育を提供している。	【特別な教育】 ・「英才教育振興法」に基づく英才学校（高校）を6校設置。	

7 公立高校（後期中等教育）授業料の徴収状況（1／2）

国名	無償（○）か有償か	授業料（年額）	後期中等教育が義務教育か否か	備考
オーストラリア	○	—	義務ではない	教科書，雑費等は有償。
オーストリア	○	—	一部義務	後期中等教育最初の1年（通算で第9学年）は義務。
ベルギー	○	—	義務教育	義務教育は，6～18歳の12年。最後の2年間はパートタイム修学でも可。
カナダ	○	—	一部義務	義務教育の期間は州によって異なるが，ハイスクールの前半の学年が義務教育となっている。中等教育は全てのカナダ人に対して無償。その他については州により異なる。
チリ	○		義務教育	
チェコ	○	—	義務ではない	義務教育は，6～15歳の9年。
デンマーク	○	—	義務ではない	義務教育は6～16歳の10年。学校は最高2,500DKKまで生徒に教材（辞書や電卓など）を負担させることができるほか，コピー代もいくらか請求することができる。遠足・旅行では1日最大50DKKを食費として支払う。
フィンランド	○	—	義務ではない	義務教育は満7～16歳の9年，基礎学校（前期中等教育）修了まで。
フランス	○	—	一部義務	義務教育は6～16歳の10年。留年等がない場合，リセ（高校）の最初の学年まで。学用品は有償。
ドイツ	○	—	義務ではない	後期中等教育はギムナジウム上級段階。州により，教材及び補助教材の無償制を法的に規定し，教科書やその他の教材を無償貸与ないし，保護者から一部負担金を徴収するかたちで貸与。後期中等教育に進学しない者に対しては，18歳までの職業学校就学義務がある。
ギリシャ	○	—	義務ではない	義務教育は5～15歳の10年。授業料のほか，教科書，教材，生徒輸送が無償。
ハンガリー	○	—	義務教育	義務教育は，5～18歳の13年。
アイスランド	○（入学金のみ徴収）	—	義務ではない	義務教育は，6～16歳の10年。
アイルランド	○	—	義務ではない	義務教育は6～15歳の9年。
イスラエル	○	—	一部義務	特別コースは有償。
イタリア	有償	15.13€	義務ではない	授業料のほか登録料，国家試験受験料，教科書代などが有償。
韓国	有償	145万800ウォン	義務ではない	授業料は2008年のソウル特別市の額。授業料のほか，入学金，学校運営費，教科書代等を徴収。
ルクセンブルク	○	—	義務ではない	義務教育は4～15歳の11年。
メキシコ	○	—	義務ではない	義務教育は6～15歳の9年。
オランダ	○	—	一部義務	従来5～16歳とされていた無償の枠が，2005年8月より5～17歳に拡大。授業料及び教科書（貸与）が無償。
ニュージーランド	○	—	一部義務	中等教育については前期・後期の区別がない。義務教育は5～16歳の11年。19歳まで授業料は無償とされているが，学校運営費として年間200～300NZ＄の寄付金が求められる。また，教科書や文房具などの雑費は有償。

7 公立高校（後期中等教育）授業料の徴収状況 (2/2)

国名	無償(○)か有償か	授業料(年額)	後期中等教育が義務教育か否か	備考
ノルウェー	○	−	義務ではない	義務教育は，6～16歳の10年。その他（教科書等）は有償。
ポーランド	○	−	義務教育	就学前1年間をあわせて6～18歳の12年。16歳で前期中等教育を修了した後，18歳に達するまでの間，教育（職業訓練等を含む）を受けることが義務付けられている。
ポルトガル	○	−	義務教育	従来は義務教育でなく，少額であるが授業料を徴収していたが，近年，義務教育が6～18歳の12年に延長されたのに伴い，無償化（2014年度完了予定）。
スロバキア	○	−	一部義務	6～15歳の9年。初等学校は通常，8年で修了し，中等教育機関に進学。
スロベニア	○	−	義務ではない	
スペイン	○	−	義務ではない	
スウェーデン	○	−	義務ではない	義務教育は満7～16歳の9年。授業料及び教材が無償。なお，公的な補助金を受けていれば，私立学校も無償。
スイス	△（一部の州で有償）	不明	義務ではない	義務教育は，6～15歳の9年。
トルコ	○	−	義務教育	義務教育は，6～18歳の12年。
イギリス	○	−	義務ではない	後期中等教育は中等学校最後の2年間のシックスフォーム。
アメリカ	○	−	一部義務	義務教育の期間は州によって異なるが，4年制ハイスクールの場合，最初とその次の学年が義務教育となっている場合が多い。
中国	有償	700元	義務ではない	授業料は2006年の北京市の一般的な高級中学の基準額。重点高級中学は年額1,600元。授業料は省により異なる。授業料のほか，教科書代，ノート代，パソコン使用代などを徴収。
シンガポール	有償	6S$（月額）	義務ではない	授業料のほか，各学校では11～22S$の登録料等納付金を徴収。
台湾	○		義務ではない	教材補助費などの諸経費（雑費），実習費，パソコン使用代などは徴収。
インド	△（州によって異なる）	48～360ルピー	義務ではない	州によっては後期中等教育（第11～12学年）を無償としているところもある。
タイ	○	−	義務ではない	義務教育は，6～15歳の9年。教科書，雑費等は有償。
マレーシア	○	−	義務ではない	教科書は有償。低所得家庭の児童・生徒に対しては無償で貸し出し。
エストニア	○	−	義務ではない	

文部科学省調べ（2014年）

8 幼児教育無償化の状況

	制度の概要	義務教育直前の就園率
アメリカ	【連邦制のため，制度の在り方は州により異なる】 ・主に5歳児を対象とする公立小学校付設の幼稚園は無償。 ・通常は6歳から小学生（第1学年）となるが，多くの児童は5歳で小学校付設の幼稚園に入園。	5歳児：84.6% 3～5歳児：63.4% （いずれも2012年度の幼稚園と保育学校の在籍率合計）
イギリス	・2004年までに全ての3～4歳児に対する幼児教育の無償化を実現。 （2014年現在，保育施設も含め，「週15時間，年38週分」が無償。社会・経済的困難家庭の2歳児にも無償化の対象を拡大） ・5歳から初等学校に入学し，義務教育となる。	4歳児：98% （2014年度）
フランス	・主に3～5歳児を対象とした幼稚園は99%が公立であり，無償。	3～5歳児：99.5% （2013年度）
ドイツ	・制度の在り方は，州により異なる。 ・3～5歳児を対象とした幼稚園は，州により有償の場合も無償の場合もある。 ・最終年については，2010年の時点で16州中9州が無償としている。 ・ベルリン市及びその他の一部地域では，3～5歳の3年間を無償としている。	3～5歳児の94.4% （2013年度）
フィンランド	・就学前教育は，デイケア（幼児保育施設），基礎学校，若しくは，その他の適切な場所において提供される。 ・就学前の1年間，主に6歳児を対象とする。 ・就学前教育は，通常1日4時間（年間700時間）実施される。就学前教育に通学している子供はこれと保育サービスを併用することが可能であり，その場合，就学前教育としての時間は無償で，保育の時間は有償という措置がとられている。 ・なお，2015年度より1年間の就学前教育が義務化されている。	6歳児：98%以上 （2012年。2015年より義務化）
中国	・3～5歳児を対象とした幼稚園は有償である。	3～5歳児：67.5% （2013年）
韓国	・2012年，小学校入学前3年間（3～5歳児，保育園も含む）の無償化が法定。 ・公立幼稚園の利用児については，2013年に無償化を達成。その他の施設の利用児については，支援規模を段階的に拡大し，2016年に実質無償化を達成予定。	94.0% （幼稚園59.4%，保育園34.6%） （2013年）
日本	・幼稚園は有償である。 ・幼児期の教育は，生涯にわたる人格形成の基礎を培う重要なものであり，全ての子供に質の高い幼児教育を保障するため，幼児教育の無償化に段階的に取り組んでいる。	小学校第1学年児童数に対する幼稚園修了者の比率は54.2%（2014年）

「教育調査」シリーズ一覧表（昭和55年以降）

集	タイトル	発行年月
第104集	海外教育ニュース第3集（昭和55年）	昭和 56. 3
第105集	イギリスの「学校教育課程」	昭和 56.10
第106集	海外教育ニュース第4集（昭和56年）	昭和 57.12
第107集	海外教育ニュース第5集（昭和57年）	昭和 58. 3
第108集	シンガポールの教育	昭和 58. 7
第109集	マレーシアの教育	昭和 58.10
第110集	海外教育ニュース第6集（昭和58年）	昭和 59. 3
第111集	タイの教育	昭和 59. 3
第112集	ソ連の入学者選抜制度	昭和 59. 3
第113集	海外教育ニュース第7集（昭和59年）	昭和 60. 3
第114集	インドネシアの教育	昭和 60. 6
第115集	フィリピンの教育	昭和 60. 9
第116集	海外教育ニュース第8集（昭和60年）	昭和 61. 7
第117集	海外教育ニュース第9集（昭和61年）	昭和 62. 3
第118集	西ドイツにおける改正大学大綱法	昭和 63. 5
第119集	図表でみるOECD加盟国の教育	平成 元. 2
第120集	主要国の教育動向・1986～1989年（海外教育ニュース第10集）	平成 2.11
第121集	主要国の教育動向・1990～1991年（海外教育ニュース第11集）	平成 4. 3
第122集	諸外国の学校教育＜欧米編＞	平成 7.11
第123集	諸外国の学校教育＜中南米編＞	平成 8. 1
第124集	諸外国の学校教育＜アジア・オセアニア・アフリカ編＞	平成 8. 9
第125集	諸外国の教育の動き1999	平成 12. 3
第126集	諸外国の教育行財政制度	平成 12. 4
第127集	諸外国の教育の動き2000	平成 13. 3
第128集	諸外国の初等中等教育	平成 14. 1
第129集	諸外国の教育の動き2001	平成 14. 3
第130集	諸外国の教育の動き2002	平成 15. 3
第131集	諸外国の高等教育	平成 16. 2
第132集	諸外国の教育の動き2003	平成 16. 3
第133集	諸外国の教育の動き2004	平成 17. 5
第134集	諸外国の教員	平成 18. 3
第135集	諸外国の教育の動き2005	平成 18. 8
第136集	フランスの教育基本法	平成 19. 3
第137集	諸外国の教育の動き2006	平成 19. 6
第138集	諸外国の教育動向 2007年度版	平成 20. 8
第139集	諸外国の教育動向 2008年度版	平成 21. 8
第140集	諸外国の教育改革の動向	平成 22. 4
第141集	諸外国の教育動向 2009年度版	平成 22. 7
第142集	中国国家中長期教育改革・発展計画綱要（2010～2020年）	平成 23. 3
第143集	諸外国の生涯学習	平成 23. 8
第144集	諸外国の教育動向 2010年度版	平成 23. 9
第145集	諸外国の教育動向 2011年度版	平成 24. 9
第146集	諸外国の教育行財政	平成 26. 1
第147集	諸外国の教育動向 2012年度版	平成 25.11
第148集	諸外国の教育動向 2013年度版	平成 26.10
第149集	諸外国の教育動向 2014年度版	平成 27. 4
第150集	諸外国の初等中等教育	平成 28. 4
第151集	諸外国の教育動向 2015年度版	平成 28. 5
第152集	世界の学校体系	平成 29. 4
第153集	諸外国の教育動向 2016年度版	平成 29. 8
第154集	諸外国の教育動向 2017年度版	平成 30. 8
第155集	諸外国の生涯学習	平成 30.10

諸外国の初等中等教育

2016年4月5日　初版第1刷発行
2018年12月25日　初版第2刷発行

著作権所有：文部科学省
発　行　者：大江道雅
発　行　所：株式会社 明石書店
　　　　　　〒101-0021
　　　　　　東京都千代田区外神田6-9-5
　　　　　　TEL 03-5818-1171
　　　　　　FAX 03-5818-1174
　　　　　　振替 00100-7-24505
　　　　　　http://www.akashi.co.jp

組版：朝日メディアインターナショナル株式会社
印刷・製本：モリモト印刷株式会社

（定価はカバーに表示してあります）　　　　　　　　　　ISBN 978-4-7503-4330-3

組版：朝日メディアインターナショナル株式会社
印刷・製本：モリモト印刷株式会社

諸外国の教育動向 2017年度版

文部科学省 教育調査第154集

文部科学省 編著　A4判変型／並製／232頁　◎3600円

アメリカ合衆国、イギリス、フランス、ドイツ、欧州、中国、韓国、オーストラリアの教育事情について、教育政策・行財政、生涯学習、初等中等教育、高等教育、教師及びその他の各ジャンル別に2017年度の主な動向をまとめた基礎資料。

● 内容構成

◆**アメリカ合衆国**◆「個に応じた学び」振興策を導入する州が増大傾向／不法移民の子弟である若者を対象とする救済措置の中止を決定／遠隔教育に関する規則／ミシガン大学（州立）が授業料無償化措置を発表 ほか
◆**イギリス**◆恵まれない子供を対象としたトップレベルの寄宿学校への入学支援を政府が強化／ケンブリッジ大学出版局、中国政府の検閲要請受入れを撤回／専攻別大学授業料の反対意見が多数 ほか
◆**フランス**◆幼稚園及び小学校における週当たり授業日数の柔軟化が可能に／マクロン大統領、幼稚園の義務化を発表／2017年のバカロレア試験の結果 ほか
◆**ドイツ・欧州**◆第4次メルケル政権、教育における連邦と州との更なる協力を強調（ドイツ）／ドイツ高等教育修了資格枠組み（HQR）が改訂（ドイツ）／欧州委員会、2025年までに構築すべき欧州教育圏のビジョンを提示（欧州）ほか
◆**中国**◆全国的な枠組みの下での教科書開発を目的として国家教科書・教材委員会が創設／新学年度より義務教育段階で「言語・文学」「道徳と法治」「歴史」の3教科で全国版教科書の使用を開始／深圳市に国内有名大学の分校が集結 ほか
◆**韓国**◆教育省、全ての高校を単位制に転換する計画を発表／外国人児童生徒などを対象とする韓国語指導を改善／大学構造改革に基づく大学閉鎖が進行 ほか
◆**オーストラリア**◆欧連邦政府が高等教育の持続的な発展を推進するための政策文書を公表

諸外国の教育動向 2016年度版　文部科学省編著　◎3600円
諸外国の教育動向 2015年度版　文部科学省編著　◎3600円
諸外国の教育動向 2014年度版　文部科学省編著　◎3600円
諸外国の教育動向 2013年度版　文部科学省編著　◎3600円
諸外国の教育動向 2012年度版　文部科学省編著　◎3800円
諸外国の教育動向 2011年度版　文部科学省編著　◎3800円
諸外国の教育動向 2010年度版　文部科学省編著　◎3800円
諸外国の教育動向 2009年度版　文部科学省編著　◎3800円

〈価格は本体価格です〉

生きるための知識と技能 6
OECD生徒の学習到達度調査（PISA）2015年調査国際結果報告書

国立教育政策研究所 編

A4判／並製／296頁 ◎3700円

世界72か国・地域の15歳児の学力について、読解力、数学的リテラシー、科学的リテラシーの3分野から評価したPISA2015年調査結果をもとに、日本にとって示唆のあるデータを中心に整理・分析。調査結果の経年変化や学習背景との相関についても紹介。

──内容構成──
- 第1章　PISA調査の概要
- 第2章　科学的リテラシー
- 第3章　読解力
- 第4章　数学的リテラシー
- 第5章　学習の背景

PISA2015年調査 評価の枠組み
OECD生徒の学習到達度調査

経済協力開発機構（OECD） 編著
国立教育政策研究所 監訳

A4判／並製／240頁 ◎3700円

常に変化する世界を生きるための知識と技能とは何か？　PISA2015年調査の概念枠組みや評価基準を問題例とともに紹介する。調査分野は、読解力、数学的リテラシー、科学的リテラシーに加え、ファイナンシャル・リテラシーの合計4分野。

──●内容構成●──
- 日本語版　序（国立教育政策研究所　国際研究・協力部長　大野彰子）
- 序文
- 第1章　PISA調査とは？
- 第2章　科学的リテラシー
- 第3章　読解力
- 第4章　数学的リテラシー
- 第5章　ファイナンシャル・リテラシー
- 第6章　質問調査

〈価格は本体価格です〉

教員環境の国際比較
OECD国際教員指導環境調査(TALIS)2013年調査結果報告書

国立教育政策研究所 編

A4判／並製／232頁 ◎3500円

前期中等教育及び中学校の教員と校長を対象にした国際調査の結果から、教員の職能開発、校長のリーダーシップ、学校での指導状況、教員への評価とフィードバック、自己効力感や仕事への満足度などに焦点を当て、日本にとって示唆ある内容を整理・分析する。

●内容構成●

はじめに（国立教育政策研究所 所長 大槻達也）
OECD国際教員指導環境調査（TALIS）2013年調査結果の要約

- 第1章 TALISの概要
- 第2章 教員と学校の概要
- 第3章 校長のリーダーシップ
- 第4章 職能開発
- 第5章 教員への評価とフィードバック
- 第6章 指導実践、教員の信念、学級の環境
- 第7章 教員の自己効力感と仕事への満足度

成人スキルの国際比較
OECD国際成人力調査(PIAAC)報告書

国立教育政策研究所 編

A4判／並製／268頁 ◎3800円

仕事や日常生活の様々な場面で必要とされる汎用的スキルについて、「読解力」「数的思考力」「ITを活用した問題解決能力」の3分野から評価したOECD国際成人力調査の結果をもとに、日本にとって示唆のあるデータを中心に整理・分析する。

●内容構成●

はじめに／OECD国際成人力調査（PIAAC）調査結果の要約／PIAAC国内調査の実施に関する研究会／本報告書を読む際の注意

- 第1章 PIAACの概要
- 第2章 成人のキー・スキルの国際比較
- 第3章 成人の社会的属性とキー・スキル
- 第4章 就業者のキー・スキル
- 第5章 キー・スキルの開発と維持
- 第6章 キー・スキルと経済的・社会的アウトカム
- 資料1 調査対象者の分類
- 資料2 背景調査の質問項目

〈価格は本体価格です〉

TIMSS2015 算数・数学教育／理科教育の国際比較
国際数学・理科教育動向調査の2015年調査報告書

国立教育政策研究所 編

A4判／並製／408頁 ◎4500円

世界57か国／地域の小学校4年生と中学校2年生の算数・数学と理科の教育到達度について国際的な尺度によって評価。児童生徒の問題別の得点傾向や各国比較、経年変化、学習環境条件等の諸要因との関連等、日本にとって示唆のあるデータを中心に整理・分析。

内容構成

第1章 調査の概観
調査の歴史／調査の目的／調査対象母集団／参加国／地域／調査の対象・種類と時期／調査の実施時期／標本抽出／調査実施の手続き／データの回収と処理

第2章 算数・数学
算数・数学の枠組み／算数・数学の到達度／算数・数学問題の例／算数・数学のカリキュラム／児童生徒の算数・数学に対する態度／教師と算数・数学の指導／学校と算数・数学の到達度／家庭と算数・数学の到達度

第3章 理科
理科の枠組み／理科の到達度／理科問題の例／理科のカリキュラム／児童生徒の理科に対する態度／教師と理科の指導／学校と理科の到達度／家庭と理科の到達度

21世紀のICT学習環境
生徒・コンピュータ・学習を結び付ける

経済協力開発機構（OECD） 編著
国立教育政策研究所 監訳

A4判／並製／224頁 ◎3700円

21世紀のデジタル世界に求められる情報活用能力とは何か。本書は、PISA2012年調査結果を基に、生徒によるICT活用が近年どのように進展しているのかを分析し、教育制度（国）と学校がICTを生徒の学習体験にどのように組み入れているのかを検討する。

内容構成

第1章 近年、生徒によるコンピュータの利用はどのように変化しているか
第2章 情報通信技術（ICT）を指導と学習に取り入れる
第3章 2012年コンピュータ使用型調査の主な結果
第4章 デジタル読解力におけるナビゲーションの重要性：考えてからクリックする
第5章 デジタル技能の不平等：格差を埋める
第6章 コンピュータは生徒の能力とどのように関係しているのか
第7章 ログファイルデータを用いて、何がPISA調査の成績を左右するのかを理解する（事例研究）
第8章 教育政策と実践に対してデジタルテクノロジーが意味するもの

〈価格は本体価格です〉

諸外国の生涯学習

文部科学省 編著

A4判変型／並製　◎3600円

アメリカ合衆国、イギリス、フランス、ドイツ、中国、韓国における生涯学習に関する政策や実践についてまとめた基礎資料。制度・実践の概要、関係法令・基本計画、成人による学習活動、地域・家庭教育の支援、生涯学習支援施設・人材の項目別に各国別に記述し、比較可能な総括表や資料を付す。

● 内容構成 ●

◆ 調査対象国 ◆
アメリカ合衆国、イギリス、フランス、ドイツ、中国、韓国

◆ 調査内容 ◆
各国の生涯学習、関係法令・基本計画、成人による学習活動、地域・家庭教育の支援、生涯学習支援施設・人材

◆ 資料 ◆
アメリカ合衆国の学校系統図、イギリスの学校系統図、フランスの学校系統図、ドイツの学校系統図、中国の学校系統図、韓国の学校系統図

図表でみる教育 OECDインディケータ（2018年版）

経済協力開発機構（OECD）編著
矢倉美登里、稲田智子、大村有里、坂本千佳子、立木勝、松尾恵子、三井理子、元村まゆ 訳

A4判変型／並製　◎8600円

OECDより毎年発表される国際教育指標の決定版。一連の最新のインディケータ（指標）を豊富かつ国際比較が可能な形で提示する。国際成人力調査（PIAAC）、OECD生徒の学習到達度調査（PISA）、国際教員指導環境調査（TALIS）など、OECD主催の各国際調査の指標も収録。

● 内容構成 ●

A章　教育機関の成果と教育・学習の効果
成人の学歴分布、若年者の就学及び就業状況、最終学歴別の就業状況、教育による所得の増加、教育からの収益、教育投資への誘因、教育の社会的成果、成人教育への参加の平等度

B章　教育機会・在学・進学の状況
初等教育から高等教育までの在学率、幼児教育、後期中等教育卒業率、高等教育進学率、高等教育卒業率、高等教育機関における留学生と外国人学生、高等教育の入学及び卒業の公平性

C章　教育への支出
在学者一人当たり教育支出、国内総生産（GDP）に対する教育支出の割合、教育支出の公私負担割合、公財政教育支出、高等教育機関の授業料と学生への公的補助、教育支出の使途別構成、教員の給与支出を決定する要因

D章　学習環境と学校組織
初等・中等教育学校の生徒の標準授業時間数、学級規模と教員一人当たり生徒数、教員と学校長の給与、教員の授業時間数及び勤務時間数、教員の構成、教育システムに関する政策・方針決定の場

〈価格は本体価格です〉